정약용의 주역철학

TASAN Chŏng Yag-yong's Theory for Texts and Images on *ZhouYi*(周易)

Hwang, Byong Kee

연세국학총서 96

丁若鏞의 周易哲學

정약용의 주역철학

황병기 著

동과서

□ **황병기(黃昞起)**

충북 충주 출생. 연세대학교 철학과 졸업. 동대학원 철학박사.

연세대학교 국학연구원 연구교수와 同대학교 부설 강진다산실학연구원 연구교수를 지냈고, 중국 북경 중국사회과학원 세계종교연구소 방문학자, 일본 교토 리츠메이칸대학교 문학부 객원연구원을 거쳐 현재 한국국학진흥원 책임연구위원으로 재직하고 있다.

논문으로 「여헌 장현광의 道脈과 퇴계학 전승의 문제 연구」, 「원대 이후 『주역』 주석사에 나타난 중부괘 豚魚의 의미 연구」, 「일상에서 읽는 한국인의 정체성」 등이 있고, 저서로 『茶山寶庫, 한국학의 두 시선』, 『퇴계학과 근기실학』(공저), 『길 위의 인문학』(공저), 『한국 문화유전자 지도』 등이 있다.

연세국학총서 96

정약용의 주역철학

초판 1쇄 인쇄 2014년 7월 20일
초판 1쇄 발행 2014년 7월 25일

지은이 / 황병기
펴낸이 / 궁리나
디자인 / 북토리

펴낸곳 / 도서출판 **동과서**
서울시 영등포구 국회대로 53길 23, 태성빌딩 402호
등록번호 / 제22－405호

D.K.S. Publishing Co.
23, Gukhoe-daero 53-gil, Yeongdeungpo-gu,
Seoul, 150-038 Rep. of KOREA

전화 / (02)333-7533
팩스 / (02)6280-2353

값 35,000원

ISBN 978-89-6525-112-5 (93100)

프롤로그

이 책은 부끄럽게도 철지난 책이다. 2004년 8월 박사학위논문을 제출한 뒤 2006년에 연세대학교 국학연구원 국학총서로 선정되었는데 사실 그때 바로 출간했어야 했다. 조금 보완해서 더 나은 책을 만들어보겠다고 차일피일 미룬 것이 벌써 8년이 되었고, 학위논문 제출시기로 미루어보면 꼬박 10년째가 되었다. 올초에 들어서 10년째라는 시간적 압박이 내 마음을 무겁게 했고 이마저 넘기면 영영 폐품이 되어 버릴 것 같은 불안한 생각에 출간을 재촉하게 되었다. 그러고도 벌써 반년이 흘렀다. 그런데도 오탈자를 수정하고 문장 몇 개를 다듬는 정도가 고작이었다. 최근 10년의 연구도 정리하여 보강하고 싶었으나 힘에 붙여 후일을 기약하는 선에서 마무리하였다. 따라서 이 책은 일부를 제외하곤 10년 전의 시점에 머물러 있다. 철지난 책을 접하게 될 독자들에게 이렇게라도 죄송함을 전하고 싶다.

그간 별 시답잖은 논문임에도 찾는 사람들이 있어 꽤 많은 분에게 박사논문을 보내드렸다. 박사논문이 소진되자 책으로 출간해 달라는 요청들을 간혹 받곤 하였는데, 그때마다 곧 나온다 곧 나온다 하면서 이렇게 시간이 흘러가 버렸다. 나의 공언空言을 용서

해주신 분들에게 죄송한 마음뿐이다.

박사학위 이후 나의 신변에도 많은 변화가 있었다. 연세대학교 국학연구원 전문연구원으로 채용되어 근무하던 중 연구재단에 신청한 조선시대 경연자료 집성이라는 연구주제가 선정되어 2년여 동안 경연자료 집성에 매달렸다. 그러던 중 연세대학교와 강진군청이 학관협약을 맺어 강진다산실학연구원을 개원하였는데 그곳에서 5년을 근무하였다. 그리고 일한기금의 도움을 받아 일본 교토에 있는 리츠메이칸대학교에서 객원연구원으로 다산 정약용과 일본학자의 서적 교류에 대해 연구하던 중, 안동에 있는 한국국학진흥원에서 연구원을 뽑는다는 소식을 전해 들었다. 일본에서의 연구가 마무리되지 않았기 때문에 처음에는 의사가 없었는데 주변 선배들이 한국에서 직접 전화까지 하면서 직장잡기 어려운 시절인데 이 좋은 기회를 놓칠 거냐며 막 나무라는 통에 시절이 그렇기는 하다 싶어 접수하였고 또 운 좋게 채용되었다.

몇 년 전에 아버지가 작고하셨고, 어머니는 또 몇 년 사이에 교통사고를 두 번이나 당하셨다. 둘째아이가 태어나 올해 초등학교에 들어갔다. 첫째아이는 벌써 초등 5학년생인데 사춘기가 왔는지 아빠는 남자라며 거리를 두고 있다. 이사는 벌써 여섯 번이나 했다. 그 사이 큰 이사가 두 번이었는데 고양 일산에서 전남 강진으로, 강진에서 경북 안동으로 대형트럭 2대가 6시간 가량 걸려 도착하는 거리를 이사했다. 이사할 때마다 불편하기가 말이 아니었지만 위안을 삼을 수 있었던 것은 위대한 스승이 머물던 곳에 바로 내가 간다는 사실이었다. 지금까지 어떤 연구자가 지금의 나와 같은 행보를 하고 있단 말인가! 다산 정약용의 유배지 강진에서 살기로는 6년, 퇴계 이황의 무대 안동에서 2년, 이렇게 훌륭한 스승들이 계셨던 땅에 몇 년씩 살면서 그분들의 체취를 맡을 수 있는 행운을 가진 사람이 대한민국에서 몇이나 되겠는가!

아내는 한곳에 정착해 있으면 친구도 사귀고 사업이라도 해보았을 텐데 남편 때문에 어느 것 하나 제대로 해보지 못하였다. 그래도 불평 많지 않고 또 나를 위해 헌신하고 있으니 고맙기 그지없다. 안동에 이사온 뒤 안동대학교에 편입하여 중문학을 전공하고 있는데 벌써 마지막 학기가 되었다. 다문화가정이라고 등록금을 절반이나 깎아주어 말 그대로 공짜나 다름없이 다닌다고 할 만한데 객지의 외로움을 달랠 수 있기를 바랄 뿐이다.

지금도 교통사고로 병상에 누워계신 어머니의 쾌유를 빌고, 아내와 두 딸의 건강을 빈다. 이 책이 부족하지만 아들로서, 남편으로서 또 아빠로서 가족에게 사랑의 선물이 되었으면 좋겠다.

2014년 7월 3일

어느 무더운 오후, 안동의 연구실에서

|차 례|

제1장 서론

1. 역상易象의 기호론적 약속체계
2. 다산역의 상해象解적 성격
3. 다산역 연구사 분석

1. 역상易象의 기호론적 약속체계

『역易』의 세계는 현대적 관점에서 보면 가상현실계와 비슷하다. 「계사전」에서 "역자易者, 상야象也, 상야자象也者, 상야像也(『역易』은 상象이며, 상象이라는 것은 본뜬 것이다.)"라고 하였듯이 8괘가 상징하는 물상物象들은 실제의 대상들과 그들의 움직임을 모사模寫한 기호들이다. 말, 소, 수레, 용, 궁실, 활과 화살 등의 대상을 『역』의 체계 속에서 구현하기 위해서는 역상易象으로서의 말, 소, 수레 등도 실제의 대상처럼 『역』 속에서 활성화되어 있어야 한다. 영화 <MATRIX>의 가상현실계 안에서 움직이는 것들은 모두 컴퓨터 기호체계들이지만 이 기호들의 움직임은 실제의 것들의 움직임과 같지 않으면 안 된다. 가상계의 발차기나 건물 뛰어넘기 동작은 실제로는 컴퓨터의 기호조작이지만 인간의 인식 안으로 들어오게 하려면 실제의 인간처럼 움직여야 한다. 가상현실계의 총알도 실제의 총알처럼 날아가며, 가상현실계의 자동차도 실제의 자동차처럼 나아간다.

기호는 약속에 의해 형성된다. 교통신호(일종의 기호)를 약속하지 않는다면 도로주행은 거의 불가능할 것이다. 『역』도 마찬가지로 약속인 것이다. 다산이 세운 14벽괘辟卦는 사계절의 끊임없는 순환과정을 모사한 것임을 약속하고, 그것의 확장인 50연괘衍卦는 자연의 절대순환과정에서 파생되는 만물의 변화, 인간사의 변화를 상징한 것임을 본래의 『역』과 다산과 독자 사이에 약속하지 않는다면 다산의 설법은 섬에서 SOS 신호만 보내고 있는 난파자의 외침일 뿐이다. 그런 의미에서 다산은 「설괘說卦」의 상징들을 그 누구보다도 강조하며 독자와의 약속을 기대한다.

언言, 상象, 의意 가운데 상象이 『역』의 제1의적 요소임을 인정한다면 다산의 역상易象 이론은 독자에게 파노라마와 같은 구체적 이미지를 떠올리게 하며, 고도의 추상적인 형이상학 체계로는 얻을 수 없는 구체적이며 실존적인 사유를 하도록 이끈다.

다산茶山 정약용丁若鏞(1762~1836)[1]은 이미 기호가 인위적 조작에 의해 임의적으로 부여된 명칭임을 알고 있었다. 8괘의 명칭이나 물상들은 사람이 정한 이름(人立之名)이지 자연적으로 실재하는 것이 아님을 「역론2」에서 밝힌 바 있다.[2] 『역』에 대한 모든 신비화적 작업을 에포케(epoche)하게 만드는 것이 바로 '인립지명人立之名'이라는 전제이다. 괘명과 물상은 최초 약속에 의해 정해진 명칭이기 때문에 그 약속만 독자가 지킬 수 있으면 언제든 『역』은 만날 수 있게 된다. 이는 마치 교통신호가 파란 불일 때 언제든 지나갈 수 있음을 우리가 보장받는 것과 같다.

다산의 『역학서언易學緖言』은 개설 역학철학사라고 할 수 있으며 『주역사전周易四箋』은 역학이론서이다. 다산은 이 두 작품을 통해 『역』의 기원에서부터 당시까지의 성과를 분석비판하고 이를 바탕으로 그 자신 나름의 정설을 수립하였다. 다산에 따르면 『역』은 고대의 전설적 성인이 천지天地를 관찰하고 천명天命을 알아 교화敎化하고자 한 데서 출발하였다. 이러한 성인의 의지는 천지변화天地變化의 양상을 기호화하여 그에 상응하는 성격을 지닌 사물에 빗대어 길흉을 판단하고 윤리적 행동기준을 마련하는 데로 이어졌다. 그후 주문왕周文王과 주공周公이 그 기호인 괘卦의 의미를 표현하는 역사易詞를 지어 상징의 언어화를 성취하였다.

『역』의 체계가 약속의 체계라는 것에 대해서 누구도 이의를 제기하지 않는다. 역학자들에게 중요한 것은 그 약속체계를 가지고 어떤 목적에 어떤 방식으로 기여하는가 하는 것이다.

이미 상징성을 띠게 된 기호 메시지는 문자의 발명만큼이나 인류 역사상 커다란 의미를 지니고 있으며, 그것은 또 하나의 문자 역할을 한다. 근취近取나 원취遠取를 통해 얻어진 상징기호인 8괘는 —기본적으로 음·양이라는 단수의 획도 상징성을 띠지만 다산의 역리사법易理四法 체계 속에서 활용되는 상징은 8괘를 기본으로 한다. 왜냐하면 8물八物(8괘의 본물本物)의 단계에서 비로소 구체적 물상이 얻어지기 때문이다.— 단순기호가 아니라 복잡기호로서 작용하는데, 이는 한 단어적 의미가 아니라 하나의 문장을 표현하는 복잡문자이다.

예술작품은 그것을 감상하는 사람에게 그림 자체로 제시되므로 여러 해석이 가능해진다. 그러나 기호 메시지는 예술작품과는 달리 기호에 대한 지식의 내용에 따라 일정한 해석이 이루어진다. 이는 문자에 대한 해독과 마찬가지로 기호읽기인 것이다. 기호읽기는 그것이 기호인 한에 있어서 기호를 어떻게 조합하고 이해하는가에 따라 해석이 달라질 수 있다. 더구나 8괘 또는 64괘는 복잡기호로서 더 많은 해석의 개연성이 존재한다.

그리스 역사가 헤로도토스는 페르시아왕 다리우스에 대한 흥미있는 일화를 소개하고 있는데, 이를 통해서 서로 다른 해석의 개연성을 살펴볼 수 있다. 스키타이의 왕들이 다리우스에게 새 한 마리와 쥐 한 마리, 개구리 한 마리, 그리고 다섯 개의 화살이 담긴 선물을 사신을 통해 보냈다. 다리우스는 이 선물을 스키타이의 왕들이 그들의 영토와 하천을 포기하고 항복하는 표시로 해석했다. 왜냐하면 쥐는 땅에 살고, 개구리는 물에서도 살고, 새는 군마軍馬와 닮았으며, 다섯 개의 화살은 전쟁무기를 가리키는 것이므로,

이것들을 선물했다는 것은 항복을 의미하는 것이라 생각했기 때문이다. 그러나 다리우스의 대신 중 한 사람은 전혀 다르게 해석했다. 그는 이 선물이 전혀 다른 의미라고 추론했다. 왕이 새가 아닌 이상 하늘을 날 수 없고, 쥐가 아니므로 땅 속에 숨을 수도 없고, 개구리가 아닌 이상 호수에서 뛰어오를 수도 없기 때문에, 결국 다섯 개의 화살을 맞고 다시는 고국으로 돌아갈 수 없게 될 것이라고 해석한 것이다. 헤로로토스의 이 기사는 구체적 이미지들을 떠올리게 한다. 이렇듯 말 아닌 기호는 글이나 말보다도 더 많은 내용을 이야기해준다. 글이나 말로 직접 전달하는 것과는 달리 그것이 어떻게 조합되고 배열되는가에 따라 의미가 달라지기 때문이다.

이 일화와 같은 판단의 상이성은 『주역周易』에 전반적으로 나타나는 개연성이다. 수많은 역학가들이 나타났지만 어느 하나 동일한 것이 없으며, 특히 점占에 있어서는 더더욱 그러하다.

"기호의 근본적인 기능은 상관관계가 없는 관계에 상관성을 부여하는 데 있는 것 같다. 기호는 관계를 직접 실행하지 않고 필요할 때마다 이루어지도록 보편적인 규칙과 습관을 구축한다. … 우리의 모든 지식과 사고는 기호를 통해 이루어진다. 기호란 한쪽에는 대상이, 다른 한쪽에는 해석내용이 존재하는 것이며, 해석내용과 대상 사이에는 고유한 상응관계가 유지된다."[3] 즉, 대상과 그 의미 사이에 기호라는 매개가 개입되지 않으면 그 둘의 상관성을 인식할 수 없다. 따라서 인식의 전제조건의 하나로서 기호는 반드시 존재해야만 하고 실제로 의식된 기호이든, 아니면 무의식의 기호이든 간에 인간은 기호를 통해 사유하고 있다. 따라서 롤랑 바르트(1985)의 "세상은 기호로 가득 차 있다"[4]는 언명은 의미 있는 것이 된다.

기호학자들의 논의는 기호와 대상, 그리고 기호와 의미내용이라는 기호의 1:1 대응관계를 지적한다. A라는 대상은 A^1이라는 기호의 매개를 통해 A^2라는 의미내용을 확보한다는 것이다. 그러나 이

A가 단순기호가 아니라 복잡기호일 때는 단순한 1:1 대응으로는 설명되지 않는 추론의 영역이 존재하게 된다. 이때 A^2는 복잡기호를 해체하여 나열한다고 해서 얻어지는 것이 아니다. 해체된 복잡기호의 재배열을 통해 A^2 또는 그 이상의 A^3, A^4…라는 포괄적 의미를 얻어낼 수 있어야 한다. 『주역』의 해석은 태생적으로 3획괘를 바탕으로 하기 때문에 출발단계에서부터 이미 복잡성을 띠고 있다.—음양의 1획은 양대 극단의 표현으로서 복잡성의 극치이지만, 음양으로는 태극의 파동이미지밖에 얻을 수가 없어서 구체적 물상들의 상호조합을 연상하기 어렵다.— 게다가 64괘는 3획괘의 중첩임과 동시에 1획의 여섯 차례의 중첩이기 때문에 더더욱 복잡할 수밖에 없다.

다산은 『주역』의 이러한 태생적 복잡성을 이해하기 위해 네 가지 역리易理를 이용하면서 6획괘 안에서 활성화되는 물상들을 배열하여 그 전체의 의미를 판단한다. 다산의 해석은 아마도 철저한 기호론적 면모를 발휘하고 있다고 해야 할 것이다.

다산은 『역』의 상징기호와 그 해석언어를 이해하는 데 있어 그 자신이 『역』의 원작자가 처음 세웠으리라고 간주한 네 가지의 중요한 법칙을 설정하였는데 이 법칙은 그가 『역』을 해석하는 기본적인 틀이다. 그가 『역』에 대한 주석서를 '사전四箋'이라 칭한 것도 이에 연유한다. 그것은 바로 추이推移, 물상物象, 호체互體, 효변爻變이다. 이에 대해서는 '제4장 역상학의 네 가지 원칙' 장에 자세하게 설명되어 있는데, 여기서는 간단하게 짚고 넘어가기로 한다.

추이推移는 벽괘辟卦가 연괘衍卦로 확장되어 가는 것을 표현하는 용어이다. 벽괘는 14개로 구성되며, 이것이 확장하여 50연괘로 옮겨간다. 동지에 1양이 처음 생겨나서 복復괘 ䷗가 되는데, 한 달마다 양이 하나씩 자라나면 림臨괘 ䷒가 되고 또 태泰괘 ䷊가 되며 대장大壯괘 ䷡가 되고 더 나아가 쾌夬괘 ䷪가 되며, 마지막에 6음이 다 자라나면 건乾괘 ䷀가 된다. 하지에 다시 1음이 자라나기 시작하여 구姤괘 ䷫가 되고 달마다 1음이 자라나 돈遯괘 ䷠가 되며 비否괘 ䷋가 되고 관觀괘 ䷓가 되고 더 나아가 박剝괘 ䷖가 되며 최종적으로는 곤坤괘 ䷁가 된다. 이렇게 하여 열두 달, 즉 사시四時를 상징하는 괘가 하나씩 설정된다. 여기에 재윤再閏의 괘로서 소과小過괘 ䷽와 중부中孚괘 ䷼를 벽괘에 포함시킨다. 재윤의 괘까지 포함시켜야 사시의 순환반복을 제대로 표현할 수 있다고 보았기 때문이다. 이 14벽괘의 강획剛畫과 유획柔畫들이 위아래로 옮겨다니면서 자리이동을 하는 것이 곧 추이推移이다.

물상物象은 괘효사卦爻詞를 구성하는 가장 기본적인 요소이다. 건乾괘에 나오는 용龍과 곤坤괘에 등장하는 말(馬) 등이 물상에 해당된다. 더 엄밀하게 말하자면 건乾괘 초9 "잠룡물용潛龍勿用"의 '물용勿用'과 같은 점사占詞를 제외한 모든 사詞는 넓은 의미의 물상이 된다. 다산은 '잠潛'과 같은 괘덕卦德도 손巽 ☴의 물상으로 간주한다.—이하 본문에서 필자는 의상意象이라는 표현도 사용할 것이다. 건健, 순順, 잠潛 등과 같은 괘덕은 의리역학가들이 말하는 의리의 범주인데, 다산은 이것들을 통틀어서 물상의 범주에서 논하고 있다. 필자는 이것을 의상意象이라 별도로 구분하여 그것의 의리적 측면을 부각시키겠지만 넓은 의미에서는 물상의 카테고리 안에 소속된다.— 다산에게서 물상物象은 『역』을 해석하는 가장 중요한 매개이다. 추이推移나 효변爻變이나 호체互體는 상象이라는 매개를 해석에 적용하는 방법이다. 괘효사에서 물상을 취한 것은 모두 「설괘」에 근거한다. 따라서 다산은 「설괘」를 통하지 않고는 『역』을 한 글자도 이해할 수 없다고 단언한다. 그에 따르면, 「설괘」는 복희伏羲 시대부터 전해온 고문이며 하夏, 상商 시대에도 변함없이 이용되었고, 주周 시대의 『춘추좌전』과 『국어』의 관점官占에서도 「설괘」의 물상을 두루 취하였기 때문에, 「설괘」를 통하지 않고는 『역』을 읽을 수 없다는 것이다. 「설괘」가 중시되어야 하는 것은 거기에 8괘의 물상物象들이 적시되어 있기 때문이다.

호체互體란 중효中爻를 말한다. 왕필王弼 등이 호체설을 반대했지만 호체설은 대부분의 역학가들에게 채택되고 있다. 다산이 『주역사전』 「사전소인四箋小引」에서 언급하고 있듯이 주자도 "호체는 폐할 수 없다"5)고 말한 바 있다. 두 호체로 새롭게 만들어지는 괘는 중괘重卦를 이루고 나면 자연히 형성된다. 다산은 본괘本卦 외에 호체互體의 여러 형태를 활용한다. '대체大體'는 호체 가운데 큰 것으로써 4획, 또는 5획을 가지고 논하는 것이다. '겸체兼體'는 1괘 전체를 가지고 호체를 취한 것으로, 중괘가 성립되면 천지인天地人 3재才의 자리가 확정되므로 그 각각을 둘씩 묶어 또 하나의 8괘를 구성하는 것이다. '도체倒體'는 괘가 가지고 있는 성질을 온전하게 다 쓰기 위해 본괘를 거꾸로 뒤집어 활용하는 것이다. '복체伏體'는 6획의 자리에 근거하여 수를 고찰해 볼 때 겉으로 드러나진 않지만 감坎과 리离의 수가 실재로 그 속에 잠재해 있다고 보고 활용하는 것이다. 하괘는 다 리离 ☲이고 상괘는 다 감坎 ☵이 되는데, 제1, 2, 3효는 홀수-짝수-홀수로 되어 있고, 제4, 5, 6효는 짝수-홀수-짝수로 되어 있기 때문이다. '반합牉合'은 혼인의 상象과 관련된 괘의 경우 소남少男과 소녀少女 중의 어느 한쪽이 거꾸로 되어서 서로 마주하기 때문에 활용하는 것이다. 이러한 호체설은 「설괘」의 물상이 누락된 것을 보충하는 한 설명방식이다. 새로운 호체괘가 형성되면 거기에서 각각 새로운 물상을 추출해 낼 수가 있기 때문이다. 이러한 호체설은 물상으로 64괘 전체의 괘효사를 해석할 수 있는 토대를 마련해주는 것이기도 하다.

효변爻變이란 효의 변화를 지칭하는데, 다산에 따르면 효爻는 변화를 말할 때만 사용하는 것으로, 효를 언급하게 되면 그것은 이미 변효變爻를 지칭한다. 효변을 취하지 않으면 추이推移의 방법이 통하지 않게 된다. 효가 변하면 그 지괘之卦를 잡고서 그것의 추이를 거슬러 따져보아야 하는데, 지괘之卦란 바로 효爻인 것이다. 또 효변을 취하지 않으면 「설괘」의 물상을 운용할 방법이 없고, 호체의 물상도 적용할 길이 없다. 효변법을 적용하지 않으면 64괘 384효가 다 어긋나게 되어 음을 양으로 오인하고 양을 음으로 오인하는 결과를 빚게 된다. 효는 한 괘에서 6위位 가운데 어느 한 자리가 변하여 다른 괘로 전이되는 과정을 표현한다. 주자朱子의 경우는 획괘畫卦와 효변爻變의 원리가 동일하게 간주되어, 획畫과 효爻를 구분하지 않았다. 이런 점에서 주자와 다산의 효변설은 큰 차이가 있다. 주희는 효변을 점서占筮의 방법으로만 파악한 반면 다산은 괘효사를 지은 근본원칙 중의 하나로 인식했던 것이다.

『역』의 해석방법에는 여러 가지가 있을 수 있으나 다산은 이전 학설들의 모순을 지양하고 종합한 역사적 역할을 담당했다. 그가 「설괘전」6)의 주석에서 강조하는 것은 물상物象이지만, 그가 말하는 물상의 범주 안에는 이른바 괘덕卦德, 곧 의리역학가들이 말하는 의리義理가 포함되어 있다. '물상物象'은 말 그대로 물物에서 얻어지는 이미지를 일컫는다. 이러한 이미지에는 추상과 구체의 모든 내용들이 담겨 있다. 어쨌든 다산의 '물상'이라는 용어는 상수象數와 의리義理를 포괄하는 개념임에 유의할 필요가 있다. 그렇지만 '상수象數'만을 놓고 볼 때, 다산은 수數에 대해 별 관심이 없어 보인다. 예를 들어, 효사에 나오는 9와 6이라는 숫자는 효의 변화와 불변을 지칭하는 것으로써 64괘의 움직임을 바로 파악할 수 있도록 해주는 것일 뿐 어떤 신비한 형이상학적 의미로 사용된 것이 아니라고 본다. 괘가 변한 것인가 아닌가만을 표시하는 단순한 기호숫자라고 보는 것이다.7) 다산은 소강절邵康節(1011~1077)의 역학을 강하게 비판하고 있는데 이는 단지 변화를 지칭하는 기호일 뿐인 숫자를 가지고 유희하면서 신비화시켰다고 여기기 때문이다. 다산은 『역학서언』에서 하도河圖와 낙서洛書에 대해 상당한 양을 할애하면서 적극 비판하고 있음을 볼 수 있다. 그가 현본 「계사전繫辭傳」 안에서 서법筮法과 관련된 내용만을 추려 별도로 「시괘전蓍卦傳」이라고 표창表章한 것도 수와 관련된 것들을 서법筮法과 직접 연결지어서 그 방법론으로만 다루려고 하는 의도가 내포되어 있다. 다산은 왕필王弼이나 주자의 의리적 해석의 내용을 거부하는 것이 아니라 해석의 방법론을 문제삼고 있는 것이다. 이는 추이推移, 물상物象, 효변爻變, 호체互體를 통해 『역』을 해석해야만 괘효사의 원의를 제대로 인식할 수 있다는 그의 신념에 따른다.

다산은 이러한 『역』 해석방법론을 근거로 경經과 전傳의 전반적 개편을 단행하였다. 「대상전大象傳」을 별도 표장하고, 「계사전繫辭傳」에서 괘효사를 보완하는 부분이라고 간주되는 구절들은 해당 괘효사 아래에 편입시키고, 서법과 관련된 내용은 모두 「시괘전蓍卦傳」에 편입시켜 별도의 전傳을 구성하였다. 「시괘전」은 다산이 재구성한 하나의 시괘법蓍卦法 안내서이다. 물상을 하나의 중심축으로 하고 나머지 3법法을 적용방법으로 삼아 점술적 신비주의를 배격하기 위해 과감한 칼대기를 시도한 것이다.

과연 무엇이 다산으로 하여금 이처럼 과감한 발상을 할 수 있게 하였을까. 세계관이 이미 달라졌기 때문이다. 전통역학에서는 우주와 인간이 도道나 리理[8]라는 거대하고 원만한 통일성 안에서 융해되어 논의될 수 있었다. 왕필역학에서 무無라는 통일적 실체에로 우주와 인간이 회귀할 수 있었다면, 주자역학에서는 리理라는 보편적 원리에로 포괄될 수 있었다. 그러나 다산역학에서는 원시유학의 상제上帝가 복권되면서 그 최고존재 아래 우주와 인간이 구분되는 천인분리天人分離의 구도가 형성되었다. 따라서 자연학과 인문학의 총체적 진리가 담겨있다고 여겨졌던 『역』의 면모가 축소될 수밖에 없다. 다산의 구도 속에서 인문학의 모든 기호와 상징은 인간의 영역에 속하는 것이지 자연의 영역이 아니다. 신 아래 자연과 인간이 대적하듯이, 자연은 자연의 원리대로 움직이고 인간은 인간의 윤리에 따라 살 뿐이다. 인간의 발명품은 인간의 소유물이듯이 『주역』도 인류가 발견한 인간만의 기호와 상징의 체계로 이해된다. 따라서 이와 같은 맥락에서 볼 때, 『주역』은 다분히 불

완전하며 한정성을 가질 수밖에 없다. 다산이 『주역』을 은말주초殷末周初의 한정적 시공간 속 문화 텍스트로 읽으려고 하는 이유가 바로 여기에 존재한다. 그러나 이것이 『주역』의 폄하를 목적으로 하지 않는다. 왜냐하면 주례周禮가 다산의 이상이었던 것과 같이 『주역』의 상징세계는 그가 이상시했던 성스런 시대를 적나라하게 반영하고 있기 때문이다.

종래의 적잖은 연구자들이 다산역의 난해함을 이해하기 위해 주로 그의 『역』 해석방법론을 연구한 측면이 있다. 본 논문은 이를 토대로 『역』 경문에 대한 다산의 주석에서 철학적 의미와 그 시대적 역할을 규명하려고 한다. 다산이 추이推移나 물상物象 등을 『역』의 핵심으로 간주한 데에는 많은 함의가 담겨져 있다. 자연세계를 구성하는 기본 요소들을 하나의 의상儀象으로 빗대어 체계적이고 정합적인 상징철학체계를 구성하려는 그의 의지가 담겨 있는 것이다. 그러나 『역』의 세계가 태생적으로 자연을 모사한 데서 구성된 것이긴 하지만, 그것이 이미 의상儀象인 한에 있어서 자연과 동일할 수는 없다. 이는 바둑두기에 비유할 수 있다. 바둑두기는 이른바 '천원지방天圓地方'이라는 우주론에 바탕하고 있다. 제작자는 판을 방형方形으로 하여 땅을 모상模像하고 돌을 원형圓形으로 하여 하늘을 모상하였다. 그러나 그 원형의 바둑돌을 방형의 판 위 임의의 장소에 옮겨놓으며 바둑두는 사람은 천지를 모상하여 두는 것이 아니다. 돌과 판이 자연을 모상하여 만들어진 것이긴 하지만 바둑두기는 인간의 행위일 뿐이다. 따라서 다산의 역학이 자연학과는 별개라고 말해서도 안 되겠지만, 자연학 그 자체로 간주하는 것은 더더욱 적절치 않다. 그의 역리4법易理四法은 『주역』을 자연학으로서가 아니라 인문학으로서 해석하려는 목적을 담고 있다. '역리易理'란 바로 '『역』의 방법론'이라는 뜻이다.

2. 다산역의 상해象解적 성격

다산역茶山易의 탐구를 통해 우리는 그의 역학이 상수역象數易이나 의리역義理易이라는 전통적 분류방식에 의해 어느 하나로 분류될 수 없다는 점을 발견하게 된다. 그가 다루고 있는 상象에는 물상物象뿐만 아니라 의상意象—그가 의상이라는 용어를 직접 쓰고 있지는 않지만 그의 물상의 카테고리 안에는 의리역에서 주로 언급하는 의리의 상들도 담겨 있기 때문에, 필자가 사용한 용어이다.—도 포함되는데, 그가 사용하는 의상意象은 단지 상들의 조합과정에서 언급되는 내용일 뿐, 철학적 의리를 드러내려는 의도에서 논의되지 않는다. 다산역에 분명 의리역적 성격이 없는 것은 아니지만 전통적 분류상의 의리역이라고 정의하기는 어렵다. 그가 사용하는 역리4법易理四法은 다산의 창작이 아니라 상수역학자들이 사용해 왔던 방법이다. 엄밀한 의미에서 모든 역학은 상수역과 의리역의 성격을 동시에 지니고 있다. 다산역도 예외는 아니다. 그러나 전통 역학에서 상수역이나 의리역이나 모두 『주역』을 자연학적 원리와 인문학적 원리가 결합된 형이상학 진리의 체계로 간주하고, 이를 설명하거나 증명하는 것을 목적으로 한 반면, 다산역은 이 둘의 결합을 해체하여 인문학적 지향志向을 지니고 『주역』을 해석하고 있기 때문에 종전의 분류법 상의 한 분파에 소속된다고 규정하기 어렵다. 따라서 다산역이 인문학적 지향을 지닌다고 규정하는 것이 더 적실해 보이며, 전통적 기준의 의리역이라는 범주에 소속시키는 것은 그의 변화된 세계관을 담아내기에 적절해 보이지 않는다.

이처럼 다산역을 의리역의 범주에 소속시킬 수 없는 이유는 상수역에 소속시킬 수 없는 이유에도 똑같이 적용된다. 다산은 상수역의 방법을 철저히 사용하고는 있으나, 종래의 상수역학자들이 했던 것처럼 『주역』이 자연학과 인문학이 결합된 형이상학 진리의 체계라는 점을 증명하려는 목적을 지니고 있지 않다. 그가 상수역의 방법들을 채용하는 이유는 『주역』을 역易 자체의 논리, 즉 역리易理의 체계로 해석하려는 목적을 지닌 것으로 보인다. 따라서 전통적 기준의 상수역 범주에 소속시키는 것 또한 적절해 보이지 않는다. 게다가 상수역은 그 주요 구성요소가 상象과 수數이지만, 다산역에서는 전통 상수역의 수數 개념이 철저히 무시되고 오직 상象만이 운용되고 있기 때문에 상수역의 범주 중에 반틈만 의미있게 된다. 따라서 몇몇 학자들이 이미 그의 역을 상학象學[9]으로 규정하거나, 상리역象理易[10] 또는 상일원론象一元論[11]으로 규정한 바 있다. 필자가 다산역을 역상학易象學 체계로 정리하는 이유가 여기에 있다.

필자는 손암巽菴 정약전丁若銓(1758~1816)의 편지에서 다산역의 상해象解적 성격을 보여주는 매우 의미 있는 내용을 접했다. 아래에 그 일부를 소개하는 것으로 논의의 단초를 삼으려 한다. 을축년乙丑年(1805) 5월 3일, 정약전은 유배지 흑산도黑山島에서 동생 약용에게 서신을 보낸다.

> 『역해易解』의 서문序文은, 먼 바다의 외딴 섬에서는 서적을 참고할 수가 없고 세월도 여유롭지 않아 연약한 풀잎에 붙어 있는 가

> 벼운 티끌처럼 덧없어, 참으로 자네 말처럼 급한 마음에 간략하게 엮어 보내긴 하지만 거칠고 서툴러 부끄럽기만 하네. 다만 내 생각에 '사해四解'라는 이름은 '상해象解'보다 못한 것 같네. 왜냐하면 호체互體라는 이 하나의 현상이 어찌 큰 뜻이 아니랴마는 그러나 추이推移・효변爻變・물상物象에 비한다면 미세하기 때문이네. 네 개의 큰 줄거리로 그것들을 나열하게 되면 아마 경중을 구분하지 못할 흠이 있을 듯하네. 서문에서는 순서대로 나열하지 않을 수 없었기 때문에 문장이 좀 궁색하다네. 만일 예전처럼 '상해象解'라고 부르고자 한다면 서문도 마땅히 고쳐야 한다네.12)

을축년은 다산이 사의재四宜齋에 기숙하던 때이다. 사의재는 그럴듯해 보이는 당호이긴 하지만 좌절을 겪은 위대한 한 학자의 조심스러움이 배어있는 당호이다. "나이 먹는 것을 생각할 때 뜻한바 학업이 무너져버린 것이 슬퍼진다. 스스로 반성하기를 바랄 뿐이다."13) 유배 초기 다산은 무척이나 언행을 조심해야만 했다. 그 몇 년 동안 외가가 가까이 있었어도 죄인을 드러내놓고 찾아가 위로할 수도 없는 일이고 가까운 지인들도 방문을 꺼렸다. 이러한 상황이 「사의재기四宜齋記」에 고스란히 실려 있다. "생각은 담백해야 하니 담백하지 않은 것이 있으면 빨리 맑게 해야 한다. 용모는 엄숙해야 하니 엄숙하지 않은 것이 있으면 빨리 단정히 해야 한다. 언어는 과묵하게 함부로 하지 말아야 하니 함부로 말하는 것이 있다면 빨리 그쳐야 한다. 행동은 신중해야 하니 신중하지 않은 것이 있으면 빨리 천천히 하도록 해야 한다. 이렇기 때문에 그 방의 이름을 '네 가지를 마땅히 해야 하는 서재書齋'라고 지었다."14) 이 네 마디의 경구警句를 새겨 늘 조심하고자 했던 마음이 이 초라한 주막집 방 한 칸에 올려지게 되었다.

다산은 신유년辛酉年(1801) 겨울 강진康津에 이배移配된 이래 강진 읍성 동문 밖 주점酒店에 더부살이하여 살았고, 여기에서 손병조孫秉

操, 황상黃裳 등 읍내 아전들의 집안 아이들을 가르치면서 호구를 삼았다. 「사의재기四宜齋記」에 따르면 이 당호를 내건 날은 순조 3년(1803) 겨울 12월 초열흘(辛丑日)이며 동짓날이니 갑자년(1804)이 시작되는 날이었고, 새로운 갑자甲子가 시작되었기 때문인지 다산은 이 날 『주역』 건乾괘를 읽었다.

이 편지에 등장하는 '역해易解'는 『주역사해周易四解』를 가리킨다. 1804년 다산이 중형仲兄 정약전에게 『주역』 주석서에 대한 서문을 부탁했을 때는 '주역사해'라는 이름으로 맡겼다.[15] 그리고 약전의 이 답신으로 보아 이전에 다산은 이 책의 이름을 '주역상해周易象解'라고 한 적이 있음을 알 수 있다.

그간에 주목받지 못했지만 이 편지에 나오는 '상해象解'라는 용어에 주목할 필요가 있다. 다산이 '주역사해'라는 이름으로 책을 흑산도로 보내기 이전에 어떤 형태로든 정약전과 『역』의 주석에 대해 논의가 있었음을 짐작케 해주는 말이다. 다산의 『역』 저술활동은 유배지에서 처음 시작되었으므로 '상해'와 관련된 논의는 서신으로 주고받을 수밖에 없었다. "만일 예전처럼 '상해象解'라고 부르고자 한다면 서문도 마땅히 고쳐야 한다네"라는 구절은 본 논문과 관련하여 아주 중요한 의미를 지니고 있다. 과연 정약전이 말하고 있는 '잉구仍舊(예전처럼)'란 어느 시기일까? 신조선사본 『여유당전서』에 실려 있는 정약전과 주고받은 편지들과 필사본 『여유당집』에 실려 있는 정약전이 다산에게 보낸 편지 13통에는 1805년 이전에 『주역』의 주해에 대해 언급한 곳이 없다. 이러하다면 유배 이전에 이미 그들 사이에 '상해象解'와 관련한 많은 논의가 있었다고 보아야 하지 않을까! 당시 남인계열의 학자들, 특히 광암曠菴 이벽李檗의 『성교요지聖教要旨』와 다산의 형 정약종丁若鍾의 『주교요지主教要旨』 등이 기본적으로 전교활동에 이미지를 활용하고 있으며[16], 정약전의 『현산어보玆山魚譜』도 해양생물의 모양새를 그대로 모사하고 있음을 발견할 수 있다. 특히 『역학서언』의 「현산역간玆山易柬」

에서 정약전이 말하고 있는 내용들은 모두 상象에 관련된 글이다. 다산이 갑자본을 지었을 때는 이미 '주역사해'라는 이름으로 고정되었지만 그 이전—유배 이전의 시기라고 여겨지는— 시기에 『역』을 상象을 활용해 해석하려는 모종의 시도가 있었을 것이라 판단된다. 정약전의 "내 생각에 '사해四解'라는 이름은 '상해象解'보다 못한 것 같네"라는 말은 이에 대한 추측을 더욱 신뢰성 있게 한다. '사해'라는 말은 네 가지의 원칙을 가지고 『역』을 해석했다는 의미에서 사용한 제목이며, 네 가지의 원칙이란 추이推移, 물상物象, 호체互體, 효변爻變을 가리킨다. 정약전은 갑자본을 읽고 이 네 가지의 원칙이 같은 정도의 가치를 지니고 있지 않음을 지적하고 있다. 그래서 "네 개의 큰 줄거리로 그것들을 나열하게 되면 아마 경중을 구분하지 못할 흠이 있을 듯하네"라는 지적을 할 수 있었던 것이다. 정약전에 따르면 호체도 중요하긴 하지만 추이, 물상, 효변에 비하면 비교적 덜 중요한 원칙이기 때문인데, 그가 지적한 추이와 효변은 역리의 기본 원칙이며, 호체는 결국 물상을 폭넓게 추출하는 방법이므로 같은 위상으로 간주되지 않는 것이다. 그런데 추이와 효변 또한 물상을 운용하는 방법이기 때문에 그의 말처럼 '상해'라는 제목이 더 어울릴 수도 있는 것이다.

다산은 분명 유배 이전부터 『역』을 상해象解하려는 시도를 해 왔다고 볼 수 있다. 다산이 써 올린 정헌貞軒 이가환李家煥[17]의 묘지명墓地銘을 보면 젊은 시절 다산이 어떤 종류의 역학서를 읽고 있었는가를 알 수 있는 대목이 있다.[18] 20여 년 연상인 이가환에게 다산은 적당한 『주역』 텍스트가 무엇인지를 연속적으로 질문하고 있는데, 여기에 나열된 서적들은 다음과 같다. 성호星湖 이익李瀷의 『역경질서易經疾書』, 정산貞山 이병휴李秉休[19]의 『역경심해易經心解』, 내의선來矣鮮[20]의 『주역집주周易集註』, 오징吳澄[21]의 『역찬언易纂言』, 주진朱震[22]의 『한상역전漢上易傳』, 이정조李鼎祚[23]의 『주역집해周易集解』가 바로 그것이다. 여기 나열된 학자와 서적들은 비주류에 속하는 것들로서 성리학자들의 정통적 서적범주에서 벗어나는 것들이다. 성호와 정산의 역학은 별개로 하고, 내지덕, 오징, 주진, 이정조 등의 역학은 주로 상수학을 위주로 하는 것들이다. 이가환은 1801년 사망하였고, 다산은 1801년 초 유배되는데 이 두 사람간의 질의응답은 이보다 비교적 이른 시기인 것으로 추측된다. 한 가지 특이할 만한 것은 이정조의 『주역집해』에 대해 물었을 때, 이가환은 다른 서적에 대해서는 일관되게 "알 수 없다(不可知也.)"고 대답하였지만 이 책에 대해서만큼은 "조금 낫지만 그래도 알 수 없다"고 하여 앞의 것들보다는 더 많이 이해하고 동조한다는 암시를 하였고, 다산도 이를 기록함으로써 한대상수학의 자료적 보고인 이정조의 『주역집해』를 중시하였다는 점도 짐작할 수 있다.

아마도 비슷한 시기라 여겨지는 다산 29세 경술년庚戌年(1790), 내각 초계문신으로 있으면서 정조의 친림시親臨試에서 답안으로 작성된 것이 「십삼경책十三經策」이다. 이 답안에서 다산은 이미 주자학적 『주역』 해석에서 벗어나려는 노력을 많이 하고 있음을 보여준다. "신은 왕필王弼과 범녕范甯[24]도 더러 이단의 영향을 받았으며, 대성戴聖의 부도덕한 학문도 『예禮』를 전수하는 데 해가 없었고, 경방京房의 술수학도 『역易』을 전수하는 데 해가 되지 않았으니 이단으로 그들을 배척할 필요는 없다고 생각합니다."[25] 이 답안으로 볼 때 다산은 매우 완곡한 어투로 왕필 등의 역학을 비판하면서 경방 등의 술수학, 더 나아가 상수학을 폭넓게 채택하고 있음을 알 수 있다. 당시의 정통 학문에 도전적이지만 비교적 이중적 태도로 정통과 이단의 학문을 동시에 수용하려는 그의 의지가 엿보이는 대목으로, 정통학문뿐만 아니라 당시로서는 이단적인 학문도 매우 필요하였음도 암시하고 있다.

이렇게 비교적 이른 시기부터 시작된 상수역에 대한 관심이 결국 유배기에 『주역사전』이라는 작품으로 완성되었고, 그것은 정약전이 지적하였듯이 상해象解적 성격이 매우 짙다. 정약전이 보았던

『주역사해』 초고와 완성본 『주역사전』의 내용이 그 해석방법론을 동일하게 유지해 가면서 확충보강한 것임을 감안하면, 『주역사전』 또한 상해적 성격이 그대로 배어있는 것이라 할 수 있다. 다만 초고 이전에 정약전과 다산 사이에 '상해象解'라는 명칭이 논의되었다가 다산 스스로 초고를 완성한 때부터 '사해四解'라 이름하고 또 그 이후 '사전四箋'이라 명명한 것은 따로 별도의 설명을 하고 있진 않지만, 『주역』을 네 가지의 역리易理로 해석하는 방법론을 온전하게 드러내기 위한 방편으로 보인다. 그러나 어쨌든 네 가지의 역리 가운데 추이推移나 효변爻變은 물상物象을 운영하는 방법에 해당하며, 호체互體는 물상을 추출하는 방법이라 할 수 있기 때문에, 결국 물상이 역리사법 가운데 핵심이 된다는 것은 부인할 수 없다.

3. 다산역 연구사 분석

다산학茶山學은 일반적으로 수기치인修己治人의 학문으로 정의되며, 자기수양과 그것의 외적 실천을 이론의 두 기둥으로 삼고 있다. 이러한 수양론적 관점은 주로 4서四書의 주석에 집중되어 있지만, 그가 4서뿐만 아니라 6경에까지 주석을 낸 데에는 나름의 이유가 있다. 송대 이후 중시된 도학道學 텍스트인 4서를 넘어 원시유학 전적인 6경에로 관심을 넓혀간 것[26]은 그의 세계관이 성리학적 틀 속에 머물러 있지 않았다는 사실을 반영한다. 다산은 자신의 저작 중에서 『주역사전』과 『상례사전』을 최대의 역작으로 여겼는데[27], 역易과 예禮를 일관하려는 그의 경학 태도에서 우리는 그가 지향한 세계관의 일단을 접할 수 있다.

본 논문은 『주역사전』을 주 텍스트로 하고, 그의 역학사 개설서라고 할 수 있는 『역학서언易學緖言』을 부 텍스트로 하여 그의 역상학易象學을 파악하려는 논문이다. 필자는 이를 통해 그가 지향한 인문학 정신과 인간학적 경학 정신을 드러낼 것이다. 본 논문의 주제를 연구하는 데에는 여러 장애가 있을 수 있다. 다산이 역론에서 다루고 있는 내용들은 사실상 공자孔子 이후의 대표적인 역설易說들을 망라하는 것이어서 그 원전자료를 대조하는 데에는 많은 시간이 소요될 것이며 실제적으로 대조 자체가 불가능한 부분도 있다. 그리고 무엇보다도 이러한 역학사상을 형성할 수 있게 했던 사상적 배경을 검토하는 것도 그리 쉬운 일은 아닐 것이다. 그러나 어쨌든 이러한 모든 작업들이 원만하게 수행되어야 다산의 역학이 우리 앞에 생생한 모습으로 다가올 수 있을 것이다.

최근까지 다산 역학에 대한 연구는 양적으로나 질적으로 많은 진전이 있었다. 석·박사 학위논문을 연도순으로 나열하면 다음과 같다.

1982, 방인方仁, 『다산역학사상에 대한 연구』, 정신문화연구원 석사학위논문.

1995, 백영빈白英彬, 『정약용의 주역 해석방법의 특징』, 정신문화연구원 석사학위논문.

1998, 박주병朴籌丙, 『정다산 역학에 있어서 역리사법에 대한 연구』, 영남대 석사학위논문.

1998, 임재규林在圭, 『다산 역학의 점서적 성격에 관한 연구』, 서울대 석사학위논문.

2001, 서근식徐根植, 『다산 정약용의 시괘법 연구』, 성균관대 석사학위논문.

1989, 김왕연金王淵, 『다산 역학의 연구』, 고려대 박사학위논문.

1990, 유초하柳初夏, 『정약용의 우주관』, 고려대 박사학위논문.

1990, 정해왕丁海王, 『주역의 해석방법에 관한 연구—정약용의 역학을 중심으로』, 부산대 박사학위논문.

1999, 김인철金麟哲, 『다산의 주역 해석체계에 대한 연구』, 고려대 박사학위논문. (이 논문은 『다산의 주역 해석체계』라는 제목으로 약간의 수정보완과 보론補論을 덧붙여 2003년 경인문화사에서 출간되었다.)

2000, 김영우金永友, 『정약용의 역학 사상 연구』, 서울대 박사학위논문.
2001, 박주병朴籌丙, 『주역의 괘에 대한 연구—정약용 역학을 중심으로』, 영남대 박사학위논문. (이 논문은 『주역반정周易反正—정약용 역학을 중심으로—』라는 제목으로 서문당에서 2002년 단행본으로 출간되었다.)
2002, 유문상柳文相, 『다산 역학의 특성과 윤리적 함의』, 한국교원대 박사학위논문.

여기에 기타 다산역을 소재로 한 소논문들과 단행본들을 함께 모아 그 주요 논의내용과 접근방식을 가지고 몇 가지 유형으로 분류해보면 다음과 같다. 아래의 유형은 필자의 임의적 분류에 의한 것으로 분류의 전형이라고 할 수는 없다. 또한 각각의 논문들이 다른 유형의 논의를 병행하고 있어서 하나의 유형에만 속한다고 할 수도 없다. 단지 논자들의 주요 관심논의영역에 국한한 것임을 밝혀둔다.

◇ 역 해석방법론의 접근

이을호, 「정다산의 역리에 대하여」, 『전남대학교 논문집』 2, 1958.
방 인, 『다산 역학사상에 대한 연구』, 정신문화연구원 석사학위논문, 1982.
김왕연, 『다산 역학의 연구』, 고려대 박사학위논문, 1989.
정해왕, 『주역의 해석방법에 관한 연구—정약용의 역학을 중심으로』, 부산대 박사학위논문, 1990.
이원명, 「다산의 주역관」, 『태동고전연구』 10, 한림대 태동고전연구소, 1993.
백영빈, 『정약용의 주역 해석방법의 특징』, 정신문화연구원 석사학위논문, 1995.
박주병, 『정다산 역학에 있어서 역리사법에 대한 연구』, 영남대 석사학위논문, 1998.
김영우, 『정약용의 역학 사상 연구』, 서울대 박사학위논문, 2000.

◇ 서학사상과의 비교학적 접근

금장태, 「다산의 역학사상과 서학정신」, 『한국유교의 재조명』, 서울: 전망사, 1982.

◇ 중국역학사상과의 비교학적 접근

김승동, 「모기령毛奇齡과 정약용의 역괘易卦 해석에 관한 비교연구」, 『인문논총』 36, 부산대학교, 1990.
신원봉, 「다산의 역학관 정립에 미친 청대사상의 영향—모기령을 중심으로」, 『다산학』 3, 다산학술문화재단, 2002.
방 인, 「다산의 명청역학 비판」, 『철학연구』 84, 대한철학회, 2002.
______, 「다산의 이광지李光地 역학에 대한 비판」, 『철학연구』 90, 대한철학회, 2004. 5.
김영우, 「정약용과 모기령의 역학 사상 비교 연구」, 2004년 『동방학지』(연세대 국학연구원) 게재예정논고(2003.3.8 한국실학학회 발표문의 수정보완본).

◇ 다산 역학에 대한 해설로서의 접근

이을호, 『다산의 역학』, 서울: 민음사, 1993.
김인철, 『다산의 주역 해석체계에 대한 연구』, 고려대 박사학위논문, 1999.
______, 『다산의 주역 해석체계』, 서울: 경인문화사, 2003. (위 박사학위논문의 출간본)
박주병, 『주역의 괘에 대한 연구—정약용 역학을 중심으로』, 영남대 박사학위논문, 2001.
______, 『주역반정周易反正—정약용 역학을 중심으로』, 서울: 서문당,

2002. (위 박사학위논문의 출간본)
서근식, 『다산 정약용의 시괘법 연구』, 성균관대 석사학위논문, 2001.

◇ 다산 역학의 주변탐구로서의 접근

김인철, 「다산역학 연구서설」, 『태동고전연구』 13, 한림대 태동고전연구소, 1996.
김경일, 「정약용 역학과 화이트헤드 유기체철학의 비교」, 『동양철학연구』 18, 동양철학연구회, 1997.
장승구, 「다산 정약용의 역학사상과 그 실학적 의미」, 『다산의 사상과 그 현대적 의미』, 정신문화연구원, 1998.

◇ 윤리학적 접근

유문상, 『다산 역학의 특성과 윤리적 함의』, 한국교원대 박사학위논문, 2002.

◇ 기호론적 접근

방 인, 「다산역학에 있어서 기호와 의미」, 『한국화의 세계화(1)』 (제6회 국제학술회의 논문집), 1991.
______, 「다산역학의 변증법적 이념」, 『주역연구』 3, 한국주역학회, 1999.
______, 「다산의 역론을 통해본 복서卜筮의 모의실험적 기능」, 『주역연구』 4, 한국주역학회, 1999.
______, 「다산역의 기호론적 세계관」, 『대동철학』 20, 대동철학회, 2003. 3.
유초하, 「정약용의 인식론과 과학관」, 『한국사상사의 인식』, 서울: 한길사, 1994.
______, 「정약용의 언어관: 상징과 논리의 만남」, 『한국사상사의

인식』, 서울: 한길사, 1994.

◇ 자연과학 내지는 유물론적 접근,

유초하, 『정약용의 우주관』, 고려대 박사학위논문, 1990.

______, 「정약용의 존재론과 운동관」, 『한국사상사의 인식』, 서울: 한길사, 1994.

______, 「정약용 철학의 유물론적 측면」, 『동양학』 26, 단국대 동양학연구소, 1996.

장회익, 「조선 실학의 과학사상—정약용의 자연관을 중심으로」, 『삶과 온생명』, 서울: 솔, 1998.

◇ 의미론적 접근

임재규, 『다산 역학의 점서적 성격에 관한 연구』, 서울대 석사학위논문, 1998.

황병기, 「주역에 대한 다산의 반신비화 관점과 품명稟命사상 연구—다산 정약용의 「역론」 1, 2를 중심으로」, 『한국사상사학』 21, 한국사상사학회, 2003.

이을호가 1958년 다산의 역리易理를 소개한 「정다산丁茶山의 역리易理에 대하여」라는 소논문을 발표한 것이 아마도 다산역에 대한 본격적인 연구사의 시작이라고 할 수 있다. 이을호는 그후로도 지속적으로 다산역을 연구하여 그 성과물로 1993년 단행본 『다산의 역학』을 출간했다. 이 책은 저자 자신의 그간의 연구를 집대성한 것으로, 후학들에게는 『주역사전』과 『역학서언』의 사전적 역할을 한다. 특이할 만한 점은 다산역의 사상사적 체계가 이을호 자신이 한국사상의 주맥主脈으로 간주한 한사상과 맥락을 같이한다고 판단하는 점이다.[28] 이 책에는 다산역의 구성체제, 역리사법, 역학사관易學史觀 등이 자세하게 잘 정리되어 있는데, 아쉬운 점을 꼽는다면 대략 두 가지로 말할 수 있겠다. 먼저 『역학서언』은 충실하게 분석정리한 반면 『주역사전』은 경문을 제외하고 이른바 10익十翼에 대해서만 분석해 놓았다는 점이다. 또 하나는 다산의 원문들이 완전하게 한글화되지 못했다는 점이다. 그러나 다산이 재편집한 십익에 대한 분석이 그에 의해 이루어지지 않았다면 후학들은 너무나도 많은 시간을 소비하며 그 일에 매달려야 했을 것이다. 그리고 이른바 이전해경以傳解經의 길을 터놓았다는 점도 긍정적으로 봐야 할 대목이다. 또한 본 논문과 관련하여, 그의 착오를 지적하지 않을 수 없다. 『주역사전』의 「괄례표括例表 · 설괘표직설說卦表直說」에서 다산이 구분한 고문古文과 공자의 전문傳文이 「설괘전」의 다산전茶山箋에서는 모호하게 구분되어 있다고 판단하고, 이를 '자가당착'으로 규정하였다는 점이다. 그러나 좀더 엄밀하게 분석해보면, 자가당착이지 않다는 것을 알 수 있다.29) 그러나 어쨌든 그의 연구가 후학들에게 다산역의 지침이 되고 있음은 인정해야 한다. 또한 다산이 주장하는 고역古易이 애오라지 순수천명順受天命 개과천선改過遷善하는 윤리학이라고 정의내림으로써30), 상제에 대한 종교적 신념을 근거로 실천적 윤리를 강조한 다산역의 핵심을 잘 확인해 주었다.

우연이겠지만, 김왕연의 논문 『다산 역학의 연구』(1989)는 이을호의 책(1993)과 너무나 흡사하다. 다루는 텍스트뿐만 아니라 결론 또한 그러하다. 4년의 차가 있지만 아마도 두 사람은 같은 문제의식을 가지고 다산역을 탐구한 것으로 보인다. 치밀함으로 하자면, 이을호의 책이 한글화가 덜된 단점이 있긴 하지만 김왕연의 것보다 앞서는 것으로 보인다. 그러나 김왕연의 논문이 폄하될 성격의 것은 아니다. 무엇보다 그의 논문이 시기상 더 앞서기 때문이다. 또한 김왕연은 1994년의 소논문31)에서, 다산이 수數에 부여된 의미를 가능한 한 축소하려 했음을 지적하고, 『역』의 해석방법으로 거론되어 온 상수역象數易과 의리역義理易이라는 두 가지 논의 가운데 상수역을 수리역數理易과 상리역象理易으로 분리해서 논의해야 할 필요성이 있음을 강조한 뒤, 다산역을 상리역으로 규정한 점에서 다산역 연구사에 있어 의미 있는 발언을 한 바 있다.

이을호와 같은 텍스트를 가지고 좀더 심화시킨 논문이 아마도 박주병의 『주역의 괘에 대한 연구—정약용 역학을 중심으로』(영남대 박사학위논문, 2001)일 것이다. 박주병은 다산의 역학사관—『역학서언』에서 서술하고 있는 역학사의 관점—과 다산의 역리사법을 치밀하게 분석하여 역리사법의 성립을 역사적 맥락에서 파악하였고, 또 이을호가 다하지 못한 인용문의 한글화를 이루었다는 점에서 의의가 있다. 또한 그는 "사사완상舍詞玩象(괘효사를 버리고 상을 음미한다)"하라는 다산의 주장에 기초하여 다산역을 상일원론象一元論으로 규정하였는데, 이는 다산역 연구사에 있어 언급할 만한 정의라고 할 수 있다.

다산역의 정의에 있어, 방인은 석사학위논문 『다산역학사상에 대한 연구』(1982)에서 상수와 의리의 양대 측면을 모두 지니는 유가 정통론의 입장에 서는 것으로 규정한 이래, 1999년 다시 다산을 상수론 계열학자로 분류하면서[32], 자신의 결론이 정해왕丁海王의 박사논문(1990)과 상통하는 것임을 밝힌 바 있다. 방인은 이 논문에서 "다산도 절충론자로 파악될 수 있다. 그렇지만 상수학과 의리학의 구분이 원래 역해석방법론을 둘러싸고 행해진 것이라는 점을 감안한다면 정약용은 상수론자로 간주되는 것이 타당하다"[33]고 주장하였다. 김왕연이 상리역으로 규정한 데 반해 넓은 범주의 두 카테고리로 파악하고자 하는 그의 의도를 엿볼 수 있다.

김왕연(1994)은 소강절의 수리역數理易과 대비되는 개념으로 상리역象理易이라는 용어를 만들어낸 것이지만[34] 상리역이라는 용어는 의리역이라는 용어와 비교해 볼 때, 상에 존재하는 어떤 원리의 영역을 논한다는 오해를 살 수 있고, 또한 그것이 추상적 원리로 보일 수 있다는 점에서 사사완상舍詞玩象의 설법을 정의하기에는 부

적절해 보인다. 방인(1999)의 절충적 상수론이라는 정의가 김왕연의 논의에 비해 더욱 적절해 보이지만, 두 사람의 견해 사이에는 약간의 관점차가 있다. 김왕연은 상수역 하나만을 놓고 볼 때 수數가 아니라 상象만을 다루고 있다는 점에서 상리역으로 규정한 것임에 반해, 방인은 의리역義理易과 상수역象數易이라는 거대범주 아래에서 다산이 상수론을 펴면서도 의리적 요소를 버리지 않는다는 점을 가지고 절충적 상수론으로 규정한 것이다.

한편 박주병(2001)은 "역사易詞는 卦보다는 구체적이지만 괘만큼 포괄적이지가 못하기 때문에 역사易詞만으로 점을 말할 수 없을 경우에는 사詞를 버리고 상象, 곧 괘로 돌아가라는 정약용의 이 말은, 벼룩이 뛰는 이치에 부쳐 천지의 이치를 헤아리려면 더 추상적인 괘의 상象이어야 한다는 것을 뜻한다"[35]고 결론지었는데, 그의 상일원론象一元論이라는 개념은 그가 의도했든 안 했든 다산역에서 원리적 색채를 벗겨내는 데 큰 의의가 있다고 판단된다. 그러나 그가 내린 결론의 추론과정은, 단어 개념의 혼동에서 빚어진 결과로 보이긴 하지만, 어쨌든 그리 치밀해 보이지 않는다. 구체와 추상은 반대개념이 될 수 있지만 구체와 포괄은 그 지시내용이 다른 것으로 병렬하여 논할 수 없다. 상象은 사詞보다는 포괄적이며 보편적이지만 추상적이지는 않다. 또한 상象은 사詞보다 구체적이다. 구체적인 상象이 사詞에서 추상화되는 것이지, 추상적인 상象이 사詞에서 구체화되는 것이 아니다. 사詞는 상象의 포괄성 안에서 선택적으로 비포괄非包括로 전이된 것이다. 따라서 상象과 사詞는 논의의 영역이라는 측면에서 볼 때 상부와 하부를 구성하는 것으로써 완전히 별개이다. 또한 상일원론이라는 개념은 마치 상이 형이상학적 최고 존재로 읽힐 수 있는 단점이 있어 보인다. 일원一元이라는 용어는 아마도 이원二元 내지는 다원多元과 대비할 수 있을 것인데, 상일원이라고 하면 상과 대비되는 또 다른 일원이 존재해야 특화된 명칭으로 사용될 수 있을 것이며, 그렇지 않더라도 상일원의 하부에 어떤 다원의 영역이 설정될 수 있어야만 거론할 수 있는 용어일 듯하다. 박주병은 상象과 사詞 가운데서 다산이 사사완상舍詞玩象을 주장한다는 점을 들어 상일원론으로 규정한 것이지만, 다산역 속에서 정말 사詞를 제거한다면 상을 어디에서 논할 수 있단 말인가! 다산의 관점에서 역사易詞는 은말주초의 문화와 관습을 읽어낼 수 있는 중요한 텍스트로서, 포괄적 상 개념의 한 부분집합으로 또한 매우 의미 있는 것이다. 『주역』의 사詞가 없었다면 다산도 고역古易의 상象을 추출해내지 못했을 것이다. 따라서 상일원론이라는 개념은 어느 정도 극단적이지 않을 수 없다.

이런 이유로 필자는 이들의 논의를 더 진전시켜 다산역을 역상학易象學으로 규정하고 다산을 역상학자로 호칭하는 것이다. 방인의 말대로 의리역과 상수역의 거대범주 하에서는 절충적 상수역으로 분류되지만, 상象과 수數를 대비할 때는 김왕연의 주장대로 상리역象理易으로 한정되거나, 상象과 사詞를 대비할 때는 박주병의 주장처럼 상일원론象一元論으로 한정될 수 있기 때문에, 이들 논의의 국한성을 포괄할 수 있는 개념이 필요하다는 것이 첫째 이유이며, 분명 상을 위주로 하고 있지만 사詞가 지니는 문화 텍스트적 기능을 높이 사고 있다는 점에서 이를 하나의 학문체계로 승화시킬 필요가 있다는 것이 두 번째 이유이다. 또한 전통적 분류기준 상의 상수역과 의리역이 모두 자연과 인간에 대한 형이상학적 결합을 목적으로 하고 있으나, 다산역은 천인분리天人分離의 관점에서 역사易詞를 인문학적 지향을 가지고 해석하고 있다는 점에서 전통적 역학의 분류방식에 그의 역학을 분속分屬시키는 것이 적절하지 않다는 것이 세 번째 이유이다. 그러나 필자의 역상학이라는 개념이 단순히 『역』의 상징학이라는 의미로 한정되어서는 안 된다. 역사易詞를 당대 문화의 텍스트로 읽기 위한 한 방편으로 상징을 『역』 해석의 핵심요소로 삼는다는 의미에서라야만 의미 있는 개념이 될 수 있다.

이을호가 「정다산의 역리에 대하여」(1958)를 발표한 이래 20여

년이 넘게 이렇다 할 논문이 제출되지 않다가, 방인이 1982년 석사논문을 제출하고 그 뒤를 이어 80년대 후반부터 학위논문과 소논문들이 연이어 제출되었다. 그중 상당량은 다산의 『주역』 해석 방법론을 연구한 논문들이며, 내용 또한 많은 부분 중복된다. 중복을 피하는 선에서 각 논문의 특장점을 살펴볼 수 있다. 방인(1982)은 다산역의 논리를 변증법적 논리로 파악하고 그리스 헤라클레이토스(Herakleitos)의 생성의 철학과 『주역』의 변화의 철학이 공통된 논리구조를 지닌다고 주장하였고[36], 다산의 효변爻變 논리가 헤겔(Hegel) 변증법의 A가 non-A로 전이되는 변증적 모순이론과 동일하다는 비교적 관점을 제시하였다. 김왕연(1989)은 리기론, 심성론, 천론, 가치론, 인간관의 입장에서 다산역학의 철학적 기초를 탐구한 점이 특기할 만하며[37], 다산역을 주희에 의해 집대성된 성리학적 역 사상에 대한 비판적 계승이라는 관점에서 상수적 역학관과 의리적 역학관을 근본적으로 재검토하여 양자를 원시유학정신인 실천성의 입장에서 상호연관적으로 종합하였는데 그 실천성의 이론적 토대는 바로 실학의 탈성리학적 성격에 기인한다[38]는 다소 모순처럼 보이는 결론을 내렸다. 정해왕(1990)은 『주역』에서 기호가 언어로 표출되는 방식을 구명하려는 동기로 다산역을 탐구하였으나, 애초의 목적을 이루지는 못한 것으로 보이며, 역리사법의 의의를 밝히는 데에 치중하였다. 그러나 역리사법의 역사적 연원과 그 변천과정을 탐구했다는 데에 의미가 있다. 김영우(2000)는 다산의 『춘추』 연구목적이 주례周禮를 고증하는 데 있었던 것과 마찬가지로 『주역』 연구의 중요한 목적도 주례를 밝히는 데 있었음을 지적하여[39], 『주역』과 주례의 상관관계를 보여주었다. 그러나 그것의 주된 내용을 성왕의 정치철학으로 연결지음으로써 전반적인 문화텍스트로서의 역사易詞의 기능을 협소하게 파악했다. 또한 『주역사전』의 「역례비석易例比釋」을 역리4법易理四法만으로는 『주역』 경문 해석이 불가능하기 때문에 다산이 불가피하게 만들 수밖에 없었던 점단사占斷詞의 항목별 용례집이라고 파악함으로써[40], 역리4법의 포괄적 기능을 마찬가지로 협소하게 파악했다. 「역례비석」은 역사易詞 전체—괘사와 효사를 모두—를 38조목 아래 배당한 것인데, 그의 말대로라면 괘효사 모두가 역리사법으로 해석불가능하다는 뜻이 되고 만다. 「역례비석」은 일반용례이지 특수용례가 아니다. 그러나 김영우는 다산역을, 주자역학에서와 같이 인간과 자연 및 사실세계의 모든 부분을 포괄하는 형이상학적 원리가 아니라, 자연세계를 규율하는 법칙(天道)과 인간세계를 규율하는 법칙(人道)을 별개로 간주하는 새로운 철학적 사유라고 규정하여[41], 『주역』에서 자연학적 형이상학을 제거하고 인문학적 상징철학을 구사하려는 다산의 잘 드러나지 않는 의도를 정확히 표현해 주었다.

금장태(1982)는 다산의 역이론에 관한 본격적인 탐구는 아니지만, 다산역의 점서적 기능을 서학사상의 수용과정에서 적용한 신앙적 의미로 파악하였다. 그는 다산역의 핵심적 정신을 상제上帝의 주재자로서의 지위에 대한 신념 아래 하늘과 인간의 관계를 중심으로 해명하는 것이며 이를 통해 신앙적 성격을 천명하는 것이라 보았다.[42] 그러나 금장태의 논의는 복서를 폐지하겠다는 다산 자신의 확고한 의지를 간과한 것으로 보인다. 그의 말과 같이 다산역이 복서를 통해 천명을 받는 원시유교적 신앙형태를 확고하게 제시한다[43]고 정의하기보다는, 다산이 파악한 『주역』 괘효사의 문화적 내용이 문왕과 주공 당시의 종교적 신앙형태를 간직하고 있다고 표현하는 것이 더 적실할 것이다. 복서가 신앙적 행위이기는 하지만 다산이 추구하는 신앙적 행위란 결코 복서를 통해 완성되는 것이 아니기 때문이다.

명청시기의 역학, 특히 모기령毛奇齡(1623~1713)을 위주로 한 비교연구논문도 몇 편 제출되었다. 신원봉(2002)은 다산의 역리사법이 다산의 독창이 아니라 청대 고증학자 모기령의 역이론을 수용발전시킨 것으로 간주하였다. 추이推移, 물상物象, 호체互體는 모기령이 이미 주장했던 내용들이며, 여기에 효변爻變을 추가하여 역리4법의 체계를 만들었다는 것이 그의 주장이다.[44] 신원봉의 주장처럼, 모기령의 반주자학적 성향 및 하도河圖·낙서洛書 도서역에 대한 강렬한 비판과 다산역의 경향이 동일한 맥락에 있기 때문에 다산이 모기령으로부터 받은 영향을 고의적으로 은폐하려 했다는 의혹이 제기되고 있긴 하지만, 같은 해 방인(2002)은 다산이 모기령의 저서를 참조하고 그로부터 발상의 단서를 얻었을 가능성은 있지만 역리4법이 대부분 모기령으로부터 나온 것이라고 말하는 것은 그의 영향을 지나치게 과대평가하는 것이라고 반박한 바 있다.[45] 김영우(2004)도 요소적인 유사성을 들어서 모기령의 영향을 지나치게 강조하는 것은 온당치 않다고 보고, 모기령의 추이법이 효변을 알지 못한 데서 자모취괘子母聚卦라는 12벽괘 외의 취괘를 설정하여 괘효사를 해석한 문제점이 있으며, 그의 『중씨역仲氏易』과 다산의 『주역사전』은 괘효사 해석에서 조금도 유사하지 않다는 점을 들어 일방적 영향관계를 부정하였다.[46]

또 방인(2004)은 다산의 이광지李光地(1642~1718) 역학에 대한 비판도 다루었다.[47] 그에 따르면, 다산은 기하학幾何學을 역학에 접목시키려는 이광지의 시도에 대해 냉소적이며, 이광지가 정주이학의 계승을 표방하고 있지만 실제로는 주자역학의 핵심에서 벗어나 정통 역학을 크게 훼손하였다고 비난한다. 또 다산역의 체계 내에서, 천天·지地·수水·화火는 뇌雷·풍風·산山·택澤을 생성하는 근원적 세력이며 만물의 원천이지만, 4상에서 8물로의 도출과정은 이광지와 견해를 달리한다는 것도 지적해 주었다. 특히 필자의 논문과 관련하여 볼 때, 소강절邵康節의 수리학數理學을 역학에서 배제한 것과 마찬가지로 서구 자연과학의 수입 이래 기하학과 같은 수학적 원리를 역학에 접목하려는 여타의 시도에 대해 적극적 비난의 자세를 취하면서 역사易詞를 인문학적 텍스트로 바라보려는 다산역의 일단을 드러낸 의미 있는 논문이다.

다산역에 대한 포괄적 해설의 기능을 할 수 있는 책과 논문들이 몇 편 제출되었다. 김인철(1999)은 그의 논문에서 기존의 연구들이 경문에 대한 올바른 해석에의 기여라는 주석의 제1의적 목적을 망각한 채 다산의 역이론이 갖고 있는 형식적 측면에 대해서만 논의를 집중함으로써 다산역의 생동감을 경문 속에서 구체적으로 확인하는 작업이 등한시되었다[48]고 지적하였다. 필자도 그의 지적에 일부 공감하지만 그가 목적한 역리4법의 역사易詞에서의 실제적용 탐구가 어떤 효용성이 있는 것인지는 생각해 볼 문제이다. 또 기존의 연구들이 경문을 다루지 못했다고 비평하는 것도 그리 타당해 보이지 않는다. 왜냐하면, 『주역사전』의 경문과 전문 외에 다산이 별도로 저술한 「괄례표括例表」, 「독역요지讀易要旨」, 「역례비석易例比釋」이 모두 경문을 가지고 분류하거나 경문의 의미를 밝힌 것이지 다른 텍스트를 이용한 것이 아니기 때문이다. 김인철 논문의 장점은 역리와 그것의 적용을 일목요연하게 정리했다는 점과 「시괘전蓍卦傳」에 대한 상당한 양의 분석, 그리고 다산의 학역學易과정을 치밀하게 분석하였다는 점이다. 김인철은 또 점역占易과 학역學易의 구분 구도 아래, 다산이 점역을 철저히 부정하고 학역의 기능을 강조하였다고 보고, 이러한 학역의 기능은 12벽괘 진퇴소장進退消長의 형세와 50연괘 승강왕래升降往來하는 상의 변화를 음미하여 수기치인修己治人과 관련된 의리적義理的 요소를 추출할 경우 가능하다는 논지를 펴고 있다.[49] 그러나 그 자신은 다산역을 학역의 입장에서 활용하는 데에는 한계가 있다는 점을 인지하고 있다.

윤리학적 접근을 시도한 유문상(2002)의 논문은 가장 최근의 학위논문으로 기본적으로는 절충적 상수론의 입장에 서 있다. 그는 상수와 의리를 겸비하여 『주역』의 본래 정신을 회복하려 한 다산역의 위상을 재정립할 필요성을 강조하였다.[50] 그러나 그의 주안점은, 김인철이 다산역에서 학역學易의 기능을 확보하려 한 것과 같은 의미에서, 의리적 요소를 추출하려는 데 있다. 특히 다산이 「대상전大象傳」에서, 물상 자체보다 경문의 의리적 성격을 군자의 도리로 개념화하여 보고 있다는 점과, 「단전彖傳」이 괘주卦主를 중심으로 설명되면서 의리를 발명하는 주요한 기제로 활용되고 있다는 이유를 들어 다산역의 의리적 성격을 강조하였다. 이는 아마도 상수역 쪽으로 치중된 연구풍토 속에서 그 완충장치를 마련하려 한 것으로 보여지지만, 다산역을 꼭 상수와 의리를 겸비한 포괄적 학자로 규정해야 할 필요가 있는지를 숙고해 볼 필요가 있다. 또한 그가 다산역에서 윤리적 의의로 뽑은 화和, 순천명順天命, 정명正名, 행사行事 네 가지가 과연 다산역의 의리적 성격을 대변할 수 있는 개념인지 반성적으로 바라보지 않을 수 없다.

임재규(1998)는 다산역의 점서적 성격을 탐구하여 다산의 상수학이 점서적 입장과 궤를 같이한다는 견해를 밝힌 바 있고[51], 필자(2003)는 『주역』에서 신비화 관점을 제거하여 인문학적 문화 텍스트로 읽는 다산역의 지향志向을 다산의 「역론易論」을 텍스트로 하여 연구 발표한 바 있다.[52]

다산역을 기호론 관점에서 파악한 학자들이 있는데 대표적으로 방인과 유초하를 들 수 있다. 방인(1999)은, 『주역』 해석에 있어서 기호는 제일의적第一義的 중요성을 지니는 것이기 때문에, 역경 텍스트를 기호론(semiotics)의 기반 위에서 이해해야 할 필요가 있음을 제기하고, 역易의 기호체계가 모의실험적模擬實驗的(simulation) 기능을 갖추고 있음을 밝힌 바 있다.[53] 그의 기호론적 탐구는 그가 제출한 논문들 전반에 걸쳐 주 관심사의 하나였다. 그는 『주역』을 인공기호를 사용하는 이론체계로 파악하고, 이러한 인공기호는 보편적 기호라고 규정한다.[54] 특히 다산의 역리사법을, 『주역』을 철저히 기호의 체계로 보는 방법론이라 정의하였다.[55] 그에 따르면, 『주역』에서 문자기호보다 더 관심을 끄는 요소는 괘의 기호이며, 괘란 인공적으로 만들어진 기호로써, 『주역』은 모두 64괘의 기호로 구성된 체계이기 때문에 일반적인 다른 텍스트 읽기와 동일한 방식으로 읽는다면 『주역』 텍스트의 고유성을 살릴 수 없다고 한다.56) 유초하(1994)는, 방인이 현대기호학 이론—구문론構文論, 지시론指示論, 의미론意味論, 화용론話用論—을 적용하여 다산의 역리사법을 분석한 것과는 전혀 다른 각도에서 다산역의 기호론적 관점을 수긍하였다. 그는 상징들만으로 엮어진 『주역』의 개념들은 그것들이 비유, 암시하는 원래사물(本物)과의 관계를 벗어나는 한 아무것도 직접 감각적으로 인지할 수 없기 때문에, 『주역』의 모든 언어적 표현은 본물本物에 대한 상징기호로 기능한다고 주장한다.57) 그에 따르면, 정약용이 본 『주역』은 온통 실제사물을 상징하는 기호(標識)들로 채워져 있는데 그러한 기호와 상징은 논리적 규정을 벗어난 자유로운 상상에 의해 매개되는 만큼 다양한 의미연관을 지니기 때문에 그에 대한 통찰력 내지는 식별력에는 무엇보다 풍요롭고 개방적인 시정신이 요구된다.58) 유초하의 주 관심사는 기호에 의해 표상된 본물本物에 있음을 알 수 있다. 그가 다산역을 기호론적 세계라고 표현한 것은 다산역의 기호론적 체계를 분석하였다기보다 본물과의 연관성이 강조된 기호로서의 『주역』 체계를 분석한 것이라고 할 수 있다.

유초하는 『주역』 텍스트를 기호론 관점에서라기보다는 오히려 자연학적 관점에서 파악하였다. 다산에 따르면, 원래 태극太極·양의兩儀·사상四象·팔괘八卦의 학설은 두 가지의 전제조건이 필요한데, 하나는 천지 본래의 사물(本物)이고, 다른 하나는 괘를 뽑을 때 사용하는 상象(法象)이다.59) 유초하(1994)는 다산의 이러한 본물과 법상의 구도 가운데서 본물에 초점을 맞추면서 우주생성론 체계로 다산역을 해석하였다.60) 그에 따르면, 다산은 꼴이 없는 것은 독립적으로 존재할 수도 없고 스스로 운동할 수도 없는 관념이라고 보았고, 이 때문에 다산은 일종의 유물론적 입장에 선다.61) 그는 태극→양의→사상→팔괘라는 상징이 태극太極→천지天地→천지수화天地水火→천지수화뇌풍산택天地水火雷風山澤이라는 구체적 존재를 모사한 것으로 원기元氣로서의 태극의 자기분화과정을 상징화한 것으로 파악하였다.62) 그러나 그는, 태극과 천지수화까지는 유기游氣의 차원에서 논의되는 것이며, 천지수화뇌풍산택은 물物의 차원에서 논의되는 것임을 인지하지 못한 것 같다. 다산은 천지수화를 4기四氣로 표현하며 천지수화뇌풍산택은 8물八物로 표현한다. 이때의 4기四氣와 8물八物은 존재론적인 차원이 다른 것으로써, 4기의 천지수화는 8물 속의 천지수화와 똑같은 차원의 구체적 존재가 아니다. 태극에서 4기까지는 엄밀한 의미에서 분화라 할 수 있지만, 4기에서 8물과 만물로의 전화는 4기의 상호작용과 간섭으로 탄생하는 것이므로 분화가 아니다. 또한 4기의 상호작용에 의해 생성된 8물은 단지 만물의 대표격일 뿐이지 4기에서 8물만이 분화되는 것이 아니다. 다시 말해 8물의 분화에 의해 16물이 탄생하고 이어서 64물이 탄생하며 이 과정이 결국 무한정 진행되어 만물이 탄생한다고 보는 가일배법加一倍法의 방식처럼 전개되는 것이 아니다. 이러한 의미에서 8물과 만물은 물화된 존재라는 동일한 존재론적 위상을 갖게 된다. 「설괘」에 등장하는 수많은 물상들은 8괘의 본물本物과 같은 차원의 존재물로써 운용되고 있다. 따라서 본물의 모사模寫로서의 상징과, 상징의 전거로서의 본물이 일치하는 것은 아니다. 즉 그 역逆의 관계가 성립하지 않는 것이다. 다산이 인식한 것은 구체적 단계의 물物에 대한 상象이며, 그 상象의 구체적 존재 이전의 태극, 음양양의는 역추逆追된 이른바 '상상像象'의 존재인 것이다. 다산의 말처럼 『역』은 본물과 법상이라는 양대 조건이 결합되어 있는 체계이기 때문에, 다산이 언제나 견지하고 있는 "역易은 상象일 뿐이다"라는 입장의 이면에는 언제나 모상模像의 대상으로서의 본물이 존재한다. 유초하의 관점은 모사론模寫論 관점에서 그것의 본물에 집중한 결과라고 할 수 있다. 필자는 『역』의 물상 수립단계에 관한 한 유초하의 견해에 전적으로 동의한다. 그러나 물상의 수립 이후 『역』 체계가 완성되고 또 그 체계 속에서 물상들을 운용하는 단계부터는 유물론적 관점이나 우주생성론의 관점은 적용될 수 없다고 본다. 역리易理로 『주역』을 일관되게 해석하면서 역사易詞를 하나의 사례로 파악하는 다산의 관점은 『역』을 자연학적 형이상학으로서가 아니라 인문학적 텍스트로 읽어내려는 것이기 때문이다.

위 선학들의 연구가 있었음에도 다시 그의 역학을 거론하고자 하는 것은 그간의 연구가 『역학서언』과 『주역사전』의 번역을 위주로 하여 진행된 것들이라서 어떤 한 주제에 집중할 수 있는 여력이 없었다는 데에 있다. 대부분 다산 역학의 불모지에서 연구해야만 했고, 이전의 연구성과가 전무하다시피 한 상황에서의 불가피한 선택이었을 것이다. 다산이 선학들의 역론을 어떻게 비판하고 있는지를 연구하여 다산의 역론을 도출해내는 방식이라든가, 다산의 「독역요지讀易要旨」를 통해 다산 역론의 전체적인 틀을 분석해낸다든가, 그의 『역』 해석방법론을 연구한다든가 하는 것들이 모두 본격적인 역경 주석을 탐구하기 위한 전초작업이라는 의미를 지니고 있다. 그러나 이들의 작업이 없었다면 다산의 역학은 아직도 잠재된 채 모습을 드러내지 못했을 것이다. 본 논문은 이들의 작업을 디딤돌 삼아 역경 본문에 다산이 주석한 것들을 탐구하여 다산이 지향하고자 했던 철학적 사고나 시대적 역할을 논술하게 될 것이다. 해석의 단계에서 이제는 그것의 철학적 의미를 탐구하는 단계로 심화시켜야 한다. 또한 대부분의 연구자들이 역전易傳에 대한 다산의 주석을 가지고 역경易經을 해석하는 이전해경以傳解經의 방식을 취하고 있어 역경의 주석에서 드러나는 생동하는 효변爻變의 양상과 괘변卦變의 전이轉移를 잘 담아내지 못한 단점이 있는 것이 사실이다. 오히려 역전의 주석에서보다도 역경의 주석에서 그의 변화관념은 더 잘 드러난다. 괘사卦詞와 효사爻詞의 주석에서 다산의 불변不變과 항변恒變의 원리가 철저하게 반영되어 있음을 알 수 있다.

필자는 아래의 몇 가지 점에 주목하여 연구를 진행할 것이다.

첫째 역전易傳의 주석을 가지고 역경易經을 해석하는 종래의 연구서들과는 관점을 달리하여 역경 주석 내에서 그의 역상학 이론을 추출할 것이다. 이는 그의 역리4법易理四法, 즉 물상과 추이와 효변과 호체의 원리를 실질적으로 경문 자체에 적용하는 한 시도가 될 것이다. 위 선학들의 작업은 다산역의 전체적 틀을 이해할 수 있는 중요한 학술사적 의미를 지닌다. 이제 본 논문에서는 이 성과들을 토대로 역경 본문의 주석을 분석하여 거기에 담겨 있는 다산의 철학적 지향을 다룰 것이다. 이는 선배학자들과는 차별화되는 방식이며 단순한 역학으로서가 아닌 역철학易哲學의 탐구가 될 것이다.

둘째 그의 역상학易象學에 집중하여 그의 사상적 연계성을 탐구할 것이다. 종래 다산은 다분히 돌출적인 사상가로 인식되어 온 측면이 있다. 역론을 전개하는 데에도 인격적 상제上帝 관념이 개입되어 있어 종교적 색채가 짙다. 그를 실학의 집대성자로 평가하는 것은 말 그대로 집대성의 의미가 강하고, 그 이전의 실학자군의 사상적 계승과 연계가 있는지는 분명하게 말하기가 어렵다. 서학西學에서 강한 모티브를 받은 그의 사상은 서양의 신학神學이 연상될 만큼 돌출적인 측면이 강하다. 그러나 이는 종래의 연구서들이 지나치게 서학의 영향에 집착하여 사상적 계승관계를 소홀히 한 데서 온 결과로 보인다. 그러나 이제는 한국역학사 속에서 다산의 위상을 정립할 필요가 있다. 이는 필자가 정리한 '다산역 연구사'에 빠져 있는 '한국역학사 자체 발전사 속에서의 접근'이라는 또 하나의 영역을 형성하는 계기가 될 것이다.

셋째 다산역이 지향하는 바는 인간의 현실, 즉 도덕적 윤리적 세계에 있다. 다산이 수기치인修己治人을 학문의 본령으로 삼은 그 정신은 『주역』의 주석에서도 뚜렷하게 반영되어 있다. 이른바 '역易'이라 할 때 인간의 현실을 도외시한 추상적이거나 초월적인 변역, 변화를 말하는 것이 아니다. 다산이 주목한 것도 결국 인간 현실의 변화이며 인문세계의 변역이다. 따라서 『주역』을 탐구한 것도 도덕적 세계로의 개조를 지향하고 있는 것이다. 본 논문은 다산의 이러한 인문학 지향의 정신을 드러낼 것이다.

넷째 이를 통해 그의 철학의 기본적인 특성과 사상사적인 지위를 밝힐 수 있을 것이며, 성리학뿐만 아니라 서학과의 관련성도 살필 수 있다. 다산은 성리학性理學의 주요 개념들을 여지없이 해체시켜 버렸다. 리기이원론理氣二元論의 틀뿐만 아니라 '성즉리性卽理'라는 명제조차도 다산에게서는 성립하지 않는다. 우리는 다산의 「오학론五學論」을 통해서 그가 선행 철학에 대해 거의 전반적인 비판을 하고 있음을 알 수 있다. 그는 왜 선행 철학들에 대해 부정적 시각을 가지게 되었는가? 그의 이러한 부정적 시각의 저변에 깔려있는 다산 특유의 사유방법이 있지는 않을까 하는 것이 이 논문의 핵심이 될 수 있다. 한편 서학의 영향도 상당한 것으로 볼 수 있다. 상제관上帝觀의 도입이라든가 또 존재에 대한 두 가지 범주, 즉 자유지물自有之物과 의부지품依附之品의 구분은 서학의 자극 내지는 수용이라고 할 수 있다.

제2장 서구과학의 만남과 조선후기 역학사

구한말부터 최근까지 다산학에 대한 주요 논쟁들은 몇 가지 각도에서 차이점들을 보여준다. 일반적으로 주자학의 공리공담空理空談에 반기를 든 반성리학反性理學 내지는 성리학의 근간인 리기론理氣論에 대한 철저한 해체와 아울러 리기성정理氣性情에 대한 개념정의를 완전히 달리하는 탈성리학脫性理學으로 규정하는 것이 주된 경향이지만, 속류 주자학을 비판하고 주자의 참 정신을 주장한 친주자학자로 보는 견해도 있으며[63], 비교적 절충적 견해로써, 주자학이 불교라는 땅을 디디고 이루어진 것과 같은 논리로 다산학이 성리학을 디딤돌로 하여 형성되었다고 보는 견해도 있다.[64] 이러한 절충적 견해는 다산학이 반·탈주자학이라는 일반적 견해가 사상사의 실상을 왜곡할 우려가 있다는 점을 지적한다. 다산학이 퇴계학의 기본정신을 계승하고 있다는 견해[65]와, 인물성동이논쟁을 벌였던 호락논쟁湖洛論爭의 쟁점을 주로 호론湖論적 입장에서 계승하고 있다는 견해[66]가 제출된 것은 그리 오래된 일이 아니다. 그러나 그렇다고 하여 이러한 절충적 견해들이 다산학의 반·탈주자학적 면모를 부정하고자 한 것은 결코 아니다. 금장태나 이광호는 다산학의 새로움을 서학의 적극적인 수용을 통해 얻은 종교성에서 찾고 있으며, 최영진은 자연의 탈도덕화에 의한 인간학의 분리라는 관점에서 그 독창성을 언급하고 있다.

본 논문은 주로 『주역사전』과 『역학서언』을 이용해 그의 사상을 검토할 것이다. 그가 6경4서六經四書를 주석하면서 견지하였던 일관된 정신은 수기치인修己治人, 즉 내적 수양과 외적 실천 이 두 가지를 겸비하는 것이었는데, 이 정신은 이론과 실천을 일치시키려는 기본적인 인식에서 출발한다. 『역』이라는 것이 기본적으로 천지자연의 상象을 취하여 만든 점서占筮라 할지라도, 그것의 구성과정에서 채용된 법칙은 인간의 현실에 적응한, 즉 인간적 가치에 포착된 법칙이다. 그의 역론易論이 지향하는 바가 결국 인륜세계에 있다는 점을 분명하게 지적하고 싶다. 그의 인문학 지향의 역易 해석은 천인분리天人分離의 관점에서 진행되었는데, 그것은 『역』에 대한 본체론적 해석을 지양하고 현상론적으로 『역』을 이해하였기 때문이다. 종래 『역』에 대한 관점은 천인天人의 합일合一, 자연과 인간의 조화, 본체와 현상의 체용일원體用一元 등으로 설명될 수 있다. 그러나 다산에 오면 자연학의 원리는 단지 역상易象의 구성과 조직의 단계에서 모방된 객체로만 남게 되고, 역상이 조직되고 운용되는 과정 이후로는 『역』에 개입하지 못한다. 단지 역리易理의 운용만이 있게 된다. 그런데 그 역리는 인간사의 구체적 행위를 포함한, 제한적이기는 하지만 『역』 저술 당시의 사회상황, 곧 당시의 인류문명을 대변하는 역할을 한다. 당시의 인류문화를 대변하여 상징화하고 있다는 이유로 필자가 제출한 역상학易象學이라는 용어가 의미를 갖게 된다. 그러나 다산의 역상학이 탄생하는 데에는 추동적 또는 반동적으로 영향을 준 많은 역학이론들이 있어 왔고, 특히 서학西學의 수용을 기점으로 하여 조선에서 동서東西를 절충하려는 역학자들의 노력의 산물들이 있어 왔다. 그리고 그것은 조선이라는 한정적 공간 속에서 다산에게 어떤 형태로든 영향을 주었을 것으로 판단된다.

조선 전기, 의리역을 지향한 학자들은 『주역』을 도통론道統論의 관점에서 해석하였고, 성리학의 태극, 천리, 리기 등의 개념을 이용하여 의리적 목표를 강조했다. 조선 전기의 의리역학자들은 정이천程伊川(1033~1107)이 사용한 중정中正이나 비응比應 등의 방법론적 개념을 의리학적 관점에서 계승하여, 괘 전체의 의미가 지시하는 실천적인 당위와 관련하여 괘나 효의 자질, 지위 및 호응 관계를 중시하였다. 반면 상수역을 지향한 학자들은 자연과 인간사의 법칙적 유사성을 설명하기 위해 하도河圖・낙서洛書의 수리를 이용하였다. 그들은 특히 한대 상수역에서 제시된 호괘互卦 이론을 통하여 괘효사에 포함된 물상들이 괘효상과 일관된 의미를 가지는 것으로 해석하였다. 『역』을 바라보는 관점은 의리학과 상수학으로 대별되는데, 조선 전기에는 의리역학이 대체로 주류를 이루었으나 시대가 흐르면서 상수역의 방법론과 이론이 역학계를 주도하는 양상을 보인다. 이러한 변화는 의리역학의 지향점인 도덕적 선의 실현을 더욱 강화하기 위한 목적에서 그 방법적 수단으로 수리론 또는 우주론을 채용하면서 괘효의 상象과 사詞 안의 상징들이 지니는 내재적인 본질과 그 법칙성에 주목하기 시작했음을 의미한다.[67]

조선 후기 역학은 서학의 도입을 분기점으로 하여 일대 변화를 겪게 되며, 그 변화는 다산에 와서 또 한 차례의 변화를 맞이한다. 역학에 관한 한, 서구과학의 수용과 함께 전반적인 변화가 일어날 수밖에 없었다. 우선은 역법曆法이 시헌력時憲曆으로 대체되면서 『역』의 계절관념이나 시간개념이 변모해야만 했으며, 기하학幾何學이 수입되면서 수數 개념도 바뀌어야 했다. 또한 서구 물리학, 천문학 등은 『역』의 자연개념도 변모시켰다. 의리역을 강화하는 한 수단이라는 측면이 강했던 상수역은 특히 그 수리적 방면에서 대단히 정치하게 발전해 왔는데, 서구과학의 수입은 상수역학자들로 하여금 물리학, 천문학적 지식까지 동원하여 보다 더 합리적이고 이상적인 『주역』 해석을 지향하도록 자극하였다.

1. 서구과학과 『주역』의 재해석

조선에 서학이 수입된 시기는 1603년 마테오 리치(Matteo Ricci, 1552~1610)[68]의 곤여만국지도坤輿萬國地圖와 함께 과학문물이 유입된 때이다. 마테오 리치와 그의 선배 루제리(Michael Ruggieri, 1543~1607)가 중국에서 활동을 시작한 1583년으로부터 20여 년이 흐른 시기이다. 중국에서 전교활동을 한 예수회 회원들, 특히 마테오 리치는 천주교 서적과 과학서적들을 한역漢譯하는 데 상당한 노력을 기울였다. 『천주실의天主實義』(1603)는 그 대표적 성과물이다.

조선인이 서학을 접했다는 기록은 이수광李睟光(1563~1628)의 『지봉유설芝峰類說』(1614)과 유몽인柳夢寅(1559~1623)의 『어우야담於于野談』(1621)에 처음 등장하지만 이들은 간략한 소개 정도에 머물렀다. 본격적인 관심과 논의가 진행되기 시작한 시기는 대략 1630년경으로 추정된다. 당시의 서학은 두 방면에서 관심의 대상이 되었다. 하나는 과학기술 방면이며, 또 다른 하나는 종교 방면이었다. 서양의 발달된 무기와 천문학, 역법 등은 조선의 과학자들에게 빠른 속도로 수용되었으나 천주교는 상황이 달랐다.

1653년(효종 4년)에 김육金堉(潛谷, 1580~1658)과 정두원鄭斗源 등이 서양의 역법에 근거하여 시헌력時憲曆으로 된 달력을 제작하였고,

이듬해부터 이 달력을 쓰기 시작했다.[69] 이처럼 역법이나 천문학과 같은 선진 과학문물은 국가적 지원을 받으면서 빠르게 수용되었다. 그러나 천주교는 많은 우여곡절을 겪을 수밖에 없었다. 본격적으로 천주교에 대해 관심을 갖고 비판을 하기 시작한 학자는 성호星湖 이익李瀷(1681~1763)이라고 할 수 있다. 그러나 성호학파 내에서도 천주교에 대한 입장은 양극단을 달리고 있었다. 신후담愼後聃(1702~1761)과 안정복安鼎福(1712~1791) 같은 이른바 공서파攻西派 학자군도 있었으며, 권철신權哲身(1736~1801)과 일신日身 형제, 이벽李檗(1754~1786), 이승훈李承薰(1756~1801), 정약종丁若鍾(1760~1801)과 같이 신서파信西派로 불리는 학자들은 신앙적으로 적극 수용하고 있었다.

이익은 유형원柳馨遠(1622~1673), 박세당朴世堂(1629~1703)의 뒤를 잇는 실학의 대가로서 유학경전에 해박했을 뿐 아니라 서양의 천문, 역법, 의학 등에 많은 관심을 가지고 있었다. 게다가 천주교에 대해서도 『천주실의』의 천주天主를 유학의 상제上帝와 같은 존재로 받아들일 정도로 개방적인 사유를 한 학자였다. 안정복에 따르면, "서양서적은 선조 말년에 이미 조선에 들어와서 이름난 고관이나 학자들 가운데 보지 않은 사람이 없는 정도였고, 그들은 그것을 제자백가나 도교 또는 불교서적처럼 여기고 서재에 비치해 두고서 읽었다"[70]고 한다.

신후담, 안정복 같은 공서파는 신서파의 모임이 남인南人에 대한 정적들의 정치적 공격의 빌미를 줄까 염려하여 신서파 학자들을 비난했지만, 이미 이들의 학문은 종교적 신념의 단계에까지 진전되어 있었다. 이승훈李承薰은 직접 북경에 가서 영세를 받았으며, 1784년 조선 최초의 천주교회를 세우기도 하였다. 이벽은 『성교요지聖教要旨』를 짓고, 정약종은 『주교요지主教要旨』를 지어 천주교의 대중보급에도 앞장섰다.

서학이 조선에 미친 영향은 내적인 데에 있었다. 세계사에서 유일하게 선교사 없이 내부적 요구에 의해 천주교를 수입해 올 수 있었듯이 변화를 갈망하는 지식인들에 의해 조선사회를 반성하고 변혁하는 중요한 역할을 할 수가 있었다. 물론 이러한 움직임은 박해로 이어져 상당 기간 내적 변화의 과정을 밟을 수가 없었다. 서학은 성리학적 세계관에 대해 해체적 반성을 할 수 있게 하였다. 천주라는 인격신이 등장하고, 천지는 리기의 자체 변화에 의해 형성된 것이 아니라 창조되었다는 것, 그리고 최고 존재로 여겨졌던 군주 위에 신이 존재한다는 것 등은 조선의 일부 지식인들에게 충격적인 내용이었으며 기존의 가치들을 전반적으로 회의하게 하였다. 전통을 서구의 것으로 대체하려는 노력은 시대적 한계뿐만 아니라 인간정서의 기본적인 보수성이라는 한계와도 부딪히게 된다. 당시의 지식인이 이러한 한계를 알면서도 그것에 적극적일 수 있었다는 것은 대단한 용기를 필요로 한다.

정조의 죽음 이전까지는 정조의 묵인 하에 서학 수용의 자발성이 어느 정도 유지될 수 있었으나 방패막이가 되어주었던 남인의 영수 채제공蔡濟恭(1720~1799)이 1799년 사망하고 이듬해 정조가 사망하면서 17세기 초엽부터 서서히 조선사회를 변화하게 만들었던 서학의 자체적 수용사는 거의 단절되고 말았다.

1) 서구과학 수입 이전의 역학 : 장현광張顯光의 역학

조선에서 서구과학의 영향을 받기 이전, 성리학적 세계관을 기반으로 하여 역학을 구성한 대표적인 학자로 여헌旅軒 장현광張顯光(1554~1637)을 들 수 있다. 그는 일생을 역학과 함께한 사람이라고 평할 수 있다. 현재 전하는 거의 모든 저술들은 역학을 대상으로 하거나 역학과 밀접한 관련이 있는 저술들인데, 그 가운데 『역학도설易學圖說』(1608)과 『성리설性理說』(1634)은 역학의 이론과 개념, 원리 등을 총괄하고 있는 대표적 작품이다.[71]

그는 주희 『주역본의周易本義』의 기본 정신을 계승하여, 상수학과 의리학을 모두 한편에 치우친 견해로 비판하고 그 둘을 총괄하여 이해할 것을 주장했다. 그가 이천역을 비판하는 것도 이천의 역학이 의리역에 치우쳐 있다고 보기 때문이다.[72] 그는 우주자연과 인간사물을 통일적으로 파악하여 『역』에 자연과 인간의 모든 이치가 담겨있다고 주장한다. 천지天地는 만물의 부모이며[73], 건乾괘와 곤坤괘의 물상으로 이용될 뿐 아니라 만물을 통칭하는 개념으로써 우주와 동일한 것이다. 그의 저술 속에서 우주와 천지라는 용어는 구별이 모호하다. "위아래로 나누어 부를 때는 천지天地라 하고, 덮고 있거나 싣고 있는 것을 합하여 이름할 때는 우주宇宙라 하는데, 천지의 밖에 별도의 우주가 있는 것이 아니니, 우주는 천지의 통명統名이 된다"[74]는 언급 속에서 우주와 천지는 동일한 개념으로 사용되었다. 그러나 "우주는 태극 속의 우주요, 천지도 우주 속의 천지이니, 우주와 천지가 모두 태극의 속에 있다"[75]는 언급에서는 우주가 천지의 상위개념으로 사용되었다. 엄밀하게 보자면, 태극이 최상위의 것이고, 그 아래 우주가 있고, 또 그 아래 천지가 있으므로, 천지는 우주의 한 구성요소이다. 우주는 공간과 시간을 논하는 개념적인 의미의 규정이고, 천지는 그 우주의 실질을 구성하는 물리적 규정이라고 해야 할 것이다.[76] 그러나 그가 사용하는 천지라는 개념은 물리적인 하늘과 땅만을 가리키는 것이 아니다. 천지 사이에 존재하는 모든 것을 가리킨다. "천지에는 만변萬變, 만화萬化, 만사萬事, 만물萬物이 그 가운데 들어있다."[77]

그는 또 『역』을 고대의 성인이 실재하는 역리易理를 간파하여 괘와 문자로 남겨놓은 것으로써, 성인의 순수한 창작물로 보지 않는다. 그는 획괘畫卦 이전의 역이 있다고 보았으며, 그것은 천지자연에 고유한 역으로써 『역』이라는 책의 성립 이전에 이미 존재하는 자연의 역이라고 주장한다.[78] 이는 주자의 리理 개념을 계승한 것이다. 그는 리를 실존하는 것으로 파악하였다. 리가 기보다 선재하지 않는다면 그의 역학은 성립되기 어렵다. 기는 리가 먼저 있음으로 해서 존재하고 변화할 수 있기 때문이다.[79] 그의 천지 개념은 음양 개념과 동일하다. 음양이라는 두 극단을 천지가 대변하고 있다. 이때의 천지는 물상으로서가 아니라 세계의 두 극단의 힘을 표현하는 총괄적인 용어가 된다. 장현광의 이러한 리기관은 선천先天·후천後天관에도 적용된다. "천지보다 앞서 있는 것이 이 리理이므로, 선천지先天地가 끝나도 이 리는 그것과 함께 끝나지 않고 드디어 다시 그 원기元氣를 씨줄로 삼아 차천지此天地를 낳는다. 천지보다 뒤에 있는 것도 이 리이므로 차천지가 끝나도 이 리는 또한 반드시 그것과 함께 끝나지 않고 그 원기를 씨줄로 삼아 후천지後天地를 낳는다."[80] 이처럼 선천과 후천을 관통하는 초월적 원리로써 리는 대단히 관념적이다.

그러나 리는 쉽게 인식되는 것이 아니다. "리理는 실로 체질體質도 없고, 모상貌象도 없고, 모범模範도 없고 방위方位도 없고, 시종始終도 없어서 지각할 수가 없기"[81] 때문이다. 역리易理가 일리一理와 만리萬理를 동시에 포괄하고 있다면 경험적 지식의 총량으로는 접근할 수 없어 보이는데, 이것을 이해하는 방법에 있어서 상수학의 도움을 절대적으로 필요로 한다. 『역』에 기술되어 있는 언어만 가지고는 일리一理와 만리萬理를 체회體會할 수 없기 때문에 역상易象을 이해해야 할 필요성을 강조하는 것이다. 그는 『역』이 본래 리理를 모상한 것이므로, 그 상들을 이해하게 되면 리에 접근할 수 있다고 보았다. 그가 그림을 이용하여 『역』을 설명하는 것도 상수학적 방법론을 적용한 것이다.

그러나 그가 이렇게 의리역과 상수역의 어느 한편에 치우치지 말 것을 강조하고 있음에도 불구하고 그의 역학은 전반적으로 리理를 증명하고자 하는 데 치중하였고, 역상易象은 단지 『역』을 구성하는 중요한 한 축으로 설정되어 있을 뿐이다. 따라서 그의 역학은 주자 관념철학의 극단적인 연장선상에 있으며 성리학적 세계관에 기반하여 리기의 결합, 자연학과 인문학의 합일을 추구한 것으로, 기성의 것을 부정하기보다는 체계적으로 정리하고 심층적으로 적용한 종합의 학문이었다. 그가 나름의 창조적 관점을 가지고 있다고 하더라도 주자역학의 테두리에서 벗어나지 않고 있다는 점에서 그리 빛을 발하지는 못한다. 김낙진은 이러한 장현광의 인물에 대해 그의 논문 말미에서 "부정적으로 본다면, 그는 급변하는 역사적 발전에 대하여 애써 눈을 감고 복고적 시각에서 그것을 저지하려 했던 사람"[82]이라 평하였다.

2) 서구과학의 수용과 『주역』 재해석의 시론적 역학사

서학에 대한 관심과 탐구를 꼭 남인계열의 학자군에만 한정지을 필요는 없다. 노론老論 김문金門의 문하에 속하는 김수홍金壽弘은 송시열宋時烈(1607~1689)의 예설禮說을 반대하고 남인으로 활동하였는데, 청의 연호를 쓰겠다고 하는 바람에 가문에서 파란을 일으킨 바 있다. 그는 여지학輿地學에도 식견이 높아서 1666년(현종 7년)에 세계지도인 천하고금대총편람도天下古今大總便覽圖와 1673년에 조선전도인 조선팔도고금총람도朝鮮八道古今總覽圖를 제작했다. 이 전자의 지도에서 '구라파국歐羅巴國'을 명기하고 원제작자인 '이마두利瑪竇(Matteo Ricci)'를 밝혀 놓았으며, 마테오 리치의 측천법測天法을 소개해 놓았다. 이 시기 그는 서양의 천문학을 상당 정도 접하고 있었던 것이다.[83] 김수홍보다 한 세대 정도 뒤의 김창흡金昌翕(1653~1722)도 서양력을 접하였으며, 성리학적 우주관과 맞지 않는다고 생각하여 평가를 유보하였다.[84]

17세기 중반 이후 상수학 발전에 큰 영향을 끼친 것 중의 하나가 대통력大統曆과 시헌력時憲曆의 교체였는데, 이 과정에서 주도적인 역할을 한 이들은 노론인 청풍淸風 김씨金氏 가문이었다. 김육金堉, 김석주金錫胄(1634~1684), 김석문金錫文(1658~1735)은 상수학에 상당한 조예가 있었다. 김육은 인조仁祖대에 명력明曆인 대통력을 대신해서 청력淸曆인 시헌력의 도입을 주장했으며, 역학에 많은 관심을 가졌다.[85] 김육은 역학에 조예가 깊었던 조호익曺好益(1545~1609)의 제자로서, 당대의 역법曆法에 통달했던 것으로 보인다. 조호익은 김육의 아버지 김흥우金興宇에게 『역학계몽易學啓蒙』을 가르쳤는데 이때 김육도 함께 수학하였으며, 의리와 상수 모두에 정통했다고 한다.[86] 김석주金錫胄는 천문학에 조예가 깊었으며 시헌력을 폐지하고 대통력을 회복하자는 일부의 주장에 대해 적극 비판하면서 시헌력의 시행을 옹호하였다.[87] 김석문金錫文도 『역학이십사도해易學二十四圖解』를 지었고, 이 속에서 지전설地轉說에 기초하여 역학과 서구 천문학의 결합을 시도하였으며, 시헌력을 주장하였다.

이들뿐만 아니라 같은 서울경기 지역 서인西人 소론계에 속하는 최명길崔鳴吉(1586~1647), 최석정崔錫鼎(1646~1715) 등도 상수학에 깊은 관심을 보였다. 최석정[88]은, 최명길이 『괘변도설卦變圖說』과 『역전기의易傳記疑』 등의 책을 지었으며, 『정전程傳』과 『본의本義』 밖의 새로운 뜻을 많이 계발했음을 전하고 있다.[89] 최명길의 손자인 최석정은 『주역』에 정통하였고, 현종顯宗에게 혼천의渾天儀의 제작을 건의하는[90] 등, 천문학에 대한 관심이 높았고, 수학에도 조예가 있어서 세계 최초로 직교 라틴 방진의 개념을 발견하였다고 한다.[91]

노론계의 이단상李端相(1628~1669)과 조성기趙聖期(1638~1689) 또한 소강절의 상수역에 깊은 관심을 보였다. 이들은 훗날 낙론洛論을 대표하는 김창협金昌協(1651~1708)과 김창흡金昌翕(1653~1722) 형제에게 많은 영향을 미쳤다. 이단상은 경전 중에서 『주역』을 가장 좋아하였고, 특히 소강절의 『황극경세서皇極經世書』에 매료되어 있었다.[92] 그의 아들 이희조李喜朝(1655~1724)는 이단상이 상수학에 대해 깊이 자득한 바가 있었다고 기록한 바 있다.[93] 특히 이단상은 천문학에 아주 많은 관심을 가지고 있어서 늘 혼천의를 곁에 두고 사람들과 토론하기를 즐겼다고 한다.[94] 조성기는 상수학에 대해 저술을 남기지는 않았지만 스스로 소강절을 사숙했다고 여겼으며, 자신을 소옹에 빗대고 자신이 사는 집을 소옹이 거처한 집에 비유하기도 하였다.[95]

이들과는 경향을 달리하는 호서지역의 서인들도 있었는데, 이들은 소강절의 상수역에 대해 부정적인 인식을 하고 있었다. 송시열宋時烈은 소강절이 도道의 대원大源을 깊이 고려하지 않아서 신중하지 못한 측면이 있음을 지적하고[96], 『주역』 공부를 통해 군자와 소인을 구별하고 진퇴와 소장의 기미를 살펴야 한다고 하여[97] 군자와 소인을 엄격히 구별하는 의리역의 입장에 서 있었다. 노론계 이유태李惟泰(1607~1684)는 「역설易說」을 지어 소강절을 혹독하게 비판하기도 하였다.[98] 그는 소강절의 상수역이 음양을 모호하게 구분하고 존비尊卑를 분명히 나누지 않았음을 지적하면서 도덕인의道德仁義에서 역리易理를 구할 것을 강조하였다.[99] 권상하權尙夏(1641~1721)는 송시열을 묵수하여 주희의 『주역본의』만을 중시하였고[100], 한원진韓元震(1682~1751)도 소강절의 역학을 비판하면서 주희의 역학을 더 존숭하였다. 물론 주희의 역학은 의리역과 상수역의 어느 한편에 치우치지 않는 것이지만, 이들의 비판은 소강절의 역학이 상수象數에 치중하여 역리易理를 곡해하고 『주역』의 한 축을 이루는 의리를 드러내지 못한다는 공통된 인식에서의 비판이었다.

이 가운데 서구과학을 『주역』의 체계 속에 적극적으로 포용하려 했던 세 사람의 역학을 다산역과의 비교를 위해 아래에 그 대강을 보이고자 한다.

(1) 김석문金錫文의 역학

노론계 청풍淸風 김씨 가문의 한 사람으로써 김석문金錫文(1658~1735)은 청을 통한 서구과학의 성과들을 비교적 충분하게 접할 수 있었다. 그는 상수역에 기반하여 서구 천문학 지식을 수용하고, 지전설地轉說과 지구설地球說을 제기한 인물로 조선유학사에서 독특한 지위를 지닌다.[101] 그는 전통 성리학적 태극이론과 음양오행론에 서구 천문학 지식을 응용하여 지구중심적 사고를 반전시킨 인물이다. 민영규(1975)는 김석문의 『역학24도해』를 처음 발표하면서, "이 저술은 정녕 그 제명題名이 말해주듯이 역학을 바탕으로 한 것이었지만, 움직이는 천체와 움직이지 않는 지구와의 관계를 그야말로 코페르니쿠스적으로 반전시킴으로써 그 필연성을 증명하고, 종래에 굳게 믿어오던 우주관에 하나의 혁명을 불러일으킬 내용의 것이었다"[102]고 극찬한 바 있다.

당시 그의 책은 많이 유포되진 않았지만 일부 지식인들[103]에게는 큰 영향을 미친 것으로 보인다. 그의 『역학24도해』「총해總解」 끝에 딸린 일종의 간기刊記에 이 책이 판각된 경위가 자세히 서술되어 있다. 그에 따르면, 저작 완성 후 29년이 지난 병오년丙午年(1726) 8월 초가을, 김석문이 통천通川 군수로 재직중일 때 고향 대곡리大谷里 이웃의 한 벗이 늘 이 책을 영구히 보존하여 사람들에게 보이고자 하여 여러 차례 서신으로 권유하다가 마침내는 직접 북한산의 각승刻僧 두 사람을 데리고 통천까지 찾아와 한 달도 채 못 되어 완성을 보았다고 한다. 이때 판각된 것이 24원도상元圖象과 그에 붙인 부도附圖 13판板과 서목序目과 총해總解 8판이었다.[104] 당시 그의 고향 주변에 그의 글이 유포되어 있었음을 알 수 있다.

김석문보다 약 70여 년 뒤의 황윤석黃胤錫(1729~1791)이 「김종탁에게 보낸 편지」(1785)에서 김석문을 평하기를, "저술한 『역학24도해』 5, 6권은 간행되지는 못했으나, 그의 역학은 앞사람이 밝히지 못한 것을 밝혔으며 천고의 오류를 바로잡은 점들이 있다. 삼연三淵(金昌翕, 1653~1722)과 지촌芝村(李喜朝, 1655~1724)이 크게 인정하였을 뿐만 아니라, 나의 견해로도 마땅히 소강절과 백중세를 이룰 것이고 우리나라에서는 화담花潭(徐敬德, 1489~1546) 이하로는 논할 수가 없다. 우리 선생님(金元行, 1702~1772)도 이 분에 대해 말씀하신 적이 있는데 매우 사모하셨다"[105]고 한 바 있다. 다만 황윤석은 김석문의 학문이 역학에 조예가 깊었지만 알아주는 사람이 많지 않았고, 저술도 세상에 행해지지 못하였음을 지적하며 안타까움을 표하고 있다.[106] 또 황윤석보다 약 10여 년 뒷사람인 박지원朴趾源(1737~1805)은 『열하일기熱河日記』 중의 「곡정필담鵠汀筆談」에서 중국인 학자 곡정鵠汀에게 그 자신이 김석문의 자나 호도 기억하지 못하고 있으며 저서도 없어서 그 전체 내용을 말할 수는 없음을 전제하고서 김석문의 부공삼환설浮空三丸說을 간단하게 소개한 바 있다.[107] 그러나 그 내용이 무엇인지는 구체적으로 밝혀놓지 않았다. 『포천읍지抱川邑誌』(1899, 光武 3년 간행본)에서도 "장성하여서는 역학에 조예가 깊었는데, 족형族兄뻘인 김석주金錫冑가 일찍이 그의 학문의 깊이에 놀라 대성공大成公의 성리학을 다시 보는 것 같다고 감탄한 바 있다. 나이 40에 비로소 책을 썼는데 위로는 태극으로부터 아래로는 만물에 이르기까지 체용體用의 오묘함을 다하여, 『역학도해』라 이름하였는데, 도圖가 44개이고 그 해解가 127,200여 자이다"[108]고 기록하고 있지만 그 세부 내용에 대해서는 기록되어 있지 않다.

황윤석의 기록에 따르면, 김석문의 역학에 대해 김창흡金昌翕, 이희조李喜朝가 동조하였고, 김원행金元行과 황윤석 자신도 김석문의 역학에 심취하고 있었음을 알 수 있다. 김창흡과 이희조가 각각 1722년과 1724년에 서거하였으므로, 그들이 보았을 김석문의 저서는 『역학24도해』의 간기에서 김석문 자신이 말하고 있는 판각본

(1726) 이전의 6권으로 된 초사본抄寫本이다. 판각되기 이전에 이미 일부 지식인들의 동조를 얻고 있었던 셈이다. 당시 이들은 석실서원石室書院[109]을 중심으로 한 학파를 형성하고 있던 인물들이다. 포천과 양주 일대에서 동조자를 얻은 그의 학문은 강 건너 광주廣州의 안정복安鼎福(順庵, 1712~1791)에게도 전해졌다. 안정복은 이익의 문하제자로서 공서파로 분류되는 학자인데, 그가 정밀하게 필사한 『역학24도해』 세자사본細字寫本이 국립중앙도서관의 옛 장서에 소장되어 있다.[110] 이덕무李德懋(雅亭, 1741~1793), 서유구徐有榘(楓石, 1764~1845), 이의준李義準(溪西, 1775~?)도 모두 김석문의 『역학24도해』를 알고 있었다. 이규경李圭景(1788~?)의 『오주연문장전산고五洲衍文長箋散稿』 「소화총서변증설小華叢書辨證說」에 따르면, 이 세 사람은 동국학인東國學人의 저서로써 가장 우수한 것을 모아 '소화총서小華叢書'라는 이름으로 묶어 책을 만들자고 뜻을 모았으나, 그 뜻을 이루지는 못했고, 다만 이의준이 다 정리되지 않은 원고 상태로 남겨놓은 편목編目이 이 글에 실려 있다. 이들은 그 전체를 경익經翼, 별사別史, 자여子餘라는 세 부문으로 나누어 만들려고 하였는데, 경익經翼 17종 가운데 김석문의 『역학도해』가 들어있다. 이들은 김석문의 저서를 동국東國의 가장 우수한 저서로 평가하고 있었음을 알 수 있다. 민영규는 이규경의 『역학24도해』에 대한 관심이 그의 조부 이덕무李德懋로부터의 내림이었을 것으로 판단한다.[111] 다만 이규경은 김석문의 호인 대곡大谷을 성운成運(大谷, 1497~1579)의 호로 착각하여 『역학도해』를 성운의 저작으로 오인하고 있다.[112] 또한 농암農巖 김창협金昌協(1651~1708)의 외손인 해주海州 오씨吳氏 문중에도 김석문의 『역학24도해』의 정밀한 필사본이 최근까지 소장되었다고 전한다.[113] 한편 종래 지전설地轉說의 제창자로 알려진 홍대용洪大容(1731~1783) 또한 석실서원石室書院 사람으로 황윤석과 같이 김원행의 제자이다. 그가 1765년 동지사冬至使를 따라 중국에 갔다가 오면서 기록한 「의산문답醫山問答」에서 제기된 지동설이 김석문의 주장

과 무관하다고 할 수가 없을 것이다. 중국에서는 지동설이 장우인蔣友仁에 의해 1767년 처음으로 제기된다. 이를 보면 중국자료를 통한 지동설의 습득이 아니라, 중국에서 지동설이 제기되기 이전에 이미 석실서원을 중심으로 지전설이 하나의 조류로 형성되어 있었던 것임을 짐작할 수 있다.

그러나 그의 저서는 최근까지 잊혀져 있다가, 민영규(1973)가 처음으로 그의 논문 「17세기 이조학인의 지동설」에서 김석문의 『역학24도해』(1697) 절초본節抄本을 소개하고 논문 뒤에 영인하여 덧붙인 데서 본격적으로 연구되기 시작했다.[114] 따라서 김석문 역학의 연구에 있어서 민영규의 공은 실로 매우 크다고 해야 할 것이다.

김석문은 이미 전통적 천원지방天圓地方설에서 벗어나 있다. 그의 도圖에 그려진 지구의 모습은 모두 원형이거나 구형이다. 그가 그린 그림은 다음과 같다.

> 제1, 太極圖. 제2, 皇極九天圖・赤極九天附圖. 제3, 日蝕圖. 제4, 月蝕圖. 제5, 兩儀圖. 제6, 四象圖. 제7, 數卦少成圖. 제8, 數卦大衍圖. 제9, 四十八策蓍象圖. 제10, 六十四卦方圓圖・六十四卦方圓附圖. 제11, 後天數卦圖. 제12, 四十九策蓍象圖. 제13, 天地體用圖. 제14, 天地六用生物圖. 제15, 萬物體用圖. 제16, 萬物六用生象圖. 제17, 南北晝夜數卦圖. 제18, 南北冷熱數卦圖. 제19, 月望卯酉潮汐圖. 제20, 春分卯酉潮汐圖. 제21, 南北二極量地圖. 제22, 南北二漠元會圖. 제23, 地返於天圖. 제24, 天返於道圖.

제1 태극도는 김석문이 태초의 원기로 설정하고 있는 태허太虛를 표현하기 위해 둥근 원만 그려져 있다. 이 태극 안에서 해와 달, 지구, 그리고 해 주위를 도는 행성들이 제2 황극구천도와 적극구천부도에 표현되어 있다. 제3 일식도와 제4 월식도는 해와 달, 지구를 구형으로 그려넣고, 이 세 천체의 배열에 따라 생기는 그림자 현상인 식蝕을 표현한다. 이 제4도까지는 그의 선진적인 천문학 지식을 잘 보여준다.

제5도부터 제16도까지는 천문학 지식과 역학 지식을 결합하고자 노력한 성과이다. 특히 제5, 제6, 제7도는 『태극도설太極圖說』의 음양양의도陰陽兩儀圖를 기본으로 하면서 그 바깥에 해와 달을 더 그려넣어 태극음양의 변화양상을 천문학적 지식과 결합한 그림이다. 곧 태극의 정적인 모습과 음양의 동적인 양상이 결국은 해의 빛을 받고 있는지의 여부에 의해 결정된다는 점을 드러내고 있다. 이는 태극음양설과 새로운 우주관을 결합한 것인데, 여기에는 하도河圖·낙서洛書의 수리학이 그대로 적용되어 있다. 제8, 제9, 제10도는 복희 64괘 방위도方位圖 및 방원도方圓圖를 기본으로 하면서 시초점의 결과를 점으로 표시하고 간지干支를 달아놓거나 60갑자甲子를 달아놓은 것이다. 제11도 후천수괘도는 문왕 8괘 차서도次序圖와 문왕 8괘 방위도를 결합한 그림에 간지干支를 배치한 것이다. 제12도는 64괘 원도圓圖에 각각 4상四象과 간지를 표시하고 49개의 시책을 64괘 원도에 배열한 것이다. 제13, 제14, 제15, 제16도는 제2, 3, 4도에서처럼 8괘도와 하도·낙서를 기본으로 배열한 곳 바깥에 해와 달을 그려넣어 음양의 상관관계를 드러내었고, 여기에 제13도의 경우 천지天地, 명허明虛, 풍습風濕, 열조熱燥를 배열하고, 제14도의 경우 천지天地, 성범聖凡, 금수禽獸, 초목草木을, 제15, 16도의 경우는 두족頭足, 이목耳目, 구비口鼻, 신심身心을 각각 청탁淸濁으로 분류하여 배치하였다. 이는 전체적으로 전통적 수리역상에 서구 천문학 지식을 덧씌우고 그것을 각각 천지와 인물, 금수초목, 이목구비 등의 구체 사물에 관련시킨 것으로 볼 수 있다.

제17 남북주야수괘도부터 제22 남북이막원회도까지는 지구의 완전한 구형을 경위도를 그려넣어 표현하고 있다. 이 여섯 개의 그림에도 역시 해와 달을 지구 궤도의 바깥에 배열하여 음양이라는 현상이 결국 해를 기준으로 하여 생겨나는 것임을 보여준다. 제17도는 일도日道 즉 태양의 궤도가 지구 적도로부터 약 23도 기울어져 있다는 것과, 월도月道 즉 달의 궤도가 여기에 더하여 태양의 궤도보다 3도 더 기울어져 있다는 것을 각각의 궤도상에 표시하고, 남막南漠과 북막北漠 사이의 음양현상을 흑백으로 표시한 뒤에 건乾, 곤坤 등의 8괘를 적도면에 배열하여 음양에 따른 밤낮의 변화를 표현하였다. 제18 남북냉열수괘도는 태양이 적도赤道의 춘분점에 도달했을 때의 해와 달의 궤도를 지구를 중심으로 표시하고, 복희 8괘 방위도를 지구의 남북에 각각 그려넣어 남막에서 북막쪽으로 열온한냉熱溫寒冷의 변화가 생긴다는 것을 보여준다. 이는 위도에 따른 온도 차이를 설명코자 한 것이다. 이 두 그림은 기본적으로는 선진적인 천문학 지식을 바탕으로 하여 전통적 역도상易圖象을 결합한 것이다. 지구가 구형이라는 인식과, 음양 현상이 햇빛에 의해 생기는 것이라는 인식을 전제로 하고 있지만, 그 도면 위에 8괘의 온도에 대한 상象들을 배열하여 전통적 태극음양설을 결코 놓지 않고 있음을 알 수 있다. 제19, 제20도는 앞 두 그림과 마찬가지로 적도와 일도와 월도를 표시한 위에, 월망月望과 춘분春分 때의 조석潮汐의 변화를 표현하였다. 제19도부터는 8괘의 역상易象은 배열되어 있지 않으며, 김석문의 순수한 천문학적 지식이 반영되어 있다. 해를 마주한 지구의 반면은 낮이며, 지구를 중심으로 해의 반대면에 달이 있을 때가 보름이라는 인식이 표현되어 있다. 제21, 제22도는 각각 보름 때와 춘분 때의 음양을 표현한 위에 12지支를 지구의 위도상에 표시한 그림이다. 김석문의 도상 중에 지구의 구형을 가장 선명하게 보여주는 그림들이다. 제23 지반어천도와 제24 천반어도도는 천지가 각종 변화를 거친 뒤에 근원으로 되돌아간다는 일종의 회귀사상을 보여주는 그림이다. 제1 태극도에서 시작하여 제24 천반어도도에로 귀결되는 우주의 변화양상을 전체적으로 드러내었다고 할 수 있다.115)

장현광이 서구 천문학이 수입되기 이전에 소강절과 주자의 태극음양설에 기초하여 주자 관념철학의 극단 연장선상에 있었던 데 반해, 김석문은 선진적 천문학 지식을 바탕으로 새로운 우주체계를 구성하였다. 그러나 김석문 역시 서구 천문학과 전통 역학을 결합하고자 애를 썼으며, 전통 상수학적 견해를 결코 놓지 않았다. 만약 그의 그림들에서 8괘도, 64괘 방원도, 시책蓍策 등의 상수학 내용을 제거한다면 순수한 천문학 도면으로 이해할 수 있을 것이다. 더군다나 중국이나 한국에서 당시 그 누구도 언급한 적이 없는 선진적 우주관을 가지고 있었으면서도 그것을 전통 역학에 결합시키려는 노력을 아끼지 않았던 것이다. 다산의 논점을 차용하여 말한다면, 그는 여전히 『주역』을 자연학과 인문학이 결합된 형이상학 진리의 경전으로 인식한 것이며, 『주역』을 통해 서구과학의 선진 지식이 해독될 수 있다는 전도된 믿음을 지녔던 인물이라고 할 수 있다.

김석문의 『역학24도해』 서목序目에는 김석문의 학문적 취향과 이 책의 대강을 알 수 있는 구절이 있다.

> 나는 특히 『역』과 주렴계周濂溪, 소강절邵康節, 정이천程伊川, 장횡거張橫渠 등의 책을 좋아했으며, 천지와 일월성신, 수화토석水火土石에서부터 금수초목 및 인성의 선악과 생사에 이르기까지 철저히 관찰하여 음양의 일과 고금의 변화에 통달할 수 있었고, 제자백가를 두루 섭렵하였으니, 역법曆法과 지지地誌, 육예六藝의 책 같은 것은 취할 것은 취하고 버릴 것은 버려서 회통하지 않은 것이 없었다. 요컨대 공자의 학문에 귀의하고자 한 것인데 나이 40에 들어 처음으로 책을 썼으니, 위로는 태극에서부터 아래로는 천지만물의 체용體用에까지 다하였다.116)

김석문 자신의 대단한 자신감이 표현되어 있는데, 특이한 점은 주희의 책은 좋아하는 책 목록에 끼어있지 않다는 것이다. 주렴계周濂溪, 소강절邵康節 등이 주자학의 밑거름이라 하지만 주자학의 본령과는 또 다른 학문이므로, 그가 당시 정통 주자학에서 일정 정도 벗어나 있음을 발견할 수 있다. 그의 연구영역은 천지, 일월성신, 수화토석, 금수초목, 인성 등의 분야를 포괄하고 있으며, 더 나아가 역법, 지지, 육예의 학문에까지 폭넓게 진행되었음도 알 수 있다. 그가 목표하고 있던 것은 천인天人의 결합, 자연학과 인문학의 결합이었다. 그가 받아들인 선진적 우주관도 결국은 태극음양설로 재해석될 수밖에 없었다. 이에 대해 김용헌(1995)은 "김석문이 전통적인 음양오행설을 답습하고 있다는 인상을 준다"[117]고 평가한 바 있다.[118] 가장 선진적 지식을 소유하였으면서도 그 지식이 태극음양설로 재해석되기를 기대했다는 데에서 아쉬움을 남긴다.

그러나 김석문이 음양을 해와 연관하여 바라본 점은 높이 평가할 만하다. 그의 그림 대부분에 지구와 함께 해와 달이 각각 원형의 궤도를 지니며 그려져 있다. 그리고 햇빛의 유무로 음양을 표현하였다. 그가 바라본 음양은 이미 철학적 의미를 지닌 것이 아니었다. 일종의 태양과 관련된 자연현상인 것이다.

> 음陰은 지구의 그림자이다. 지구가 자전하여 해를 등지면 음이 생긴다. 땅위의 사람은 지구가 대단히 빠르게 회전한다는 것을 알지 못하여, 땅의 표면이 고요해지면 음이 생긴다고 생각한다.[119]

그의 이러한 음양관은 그의 도상 전반에 걸쳐 표현되어 있다. 해를 마주한 지구와 달의 반쪽을 양으로, 등진 반쪽을 음으로 흑백처리를 하여 보여준다. 전통 역학의 일음일양지위도一陰一陽之謂道의 관점은 그에게 나타나지 않는다.

한편 『태극도설太極圖說』에서 만물 탄생의 가장 중요한 다섯 원소로 등장한 오행五行은 그의 저서에 거론조차 되지 않는다. 만물의 기氣와 질質을 구성하는 요소들을 언급하긴 하였으나, 그것은 5행과는 무관한 것으로써 상생상극相生相剋과 같은 5행 원리도 개입되지 않는다.

> 대체로 음양수토陰陽水土의 기氣가 만물을 생하기 때문에 땅위의 생물은 정적인 것들이 많고 움직이는 것들은 적다. 움직이는 것들은 통할 수 있으나 정적인 것들은 통하지 못하니, 초목과 금수, 인류를 보면 알 수 있다.120)

> 이 풍수석토화風水石土火 다섯 가지가 결합하여 지질地質을 이루며, 태허의 한쪽 중앙에서 끊임없이 우회전한다.121)

대체로 그가 말하는 기나 질이 정교한 조합으로 보이지 않는 것이 사실이지만, 『태극도설』의 "오행일음양五行一陰陽, 음양일태극陰陽一太極"이라는 리일분수理一分殊의 논리처럼 어느 하나로 종합되거나 분석될 수 있는 것이 아니다. 아마도 이러한 이유로, 이용범(1976)은 "오히려 음양陰陽의 변합變合에서 다시 수水·목木·금金·토土·화火 등의 오행五行이 생生하고, 음양과 오행의 묘합妙合으로 만물萬物이 생한다는 만물생성과정을 논한 주돈이周敦頤의 『태극도설太極圖說』 중 음양과 오행의 묘합에 관한 설명부분에 있어 오행을 더 추상화한 '기氣'로 바꾸어 표현하고 장재張載의 『정몽正蒙』에 보이는 만물생성과정에 대한 사상을 얼버무리는 데 지나지 않은 것으로 보인다"122)고 그 가치를 폄하한 바 있다. 김석문의 기질관은 분명 현대 지구과학의 관점에서 보면 시대적 한계를 벗어나지 못하는 단점은 있으나, 주돈이의 오행개념보다 더 추상화된 기氣 개념을 사용하고 있다는 이용범의 평가는 김석문이 사용하는 기질氣質이라는 용어를 정확하게 설명한 것이라고 볼 수 없다. 김석문의 기질은 주돈이나 주희가 말하는 만물구성요소로서의 기질이 아니다. 만물구성요소라고 할 때는 어느 사물에나 정도의 차이는 있다 하더라도 모두 구비되어야 하지만, 김석문의 기질은 단순히 지구와 지구

주변을 둘러싸고 있는 일종의 권역圈域을 표시하는 용어이다.

> 물은 바깥에 있고, 물 안쪽에 돌이 있고, 돌 안쪽에 흙이 있고, 흙 안쪽에 불이 있으니, 이것들은 질質에 속한다. 또 지구 밖으로 다섯 가지가 있는데, 물 바깥쪽에 바람이 있고, 바람 바깥쪽에 추위가 있고, 추위 바깥쪽에 더위가 있고, 더위 바깥쪽에 밤이 있고, 밤 바깥쪽에 낮이 있으니, 이것들은 기氣에 속한다.[123)]

김석문이 여기에서 말하고 있는 수석토화水石土火라는 질質과 풍한서야주風寒暑夜晝라는 기氣는 현대 지구과학의 권역을 표현하는 말이다. 김석문은 지구의 중앙에서 표면까지의 권역을, 중앙에 불이 있고, 그 바깥을 흙이 둘러싸고 있으며, 그 바깥을 또 돌이 둘러싸고 있고, 그 바깥을 물이 둘러싸고 있다고 파악한 것이다. 또한 지구의 바깥 권역을 바람과 추위, 더위, 밤, 낮이 감싸고 있다고 본 것이다. 이것은 지구와 지구 대기권의 구조를 나타내는 말로, 결코 추상화된 개념으로서의 기氣나 질質이 아니다.

이처럼 김석문은 이미 5행 개념을 『역학24도해』에 적용하고 있지 않으며, 그가 언급한 기氣나 질質은 감각경험이 가능한 구체사물에 속하는 것들이다. 그가 추상적 기 개념에서 구체적 기 개념으로의 발상의 전환을 이루었다는 점이 조선 후기 사상사에서 커다란 의미를 지니는 것이며, 그 이후 홍대용, 이익, 정약용, 최한기崔漢綺(1803~1879) 등의 이른바 실학자군의 사상적 선구가 된다고 평가할 만하다. 다만 이 기氣보다 선재하는 리理의 세계를 여전히 상정하고 있다는 데서 리학理學사상의 연장선상에 있다고 할 수밖에 없다.

『역학24도해』는 제1 태극도太極圖에서 시작하는데, 이때의 태극이 바로 리理이다.

> 태극은 리理이다. 리에는 체體와 용用이 있으니 움직임이 없을 수 없다. 태극이 움직이지 않을 때를 체體라고 하고, 태극이 움직이는 것을 용用이라 한다. 고요히 있다가 점차 움직이면 태허太虛가 있게 되는데, 태허가 바로 리의 용用이다. 그러므로 태허는 움직이지 않는 가운데에서 미미하게 움직인다. 비유하자면 배를 타고 갈 때와 같은데, 산기슭은 움직임이 없고 움직이는 것은 배이다. 산기슭이 움직임이 없어야 배가 움직인다는 것을 헤아릴 수 있다. 산기슭과 배가 함께 움직인다면 어떻게 그 배가 움직인다는 것을 헤아릴 수 있겠는가? 이것이 바로 태극太極이라는 하늘이 있어야만 태허 이하 하늘들의 동정動靜과 원근遠近을 헤아릴 수 있는 까닭이다.[124)]

김석문은 산기슭과 배의 비유를 통해 태극이 부동不動의 동자動者와 같이 체용體用 양면을 보유한다고 생각하였는데, 그것이 바로 리이다. 태극에 미동微動이 생기면 바로 태허가 되는데, 이때의 태허는 태초의 원기와 같은 것으로, 구체세계로 나아가는 제1단계의 기氣이다. 즉 태허라는 기氣보다 먼저 태극이라는 리理가 부동不動의 체體로써 존재함을 강조하는 것이다. 그러나 주희에게서와 마찬가지로 김석문의 태극리太極理는 무無의 미동微動에 의해 유有가 생한다는 발상이어서, 관념적 사유에 해당한다. 이와 같은 그의 리기론은 일반적인 주자학자들의 리기이원론理氣二元論에서 벗어나지 않지만 그것을 퇴계退溪와 율곡栗谷의 리기론이라는 잣대를 대어보면 율곡 쪽으로 기울어져 있음을 알게 된다. 김석문은 리가 주가 된다고 주장하면서도 리발理發이라는 말을 의도적으로 피하고 있다.[125)] 그의 리기론은 리발理發을 주장하지 않는다는 데서 주기主氣 철학의 범주로 묶을 수 있다.[126)] 그가 양주와 포천 지역에 거주하였으며, 부근의 석실서원 학자들의 동조를 얻고 있는 데서도 그의 학문계파의 흐름을 짐작할 수 있다. 노론 계열의 한 학자로서, 율곡학을 계승하고, 멀리는 주자학의 신봉자였지만, 이미 시대정신은 그를 그 자리에 머물도록 방치하지 않았다. 주자학자로서 태극太極과 리理를 결코 놓을 수 없었지만 자연에 대한, 특히 천문학에 대한 철저한 탐구를 통하여 기 세계에 대한 전반적인 인식의 전환을 이루었던 것이다.

김석문은 하도河圖・낙서洛書의 방위와 수를 그대로 도상圖象에 표현하였는데, 이는 기본적으로 선천先天과 후천後天의 구별을 의미하며, 그것이 각각 원元・회會・운運・세世의 주기를 가진다고 한 것은 우주의 반복순환을 의미한다. 그는 소강절의 상수학을 수용하면서 새로운 우주체계에 맞도록 소강절이 설정한 원元・회會・운運・세世의 수를 천체의 운행주기에 맞추어 새롭게 계산하였다.[127] 김석문의 순환론적인 역사관은 소강절의 것을 충실히 반영한 것에 지나지 않으나 소강절이 상수적 설명에 그쳤는 데 비하여 그는 자연과학의 지식을 빌려 합리화하려 했다는 점에서 진일보한 것이다.[128] 그러나 이 또한 그가 가진 선진적 지식과 비교해 볼 때 빛이 바래고 만다. 그에게 요구되었던 시대정신과 그가 살고 있는 성리학적 환경은 충돌할 수밖에 없었고, 그 둘을 절충하려는 노력은 일면 시대적 요구에 반하면서, 또 일면 성리학적 환경에도 반하는, 다시 말해 앞뒤로 적과 대치하여 싸우는 꼴이 되고 말았다.

(2) 황윤석黃胤錫의 역학

황윤석黃胤錫(1729~1791)은 낙론洛論의 핵심인물인 김원행金元行의 문하 사람으로, 인물성동론人物性同論을 상수학象數學과 연결지었다. 그의 상수학 연구 대상은 일월성신풍운뢰우수화日月星辰風雲雷雨水火 등의 자연물 또는 자연현상에 집중되어 있었고, 이는 낙론 계열에서 자연만물에 대한 관심을 철학적으로 뒷받침하면서 심성론心性論 일변도의 학풍에서 벗어나 자연과학의 탐구영역에로 확장 발전시켜 갔음을 보여준다.[129] 그는 송시열宋時烈(1607~1689), 김창협金昌協(1651~1708), 이재李縡(1680~1746), 김원행의 학통을 계승하고, 이 학맥을 도통道統의 전수로까지 자부하였다.[130] 그는 영정조 시대 호남 실학의 대표적 인물로 평가되며, 방대한 저술들은 성리학과 실학이라는 두 사상을 공유하는 박학적 성향을 띤다. 그 때문에 박물학자로 평가되기도 하지만, 그는 격물치지라는 학문방법을 학문의 출발점으로 하면서 나아가 서양의 천문학, 역법 등 수학과 과학의 정밀한 지식을 수용하는 데 적극적인 태도를 취하였다.[131]

그는 31세 때 석실서원의 김원행 문하로 들어간 이후 주자학, 역학, 율려, 상수학, 자연과학 등을 공부하며 김원행을 평생의 스승으로 따랐다. 학문적 계보로 볼 때 그는 기호학파 중에서도 낙론洛論에 속한다. 그가 다루었던 학문 내용들을 보면 먼저 당대 성리학의 주요 논쟁점들을 망라하고 있음을 발견하게 된다. 그의 연보에, 이기경李基慶(木山, 1713~1787)과 토론한 내용이 있는데, 당시 논쟁거리였던 리기심성설과 퇴계退溪와 율곡栗谷의 사단칠정설, 호론과 낙론의 심성동이변心性同異辨에 대해 토론한 바 있다.[132] 그는 이간李柬(巍巖, 1677~1727)의 학설을 사리가 분명하고 판단과 논리가 정확하다고 평가하였지만, 호론의 한원진韓元震(南塘, 1682~1772)의 학설에 대해서는 자기 주장과 편견이 강하여 정주의 학문을 왜곡할 우려가 있다고 비판하였다. 또 「행장行狀」에 의하면, 육구연陸九淵과 왕수인王守仁의 심학心學, 윤휴尹鑴(白湖, 1617~1680), 박세당朴世堂(西溪, 1629~1703), 정제두鄭齊斗(霞谷, 1649~1736) 등의 반주자학적 학문 경향을 비판하기도 하였다.[133] 그는 주자의 학문을 종교적으로 숭배하고 시대정신이었던 대명의리에 높은 가치를 부여한 존주론자尊周論者이기도 하였으며, 탈주자학을 망국의 원인으로까지 진단하였다.[134] 그는 성리학뿐만 아니라 천문역상학天文曆象學, 산학算學, 기하학, 자연과학, 경세치용학, 이용후생학 등에도 밝았으며, 단학丹學, 양명학, 선학禪學, 병법, 서술筮術, 태을太乙, 육임六壬, 둔갑遁甲 등에도 조예가 깊었다.

그는 관직에 있으면서 홍계희洪啓禧(淡窩, 1703~1771), 신경준申景濬(旅庵, 1712~1781), 서명응徐命膺(保晩齋, 1716~1787), 김이안金履安(三山齋, 1722~1791), 홍대용洪大容(湛軒, 1731~1783), 박윤원朴胤源(近齋, 1734~1799), 이가환李家煥(錦帶, 1742~1801) 등과 교류하였는데, 그 가운데 소론과 남인이 있는 것을 보면 당색에 크게 얽매이지 않았던 것으로 보인다.135) 그가 이가환 등과 교류한 것을 보면 직접적으로는 아니라 하더라도 간접적으로는 다산이 그를 접했을 수 있다는 추측이 가능하다. 수리역을 극력 비판하고 있는 다산의 모습은, 사상이 시대반동적 경향이 있다는 관점에서 볼 때 멀리 소강절에서보다도 가까이에 있는 강력한 수리역학자에 대한 반동적 성격이 있을 수 있다는 필자의 가정에 의한 판단이다. 물론 다산이 황윤석을 거론한 적은 없다. 다산의 황윤석 역학에 대한 반동적 영향관계의 사실여부는 차후의 연구과제로 넘겨야 할 것 같다.

황윤석은 기본적으로 주자학적 세계관 속에 있지만, 율곡의 리통기국理通氣局의 성리설을 수용하고 있어서, 리의 선재성뿐만 아니라 내재성까지 언급하고 있다.

> 천지 사이에는 오직 리理와 기氣와 질質 세 가지만이 있을 뿐이다. 질은 기가 쌓여서 이루어지는 것으로, 기보다 분명하게 드러난다. 기는 리보다 비록 찌꺼기가 조금 있지만 형적을 지닌 질과는 다르다. 리는 가장 형적도 없고 찌꺼기도 없어서 지극히 정미하고 오묘하여 기를 타고 작용한다. 그러므로 기가 쌓여서 질이 되면 리 또한 거기에 있게 된다. 사람으로 말한다면 신체와 혈육은 다 질이고, 춥거나 덥거나 호흡하는 것은 다 기이며, 인의예지 같은 것은 리이다.136)

황윤석은 분명 "형이상은 형태가 있기 이전으로써 오직 리만이 있을 뿐이다"137)고 하여 리선기후理先氣後의 관념을 소유하고 있지만, "기가 쌓여서 질이 되면 리 또한 거기에 있게 된다"거나 "지극히 정미하고 오묘하여 기를 타고 작용한다"고 하여 율곡의 기발리승氣發理乘의 논리로 리기를 해석한다. 그에게 있어 리는 기와 질에 내재하면서 한편으로 초월적인 최고존재로 인식되었다. 그리고 그것은 인간의 인의예지와 같은 도덕본성을 보증하는 근원적 존재이다.

김석문의 역학을 논한 곳에서 이미 살펴보았듯이, 황윤석은 김원행의 문하로 있으면서 스승이 그러했듯이 김석문의 역학을 대단히 높이 인정하였고, 김석문이 수용한 서구과학적 요소들을 자신의 역학에도 그대로 드러내었다. 그 가장 큰 영향이 천원지방설天圓地方說에 대한 비판이다. 황윤석은 이간李柬(巍巖, 1677~1727)의 인물성동론을 지지하는 낙론에 속하지만 이간의 지방설地方說에 대해서만큼은 비판적이다. 이는 사승관계 속에 있으면서도 이미 서구과학의 영향에서 벗어날 수 없었음을 반증한다.

> 하늘은 땅 바깥의 큰 원이며, 땅은 하늘 안의 작은 원이다. 원으로 원을 둘러싸는 것은 이치와 형세가 서로 마땅한 것이니 이는 증자曾子가 말한 대로이다. 만약 정말로 하늘은 원이고 땅은 사각형이라면 네 각이 가려지지 않는다는 것은 이미 『대대례기』에 보인다. 그러나 『주비周髀』와 곤坤괘 「문언」과도 오묘하게 합치하니 서양 역법에서 땅도 원이라고 하는 것이 어찌 근거 없는 것이겠는가?138)

황윤석은 34세 때(1762) 그의 친구에게 보내는 편지에서 마테오 리치의 『기하원본幾何原本』을 언급하면서, 선배들이 그것을 무시한 것은 잘못임을 주장한 바 있다. 그는 서학서를 접한 뒤로부터는 서양의 과학기술을 긍정적으로 평가하였다. 티코 브라헤(Tycho Brahe, 중국명 第谷, 1546~1601)의 우주관과 케플러(Johannes Kepler,

1571~1630)의 타원궤도설에 의거한 계산법도 이해하고 있었다. 그러나 황윤석은 서양 역법의 선진성에 대해 대단히 긍정적이면서도 한편으로는 그것을 성리학적 세계관에 짜맞추려는 노력을 아끼지 않았다. 그는 칠정七政과 열수列宿가 경위經緯와 세차歲差를 가지고 있음이 서양 역법의 전래 후 정밀하게 계산될 수 있었기에 그것을 높이 사면서도 역학의 틀 안에서 해석하려고 하였다.

> 서양 역법이 전래된 이후 칠정七政과 열수列宿가 모두 경위經緯를 가지게 되었으니 세차歲差를 계산할 수 있게 되었다. 세차는 월차月差에서 생기고 월차는 일차日差에서 생기며 일차는 또한 시차時差가 쌓임으로써 생기니, 이는 하늘의 운행이 한때 하루도 변하지 않음이 없기 때문이다. … 나라에는 치란흥망이 있고 사람에게는 생로병사가 있으며, 심지어 초목, 곤충, 금수도 혹은 1년의 변이 있고, 혹은 하루의 변이 있어 교대로 변천하니 그것들을 모두 기록할 수 없을 정도이다. 아! 얻고 잃고 영예롭고 욕되며, 비否괘, 태泰괘, 박剝괘, 복復괘는 하나의 기틀에 매어있다. 무엇을 슬퍼하고 무엇을 기뻐하랴.[139)]

전통과 첨단, 동양과 서양, 존주尊周와 양이攘夷라는 상충하는 정신들을 그는 모두 소유하고 있었다. 그의 시대는 그의 학문을 복잡하게 얽어 놓았다. 그는 서학에 배타적인 자세를 취하던 사람들에게 충고를 아끼지 않으면서도, 2년 연하의 동문인 홍대용처럼 성리학을 이탈하려고 하지는 않았다. 실학적 사고와 서양 과학기술의 충격 속에서 서서히 새로운 학문세계를 열어가던 18세기의 분위기에서 이러한 요소들을 성리학을 중심으로 하여 절충 융합하려고 시도하였다.[140)] 서구 천문학과 역법의 정확한 계산에 의해 산출되는 세차의 근본 원인을 하늘의 운행이 쉼 없이 변화하고 있다는 데에서 찾고 있으며, 그것은 바로 또 인간사와 만물자연에 그대로 드러나는 것으로 이해하고 있다. 게다가 그것을 『주역』 비否괘와 태泰괘의 하늘과 땅이 서로 교류하는 과정을 거쳐 양이 살아나는 복復괘와 양이 최후의 절정을 맞는 박剝괘의 음양소장陰陽消長의 관계 속에서 찾으려고 하였다.

그가 성리학적 세계관을 학문의 신조로 삼고 있는 모습은 그의 대표서인 『이수신편理藪新編』[141]의 편집체제에서도 가늠할 수 있다. 그의 「연보」 16세조에 따르면, 황윤석은 『성리대전性理大全』을 전거로 하여 『이수신편』을 편집하였다. 태극도설太極圖說, 리기理氣, 태극太極, 천지天地, 천도天度, 역법曆法, 일월日月, 오성五星 등의 목차는 『성리대전』의 것과 크게 다르지 않으며, 그 안에 편집된 내용들 또한 『성리대전』에서 취한 것들이다. 그러나 결코 동일하지는 않다. 그는 『성리대전』에서 그의 사상에 맞는 것들을 취사선택하였다. 그 기준이 되었던 것은 그가 가장 역점을 두고 연구하였던 천문역법이었다. 즉, 『이수신편』은 태극과 만물의 이치를 논하면서도 천문역법을 중심으로 하여 『성리대전』을 재편한 책이다. 특히 『성리대전』 권26 「천도天度」에 부속되어 내용이 아주 빈약했던 「역법부曆法附」를 별도로 독립시켜 한 권으로 편집하고 내용을 보강했으며, 『성리대전』에 없던 「한서漢書」와 「산학입문算學入門」을 추가하였고, 또한 「성신星辰」편은 그 내용과 분량에 있어 『성리대전』을 능가한다. 따라서 이 책은 『성리대전』을 모방하긴 하였지만 그의 창의적 관심이 반영된 저술이다.[142]

그는 서구 천문학의 영향으로 많은 새로운 관점들을 제시하긴 하였지만, 성리학적 우주론은 늘 그의 학문을 더 나은 진전으로 나아가지 못하게 하였다. 그는 서구의 4원소설을 알고 있었음에도 그것을 가치 없는 것으로 폄하하였다.[143] 『성리대전』의 「음양」 「오행」의 내용들을 그대로 자신의 생각으로 말하고 있다.

하늘과 땅 사이에 따로 무슨 일들이 있겠는가? 오직 음과 양 두

가지뿐이니, 어떤 사물을 보든지 간에 다 여기에서 벗어날 수가 없다.144)

그에게 있어 음양은 구체 세계 전체를 포괄하는 종합개념이며, 자연현상 전체를 표현하는 용어이다. 이는 오히려 그가 심복했다고 하는 김석문의 역학에서보다도 자연과학적으로는 퇴보한 생각이다. 그는 이에 이어 오행에 관련된 물사物事들을 도표로 그려 배당시켰다. 목화토금수木火土金水의 순서로 인체 각 부분과 각각의 성정을 분류하여 「오행인체성정도五行人體性情圖」를 그리고, 일의 길흉을 분류하여 「오행사류길도五行事類吉圖」와 「오행사류흉도五行事類凶圖」를, 간지干支를 오행에 배속시킨 「오행간지도五行干支圖」를, 동물과 식물을 오행에 소속시킨 「오행식물속도五行植物屬圖」, 「오행동물속도五行動物屬圖」 등을 그려, 만사만물이 모두 오행에서 벗어나지 않음을 분명히 표시하였다.

특히 황윤석의 역학에서 주목해야 할 점은 이러한 음양과 오행이 각각 질과 양을 지니고 있어서 수로 표시할 수 있다고 주장한다는 점이다. 리는 감각불가능한 형이상자이고 기는 감각할 수 있는 형이하자인데, 감각적 경험을 통해 인식할 수밖에 없는 인간은 기를 통하지 않고는 리를 인식할 수가 없다. 기는 사물의 형체와 운동으로 구체화되는데, 이렇게 사물의 형성과 운동에서 발견되는 추상적 원리성이 바로 상수이다. 그가 리수理數(또는 理藪)라는 용어를 사용하는 것도 리와 수의 밀접한 연관성을 드러내기 위한 것이다. 사물 현상에서 파악되는 수는 근본적으로 음양오행의 질에 내재된 수의 조합으로 표시될 수 있다. 1, 2, 3, 4는 생수이고, 6, 7, 8, 9는 그것의 성수이며, 그 이상의 수는 모두 이 생수와 성수로 분해될 수 있다. 이것이 바로 이른바 선천상수先天象數의 핵심을 이루는 것인데, 선천과 후천을 설정한 소강절과 그것을 이은 주자의 선후천상수학을 그대로 계승하고 있는 것이다.

선천과 후천을 구분하는 사고는 김석문에게서도 발견되며, 소론 계열의 서명응에게서도 나타난다. 이들은 서구 천문학의 선진 지식을 선천상수학으로 해결하려고 시도했던 인물들이다. 황윤석도 이러한 계열에 서 있다. 반면에 홍대용이나 정약용은 선후천의 구분 자체를 부정하였다.

이처럼 황윤석의 철학에는 태극, 리기, 음양, 오행, 상수 등 전통 성리학적 세계관이 중심이 되어 있다. 지원설地圓說과 같은 서구 천문학적 지식을 소유하였으면서도 그러한 자연학적 지식을 자연학 그 자체로 수용하지 않고 『주역』 속에 내재하는 원리로 파악함으로써 끝내 역리易理와 자연 원리를 구분하지 않았다. 기보다 앞서는 리를 강조하여 인간의 도덕본성의 근원이 천리에 있음을 주장하면서, 사실세계와 가치세계를 분리하지 않고 가치세계의 원천을 사실세계에서 찾으려고 애썼다. 따라서 그의 노력은 끝내 이중적 사고에서 벗어나지 못하였으며, 김석문보다도 오히려 더 성리학적 세계관에 매여 있었다. 황윤석의 박학의 학문은 서구 계몽주의자들이 백과전서식의 학문을 중세 종교적 지식으로부터 탈피하는 방법으로 사용한 것처럼 조선유학사에서 철학 내용의 변화를 가져오는 한 방법이었음에 틀림없지만, 그렇다고 그 자신이 탈성리학으로 나아가고자 했던 것은 결코 아니다.[145] 여기에 그의 시대적 한계가 있다. 새로운 과학 지식이 일정 수준 성숙되어 전통 지식과 신진 학문 간에 첨예한 갈등이 형성되기 전까지는 오랜 형이상학의 영향을 받지 않을 수 없었겠지만, 그는 아직 갈등의 차원으로까지 발전하지 못한 단계를 대표하는 학자라고[146] 말할 수 있다.

(3) 서명응徐命膺의 역학

보만재保晩齋 서명응徐命膺(1716~1787)은 전문적인 천문, 역법 지식을 소유하고 있었으며, 서구 천문학 지식도 깊이 있게 이해하고 있었다. 그는 전통 성리학적 천문, 역법 지식을 서구 천문학 지식과 결합하여 상수학적으로 해석하고자 하였다. 서명응은 정조 때 영의정을 지낸 서명선徐命善(1728~1791)의 형이며, 영조 때 『동국문헌비고東國文獻備考』(1770) 편찬시 「상위고象緯考」의 집필과 정조 말년 『국조역상고國朝曆象考』의 편집을 맡은 서호수徐浩修(1736~1799)의 아버지이다. 보만재라는 호는 만년에 정조로부터 받은 것이다.147)

서명응의 당파는 소론이었지만 노론 낙론계의 여러 학자들과 긴밀하게 교류하였다. 특히 그의 둘째아들 서형수徐瀅修(1725~1779)가 노론산림老論山林이었던 홍계능洪啓能에게 수학하고, 김정희金正喜(1786~1856)의 숙부인 노론계 김노겸金魯謙을 사위로 삼았다는 사실은 그가 당색을 넘어선 폭넓은 교류를 유지했음을 보여준다.148) 서명응은 당대에 이미 박학강기博學强記로 이름이 났으며, 역학易學과 율력律曆 및 서지書志에 관한 많은 저서를 남겼다. 『보만재총서保晩齋叢書』(1783)는 그가 자신의 아들 서호수, 손자 서유구徐有榘(1764~1845)와 함께 이전에 저술한 글들을 모아 편집한 것으로 1786년 정조로부터 "우리 조선 400여 년간 이런 거편鉅篇은 없었다"는 평을 받기도 하였다.149)

동서양 천문학 지식의 양이나 그 깊이가 앞선 학자들과는 비교될 수 없을 정도로 풍부했던 서명응은 지원설地圓說에 대한 확고한 신념이 있었으며, 그것을 증명하기까지 하였다.

> 어떤 사람이 남쪽으로 250리를 가면 북극성이 1도 낮아지고 남극성이 1도 높아진다. 북쪽으로 250리를 가면 남극성은 1도 낮아지고 북극성은 1도 높아진다. 이로부터 따른다면 개천설蓋天說과 주비周髀의 설이 땅덩이를 지극히 둥근 것으로 여겼음을 알 수 있다.150)

> 동으로부터 서에 이르기까지 땅에 따라 자오선을 정하면 무릇 모

> 든 절기와 시각이 동쪽에 있는 지방은 4분을 더하고, 서쪽에 있는 지방은 4분을 빼면 된다. 낮과 밤도 마찬가지라서 하나하나 서로 들어맞으니 몇 년을 돌아도 한 치의 착오가 없다. 이로써 본다면 지구가 둥글다는 것은 참으로 바꿀 수 없는 진리가 아니겠는가![151]

서구 천문학 지식을 충분히 이해하고 있던 서명응은 지원地圓의 사실을 완전히 공간적으로 이해하고 있었다. 이를 바탕으로 그는 위도에 따른 각 지방의 기후 차이 또한 알고 있었다. 그는 지구의 남북반구를 다섯 구역으로 나누어 기후와 계절, 태양의 그림자 길이 등을 상세히 설명하고 있다.[152] 또한 태양에 흑점이 있다는 사실과 그것의 주기, 자전 현상도 이해하고 있었다. 태양이 화기火氣의 발염發焰 현상 때문에 완전한 원형이 아니라는 사실도 알고 있었다.[153] 또한 달의 불거진 부분과 파인 부분이 태양빛을 받아 생긴 그림자라고 설명하였다.[154] 이처럼 그의 천문학 지식은 당시로선 상당히 선진적이었으며, 그 양 또한 상당했다고 할 수 있다.

박권수(1998)의 연구[155]에 따르면, 서명응의 천문학 지식이 최신의 것은 아니었다고 한다. 그 이유는 다음과 같다. 중국에서 일월日月의 운행계산에 케플러의 타원궤도를 도입한 시기는 『역상고성후편曆象考成後篇』(1742)이 간행된 1742년부터인데, 조선에서 케플러의 타원궤도를 일월의 운행계산에 처음으로 채용하기 시작한 시기는 일반적으로 조선정부가 1744년(영조 20년) 『역상고성후편』을 바탕으로 역법을 개정한 이후이다. 그런데 당시의 역산가曆算家들에게 이 책이 완전히 소화되었는지는 알 수 없다고 한다. 더욱이 서명응과 자주 서신을 주고받으며 천문학 지식을 교류한 황윤석이 『역상고성曆象考成』(1721)은 1725년부터, 그리고 『역상고성후편』은 1768년부터 행해졌다고 증언한 바 있기 때문이다.[156] 『역상고성후편』을 바탕으로 하여 일월의 운행계산이 완전히 이루어진 시기를 1744년으로 잡기는 어려우며, 적어도 그 이후의 시기여야 하지만, 서명응이 『역상고성후편』을 전혀 접하지 않았다고 볼 수는 없다고 한다. 황윤석이 1769년에 가서야 『역상고성』의 오성표五星表와 『역상고성후편』의 일전日躔, 월리月離, 교식交食 등의 일부를 간신히 얻어 열람할 수 있었던 데 반해, 당시 중앙에서 벼슬을 하고 있던 서명응은 이 책들을 접하기가 용이했을 것으로 추측하고 있다. 특히 1769년은 서명응이 이미 홍문관제학弘文館提學, 이조참판吏曹參判 등을 거쳐 『동국문헌비고東國文獻備考』 편집당상編輯堂上에 임명되었던 시기인데다가 『동국문헌비고』 「상위고象緯考」를 그의 아들인 서호수가 집필했으므로, 이 책의 편집과정에서 『역상고성후편』을 접하였을 것으로 본다. 따라서 늦어도 그가 『천세력』의 간행에 참여하였던 1782년(정조 6년)까지는 『역상고성후편』을 접하고 거기에 담겨있는 타원궤도를 포함한 새로운 역법지식들도 알게 되었을 것이라 주장한다. 이를 통해 박권수는 『비례준髀禮準』과 『선구제先句齊』의 서술내용이 당시까지 알려진 가장 최신의 천문학 지식들은 아니며, 서명응 자신이 이해하고 있던 여러 천문학 지식들을 스스로 구상한 체계 속에서 서술함과 동시에 자신의 풍부한 경학 지식들을 바탕으로 전통적인 해석을 가하였다고 결론내린다.

그러나 서명응 또한 주자학적 세계관을 결코 포기하지 않았다. 지구 남북반구의 다섯 기후대에 64괘 중의 몇 괘들을 배당하여 역의 변화원리를 적용하려 하였으며, 태양의 흑점을 화양火陽 속의 음陰이 만들어 놓는 흑훈黑暈이라 설명하였다. 또한 달의 얼룩무늬는 곤수坤水에 의해 생긴다고 보았다.

서명응은 이처럼 풍부한 선진 천문학 지식을 전통 성리학적 역학으로 재해석하고자 하였다. 그의 이러한 재해석은 서구의 구중천설九重天說과 지원설地圓說뿐만 아니라, 동양 전통의 천문학 지식들도 망라되어 있었다. 천문학 지식의 역학적 재해석은 주로 『선천사연先天四演』, 『비례준』, 『선구제』에 극명하게 드러난다. '선천사연先天四演'이란 언言·상象·수數·의意라는 네 가지 도리로써 복희의 선천 4도를 부연한다는 뜻으로 정한 명칭이다.157) 복희의 선천 4도란 선천先天 8괘의 차서도次序圖와 방위도方位圖, 선천 64괘의 차서도와 방원도를 가리킨다. 그에 따르면, 하도河圖에는 이미 언言·상象·수數·의意라는 네 가지 도리가 갖추어져 있으므로, 선천 4도에도 그 네 가지 도리가 갖추어져 있을 수밖에 없다. 복희가 하도를 보고서 그린 8괘와 이를 바탕으로 그려진 선천 4도도 하도가 그러하듯이 천지의 올바른 이치를 다 담고 있다.158) 그는 하도라는 선천 역도易圖에 대한 강렬한 신뢰를 바탕으로 복희의 선천 4도를 부연하고, 여기에 정교한 상수학적 방법들을 동원하여 천문학 지식들을 재배치하고 있는 것이다. 그 가운데 선천 64괘 방원도는 서명응이 가장 빈번하게 인용하는 것으로, 그는 안쪽의 방도方圖와 바깥쪽의 원도圓圖에 적용되어 있는 64괘의 배열순서와 방위, 오행, 10간, 12지 등의 관계가 천문과 역법에 관련된 여러 지식들을 보여주는 것으로 이해하고 있다. 『비례준』은 별자리와 해와 달, 5행성에 대해 서술한 천문학서이다. '비례준髀禮準'에서 비髀는 『주비산경周髀算經』을, 예禮는 『주례周禮』를 가리키는 것으로, 곧 『주비산경』으로써 천수天數를 바로잡고, 『주례』로서 천상天象을 바로잡겠다159)는 그의 의지 표현인 셈이다. 『선구제』는 칠정七政의 운행궤도 계산에 있어 필요한 기술과 용어를 설명한 역법서이다. '선구제先句齊'에서 선先은 선천역을, 구句는 구고법句股法을 가리키는 것으로, 곧 선천의 상으로 구고법을 바로잡고자 하는 뜻으로 정한 이름이다.160)

그는 주자가 그러하였듯이, 소강절이 확립한 선후천역의 구분을 철저히 신봉하고 선천역의 방위나 상수를 그대로 자신의 역학으로 수용하고 있으며, 새로운 천문학 지식마저도 이 틀 안에서 짜 맞추려고 노력하였다. 그러한 노력의 흔적은 여러 곳에서 발견된다. 9중천설九重天說의 역학적 재해석이 그 한 예이다.

> 9중천은 복희가 역법의 도수를 확립할 때, 선천의 곤坤 8이 건乾

> 1을 얻어 9라는 수가 되기 때문에 8중천 바깥에 영정천永靜天이 있음을 분명하게 알아서 특별히 이 상象을 만든 것이니, 어찌 후인이 더하거나 덜 수 있겠는가![161]

> 복희가 위로는 하늘의 운행을 관찰하고 아래로는 일경日景을 관찰한 뒤에, 원도圓圖의 상象과 수數에서 그것을 징험하여 남북극과 적도를 확정하였으니, 하늘은 무릇 아홉 층으로 되어 있고, 그 제9층의 하늘은 지극히 고요하여 움직임이 없이 그 안쪽의 여덟 층의 하늘을 포괄하고 있다.[162]

서명응은 서구에서 전래된 12중천설을 부정하고 9중천설을 주장하면서, 그것이 이미 복희의 선천역에 내재하고 있었음을 위와 같이 밝히고 있다. 그는 1건천一乾天, 2태택二兌澤, 3리화三離火 … 8곤지八坤地로 수리화되는 선천의 도수를 가지고 9중천의 전거로 삼고 있는 것이다. 복희가 9중천을 주장한 적이 결코 없지만, 설사 있다 하더라도 결코 증명할 수 없는 일이지만, 서명응의 기준에서 볼 때 건乾 1과 곤坤 8의 수리는 이미 그 합의 수인 9가 9중천을 암시한다고 판단한 것이다. 선천역에 대한 신뢰가 이 정도라면 그의 역학은 이미 객관성을 잃었다고 할 수밖에 없다.

또한 하도의 수리는 천문학 지식을 해석하는 잣대가 되고 있다.

> 북극의 별이 다섯 개인 것은 하도河圖의 중궁中宮에 있는 하늘의 수 5에서 드러나며, 남극의 별이 열다섯 개인 것은 하도의 중궁에 있는 10이 하늘의 수 5를 머금고 있기 때문이다.[163]

하도의 중앙에는 천수天數 5와 지수地數 10이 겹쳐져 있는데, 남북극 지역의 별자리가 하도에 의해 결정된 셈이다. 이러한 하도의 상수학은 64괘로 확장되어 천체의 일주 방향을 설명하는 데에도 적용된다.

> 대체로 한 물건이 회전하는 것은 좌우가 다름이 없는 것 같아 보이지만, 무릇 위에서 왼쪽으로 회전하는 것을 아래에서 상대적으로 바라보면 모두 오른쪽으로 회전한다. 그러므로 북극이 왼쪽으로 도는 것은 남극에서 상대적으로 바라보면 거꾸로 오른쪽으로 도는 것이다. 이는 또 원도圓圖의 왼쪽이 왼쪽으로 돌면서 시물始物하는 것이나 원도의 오른쪽이 오른쪽으로 회전하면서 성물成物하는 것과 그 상象이 마치 한 범주에서 온 것처럼 같으니, 도圖와 하늘을 어찌 다르다고 볼 수 있겠는가![164]

서명응은 복희의 선천방원도 가운데서 원도에 나타나는 순역順逆의 배열이 천체의 일주방향을 암시하는 것으로 보고 있는 것이다. 이 원도의 64괘는 8궁宮으로 분류되는데, 원도 왼쪽의 네 궁, 즉 건궁乾宮, 태궁兌宮, 리궁離宮, 진궁震宮이 각각 그것의 선천 수리인 1, 2, 3, 4의 순서로 시계 반대방향으로 배열되어 있고, 또 그곳에 배속된 각 괘의 상괘上卦도 선천 8괘의 수리인 건乾 1, 태兌 2, 리離 3, 진震 4, 손巽 5, 감坎 6, 간艮 7, 곤坤 8의 순서로 시계 반대방향으로 배열되어 있다. 이것이 바로 순방향의 배열이다. 한편 원도 오른쪽의 네 궁, 즉 손궁巽宮, 감궁坎宮, 간궁艮宮, 곤궁坤宮은 각각 그것의 선천 수리인 5, 6, 7, 8의 순서로 시계방향으로 배열되어 있고, 또 그곳에 배속된 각 괘의 상괘上卦도 건乾 1, 태兌 2, 리離 3, 진震 4, 손巽 5, 감坎 6, 간艮 7, 곤坤 8의 순서가 시계방향으로 배열되어 있다. 이것이 바로 역방향의 배열이다. 원도 64괘의 배열 순서가 왼쪽과 오른쪽이 각각 시계 반대방향과 시계방향으로 배열되어 있는 태극형태의 모양이 과연 천체 일주운동의 상대적 관점을 제시한다고 할 수 있는 것인가! 또한 북극이 좌선左旋하는 것을 남극에서 관찰하면 우전右轉으로 관측되는가! 관측의 상대적 방향은 남극 대북극의 상대적 개념이 아니라 지구 대 천체의 상대적 개념인 것이다. 이는 천체의 실제적인 일주를 지구적 차원에서 관찰할 때 나타나는 현상이다. 원도 좌우의 64괘 배열순서의 순역順逆은 결코 이러한 상대적 관점을 보여주는 것이 아니다. 이처럼 서명응의 상수학적 관점은 지나칠 정도로 보수적이었다.

다산역과 서명응의 역학을 비교해 볼 경우, 유사점이 하나 발견되는데 그것은 두 사람 모두 8괘와 64괘의 작자를 복희로 설정하고 있다는 사실이다. 그 진위를 떠나서 복희라는 한 인물의 창조적 발상에 의해 역이 시작되었다는 견해를 두 사람 다 공유하고 있다. 다만 다산이 복희의 창작을 역리易理의 발견에 한정하는 반면, 서명응은 천문학과 역법, 특히 서구 천문학의 여러 주장들까지도 복희의 8괘와 64괘에 그 근원이 있음을 상수학적 설명을 통해 증명하고자 했다는 점에서 커다란 차이가 있다. 다산이 역리易理를 역리로 단순처리한 반면, 서명응은 서구 천문학과 역법이 고대중국의 한 성인 즉 복희의 역리易理에서 유래한다고 본 것이다. 그에 따르면, 복희가 발견해낸 천문학적 지식들이 주공周公의 시대에 『주비산경』과 『주례』에 기록되어 전해졌지만, 진秦의 분서 이후 제대로 전수되지 못했는데, 당시 많은 학자들이 외국으로 피신하였고, 그들의 후예들이 서양에서 천문학과 역법을 발전시켜 다시 중국에 전하게 되었다는 것이다.[165] 이러한 서구 천문학과 역법의 중국 원류설은 17세기 후반 매문정梅文鼎(1633~1721)[166] 등의 청대 학자들에 의해 제기되었던 것이며, 조선의 학자 대부분이 취하고 있는 입장이다.[167] 그의 저서 『선천사연』, 『비례준』, 『선구제』의 주요 견해들은 모두 복희에게서 유래하는 것으로 서술되고 있으며, 기타 경전에 있는 천문학 관련 서술도 복희의 이름 아래 귀속시키고 있다. 박권수(1998)는 이에 대해, "17~8세기를 통해 존주론尊周論이 조선 유학자의 의식을 지배하게 되면서 오랑캐의 학문에 대한 거부감이 강해진 것으로 평가되는 당시의 사상적 분위기를 고려해

본다면, 성인을 끌어들여 서양천문학의 중국원류설을 더욱 정교한 형태로 전개시키고 있는 서명응의 논의는 매우 자연스러운 것으로 생각된다"[168]고 비평한 바 있다.

다산보다 대략 반세기 앞서 태어났지만 다산의 젊은 시기 중앙 정계에 있던 서명응은 비록 다산의 역학저서에 등장하진 않지만, 어쨌든 다산은 그와 어떤 형태로든 마주치지 않을 수 없었을 것이다. 또한 다산역의 시대반동적 현상을 인정할 경우, 가장 가까운 시기의 서명응이 다산의 카운터파트로 적절히 기능할 수 있었을 것이다.

이처럼 조선에서 서구과학의 수입을 전후한 시기부터 다산 당대까지 역학사상 의미 있는 굵직한 학자들이 있었고, 그들의 역학 사상은 다산이 자신의 저작 속에 언급하였든 하지 않았든 간에 시간차를 두고 진전되는 양상을 띠며 전개되었다. 이 역학사의 전개 과정에 핵심적으로 기능한 것은 특히 천문학을 중심으로 한 자연과학이었고, 성리학적 세계관을 부여잡고 있든지 아니면 포기하든지 간에 그들이 추구한 것은 역학을 바라보는 과학정신이었다.

2. 자연학과 『역』의 상관성에 대한 다산의 해체

1) 자연학과 인문학의 구분 구도 : 역리학적 이해

아래에 예시한 「계사상전繫辭上傳」의 글은 『역』이 천지자연의 법칙과 인문학적 원리를 모두 포괄하고 있음을 잘 드러내는 예문이다. 각 문단을 성격에 따라 9개의 분단으로 나누어 보면 각 문단이 이유와 결과의 연결구문으로 되어 있음을 알 수 있다.

『易』, 與天地準, 故能彌綸天地之道.
仰以觀於天文, 俯以察於地理, 是故知幽明之故.
原始反終, 故知死生之說.
精氣爲物, 游魂爲變, 是故知鬼神之情狀.
與天地相似, 故不違.
知周乎萬物, 而道濟天下, 故不過.
旁行而不流, 樂天知命, 故不憂.
安土敦乎仁, 故能愛.

範圍天地之化而不過, 曲成萬物而不遺, 通乎晝夜之道而知, 故神无方而易无體.169)

> 『역』은 천지를 표준으로 하므로, 천지의 도를 망라할 수 있다.
> 우러러 천문을 관찰하고 구부려 지리를 살피므로, 그윽하고 밝은 까닭을 알게 된다.
> 시작을 추원하고 마침을 돌이키므로, 죽음과 삶의 설을 알 수 있다.
> 기운이 모여 사물이 되고 혼이 노닐면서 변화를 이루므로, 귀신의 정상을 알 수 있다.
> 천지와 더불어 서로 비슷하므로, 어기지 않으며,
> 지혜가 만물에 두루 통하고 도가 천하를 구제하므로, 과실이 없으며,
> 두루 다니지만 흐르지 않고, 하늘을 즐거워하며 천명을 알므로, 근심하지 않으며,
> 땅에 편안히 하여 어짊을 두터이 하므로, 사랑할 수 있다.
> 천지의 변화를 모두 포괄하지만 잘못이 있지 아니하며, 만물을 곡진히 완성시키지만 빠뜨리지 않으며, 낮과 밤의 도에 다 통하여 알 수 있으므로, 신神은 일정한 방향이 없고 역易은 일정한 실체가 없다.

『역』의 공능이 천지와 같은 수준의 것이기 때문에 『역』은 천지의 도뿐만 아니라 사생의 설, 귀신의 정상 등 모든 영역의 도를 다 포괄하고 있다는 것이 이 문장이 말하려는 뜻이다. 주희朱熹는 여기에서 천지자연의 원리와 인문학의 원리인 지知와 인仁의 고리를 잡았다. 「계사전」에서 말한 『역』의 포괄적 성격에서 주자는 인문학의 근거를 자연학에로 연결짓는 작업의 단초를 얻었다고 할 수 있다. 그의 주석에서 이를 증거할 수 있다.

> 하늘과 땅의 도는 지知와 인仁일 따름이다. 지혜가 만물에 두루 미치는 것은 하늘이며, 도가 천하를 구제하는 것은 땅이다. 지혜롭고도 어질다면 알되 지나치지 않는다. '방행旁行'은 권도를 행사하는 지혜이고, '불류不流'는 올바름을 지키는 인仁이다. 이미 천리를 즐기면서도 천명을 알기 때문에 우환이 없을 수 있어서 그 지혜가 더욱 깊어진다. 어디에서나 편안히 하고 한 순간의 불인도 없으므로 그 만물을 구제하려는 마음을 잊지 않아서 인이 더욱 돈독해진다. 대개 인은 사랑의 리理이며, 사랑은 인의 작용이므로 이처럼 서로 표리가 된다.[170]

주희는 '권도를 행사하는 지혜'와 '올바름을 지키는 인仁'이라는 인문학적 도덕 개념을 천지지도天地之道와 동일시하였다. 또한 인仁을 인간의 구체적 행위로서의 사랑의 리理(仁者, 愛之理)로 파악하고, 사랑의 행위를 본체로서의 인仁의 작용(愛者, 仁之用)으로 간주하는 체용론 관점을 가지고 역도易道를 이해하였다. 주희는 위 「계사전」의 글을 『역』이 지닌 공능에 대한 표현으로 읽고 있는 것이다. 즉, 『역』의 도는 천지자연의 원리와 인문학적 원리를 동시에 포괄하고 있으며, 그것은 체용의 관계로 결합되어 있다.

그러나 다산은 의도적으로 이 문장을 재편한다. 다산에게는 결코 『역』이 인문학과 자연학의 동일한 근거로 수용될 수 없었다. 다산은 「계사전」을 재편하는 과정에서 시괘蓍卦에 관련된 내용을 별도로 분리하여 「시괘전」으로 묶었는데, 위 문장의 일부는 아예 폐기시켜 버렸다. 또한 폐기한 이유에 대해서 아무런 설명도 하지 않았다. 폐기된 문장은 다음과 같다.

> 『易』, 與天地準, 故能彌綸天地之道.
>
> 仰以觀於天文, 俯以察於地理, 是故知幽明之故.
>
> 精氣爲物, 游魂爲變, 是故知鬼神之情狀.

範圍天地之化而不過, 曲成萬物而不遺, 通乎晝夜之道而知, 故神无方而易无體.

이렇게 폐기된 「계사전」 원문은 다산전茶山箋 어디에서도 찾아볼 수 없다. 「계사전」에 남아있는 문장은 이것을 제외한 나머지 문장으로, 다산은 이를 두 문장으로 구성했다.

原始反終, 故知死生之說.
與天地相似, 故不違. 知周乎萬物, 而道濟天下, 故不過. 旁行而不流, 樂天知命, 故不憂. 安土敦乎仁, 故能愛.

그리고 다산은 이 문장들이 8괘의 덕을 나열하고 설명한 것으로 풀이한다. 「계사전」 원문의 의도나 주자의 목적은 다산의 의도와는 전혀 무관한 것이다. 전혀 다른 방식으로 전혀 다른 세계관을 가지고 바라보기 때문이다.

'원시'는 만물이 진震에서 나오는 때이다.[「설괘」의 글이다.] '반종'은 만물이 간艮에서 완성되는 때이다.[「설괘」의 글이다.] 중괘重卦로 말하자면, 복復괘의 1양이 처음으로 생겨나는 것이 '원시'가 되고, 박剝괘의 한 양이 마침을 이루는 것이 '반종'이 된다. 그러므로 "진震이 되살아남을 상징하고"[「설괘」의 글이다.], "간艮이 죽음을 상징한다."[구가역이다.][171]

시작을 추원하고 마침을 돌이킨다는 말의 뜻은, 심오하고 추상적인 자연학적 원리를 탐구한다는 것이 아니다. 다산은 이 문장을 역리易理로서의 진震과 간艮의 의미를 말하는 것으로 이해한다. 그 뒷구절의 전箋에서 역리로서의 8괘의 상이 더 구체적으로 제시된다.

이는 8괘의 덕으로서 성인이 취하여 법칙으로 삼은 것이다. 천天·지地는 건乾과 곤坤이다. 지혜가 만물에 두루 통하는 것은 감坎이다. 도가 천하를 구제하는 것은 리离이다. 두루 다니지만 흐르지 않는 것은 태兌이다. 하늘을 즐거워하며 명을 아는 것은 손巽이다. 거처에 편안한 것은 간艮이다. 어짊을 두터이 하는 것은 진震이다.172)

감坎은 북방의 물의 덕이니, 사람에게 있어서는 앎이 된다.[바르고 견고하게 일을 처리함이 곧 지혜이다.] 리离는 성인이 남면南面하여 다스림을 발휘하는 근거이므로[「설괘」에 보인다.], 『역』에서 무릇 다스림을 말할 때 모두 리离를 가지고 말하였다. 천하를 구제한다는 것이 이미 다스림이 아니겠는가! 『좌전』에서 "냇물이 흐름이 막혀 연못이 된다"[흐르지 않음이다.]고 하였고, 또 태兌는 조화로움을 상징하니, 조화롭지만 흐르지 않음이 태兌의 덕이다. 손은 하늘의 명령을 상징하니, 『역』의 용례이다.[건乾 하늘의 입은 아래를 향한다.] 간艮은 그침을 상징하고, 또 성읍과 편안한 땅의 상이 된다.[간艮이 땅을 상징한다.] 진震은 동방에서 만물을 낳는 괘이니, 그 덕이 어질다.173)

다산의 전箋에 따르면 「계사전」 원문은 그대로 8괘의 특성을 설명하는 문장이 된다. 이곳의 천지는 8괘의 물상으로서의 천지일 뿐, 『역』과 짝할 수 있는 천지자연의 원리를 대변하는 철학적이거나 추상적인 개념이 아니다. 다산에게 있어 천지는 이미 만물의 부모라는 메타적 영역에서 구체세계의 한 물상으로 내려와 있는 것이다.

『주역사전』의 용례를 검토해보면, '천지'는 단지 괘획의 다른 표현임을 알 수 있다. 천지는 곧 음양과 같으며, 이때의 음양은 곧 음획 --과 양획 —의 별칭일 뿐이다. 아래는 규睽괘 「단전」 중의 "천지규이기사동야天地睽而其事同也, 남녀규이기지통야男女睽而其志通也, 만물규이기사류야萬物睽而其事類也(천지가 등지지만 그 일이 같으며, 남녀가 등지지만 그 뜻이 통하며, 만물이 등지지만 그 일이 같다.)"에 대한 전箋이다.

> '천지'는 음양을 가리킨다. 대장大壯괘의 때에 양획과 양획이 모이고[아래가 네 양이다.] 음획과 음획이 모여있다가[위가 두 음이다.], 추이하여 규睽괘가 되면 가운데에 감坎 일이 만들어지므로[위 호괘가 감坎이다.], 이것을 '천지가 등지지만 그 일이 같다'고 한다. 중부中孚괘의 때에 진震과 손巽이 서로 모여있고[장남과 장녀이다.] 간艮과 태兌가 서로 합하고 있다가[소남과 소녀이다.] 추이하여 규睽괘가 되면 감坎 뜻이 서로 통하므로[위 호괘가 감坎이다.] 이것을 '남녀가 등지지만 그 뜻이 통한다'고 한다.[감坎이 통함을 상징한다.] '만물'은 괘획을 가리킨다.[「대전」(계사전)에서 "만물은 무리지어 나뉜다"고 하였다.] 대장大壯괘와 중부中孚괘가 다 모여 결합하는 괘이지만[다 벽괘이다.] 추이하여 규睽괘가 되면 강유가 서로 뒤섞여서[서로 나뉘어 흩어진다.] 감坎의 공과가 이루어지므로[위 호괘가 감坎이다.], 이것을 '만물이 등지지만 그 일이 같다'고 한다.174)

규睽괘 ䷥는 대장大壯괘 ䷡와 중부中孚괘 ䷼에서 추이한다. 다산의 정의에 따르면, 벽괘는 음과 양이 각각 따로 모여 있는 괘들이다. 대장괘와 중부괘도 음은 음대로 모여 있고 양은 양대로 모여 있음을 알 수 있다. 다산은 규괘가 대장괘에서 추이할 경우, 모여 있던 양획과 음획들이 서로 갈라서게 되지만 규睽괘 ䷥의 위 호체에 감坎 ☵이 만들어지므로, 감坎의 물상인 일(事)이 활용되어 "천지규이기사동야天地睽而其事同也(천지가 등지지만 그 일이 같다.)"라는 공자의 해석이 가능해진다고 본 것이다. 다산의 해석에 사용된 '천지天地'는 이곳에서 8괘 건乾, 곤坤의 물상과는 무관한 것으로 음획과 양획을 지칭하는 말이다.

다산의 해석에서 또 한 가지 주목해야 할 것은 만물의 개념이다. 만물도 괘획의 별칭으로 사용된다는 점이다. 다산은 「계사전」

의 "물이군분物以羣分(만물은 무리지어 나뉜다.)"을 벽괘의 형태를 빌어서 해석하고 있다. 벽괘는 음획과 양획이 모두 무리지어 나누어져 있는 형태이다. 대장괘와 중부괘의 괘획들이 "물이군분物以羣分"한 형태를 띠다가 규괘로 추이하면 흩어지고 뒤섞인 모양이 되므로 "만물규萬物睽(만물이 등진다.)"가 된다는 것이다. 이때의 만물은 자연의 사물을 말하는 것이 아니라 역리학 개념인 것이다. 이렇게 되면 음양도 결국 만물의 범주 안에서 논의될 수 있는 만물의 구성요소가 된다.

해解괘 「단전」 중의 "천지해이뢰우작天地解而雷雨作, 뇌우작雷雨作, 이백과초목而百果草木, 개갑탁皆甲拆(천지가 흩어져서 우레와 비가 일어나고 온갖 열매와 초목이 모두 껍질이 터진다.)"에 대한 다산전茶山箋에서도 천지가 단지 음양의 획에 대한 별칭으로 사용됨을 알 수 있다.

> '천지'는 음양을 가리킨다. 림臨괘와 소과小過괘는 다 음과 양이 따로 모여 있는데[다 벽괘이다.], 흩어지게 되면 우레가 되고 비가 된다. 이 때문에 간艮 열매와[소과괘가 본디 아래가 간艮이다.] 진震 초목이[림괘와 소과괘가 다 진震이다.] 움직이지 않는 것이 없고, 그 리离 껍질이[이제 호체가 리离이다.] 터져서 진震이 되니[위가 이제 진震이다.], 진震이라는 것은 리离 껍질의 위가 터진 것이다.[리离는 거북을 상징하고, 갑주를 상징한다.] 해解괘의 덕이 또한 크지 않겠는가!175)

해解괘 ䷧는 림臨괘 ䷒와 소과小過괘 ䷽로부터 추이하는데, 림괘와 소과괘는 모두 음획과 양획이 각각 모여 있는 벽괘이다. 그 음획과 양획이 추이하여 해괘가 되면 상괘가 진震 ☳이 되고 하괘가 감坎 ☵이 되어 우레와 비의 이미지가 만들어진다. 이렇게 되면 소과괘 하괘의 간艮 ☶과 림괘의 겸체兼體인 진震, 그리고 소과괘의 상괘 진震이 상징하는 물상들이 진동하게 되고, 해괘의 아래 호체인 리离 ☲와 상괘 진震 ☳은 껍질의 위가 터진 이미지를 보여준다. 여기에 쓰인 '천지天地'는 곧 음양을 가리키고, 그 음양은 획 이외의 다른 것이 아니다.

구姤괘 「단전」 중의 "천지상우天地相遇, 품물함장야品物咸章也(천지가 서로 만나 품물이 모두 무늬를 이룬다.)"에 대한 전箋에서도 획의 별칭으로 풀이하고 있음을 알 수 있다. 특히 여기에서는 원문 "천지상우天地相遇, 품물함장야品物咸章也"를 직접 "음양상우陰陽相遇, 품물함장야品物咸章也(음양이 서로 만나 품물이 모두 무늬를 이룬다)"로 변환하여 주석하고 있음도 발견할 수 있다.

> '천지'는 음양을 가리킨다. '품물品物'은 괘획을 가리킨다. 흑백이 섞인 뒤에 품물들이 무늬를 이룬다.[장章은 무늬의 뜻이다.] 건乾괘의 때에는 순양일 뿐이지만 지금은 '음양이 서로 만나 품물이 모두 무늬를 이룬다'고 한다.176)

또한 천지天地를 3재三才의 위계 중에 있는 양획陽畫으로 말하는 용례도 있다. 박剝괘 ䷖와 복復괘 ䷗의 경우가 그것인데, 다산은 박괘의 양획을 하늘의 위계(제5, 6위)에 속하는 것으로 천天이라 하고, 복괘의 양획을 땅의 위계(제1, 2위)에 속하는 것으로 지地라 표현하였다. 이 용례는 예豫괘 ䷏ 「단전」 "천지이순동天地以順動, 고일월불과故日月不過, 이사시불특而四時不忒, 성인이순동聖人以順動, 즉형벌청이민복則刑罰淸而民服, 예지시의豫之時義, 대의재大矣哉(천지가 순종하여 움직이므로 해와 달을 넘지 않고 4시가 어긋나지 않으니, 성인이 순종하여 움직이면 형벌이 선명하여 백성이 복종하리니 예괘의 때의 뜻이 크도다.)"의 전箋에 등장한다.

> '천지'는 박剝괘와 복復괘의 그것을 가리킨다.[박괘의 한 양이 하

늘의 자리에 있고, 복괘의 한 양은 땅의 자리에 있다.] 박괘와 복괘는 추이하여도[추이하여 예괘가 된다.] 곤坤 순함을 잃지 않아서 순종하며 움직인다. 박괘가 아래로 추이하여도[상→4.] 리离의 자리를 넘지 않고[1-2-3.] 복괘가 위로 추이하여도[1→4.] 감坎의 자리를 넘지 않으므로[4-5-6.] '해와 달을 넘지 않는다'고 한다.[리离와 감坎이 해와 달을 상징한다.] 곤坤 음이 이미 지극해지자[아래가 이제 곤坤이다.] 진震 양이 생겨나므로[위가 이제 진震이다.], '4시가 어긋나지 않는다'고 한다.[4시가 마치면 시작되는 것과 같다.][177)]

박剝괘 ䷖의 상획이 제4위로 추이하여 예豫괘 ䷏가 될 때도 하괘인 리离 ☲의 자리에로 넘어가지 않고, 복復괘 ䷗의 초획이 제4위로 추이하여 예괘가 될 때도 상괘인 감坎 ☵의 자리를 벗어나지 않기 때문에—64괘 전체의 상괘는 모두 리离의 자리이고, 하괘는 감坎의 자리인데, 이는 호체법 가운데의 복체伏體를 활용한 예이다. — "일월불과日月不過"라는 공자의 해석이 있을 수 있다는 다산의 풀이에서, 천지는 복괘와 박괘의 양획을 지칭함을 알 수 있다. 이는 위계 상에서 천지음양을 논하는 몇 안 되는 용례에 속한다.

또 천지天地를 소성괘로서의 건乾, 곤坤으로 풀이한 용례도 있다. 태泰괘 구3 「상전」 중의 "무왕불복無往不復, 천지제야天地際也(가서 돌아오지 않는 것이 없음은 하늘과 땅의 사귐이다.)"의 다산전에 따르면, "천지제天地際"가 추상적 천지나 물리적 천지의 사귐이 아니라 역리로서의 건곤乾坤의 사귐으로 간주되고 있음을 알 수 있다.

'하늘과 땅이 사귄다'는 것은 건乾과 곤坤이 사귄다는 것이다. 태泰괘의 건乾과 곤坤은 제3획과 제4획이 서로 사귀어서 귀매歸妹괘를 이루므로, 하늘과 땅이 사귀는 것이다.[태泰괘가 림臨괘로 변하면 하늘과 땅은 사귈 것이 없다.][178)]

다산은 이곳에서 천지의 사귐을 건乾 ☰과 곤坤 ☷의 사귐으로 풀이하였다. 태泰괘 ䷊의 상괘 곤坤과 하괘 건乾이 사귀어 귀매歸妹괘 ䷵가 된다고 했을 때, 그 사귐의 전체적 구도는 건乾과 곤坤의 사귐이다. 그러나 그 실제적인 변화의 주체는 제3획과 제4획으로써 결국 천지는 획을 지칭하고 있는 셈이다.

다산의 역리적 해석은 "무왕불복無往不復"에 대한 정이천의 해석과 대비해보면 아주 뚜렷해진다. 정이천은 '무왕불복'을 음양 굴신왕래의 상리常理로 보고 있지만, 다산은 호체와 효변과 물상을 활용하는 역리易理로 이해하고 있는 것이다.

> 茶山箋 : 태泰괘의 두 호체가 귀매괘를 이루는데[위가 우레이고 아래가 연못이다.], 강획이 바깥으로 가서[태泰괘 제3획이 제4위로 올라간다.] 건乾 덕이 드디어 결여되었으나[아래가 태兌를 이룬다.] 제3효가 움직이면 건乾 강획이 드디어 돌아오므로[우레와 하늘의 괘이다.], '가서 돌아오지 않는 것이 없다'고 한다.179)

> 程傳 : '무왕불복'은 천지가 교제함을 말한다. 양이 아래로 내려오면 반드시 위로 돌아가고 음은 위로 올라가면 반드시 아래로 돌아오니, 이는 굴신과 왕래의 상리常理이다. 천지가 교제하는 도를 인하여 비否괘와 태泰괘가 항상되지 않은 이치를 밝혀서 경계로 삼은 것이다.180)

이상을 종합해 볼 때, 천지와 음양은 결국 같은 대상에 대한 다른 표현일 뿐이며, 그것은 객관적 물리세계나 또는 추상적 원리세계를 지칭하는 것이 아니라, 역리 안에서 논하는 괘획의 상징개념이다. 본물本物—본상本象 구도로 볼 때 괘효사 속의 천지나 음양은 이미 본상의 영역에 속한다. 본상이 본물을 모상模像한 것임에 틀림없지만 본상의 상징세계는 이미 본물의 물리세계를 떠나 그 자체의 변화원리인 역리易理 속에서 움직이는 것이다. 천지음양에 대한 이러한 역리적 이해는 기본적으로 다산의 달라진 자연관에 기초한다.

2) 자연세계에 대한 물리적 이해

(1) 역전易箋의 기론적 전개

다산은 건乾의 자의字義 세 가지를 소개하면서 그중 하나로 건乾 ☰181)을 기氣의 표현으로 지적한 바가 있다. 다산은 먼저 건乾은 건健을 상징한다고 하였다. 8괘 소장消長의 순서로 볼 때 양陽이 진震 ☳에서 일어나 태兌 ☱를 거쳐 건乾 ☰이 되는 과정도 굳세고, 그뿐만 아니라 64괘로 볼 때에도 복復괘 ䷗로부터 림臨괘 ䷒, 태泰괘 ䷊를 거쳐 건乾괘 ䷀가 되는 과정이 굳셈의 연속이기 때문에 건乾이 굳셈을 상징한다고 한 것이다.182)

그 다음이 바로 기氣의 표현으로 풀이한 곳이다.

> 건乾은 기氣이다. 옛 전서篆書에 기氣자가 气자, 三자로 되어 있고, 또 자, 자로도 되어 있다. 卓자는 , 자의 예서隷書이며[고문에 氣와 부 두 자가 다 자로 되어 있다.], 걸乞자는 气, 三자의 예서이다.[전서篆書에 또 ☰자로 되어 있는데, 이는 괘를 글자로 사용한 것이다.] 만물이 다 기氣의 변화를 입어서 생겨나기 때문에 하늘이 되고 아비가 되어서 곤坤괘와 짝을 이루는 것이다.183)

세 번째 해석은 건乾을 마를 간干(乾)자로 이해하여, 불에 말릴 조燥, 물이 마를 학涸의 뜻으로 풀이한 것이다. 건乾은 곤坤의 음이 햇볕에 말려져서 모두 양으로 바뀐 상태이며 태兌의 연못이 다 말라버려서 형성된 것이다. 그래서 건乾이 된다고 한다.[184]

여기에서 필자가 주목하는 것은 바로 두 번째의 주석이다. 이 짧은 말 가운데에 다산 주역사상의 전반적 기조가 숨겨져 있다. "만물지생萬物之生, 개수기화皆受氣化(만물이 다 기氣의 변화를 입어서 생겨난다.)", 천지를 포함한 우주만물은 모두 기화氣化에 의해 생성된다. 만물의 탄생 배경에 기氣의 움직임이 있다. 기氣가 변화하여 하늘이 되고 아비가 되며, 곤坤과 함께 짝을 이루게 된다. 건乾은 천天이며 부父를 상징하는 것으로 곤坤이 상징하는 지地와 모母의 상대가 된다. 이 모든 것들은 기화氣化 때문이다. 다산의 이 기화론氣化論은 『주역』 해석에 음영陰影처럼 깔려 있다. 이를 먼저 포착한 뒤에야 비로소 다산역을 이해할 수 있을 것이다.

우주론에 관한 한, 기화론에 근거하지 않는 순수한 관념론자는 없다. 주자학이 천리를 강조한다고는 해도 그것은 기화氣化하는 세계의 주재적인 동시에 내재적인 원리를 강조하는 것이지, 기화하는 세계와 별개의 리를 논하는 것이 아니다. 주자에게 있어서도 물리적 자연세계는 기화하고 있다. 그러나 다산처럼 8괘로서의 건乾과 중괘로서의 건乾괘를 전적으로 기氣의 운동변화를 모사한 상징물로 간주하는 사례는 없어 보인다. 왕필은 "하늘(天)이라는 것은 형체의 이름이며, 건乾이라는 것은 형체를 사용하는 것이다"[185]고 하여 천天과 건乾을 체용의 관계로 파악했다. 곧, 물리적 자연의 천天을 용用으로 삼고, 그것의 주재적 공능을 지닌 본체로서 건乾을 이해하였다. 그에게 건乾은 물리적 세계의 근저에 있는 본체라는 개념을 갖는다. 따라서 건乾괘는 이러한 본체의 성격과 상황을 대변하는 괘가 된다. 정이천도 "건乾은 하늘(天)이니, 천天은 하늘의 형체를 가리키는 것이고, 건乾은 하늘의 성정性情을 가리킨다"[186]고 하여, 왕필의 사유패턴을 이어받는다. 이들의 문맥 속에서 건乾은 기 세계의 원리이자 성정性情의 범주에서 논의되고 있는 것이며,

기화하는 세계 그 자체를 지시하는 것이 아니다. 다산은 『주역』의 첫 글자인 '건乾'을 이른바 속성이나 형이상학적 원리로 해독하지 않음으로써 전통 역학과의 차별을 의도한다고 볼 수 있다. 건乾의 자의字義 가운데 첫 번째로 제시한 '건建'도 예외가 아니다. 어떻게 건乾이 굳셈이라는 의미상징을 갖는가? 『역』 자체의 논리 속에서 양획陽畫이 자라나면서 굳세게 음획을 밀어내고 있기 때문에 굳셈을 의미상징으로 가질 수 있다는 것이다. 건乾은 물리적 하늘의 원리나 성정을 표현하는 것이 아니라, 역리 안에서 움직이는 왕성한 운동과 변화를 지칭하는 상징기호이자 상징언어가 되는 것이다.

건乾이 기氣라는 것을 증명하기 위해 다산은 고전古篆을 전거로 삼고 있다. 옛 전문篆文을 전거로 삼는 데에도 이유가 있어 보인다. 먼저 다산이 들고 있는 전문篆文을 구분하여 정리해보면 아래와 같다.

> 古篆, 氣作气, 作三, 又作[illegible], 作[illegible].
> 倝者, [illegible][illegible]之轉隷也.[古文, 氣旱二字, 皆作[illegible].]
> 乞者, 气三之轉隷也.[篆, 又作[illegible], 此以卦爲字也.]

즉, 고전古篆에 따르면 기氣는 네 개의 글자로 변용되어 쓰여졌다. 气, 三, [illegible], [illegible]가 그것이다. 그리고 건乾자를 파자破字하면 倝과 乞으로 나뉘는데, 여기에서 倝자는 [illegible], [illegible]자가 변한 예서隷書자이며, 걸乞자는 气, 三자가 변한 예서자이다. 고전古篆의 네 글자가 다 氣자인데 건乾자를 파자한 각각의 글자 倝과 乞도 또한 이 氣자의 고전자古篆字인 [illegible], [illegible]와 气, 三의 예서자이므로 결국 건乾자는 두 개의 기氣자가 결합된 글자이다. 氣+氣가 건乾의 원 자의字義라는 것이다. 최근 강우방(2003)이 고구려 고분벽화에서 새로이 발견했다고 주장하는 불상 광배光背의 기표현187)과 다산이 예시하고 있는 건乾의 고전古篆자인 [illegible], 三, 气, [illegible] 등이 흡사하다는 느낌을 준다.

불상 뒤에서 구름이 일어나듯 바람이 일듯 꿈틀대는 문양이 바로 기의 표현이다. 다산은 아마도 이러한 기의 시각적 움직임을 건乾의 고전古篆자를 통해 표현하고자 하지 않았을까!

다산에게서 『역』은 구체세계의 존재 없이는 구성될 수 없다. 『역』에서 표현하고 있는 리理의 세계는 추상적이거나 초월적인 것이 아니라, 기氣의 리理, 상象의 리理인 것이다. 물리적 자연계가 기화를 통해 생성변화한다는 사유는 성리학도 공유하고 있는 것이지만, 그 기화의 추동자, 주재자가 원리적이라는 데에서 다산의 사유와 구별된다. 역상易象의 성립은 본물本物에 기반하지만 본물은 원리적 지배에 의해 목적적 운동을 하는 것이 아니라 자체의 분화와 성장을 통해 변화한다. 『주역』 건乾괘의 자의를 기氣로 해석하려는 다산의 의도는 바로 역상이 본물 그 자체의 변화를 상징하는 것이지 그것의 주재적 원리를 상징하는 것이 아님을 보여주기 위한 것으로 보인다. 『주역』 경문 주석의 첫 출발을 위한 논의로서는 생뚱맞고 논의전개가 성글지만, 그가 목적하는 기본적인 구도는 확실하게 보여준다고 할 수 있다.

(2) 음양오행陰陽五行의 물리적 이해

음양과 오행에 대한 견해에서도 그의 비본체론적 경향이 뚜렷이 드러난다. 음양과 오행을 우주 생성의 주요한 재질로 이해하는 것은 주렴계周濂溪 이후 송대 이학의 일반적인 특성이다. 만물의 생성 재료로서 음양과 오행이 규정되고, 리는 그 생성의 근본원리로 제시된다. 주희가 음양을 세계를 구성하는, 또는 만물의 형체를 이루는 근본적인 재질로 보고 있음은 다음의 글에 잘 나타난다.

> 세상에는 처음에 단지 음양의 기밖에 없었다. 이 기가 움직여 이리저리 마찰을 일으켰다. 마찰이 빨라지자 많은 찌꺼기들이 달라

> 붙게 되었다. (달라붙은 찌꺼기들의) 안쪽에서 빠져나갈 곳이 없어 중앙에 땅을 형성했다. 기 가운데서 맑은 것은 하늘이 되고, 해와 달이 되고, 별들이 되어 땅의 주위를 둘러싸고 회전한다. 따라서 땅은 움직이지 않으면서 중앙에 있을 뿐이지 (하늘과 해 등의) 아래에 있는 것이 아니다.[188)]

주희는 그 자신의 자연과학적 인식을 토대로 하여 세계의 구성요소로서 음양을 제시한다. 음양은 최초의 한덩어리인 기의 양극단의 표현이다. 기가 가진 원초적인 두 힘인 음양의 마찰에 의해 하늘과 땅이 생기고 해와 달 등이 생겨났다. 음양은 기의 원초적인 상태이다. 기의 운동변화의 근원은 바로 기 안에 음양이 양극단의 힘으로써 서로 자극하기 때문이다. 음양이 기의 최초의 두 힘을 표현하든 아니면 단지 두 상황만을 표현하든 기의 원초적 상태를 나타낸다는 것은 분명하다. 그리고 이 음양이 각각 변하고 합하면서 오행이 생겨난다. 오행이 질료성을 띠고 있듯이 오행의 분화 이전 상태인 음양도 질료성을 가질 수밖에 없다. 만물은 음양오행의 이러한 질료성을 기반으로 하여 생겨나는데 그 과정은 다음과 같이 표현된다.

> "양은 변하고 음이 합하여 수水·화火·목木·금金·토土를 낳는다."(원문을 인용한 구절—역자주.) 이때의 음양은 기氣이며 이 오행의 질質을 낳는다. 천지에 만물이 생겨남에 오행이 홀로 앞서 있다. 땅은 곧 흙(土)이며 흙은 곧 수많은 쇠(金)와 나무(木)의 부류들을 포함하고 있다. 천지의 사이에 어떤 것이 오행으로 구성되어 있지 않을 수 있겠는가? 오행과 음양의 7가지가 뒤엉켜 섞이면 곧 만물을 생기게 하는 재료가 된다.[189)]

이렇듯 이 양극단의 힘인 음양은 그것의 산물로 오행을 낳는다.

오행은 다섯 가지 사물이 아니라 사물을 구성하는 질료로 이해된다. 형화形化된 상태의 것이 아니라 아직 형화 이전의 질료성을 의미한다. 세계는 이 질료들의 결합으로 이루어지기 때문에 어떤 존재도 오행 외의 것을 가질 수는 없다. 음양이 원초적 기의 두 힘이라고 표현되고 있지만 단순히 현상적인 의미에서의 힘을 뜻하는 것은 아니다. 음양은 세계를 구성하는 기의 두 요소로서 세계의 근원적인 질료를 구성하고 있는데, 그것은 세계가 처음에 음양으로 말미암아 생겨났음을 의미한다.

그러나 다산은 음양에 대하여 현상적이고 자연과학적인 단순한 안목으로 이해하려고 하며 거기에 특별한 철학적인 의미를 부여하지 않는다. 다산에 의하면 음양은 질료성을 띠지 않는 단순히 햇빛의 있음과 없음(照掩)을 지칭하는 용어이며, 오행은 만물 가운데 다섯 가지 물질에 불과하다. 따라서 만물화생의 원인자도 아니며 성인이 『역』을 만들 때에도 이러한 조엄照掩의 원리를 이용하였을 따름이다. 따라서 다산에 있어서 음양오행은 특별한 의미내용을 지니고 있는 것이 아니다. 존재의 두 범주로 구별해 보면 음양은 기적 실재에 딸린 속성의 의미를 지닌 것으로 결코 자립자일 수 없으며 의뢰자로 볼 수밖에 없다. 지구의 자전으로 생겨나는 하나의 현상의 의미만을 지닐 뿐이다. 따라서 주희가 주장하듯이 만물의 부모가 되는 근본요소라고 할 수 없다.

> 음양의 이름은 햇빛이 비치고 가리는 데에서 생겼다. 해에 가리는 것을 음이라 하고 해가 비치는 것을 양이라고 한다. 본래 체질體質이 없으며 다만 명암만 있을 뿐이어서 원래부터 만물의 부모가 될 수 없다.190)

이렇듯 음양은 본래 자연현상을 서술하고 형용하는 상징개념일 뿐 세계 구성의 근원 요소가 되는 본체이거나 명사 개념이 아니다. 빛과 어둠을 상징하는 개념일 뿐이다. 본래 어떤 형形이나 질質을 지니지 않기 때문에 태극은 리이며 음양은 기라는 리기이원론理氣二元論의 방식으로는 음양을 설명할 수 없다. 음양의 무체질성無體質性을 다산은 다음과 같이 고경古經을 전거로 들어 설명한다.

> 성인은 『역』을 만들 때에 음양의 대대對待(대립과 의존—역자주.)로서 천도天道를 삼고 역도易道를 삼았을 따름이다. 음양에 어찌 체질이 있겠는가? 복희의 8괘에는 원래 4정四正과 4편四偏이 있는데 하늘과 땅과 물과 불(天地水火)은 정방正方의 괘이며, 바람과 우레와 산과 못(風雷山澤)은 편기偏剞의 괘이다. 『예기』「표기」에서, "하늘(天)과 불(火)은 높음으로 친히 할 수 없으며, 물(水)과 흙(土)은 친하므로 높일 수 없다"고 하니 이는 그 방위에 따라서 존비가 있다는 말이다. 하늘과 불이 서로 합하게 되면 바람(風)과 우레(雷)가 생기고 물과 흙이 서로 뒤엉키면 산山과 못(澤)이 이루어지는데 이것이 변화하고 생육하여 만물을 낳게 된다. 선대의 철인은 여기에 대해서 또한 가볍고 맑은 것은 양이라 이르고 무겁고 탁한 것은 음이라 하였는데, 가차한 명칭일 뿐이지 본래의 실재하는 존재(本實)가 아니다.[191]

위와 같이 『역』에서 쓰이는 음과 양이라는 명칭은 변화하는 세계의 운행과 변화의 양상을 대대對待하여 상징화한 명칭이지 원래부터 형形과 질質이 있는 '본실本實'이 아니다. 음양은 실재하는 것이 아니라 가차한 명칭일 뿐이다. 다산에 의하면 기의 원초적 상태인 음양이 오행으로 그리고 만물로 화생한다고 하는 설명방식은 음양을 체질이 있는 존재로 파악한 데서 오는 오류이다. 만물의 생성은 음양과 오행의 결합 작용에 의해 이루어지는 것이 아니라, 『역』의 괘가 상징하는 본래의 실재(本實)들인 천天·지地·수水·화火·뢰雷·풍風·산山·택澤의 상호작용과 각각의 변화생육에 의해 이루어지는 것이다. 오행도 세계의 구성요소가 되거나 또 그것이 도덕법칙인 오상五常으로 전화되는 일도 있을 수 없다. 주희는 오행을 도덕법칙의 본질로 생각하였다. 인의예지신仁義禮智信은 금목수화토金木水火土를 그것의 본질로 하고 있으며 그것이 인간의 본성을 이루고 있다고 생각하였다. 그러나 다산은 오행을 단순히 다섯 가지 사물로 간주한다. 다음의 글은 오행이 만물 가운데 하나의 사물임을 알려준다.

> 오행은 만물 가운데 다섯 가지 사물이니, 모두 다 사물에 불과하다. 그런데 이 다섯 가지로써 만 가지를 생한다는 것은 역시 어려운 일이 아니겠는가? 『예기』 「예운」에서 '사람은 오행의 빼어난 기운을 받은 존재'라고 하였는데, 선대의 유학자들이 추종하는 것은 모두 이 한 마디이다. 지금 혈기 있는 무리들을 칼로 갈라 보아도 쇠나 나무 등의 사물은 보이지 않으니 장차 어디에서 이러한 이치를 증명할 수 있겠는가?[192]

오행도 사물의 범위 안에 포함되는 일종의 물건일 뿐이며 사물 이전의 질료를 의미하지 않는다. 주희에게 있어서 인간과 만물을 존재케 하는 질료적 요소는 음양과 오행이며, 그리고 바로 이 질료적 요소가 곧 인간의 도덕법칙으로 전화된다. 만물 각각에 본성이 주어졌듯이, 음양오행도 본성을 지닌다. 만물은 음양오행의 질료적 요소들이 결합하여 태어나게 되는데, 이러한 질료적 요소들을 얻음과 동시에 그것의 본성으로서의 리理(陰陽五行之理)도 품수하게 된다. 거기에는 음양오행이 각각의 천리를 지니고 있다는 이념적 전제가 깔려 있다. 주렴계와 주희가 주장하는 음양오행의 천리, 그것은 바로 기본적 도덕가치인 건순健順과 인의예지신仁義禮智信의 원리적 설명이며, 인간의 도덕개념이 천리의 영역에서 이념화된 것이다. 음양을 만물의 부모라고 할 때, 그 음양은 세계를 구성하는 양대 요소로서 세계의 가장 근원적인 질료형태로 실재한다는 것을 의미한다. 그러나 다산에게 있어서는 음양은 이미 실재가 아니며 주희가 말하는 대로 음양즉기陰陽卽氣라는 명제도 성립되지 않는다. 그것은 변화하는 양식을 설명해주는 상징개념이기 때문이다.

제3장 역상학易象學 이해를 위한 서설

1. 『주역사전周易四箋』의 서명書名 확정과정
2. 『역易』에 대한 반反신비화 관점과 역상학의 수립

1. 『주역사전周易四箋』의 서명書名 확정과정

『주역사전』 첫 장에 서문격인 「제무진본題戊辰本」이 있는데, 무진년戊辰年(1808)에 완성된 『주역사전』의 그간의 역정을 보여주기 위한 기록이다. 이에 따르면, 갑자년甲子年(1804)에 처음 총 8권 분량의 갑자본이 완성된다. 그리고 매년 개정본을 내었는데 4년 뒤에는 총 24권으로 분량이 늘어난다. 그의 맏아들 정학연丁學淵[193]과 둘째아들 정학유丁學游[194]도 편집과정에 참여했으며, 이들이 없을 때 이청李晴[195]이 참여하여 무진본을 만드는 데 기여하였다. 이는 모두 다산이 강진 유배지에 있을 때이다. 아래에 그 과정을 인용한다.

> 내가 갑자년(1804) 양이 돌아오는 날[가경嘉慶 9년 계해년 겨울이다.] 강진 유배지에서 비로소 『역』을 공부하기 시작하여 이해 여름 처음으로 차록箚錄한 공부가 있어 겨울이 되어 마쳤으니[모두 8권이다.], 이것이 갑자본이다.
>
> ○ 갑자본은 네 가지 뜻이 비록 갖추어지긴 하였으나 거칠고 간략하여 완비되지 못하였기에 폐기하였고 그 이듬해 다시 편찬하였

으니[이 또한 8권이다.], 이것이 을축본이다.[이 본은 나주羅州 해중에 있다.]

○ 을축년(1805) 겨울 학가學稼가 와서 함께 보은산방寶恩山房에 머물면서 이전 판본에서 취하지 않았던 두 호괘와 교역의 상으로 다 고쳐서[16권이다.] 봄에 이르러 마쳤으니, 이것이 병인본이다.[이 본은 광주廣州에 있다.]

○ 병인본은 파성播性(본괘의 성질을 뿌려놓음—역자주.)과 유동留動(움직임을 보류함—역자주.)의 의미에 있어 빠지고 잘못된 것이 많았기에 학가學稼로 하여금 원고를 바꾸게 하였는데 다 마치지 못하고 북쪽 집으로 돌아갔고 이학래李鶴來로 하여금 마치게 하였으니[24권이다.], 이것이 정묘본이다.[사실 이 또한 병인본인 셈이다.]

○ 정묘본은 괘효사의 의리가 정미하지 못하고 상象의 의미가 잘못된 것이 많아 무진년(1808) 가을 내가 학포學圃와 함께 귤원橘園에 있으면서 학포에게 탈고케 하였으니[또한 24권이다.], 이것이 이른바 무진본이다.196)

1804년 갑자본이 완성된 이래 그 다음해에 을축본이 만들어지고, 또 1년 뒤에 병인본이, 또 그 이듬해 정묘본이, 그리고 마지막 해 무진년(1808)에 무진본이 완성된다. 갑자본→을축본→병인본→정묘본→무진본, 이렇게 총 다섯 차례의 산고가 있었다.

"갑자양복지일甲子陽復之日(갑자년 양이 돌아오는 날)"은 연도로는 1803년 계해년癸亥年이며, 이해 동짓날에 해당한다. 한해의 동짓날로부터 새롭게 양陽의 기운이 회복되기 때문에 '양陽이 돌아오는 날'이라 한다. 다산은 이 날로부터 『역』을 읽기 시작하여 이듬해 여름, 차록箚錄을 시작하였고 겨울에 마칠 수가 있었다. 이것을 갑자본이라 하는데 이듬해 다산 스스로 '조략불완粗略不完'하다는 이유로 폐기하고 개정본을 만든다. 이때는 '주역사전'이라는 명칭이 아니라 '주역사해周易四解'로 불렸다.

『역학서언』「현산역간玆山易柬」197)의 첫머리에 다음과 같은 글이 실려 있다.

> 갑자년(1804) 겨울, 나는 『주역사해周易四解』를 형에게 부쳐서 인가를 받는 과정을 거쳤는데, 매번 편지를 보내왔고, 그가 『역』에 대해 설명한 몇 조목을 베껴 취하여 얼마 지나 한 편으로 엮어 「현산역간」이라 이름하였다.198)

갑자년 겨울 다산은 『주역사해』가 완성되자마자 형 약전에게 부친다. 「현산역간」은 다산이 『주역사해』를 형에게 부친 뒤에 정약전이 보내온 서신에서 중요한 것들을 뽑아 별도의 권으로 묶은 것인데, 위 인용문에 의하면 다산은 이미 최초본인 갑자본을 정약전에게 보내서 자기가 내린 해석의 타당성 여부를 문의하였던 것이다. 이에 대해 정약전은 을축년(1805) 5월 3일, 유배지 흑산도黑山島에서 의뢰받은 서문과 함께 답신을 보내온다. 아래에 그 답신 중에서 서명과 관련된 부분만 예시한다.

> 내 생각에 '사해四解'라는 이름은 '상해象解'보다 못한 것 같네. … 만일 예전처럼 '상해象解'라고 부르고자 한다면 서문도 마땅히 고쳐야 한다네.199)

다산이 '주역사해周易四解'라는 이름으로 책을 흑산도로 보내기 이전에 어떤 형태로든 정약전과 『역』의 주석에 대해 논의가 있었고, 당시에는 '주역상해周易象解'라는 이름으로 불렸음을 보여주는 내용이다. 다산이 갑자본을 지었을 때는 이미 『주역사해』라는 이름으로 고정되었지만 그 이전 시기에 『역』을 상象을 활용해 해석하려는 모종의 시도가 있었던 것이다.

아무튼 갑자본은 이듬해 폐기되고 을축본이 만들어진다. 네 가지 원칙이 언급되기는 하였지만 거칠고 완비되지 못했다고 판단했기 때문이다. 이것도 흑산도의 정약전에게 보내졌고, 1808년 무진년에 다산이 「제무진본」을 쓸 당시에 여전히 흑산도에 있었다. 이것도 갑자본처럼 8권으로 구성되어 있는 것으로 보면 분량상의 차이는 그리 크지 않았던 것으로 보이며, 호체互體를 이용해 얻어지는 상象과 교역交易을 통해 얻어지는 상象을 다루지 않았다.

병인본은 호체와 교역에서 얻어지는 상을 보강하여 개정된 본이다. 16권으로 확대된 것을 보면 이전 본보다 두 배 분량인데, 이전에 취하지 않았던 호체와 교역의 상象을 보강한 것이라고 할 때 당연한 귀결로 보인다. 호체란 중효中爻들을 가지고 새롭게 만들어지는 괘체卦體이므로 한 괘에서 결국 또 하나의 새로운 괘, 즉 호체괘互體卦를 다루어야 하기 때문이다. 이 작업은 지난해 겨울부터 보은산방에 내려와 기거하던 정학연의 도움으로 완성되었고, 경기도 광주의 본가로 보내졌다. 「제독역요지후題讀易要旨後」에 의하면 「독역요지讀易要旨」 두 장이 이때에 경經 앞에 편입되었다.200) 「제독역요지후」는 병인본의 탄생을 극적으로 표현하고 있는데 아래에 그 일부를 옮겨본다.

> 아! 아슬아슬한 일이었다. 편집이 마무리되고 장정도 다 되었지만 감히 돌아보며 아까워하겠는가! 이에 또 수정하여 따로 새 책을 만들었으니, 아마 갑자년(1804) 양陽이 돌아온 날[곧 계해년(1803) 동지冬至이다.]로부터 지금까지 다섯 번 원고를 고쳤을 것이다. 따로 「독역요지讀易要旨」 두 장章을 보충하여 경經 첫머리에 싣고 이어서 이와 같이 기록하였다. 생각건대 내가 노둔하여 일찍 깨달을 수 없었음을 드러내고, 또 각고의 노력을 통해 처음에 길을 잃고 헤매다가 나중에 얻게 되었다는 사실을 보여줌으로써, 그러한 노력이 흔적도 없이 사라지는 것을 바라지 않았기 때문이다.
>
> 병인년(1806) 단오일 보은산방에서 쓰다.201)

대략 갑자본이 나온 뒤 1년 5개월여만에 병인본이 완성되는 셈인데, 이에 따르면 이 짧은 기간에 이미 다섯 차례나 개정작업을 한 것이다. 「제무진본」과는 개정횟수에서 차이를 보이지만, 이는 그간에 끊임없이 개정작업을 하였음을 보여주는 단적인 예일 뿐이다. 병인년에만 이미 두 차례의 개정작업이 있었다고 보아야 할 것이다. 「제독역요지후」의 말처럼 편집이 다 되고 장정도 마무리 되었다고 하면 이미 책으로서 외형을 갖춘 것인데 이를 폐기하고서 새 책을 만들어 간행한 것이 병인본이기 때문이다. 깨끗하게 이미 제작된 책을 바라보며 버려야만 했을 심정이 어떠했을까! 그가 「제독역요지후」를 쓴 것도 이러한 각고의 과정을 숨김없이 드러내보이고 싶었기 때문이다.

정묘본은 병인본에서 빠져 있거나 잘못되어 있는 파성播性과 유동留動의 의미를 보강한 본이다. 처음 강진에 내려와 있던 정학연에게 수정작업을 맡겼으나 도중에 본가로 돌아가게 되었고, 읍내의 사의재四宜齋에서 배출한 이학래李鶴來라는 청년학도가 이 일을 맡아 완결짓는다. 다산의 세전細箋에 따르면 정묘본은 병인본과 별 차이가 없지만 권수로는 8권이 늘어나 24권이 되었다.

무진본은 정묘본과 마찬가지로 총 24권으로 구성되었는데 귤원橘園에 내려와 있던 학포學圃 정학유丁學游에게 탈고케 하였다. 정묘본에서 사詞(괘사와 효사)의 이치가 정교하지 못하고, 상象의 의미가 잘못된 것이 많다고 판단하여 수정을 한 것이다.

「현산역간」의 첫머리에서 다산 스스로 갑자년(1804)의 일로 '주역사해'라는 서명을 언급하고, 1805년의 정약전의 답신에서 '역해易解'라는 서명이 등장한 이래, 1811년 여름까지의 편지에는 줄곧 '역해'라는 이름으로 불려졌다. 아래의 편지는 정약전이 1809년 혹은 1810년경에 쓴 것으로 추측된다. 1809년에 완성된 『시경강의보詩經講義補』 3권의 완성본을 접한 뒤에 써 보낸 편지로 보이는데, 여기에서 그는 『주역사해』(1808년의 무진본)의 완성본을 보고 싶다고 애타게 바라고 있다. 늙어 죽기 전에 한번이라도 보고 싶어하는 안타까운 마음이 잘 드러나 있다.

> 『역해易解』 정본을 꼭 한번 보고싶은데, 아직 부본副本을 만들지 못했다면 기꺼이 바다건너 보내주지는 못할 테지. 내 이미 늙었으니 갑자기 아침나절의 이슬보다도 먼저 끝내 눈으로 직접 읽는 즐거움을 얻지 못하고 그 때문에 슬피 마음을 상할까 두렵다네.[202)]

아래의 1809년 중춘仲春에 보낸 정약전의 편지에도 '역해'라는 명칭이 등장한다. 이 편지는 다산이 자기 저술의 오류를 발견할 때마다 고치는 것에 대해 형으로서 격려하는 내용이다. 이로 보아 다산의 저술은 끊임없는 퇴고를 거쳐 이루어졌음을 알 수 있다.

> 『역해易解』의 원고를 고친 것은 형세가 그러할 것이다. 지혜가 나이와 더불어 자라나고 안목도 나날이 새로워지니, 비록 8~90의 나이에 이르더라도 반드시 깨달음이 있는 법이다. 오늘 어제의 그릇된 뜻을 깨닫는다면 지금의 이른바 정본正本이라는 것이 어찌 초본草本이 되지 아니하겠는가![203)]

아래의 편지는 1811년 초엽에 쓴 것으로 추측된다. 여기에도 '역해'라는 명칭이 등장한다.

> 『역해』는 오래 보면 볼수록 더욱 신묘함이 느껴져 전혀 고쳐 비평할 것이 없다. 그 가운데 때로 의심스러운 곳이 있으나 설명해 낼 수 없는 것은 의심스러워 보내지 않는 조목으로 놓아두고, 대략 조금이나마 엿본 10여 조목만 성기게 기록하여 부치노라.[204)]

그러다가 정약전이 보낸 편지 속에서는 1811년 9월 6일의 편지에 '역전易箋'이라는 명칭이 처음 등장한다. 이곳의 『역전易箋』이

'주역심전周易心箋'이라는 제목이었는지 '주역사전周易四箋'이라는 제목으로 보내진 것인지는 분명치 않다. 1811년 정약전과 다산이 편지를 주고받을 때 '역해'라는 이름은 이제 '역전易箋'이라는 이름으로 불리게 된다.

> 『역전易箋』은 이전의 견해와 비교해 볼 때 먼동 틀 무렵을 밝은 대낮에 비교하는 것과 같으니 유쾌하고 유쾌하다. 다만 그 글 가운데 읽기 어려운 것은 기하서幾何書[205]와 같아서, 지극히 고요한 마음이 아니면 탐구할 수 없다.[206]

다산 자신의 글 속에서도 '사전四箋'과 '심전心箋'이라는 명칭이 혼용되고 있음을 알 수 있는데, 「자찬묘지명自撰墓誌銘」에 따르면 '주역심전周易心箋'이라는 제명이 1820년경까지 사용되었다는 것을 알 수 있다. 「자찬묘지명」은 1820년의 기록을 끝으로 다산 자신의 일생을 정리한 일종의 자서전인데, 자신의 저작으로 들고 있는 경집經集 총 232권 가운데 "『주역심전周易心箋』 24권, 『역학서언易學緖言』 12권"이 목록으로 제시되어 있기 때문이다. 또한 정규영의 『사암선생연보俟菴先生年譜』에도 '주역심전周易心箋'으로 기록되어 있다.[207] 그러나 1808년, 무진본이 완성된 이해에 다산이 두 아들에게 보낸 편지에 '주역사전'이라는 명칭이 보인다.

> 『주역사전』은 내가 하늘의 도움을 받아 저술한 것으로써, 결코 사람의 힘으로 통하거나 지식이나 사려로 도달한 것이 아니다. 이 책에 마음을 쏟아 진실로 오묘한 이치를 깨달을 수 있는 사람이라면, 곧 나의 자손이자 벗일 것이다. 천년에 한 번 만날까 말까 한 것이니 아끼고 소중히 하여 보통 인정의 배나 두터이 해야 한다.[208]

이미 무진본이 완성된 이해에 '사전四箋'이라는 명칭이 있었던 것으로 보아 다산 자신이 통용하여 사용하고 있음을 알 수 있다. 그리고 현재 규장각 소장본과 신조선사본 모두 '주역사전'이라는 명칭으로 제목을 달고 있다.

2. 『역易』에 대한 반反신비화 관점과 역상학의 수립

17세기 초엽부터 조선에 소개되기 시작한 서학은 과학과 종교라는 두 가지 상반된 양상으로 수용되었다. 초기에는 과학과 종교 구분 없이 동양보다 진보한 것으로 평가되었지만, 성리학과는 다른 세계관에 대한 인식이 점차 확산되면서 서교西敎는 과학의 수용과는 다른 양태로 수용되기 시작했다. 서교 또한 조선사회 내부의 변화욕구가 수입을 촉진한 것이지만 성리학과는 다른 이단적 성격 때문에 남인南人과 같은 일부 계층을 제외하고는 일반적으로 배척되었다. 그러나 과학분야만큼은 노론老論이나 남인南人 등 당파와는 무관하게 비교적 적극적으로 수용되었다고 할 수 있다. 조선후기 지식인들은 서구과학을 접하면서 그것을 성리학 체계에 흡수하고 용해하려는 노력을 해왔다. 특히 『주역周易』 연구자들에게 서구과학은 넘어야 할 과제였다. 서구 천문학과 역법曆法을 『주역』의 틀 속에서 해석하려는 노력은 김석문金錫文(1658~1735), 서명응徐命膺(1716~1787), 황윤석黃胤錫(1729~1791) 등[209]에 의해 절충적으로 시도되었으나 천문학을 포함한 서구과학을 『주역』에 접목하려는 노력은 그리 성공적이지 못했다. 다산 정약용은 『주역』을 완주

完註하면서 이들의 절충적 시도와는 다른 방식으로 역해譯解하였다. 그가 역리사법易理四法을 내세운 것은 『역』이 『역』 나름의 원리에 의해서 운용되는 것이지 자연학과는 무관하다는 것을 드러내기 위한 것이었다. 다산은 『역』이 태생적으로 자연의 모상模像을 통해 이루어진 것이라 하더라도 그것은 단지 인문학의 내용을 이루는 상象을 취하기 위한 것이지 자연 그 자체를 설명하기 위한 것이 아니라는 점을 강조한다. 『역』에서, 인문학의 전거로 여겨졌던 자연학을 분리해내기 위해 그가 시도한 것은 먼저 『역』에 대한 종래의 신비화 관점을 타파하는 것이었다. 그의 반신비화 관점이 「역론易論」 1, 2에 잘 나타나 있다.

다산은 『주역周易』이라는 책에 대한 총론으로서 「역론易論」 두 편을 남겼다. 신조선사본 『여유당전서』 제1집 시문집詩文集 제11권 「논論」에 「역론1易論一」과 「역론2易論二」가 실려있다. 그중 「역론2」는 또 제2집 경집經集 제40권 『주역사전周易四箋』 「괄례표하括例表下」 앞쪽에 그대로 「역론易論」이라는 제목으로 실려있는데, 규장각본 『주역사전』에는 「역론2」가 들어있지 않다. 결론적으로 「역론2」는 신조선사본에 중복 출현하고 있는 것이다. 규장각본에 「역론2」가 포함되어 있지 않은 것으로 보아 「역론」 1과 2는 『주역사전』의 편집체제와는 별개로 지어졌을 가능성이 있다. 현재의 규장각본도 무진본(1808)을 필사한 것이므로 1806년에 저술된 「역론2」가 누락될 리가 없다. 아마도 정인보, 안재홍 등이 신조선사본의 교감작업을 하면서 부주의했을 가능성이 있다. 대체로 「역론1」은 송대宋代 소순蘇洵의 언급을 비평하면서 성인 및 그 성인이 지은 『역』이 결코 신비롭거나 애매한 것이 아니라 너무나도 명확한 것임을 지적하고 있으며, 「역론2」는 『역』이 지어진 이유와 목적을 설명하고 『역』의 구성체제를 8괘와 12벽괘, 50연괘의 순서로 정리한 다음, 「설괘」의 핵심적 내용 등을 제시하여 성인이 『역』을 지었을 때 하늘의 명에 따르기 위해 상象을 운용했던 것임을 밝혀주고 있다.

이중 「역론2」의 저술 시기를 보여주는 한 행[210]이 신조선사본 제2집 경집經集 『주역사전』 안에 있는 「역론易論」 끝에 실려 있다. 이 「역론」은 같은 본의 제1집 시문집詩文集에 실려 있는 「역론2易論二」와 같은 내용이지만, 이곳에는 이 한 행이 빠져있다. 이 행에 따르면 공자를 장례지낸 후 2285년 봄, 열수 정약용이 지은 것이므로 병인년丙寅年(1806) 봄에 「역론2」를 완성한 것이다. 다산은 지난해 을축년乙丑年(1805) 겨울에 유배지 강진 북쪽 인근의 고성사高聲寺에 있는 보은산방寶恩山房으로 옮겨와 그간 거처하던 주막집 한 구석의 사의재四宜齋보다는 좀더 안정적인 생활을 할 수 있게 되었다. 그리고 얼마 지나지 않은 봄날에 「역론」을 저술하였다. 아래에서 이 「역론」 두 편의 내용을 중심으로 하여 다산의 역상학易象學을 살펴보기로 한다.

1) 반反신비화 관점

(1) 『역』에 대한 신비화 관점 비판

「역론1」[211]의 목표는 『역』에 대한 신비화 관점을 배격하는 데 있다. 『역』의 신비화는 두 방면에서 진행되었을 것이다. 작자의 의도에 의한 것이거나, 또는 작자는 의도하지 않았으나 독자의 눈에 신비화되어 형성된 하나의 관념이다. 무엇인가가 신비스럽게 비친다는 것은 그 무엇인가가 본래 미지未知의 것이거나 그 무엇인가를 관찰하는 자에게 미지의 것으로 인식되기 때문이다.

『역』은 가장 오래된 책이며 가장 신성한 글로 되어 있고 또한 가장 난해한 책으로 인식되어 왔다. 공자도 『역』을 연구하면서 가죽끈이 세 번이나 끊어졌다[212]고 할 정도로 현재뿐 아니라 당시에

도 그것의 난독성難讀性은 대단했다. 그리고 이러한 난독성이 신비화와 신성화의 빌미를 주었다.213)

『한서漢書』「예문지藝文志」(서기 82)에서 반고班固가 "세 성인을 거치고 고대의 세 시기에 걸쳐 이루어졌다"214)고 한 평가는 중국의 전통적 복고주의에 따른 최초의 신성화라 할 수 있다. 반고는 복희가 8괘를 만들고 문왕에 와서 64괘로 중괘重卦가 되었으며, 여기에 공자가 10익十翼을 보강했다고 보았다.215) 세 사람의 성인을 거치고 그 오랜 세월을 거치면서 완성된『역』이야말로 신성하기 그지없는 책임을 보여주기 위한 의도였다. 이러한 신성화가 낳은『역』에 대한 전통적인 견해는 경經과 전傳이 모두 신성한 글로서 천지인天地人 3재三才의 도道를 다 갖추고 있어서 모든 존재들의 생성과 변화를 설명함에 부족함이 없는 절대적 진리를 담고 있다는 것이다. 따라서 역학가의 임무는 주석을 통해 그 오묘한 비밀을 밝혀 성인의 도道를 드러내는 것으로 여겨졌다.216)

다산도『역』이 신성한 서적임을 부인하지는 않는다. 그러나 그 내용이 신비로 가득하여 알 수 없는 영역의 것이라고 보는 데에는 철저히 부정적인 관점에 서 있다. 다산의 이러한 관점은 소순蘇洵217)의「역론」을 비판한 곳에서 분명하게 드러난다. 다산의「역론 1」에 인용되어 있는 소순의 언급은 다음과 같다.

> 성인의 도道가 없어지지 않는 까닭은 예禮로써 그 도를 밝혀놓고『역易』으로써 심오하게 해놓았기 때문이다. 사람이 존숭받게 되는 까닭은 그의 내면에 엿볼 수 없는 곳이 있기 때문이다. 그래서『역』을 지어 세상 사람들의 눈과 귀를 신비로움으로 현혹시키자 그 도가 마침내 존숭되었다. 이는 성인이 기략과 권도를 사용하여 세상 사람들의 마음을 붙들어 놓은 것이다.218)

소순은 성인聖人, 특히『역』의 저자로서의 성인이 기략機略과 권도權道를 사용하여 세상사람들의 마음을 사로잡았다고 생각하였다. 소순은 원래 유학자로 시작하였으나 훗날 법가적 공리주의 학설을 편 사람이다.219) 소순에게서 성인은 권도權道를 행사하여 몽매한 백성을 교화하는 위대한 정치가와 같은 존재였다. 성인이 존숭받는 이유로 그는 두 가지 이유를 제시하였다.

첫째, 예禮를 세워서 인간사회를 문명화시켰다.

둘째, 『역』을 지어서 스스로 자신과 자신의 사상을 신비화시켰다.

소순에 따르면, 예禮는 너무도 분명하게 사회에 드러나 있어서 누구나 쉽게 접할 수가 있고 예측가능하지만 『역』에는 이해불가능한 영역이 존재한다.220) 예禮를 밝힌 주인공인 성인은 그 예가 간단하고 명쾌하다는 이유 때문에 사람들로부터 자신의 가치와 효용을 확보하지 못한다. 자신의 존재가치를 확보하기 위하여 성인은 『역』을 지어서 사람들이 쉽게 접근할 수 없는 경지의 세계를 구축하였다. 이렇게 자신을 신비화시키고 나서야 성인이 성인으로서 존숭받을 수 있었다는 것이 소순의 생각이다. 소순의 언급 속에는 『역』이 대단히 심오하고 신비롭다는 의식이 전제되어 있다. 소순의 「역론易論」에 있는 위 인용문 바로 앞의 문장은 흥미롭다. "탐구하려 해도 아득하고 찾아보려 해도 막막하여 어려서부터 배우지만 머리가 하얗게 새고서도 그 근원을 알 수가 없다. 그러므로 세상사람들이 성인 보기를 신처럼 그윽하고 하늘처럼 높게 여겼다. 그 사람을 존숭하게 되자 그의 가르침도 따라서 존숭되었다."221) 이처럼 그 근원을 알 수 없도록 끝 모를 신비로 가득 채워진 『역』으로 하여 성인은 자신의 위대함을 과시할 수 있었다고 보는 것이다. 소순은 『역』의 난독성을 신비화시킴으로써 미지의 것으로 남겨놓았다. 그러나 과연 『역』에 이처럼 사람들의 인식 속에 평범하게 기억될 수 있었을지도 모를 그 어떤 사람을 성인의 반열에 올려놓을 수 있을 만큼의 힘이 있는 것일까? 그리고 성인이 과연 스스로의 권위를 높여 존숭받기 위하여 의도적으로 『역』을 신비롭게 포장하였던 것일까? 다산은 분명 아니라고 할 것이다.

> 안타깝구나! 소순이 이렇게 실언을 하다니. 대체로 성인이 성인이 될 수 있었던 까닭은 정성을 다해 사람들을 상대하여, 그의 행위와 말을 마치 해와 달이 하늘에서 빛나는 것처럼 명확하게 하고, 바라보아도 의심할 만한 털끝만큼의 숨김도 없게 하였기 때문이다.222)

다산에 따르면 성인이나 『역』이나 모두가 단순명쾌한 것이다. 복잡한 것도 감추어진 것도 없다. 해와 달이 저 위에서 이 땅을 비추듯이 분명하고 의심할 것도 없는 사실이다. 성인은 정성을 다해 사람들을 상대하고 자신을 한 점 숨김이 없이 드러내기 때문에 해와 달을 바라보며 흠모하듯이 사람들이 존숭하는 것이다. 다산은 『역』의 저작자들이 성인으로 평가되는 이유가 "정성을 다해 사람들을 상대하여, … 의심할 만한 털끝만큼의 숨김도 없게 하였기 때문"이라고 말하고 있다. 성인은, 소순의 주장처럼 기략이나 권도를 부려서 백성의 마음을 사로잡거나 신비로움으로 현혹시켜서 존숭받는 것이 아니라, 백성들을 진지하게 상대하고 한 점 의혹도 남겨놓지 않았기 때문에 백성의 자발적인 흠모를 얻게 된 사람들이다. 그렇다면 이렇게 털끝만큼의 숨김도 없이 투명하게 다 보여주고 있는데도 불구하고 여전히 『역』이 신비롭게 보이고 난해한 것은 무엇 때문인가?

다산은 『역』의 난독성의 원인을 독자에게 돌린다. 『역』의 작자는 결코 신비로움을 추구한 적이 없으며 난독성을 의도하지도 않았다. 그 원인은 독자의 지력智力이 못미치기 때문이라고 보는 것이다.

> 심오함에 통달하여 거기에 담겨있는 의미를 다 이해할 수가 없

어서, 주변에서 머뭇거리고 기웃거리면서 그렇게 되는 이치를 알지 못하는 사람이 있는데, 이는 지력이 미치지 못하기 때문이지 성인의 뜻이 아니다.223)

그렇다면 과연 『역』 작자의 뜻은 무엇인가?

그러므로 성인은 또 이런 사람을 위해 입술이 마르고 혀가 닳도록 설명해주고 손가락으로 가리키기도 하고 타이르고 경계하는 말로 가르쳐 주기도 하면서 그들이 한번이라도 깨우치기를 바랬다. 지적하여 가르쳐 준 것을 조금이라도 깨우치는 사람이 있기만 하면, 성인은 또 그 때문에 매우 기뻐서 즐거운 빛이 얼굴에 감돌아, 그들이 이미 알게 된 것을 바탕으로 아직 알지 못하는 것에 이르게 하고, 성인 자신이 알고 있는 것을 다 알게 해 준 뒤에야 그쳤다. 이것이 성인의 뜻이다.224)

다산에 따르면, 『역』의 작자는 자신이 알게 된 사실을 사람들이 알 수 있도록 최대한의 노력을 기울여 설명을 하였다. 그의 표현대로 "입술이 마르고 혀가 닳도록" 설명하였다. 그것도 사람들이 완전하게 깨우치도록 해준 다음에야 자신들의 일이 끝나는 것으로 여겼다. 바로 이것이 성인의 뜻이다. 그리고 이러한 이유 때문에 그들은 사람들로부터 존중받게 된 것이다. 결코 고의적으로 『역』을 신비롭게 포장하여 스스로의 권위를 세우려고 기도한 적이 없다. 성인이 존숭받는 이유가 무엇인지 다산의 말을 통해 살펴보자.

그런 뒤에 성인의 도가 존숭되었다. 성인을 존숭하는 이유는 그들이 온갖 어려움과 괴로움을 겪으면서 알아냈기 때문에 존숭하지 않을 수 없었던 것이다. 존숭하는 것은 성인의 뜻이 아니다. 성인은 사람들이 자신을 존숭하기를 바란 것이 아니라 자신이 알고 있는 것을 사람들로 하여금 다 알게 한 뒤에 그쳤을 뿐이다.225)

여기에서 다산의 『역』에 대한 반反신비화 의식을 엿볼 수 있는 한편 그의 성인관聖人觀도 파악할 수 있다. 성인은 자신이 성인으로 칭송되기를 기도한 적이 없다. 성인이 신비적으로 보이게 되는 이유는 성인 자신의 의도가 아니라 일반인의 지식이 따라주지를 못하기 때문이다. 성인은 지력智力이 부족한 사람들을 위해서 정성을 다해 자세하게 그리고 분명하게 가르쳐 주었고, 자신에 의해 깨우침을 얻은 사람을 만나면 자신의 일처럼 기뻐하였다. 거기에는 숨겨진 의도도 없고 분명하지 않은 내용도 없다. 성인은 자신이 알고 있는 것을 사람들에게 이해시키고자 애를 썼으며 다 이해시키고 나서야 자신의 과업이 완수된 것으로 생각했다. 위 인용문의 마지막 구절 "성인은 사람들이 자신을 존숭하기를 바란 것이 아니라 자신이 알고 있는 것을 사람들로 하여금 다 알게 한 뒤에 그쳤을 뿐이다"에 주목해보자. 성인은 사람들이 자신을 존경하거나 숭배하기를 원하지 않는다. 단지 사람들로 하여금 자신이 알고 있는 것을 다 알게 한 뒤에 자신의 일을 마친 것으로 여겼다. 『역』은 성인에 의해 신비적으로 각색된 것이 아니다. 성인은 결코 거기에 사람들이 알 수 없도록 특별한 장치를 해놓지 않았다. 다산은 지금 『역』이 결코 심오한 어떤 절대진리를 담고 있다거나 알 수 없는 어떤 신비적 요소를 갖고 있는 책이 아니라는 사실을 말하고 있는 것이다. 이 말을 뒤집어보면, 다산은 『역』을 알았다는 뜻이다. 『역』을 모르는 사람들이 자꾸 『역』의 온오蘊奧함을 이야기하지만 그것은 그네들의 지력이 모자라기 때문이라고 비평하고 있는 것이다. 즉 『역』에는 알지 못할 혹은 성인에 의해 설명되지 않고 남겨진 혹은 숨겨진 그 어떤 것도 존재하지 않는다. 성인이 자신의 과업을 멈춘 시점에 이미 『역』은 분명하게 설명되어 있었다고 보는 것이다.

다산은 어떻게 이렇게 자신만만할 수 있었을까? 과연 『역』의 해석에 있어 한 점의 미진함도 없을 수 있을까? 난독성으로 하여 해석자들이 신비스러움의 우산 밑으로 숨어버리는 일을 이제 다산의 해석에 의지할 경우 그칠 수 있을까!

> 어떤 성인이 있어, 공손하게 행동하는 예절을 만들어서 백성들에게 대중을 공경하라고 가르치고, 제사를 지내는 예절을 만들어서 백성들에게 조상에 보답하도록 가르치고, 장사지내는 예절을 만들어 죽은 이에게 정성을 다하도록 가르치면서, 또 한편으로 그 때문에 마음에 의구심이 생겨 "내가 백성들에게 하도록 가르친 것들이 다 백성들이 쉽게 이해하고 쉽게 알 수 있는 것이어서 저들이 나의 심오한 뜻과 온축된 의미를 다 알아낸다면 나는 존숭받지 못할 텐데" 하고 두려워하여, 그래서 밤낮으로 지혜와 책략을 발휘하여 백성들이 알아낼 수 없는 일을 만들어 황홀 번쩍 괴상야릇하게 속이면서, 시작도 끝도 없이 그 정체를 환상적으로 변화시켜 그것을 어리석은 사람들 앞에다 내던져 그들로 하여금 놀라고 두려워 쩔쩔매며 주춤주춤 물러나게 만들어서 세상사람들의 눈과 귀를 신비로움으로 가득 채운 다음에 그들이 몸을 굽히고 땅에 엎드려 손을 모아 경배하면서 자신을 존숭하기를 원한다고 하자. 성인이 정말 이와 같겠는가? 이것은 불교를 믿는 무리들과 후대에 하도河圖와 낙서洛書 등의 그림을 만들어 벽에 붙여놓고 명성을 도둑질하는 용렬하고 노망한 무리들이나 하는 짓이다. 어찌 성인의 뜻이 이와 같다고 생각한단 말인가? 기략과 권도를 써서 천하 사람들의 마음을 휘어잡는 방식은 패자霸者의 책략이며 병가兵家가 사용하는 술수이다. 복희, 신농, 문왕, 주공, 공자 등의 성인들이 이런 짓을 하였다고 생각한단 말인가? 그리고 또 『역』에 무슨 감추어진 내용들이 있겠는가?226)

다산은 여기에서 성인의 참모습과는 완전하게 다른 가정을 하나의 긴 문장으로 구성하여 성인의 참모습이 진실하다는 것을 강조하였다. 이 가정은 성인이 결코 이중적이지 않다는 사실을 주지시킨다. 백성을 위해 예법을 제정하면서 한편으론 『역』을 지어서 오묘함을 추구했을 리가 없다. 위의 가정문에 열거되어 있는 부정적인 모습들은 성인의 참모습을 보여주기 위한 반어법이면서 동시에 『역』의 참모습을 역설적으로 보여준다. 『역』에는 지혜와 책략이 발휘되어 알아낼 수 없게끔 신비화된 것이란 없다. 또 신기한 것들을 이용하여 사람들을 속이는 내용도 없다. 또 사람들을 놀라게 하고 쩔쩔매게 만들 만한 내용도 없다. 또 사람들의 눈과 귀를 멀게 할 만한 복잡하고 까다로운 내용도 없다. 곧 성인이 사람들에게 지식을 얻어 깨우칠 수 있도록 『역』이라는 책을 지어 가르친 것이지 쉽게 알아차릴 수 없도록 구성하여 신비화시킨 『역』을 통해 자신들의 존엄성을 확보하려고 한 것이 아니다. 다산은 계속해서 소순蘇洵의 "성인의 도가 없어지지 않는 까닭은 예禮로써 그 도를 밝혀놓고 『역』으로써 심오하게 해놓았기 때문이다"라는 언급을 비난하고 있는 것이다.

다산에 따르면 하도河圖나 낙서洛書를 믿는 사람들도 소순처럼 『역』을 신비화시키는 부류들이다. 하도와 낙서 등에 나오는 숫자들은 생성生成의 수나 태극 분화의 이치와는 아무런 상관이 없는 것들이다. 예를 들어 9, 6, 7, 8 등의 숫자는 괘의 획이 변하는가 변하지 않는가를 표시해주는 기호에 불과하다고 보는 것이다.[227] 다산은 상수역학象數易學의 주요 소재 중의 하나인 수數에 대해 별 관심을 보이지 않는다. 수를 중시하는 이유에는 『역』을 억지로 신비화시키려는 숨은 의도가 있다고 보기 때문이다.

사실 『역』을, 보다 구체적으로는 『역』에 있는 물상과 괘효사를, 수학공식 풀듯이 풀어나갈 수 있다고 생각하는 것은 지나친 욕심처럼 보인다. 다산의 주장처럼 복희 때에 8괘와 64괘가 동시에 이루어지고, 문왕 때에 괘사가, 주공 때에 효사가 이루어졌다고 한다면 시간의 간격으로 보더라도 2~3천 년이라는 긴 집적集積이 있었을 터인데, 이 긴 시간의 터널을 더군다나 현재의 시점에서 동일한 등식을 적용하여 통과할 수 있다고 믿는 그의 신념은 지나친 점이 없지 않다. 그러나 그의 이러한 지나친 신념 안에 그가 지향한 세계가 드러나 있다. 명명백백하게 밝혀진 『역』 앞에서 이제 더 이상의 해석의 문제는 전혀 문제일 수 없다. 다산 자신에 있어서는 해석은 이미 완료되었다. 그렇다면 해석 뒤에 수반되는 과정은 과연 무엇일까? 이것은 완료된 해석 속에 담겨 있는 그의 이념에서 찾아야 할 것이다.

다산이 『역』에서 찾아낸 중심 이념을 살펴보기에 앞서 그가 반신비화 관점을 갖게 된 근거가 무엇인지를 살펴보도록 하자.

(2) 반反신비화 관점의 근거

다산은 「역론1」에서 『역』에 감추어진 내용이 없다는 것을 보여주기 위해 그 근거로 네 가지를 제시하고 있다. 아래의 번호는 필자가 임의로 단 것이다.

> 1) 「설괘說卦」를 지어 양, 소, 말, 돼지 등의 상象으로 비유하였고,
> 2) 10익十翼을 지어 추이推移와 왕래往來의 자취를 나타냈으며,
> 3) 9九니 6六이니 하는 숫자를 붙여서 변화와 이동의 활용을 드러냈다.
> 4) 점인占人이 사건을 점치는데 하사下士가 여덟 명이고, 서인筮人은 길흉을 판단하는데 중사中士가 두 명이다. 이런 과정을 거쳐 국가적인 의문을 해결하고 백성들의 생활을 인도해주는 것이다.
> 『역』에 무슨 감추어진 점이 있겠는가?228)

다산이 『역』의 투명성을 증명하기 위해 제시한 근거에 주목하여 위 인용문을 살펴보자. 첫째, 「설괘」를 지어 상象으로 비유하였다. 둘째, 10익을 지어 추이와 왕래의 자취를 드러내었다. 셋째, 9

와 6이라는 숫자로 변화와 이동의 활용을 뚜렷하게 해주었다. 넷째, 점서 행위시에 여러 사람을 참여시켜 판단의 공정성을 기하였다. 이 네 가지 근거를 통해 다산은 『역』이 결코 신비로운 책이 아님을 증명하고 있다. 위 예문에서 1)은 역리사법易理四法 가운데 물상物象에 관련되며, 2)는 추이推移, 3)은 효변爻變을 지칭한다. 4)는 결국 역리사법을 적용하여 점치는 행위의 공정성 추구를 말하고 있다. 여기에는 빠져 있지만 호체互體법을 포함하여 그의 역리사법은 『역』 저작의 방법이자 원칙인 동시에 『역』 해석의 원칙이기도 하다.

첫째 「설괘」는 다산의 관점에서는 복희가 처음 획을 만들었을 때부터 존재한 고문古文이다. 다산은 8괘가 의미를 가지려면 64괘와 동시에 존재해야 하고, 「설괘」에서 적시하고 있는 물상들은 64괘의 완성과 함께 비로소 운용될 수 있다는 일종의 신념을 지니고 있다. 그는 『주역사전』 「괄례표括例表·설괘표직설說卦表直說」에서 「설괘」가 고문古文이라는 증거로 두 가지를 들고 있다. 첫째, "「설괘」의 물상의 이름과 괘덕의 구분은 하나라와 상나라도 고치지 않은 것이다."[229] 둘째, "「설괘」의 방위의 순서는 당요唐堯와 우순虞舜도 바꾸지 않은 것이다."[230] '연산連山'과 '귀장歸藏'이라는 명칭이 「설괘」의 물상에 의해 명명되었다는 점과, 요순의 시대, 곧 하나라 성립 이전에도 「설괘」의 방위와 계절은 변함없이 그들의 정치적 행위의 수단으로 이용되었다고 판단하는 것이다. 「설괘」는 일부 공자의 말이 포함되어 있기는 하지만 기본적으로 복희伏羲가 64괘를 창작했을 당시부터 존재해 온 고문서라고 다산은 결론짓는다. 따라서 「설괘」를 통하지 않고는 『역』을 이해할 수가 없다. 왜냐하면 64괘를 구성하는 기본요소인 소성괘小成卦, 즉 8괘의 암호해설서이기 때문이다. 8괘는 단지 기호에 해당한다. 언어(말)와 대비시켜 논할 경우에 8괘는 문자에 비유될 수 있다. 어떤 문자나 기호에 대해 그것이 설명되지 못할 경우 그 문자나 기호는 아무 의미 없는 그림에 불과하다. 문자나 기호가 의미를 갖기 위해서는 문자의 경우 교육이 필요한 것이고, 기호의 경우에는 해설이 필요하다. 그 해설서를 바로 「설괘」로 보는 것이다. 「설괘」에는 8괘에 해당하는 상象들이 예시되어 있다. 양, 소, 말, 돼지, 그리고 하늘, 임금, 아비, 보옥, 그리고 머리, 배, 다리, 정강이, 그리고 굳셈, 순함, 움직임, 들어감 등등의 물상物象과 의상意象이 자세하게 적시되어 있다. 왜 이렇게 많은 종류의 물상과 의상들을 한 권으로 묶어 설명해야 했을까? 처음부터 그것은 8괘라는 기호 해설을 위해 지어진 것이기 때문이라고 다산은 말하고 있다. 이 해설서를 이해하면 『역』은 마치 암호가 풀리듯 저절로 이해된다는 것이다. 다산이 소순의 언급을 비난하면서 『역』에 감추어진 것이란 없다고 단호하게 밝힐 수 있는 이유는 바로 「설괘」가 있기 때문이다. 그만큼 「설괘」는 다산역茶山易에 없어서는 안 되는 필수서적이다.

둘째, 다산은 10익十翼이 기본적으로 철학적 진리를 담고 있기는 하지만 그것이 어떤 형이상학적 원리를 설명하고 있다고 생각지 않는다. 그가 공자10익설孔子十翼說에 회의를 갖고 10익을 재편한 양상을 보면 보다 분명해진다. 가장 큰 차이는 「문언文言」을 빼고 「대상전大象傳」을 포함시킨 것이다. 「문언」을 옛 자서字書로 간주하여 10익에서 제외하였으며, 「단전彖傳」과 「상전象傳」은 그대로 10익으로 인정하되 「상전」 가운데 괘 전체의 상象을 설명하고 있는 「대상전」을 효상을 설명하는 「소상전小象傳」과 분리하여 별도로 10익에 포함시켰다.[231] 「계사전繫辭傳」은 그대로 10익에 남겨두되, 그 안에서 설시법揲蓍法에 관련된 내용만 분리하여 별도로 「시괘전蓍卦傳」으로 표창하였다. 그러나 「시괘전」은 공자의 10익에 포함되는 것은 아니다. 「서괘전序卦傳」과 「잡괘전雜卦傳」은 10익으로 인정하되 별도로 표창하지는 않고 각 괘 주석의 모두冒頭에 분속시켰다. 따라서 다산이 공자의 저작으로 간주하는 것은 「단전」 상하와 「상전」 상하, 「대상전」, 「계사전」 상하, 「서괘전」, 「잡괘전」 그리고 「설괘전」 등

10편이 된다.[232] 이 가운데 「설괘전」의 경우 일부 공자의 전문傳文이 포함되어 있긴 하지만[233] 기본적으로 고문이라는 것이 다산의 확신이다. 따라서 다산이 10익을 꼭 공자 한 사람의 것으로 보지 않는다는 사실을 알 수 있다.

즉, 10익 재편의 주 내용은 「문언」을 옛 자서字書로 분류하고, 「계사전」에서 수數와 관련된 부분을 모두 별도로 「시괘전」으로 분리해내며, 괘 전체의 상을 가지고 군자의 의리를 설명하고 있는 「대상전」은 별도로 표창한 것이었다. 이을호는 다산의 10익 재편에 대해 총론하면서, "고역古易의 신비주의적 역리易理에서 탈피하여 복서학적卜筮學的 자연주의에 입각한 역학으로 재정립하였다"[234]고 결론내린 바 있다. 10익의 재편에 대해서는 또 하나의 논문이 되어야 할 것이므로, 여기에서는 간단하게 줄인다.

개괄적으로 보자면, 다산은 10익의 내용을 주로 벽괘辟卦에서 연괘衍卦로의 추이와 효변의 양상을 설명하는 것으로 보고 있는 것이다. 「단전」과 「대상전」을 공자가 의리를 밝혀놓은 것으로 평가하는 것으로 보아 의리적 측면을 부정하고 있지는 않지만[235], 그의 주석방식을 보면 「단전」과 「대상전」마저도 추이와 효변을 설명하는 역리서가 된다. 「대상전」 건乾괘의 전箋에서 "『역』의 도는 오직 12벽괘의 추이推移의 법을 위주로 할 뿐, 단지 하늘과 땅, 물, 불, 우레, 바람, 산, 연못이 서로 어울리거나 서로 틀어지는 상象만으로 「대상전」의 취지를 해석해선 안 된다"[236]고 한 것을 보면 「대상전」이 담고 있는 의리적 내용 또한 추이의 법칙을 통해 얻어지는 것으로 파악하고 있음을 알 수 있다.

셋째 다산은 효사에 나오는 9와 6이라는 숫자가 효의 변화와 불변을 지칭하기 때문에 64괘의 움직임을 바로 파악할 수 있도록 되어 있다고 본다. 9와 6이라는 숫자가 어떤 신비한 의미를 갖고 있어서 사용된 것이 아니라 단지 괘가 변한 것인가 아닌가만을 표시하는 기호숫자라고 보는 것이다.[237] 다산은 『역학서언』 「소자선

천론邵子先天論」에서 많은 양을 들어 소강절의 역학을 강하게 비판하고 있는데 이는 단지 변화를 지칭하는 기호일 뿐인 숫자를 가지고 유희하면서 신비화시켰다고 여기기 때문이다. 예를 들어, "하도河圖에 따로 심오한 이치랄 게 없다. 단지 1, 2, 3, 4를 가운데층에 나열하고 나서 6, 7, 8, 9를 바깥쪽에 빙 둘러놓고는, 1과 6을 서로 짝지우고 2와 7을 서로 짝지우고 3과 8을 서로 짝지우고 4와 9를 서로 짝지어 천지생성天地生成의 수라고 여긴 것이니 정현의 학설과 같을 뿐이다"238)고 하여 정현의 생수生數와 성수成數의 학설을 교묘히 조합하여 놓은 것일 뿐이라고 본다. 또한 "9, 6, 7, 8은 괘획의 변하거나 변하지 않는 것을 가리킨다. 물·불 생성의 수 및 태극 분화의 원리와는 모두 서로 맞지 않는다. 선유가 시괘蓍卦 학자들의 지극히 중요하고 절실한 숫자들을 취하여 물·불 생성의 수와 태극 분화의 그림에 억지로 옮겨놓은 것이다. 그러나 시초를 세어서 괘를 구할 때에는 여전히 무엇이 9이고 무엇이 6이며 무엇이 7이고 무엇이 8인지를 알지 못한다"239)고 하여 수에 대한 신비적 설명들을 배격하고 있음을 발견할 수 있다.

다산이 「역론1」에서 지적한 9와 6은 결국 그의 효변설에 닿아 있다. 예를 들어 건乾괘 초9는 9가 양획의 변화를 지칭하는 것이기 때문에 결국 건지구乾之姤라는 지괘之卦를 의미한다는 것이다. 즉 "잠룡물용潛龍勿用"이라는 효사는 건괘가 구姤괘로 변한 뒤의 상황을 보여주는 것임을 밝혀주는 것이다.

넷째, 다산은 『역』이 이상에서 지적한 「설괘」의 물상과 역리로서의 추이, 효변 등에 의해 구성되어 있어서 신비롭거나 감추어진 것이 없이 명백할 뿐만 아니라, 실제로 점을 칠 때 현장에 참여하는 사람을 여럿 두어서 철저함을 구하였다는 사실을 『주례周禮』240)의 직관職官을 통해 증명코자 하였다. 『주례』 「춘관春官」의 직제에 따르면 점인占人은 거북점 치는 일을 관장하는 관직이며241), 서인筮人은 3역三易 즉, 연산역連山易과 귀장역歸藏易과 주역周易을 관장하였다.[242] 곧 주나라 때에는 이 관리들이 점을 칠 때 공정성을 기하기 위해 각각 하사下士, 부府, 사史, 도徒 등의 하급관리들을 참여시켰던 것이다.[243]

이런 과정을 거쳐 점이 결정되는 것이기 때문에 『역』의 저작자인 성인이 『역』을 신비화시켜 스스로의 권위를 높이려고 했다고 주장하는 소순과 같은 견해는 다산에게 있어 지력이 모자라는 자의 한탄으로밖에 보이지 않는 것이다.

2) 품명稟命사상과 역상학의 수립

(1) 『역』 저작의 목적

「역론2」는 『역』 저작의 목적과 그 방법을 설명하고 있는 논문이다. 이 논문은 병인년丙寅年(1806) 봄 어느 날의 작품이다. 그리 길지 않은 글이지만 다산역의 기본관점이 망라되어 있다. 「역론1」에서 『역』에 대한 신비적 견해를 씻어버리고 「역론2」에서 다산은 이제 『역』의 중심사상을 언급하려고 하는 것이다.

> 『역易』은 왜 지어졌는가? 성인이 하늘의 명령을 청하여 그의 뜻에 따르기 위해 지었다. 무릇 일이 공정한 선에서 나와 반드시 하늘이 그를 도와 이루게 하고 복을 내릴 만한 것이라면 성인이 다시 청하지 않는다. 일이 공정한 선에서 나왔으나 시기와 형세가 불리하여 반드시 그 일이 이루어질 수 없어서 하늘의 복을 받을 수 없는 일이라면 성인이 다시 청하지 않는다. 일이 공정한 선에서 나오지 않아 천리를 어기며 인륜의 기강을 해치는 것이라면 비록 반드시 그 일이 성공하여 눈앞의 복을 얻을지라도 성인이 다시 청하지 않는다. 오직 일이 공정한 선에서 나왔으나 성패와 화복을 거슬

러 엿보아 헤아릴 수 없는 경우에만 청한다.[244)]

『역』의 저작목적이 과연 무엇일까? 다산은 "하늘의 명령을 청하여 그의 뜻에 따르기 위해(請天之命, 而順其旨)"라고 말한다. 이때의 천天은 다산학의 전체적 문맥으로 볼 때 상제上帝가 될 테지만 이 글에서는 상제의 면모가 그리 뚜렷하게 드러나지는 않는다. 그러나 『역』은 하늘의 명령을 청하여 그의 뜻에 따르기 위하여 지어진 것이다. 다산이 보는 『역』의 탄생은 성인을 매개체로 하지만 천명을 요청하는 데에서 시작된 것이다. 이때 요청한다(請)는 것은 결국 하늘이 내려준 미래의 운세를 물어본다(問)는 말이다.

그러나 상제에게 미래의 지침을 요청할 경우에 반드시 전제되는 조건이 있다. 성인이라면 어떤 일에 대해 점쳐 물을 때 그 일이 공정한 선에서 출발하였다 하더라도 두 가지 경우에 있어서는 하늘의 명령을 요청하지 않는다. 하늘이 도와서 그에게 복을 내려주기에 충분하다고 판단되는 경우, 그리고 시기와 형세가 불리하여 반드시 실패할 것으로 예측되고 하늘의 복을 받을 수가 없다고 판단될 경우가 그것이다. 만약 그 일이 공정한 선에 속하는 일이 아니라서 천리天理에 거스르고 인륜의 기강을 훼손시키는 일이라면 그 일이 분명하게 성공할 것이라고 예측되고 요행히도 복을 받을 것이라고 판단된다 하더라도 요청해서는 안 된다. 오직 공정한 선에 속하는 일이면서 도저히 그 성패成敗를 예단할 수 없을 때에만 요청한다. 곧 이런 때에만 점치는 것이다.

다산은 왜 공정한 선을 요청의 전제조건으로 내세우고 있을까? 이를 이해하기 위해 『역학서언』의 「복서총의卜筮總義」 총론부분을 언급할 필요가 있다. "춘추시대에는 이러한 점치는 방법이 이미 문란해져 자신의 운명을 점치는 것은 봉록과 지위를 구하기 위한 것에 지나지 않았고, 국가적 사업을 점치는 데에도 의리에 합당한지의 문제를 분별하지 않았다. 천명을 받으려는 취지(稟命之義)가 마침내 어두워져서 천명을 엿보려는 뜻(探命之志)이 앞서니 현혹시키는 술수와 교묘하고 지리한 설들이 그 틈에 난무하지만, 그것이 하늘과 신을 모독하는 잘못임을 깨닫지 못한다."245)

다산이 파악하는 점서占筮로서의 『역』의 기능은 이미 오래 전에 사라졌다. 점을 치는 목적은 하늘의 명을 청하여 그에 순종하기 위함이었는데, 춘추시대에 오면 이미 그 기본적인 취지가 사라지고 오직 봉록과 지위를 탐하는 데에만 사용되었다. 위의 인용문에서 '천명을 받으려는 취지(稟命之義)'와 '천명을 엿보려는 뜻(探命之志)'이라는 용어에 주목해보자. 다산은 천명을 품수稟受하려는 의의가 천명을 엿보려는 개인의 의지에 의해 가려졌기 때문에 온갖 술수와 교활한 주장들만 무성해졌다고 보는 것이다. '탐명探命'은 『역』의 본래 취지가 아니다. 탐명은 하늘의 뜻을 본받으려는 태도가 아니라 하늘과 신을 모독하는 행위이다. 따라서 점을 칠 때 공정한 선에 근거할 것을 주장하는 것이다. 공정한 선에 근거하여서도 점치지 말아야 할 때가 있는데 하물며 지위나 봉록을 구하려는 목적으로 『역』을 운용한다면 하늘과 신에 대한 모독이 아니겠는가! 다산은 「역론2」의 서두에서 '품명稟命'의 의의를 밝힘으로써 『역』을 공부하는 이들로 하여금 『역』의 본래의 취지에 맞게 공정한 선에 근거하도록 경계로 삼은 것이다.

(2) 품명稟命의 방법과 역상易象의 확립

가. 품명稟命을 위한 토대 마련: 역상易象의 확립

그렇지만 성인이 간절하게 청할 수는 있어도 하늘이 알아듣도록 순하게 명할 수가 없으니, 하늘이 성사될 것임을 알려서 실행하도록 권하고 싶어도 방법이 없고, 또 실패할 것임을 알려서 실행하지 않도록 막고 싶어도 방법이 없다. 성인이 걱정스러이 아침저녁으로 생각하면서 우러러 하늘을 살피고 머리 숙여 땅을 관찰하였는데, 하늘의 영명함을 이어받아 그 명을 청할 방법을 생각하다가 갑자기 기쁨에 들떠 책상을 치며 일어나면서 "나에게 방법이 있다"고 하였다.[246]

"하늘의 명을 요청하여 그의 뜻에 따르기" 위해 『역』을 지었지만 『역』 작자의 또 다른 고민은 그 방법이었다. 어떻게 하늘의 명을 요청할 것인가? 공정한 선에 근거하여 미래의 불확실한 결과를 하늘에 묻고자 하지만 하늘이 인간에게 진로를 알려줄 방법이 없다. 실행하게 하려고 하거나 실행하지 말도록 권유하거나 간에 하늘이 어떻게 그것을 알려줄 수 있겠는가? 성인이 고민과 연구 끝에 찾아낸 방법들이 이어서 순서에 따라 기술되어 있다.

이에 손으로 땅에 획을 그려 짝수와 홀수 및 강함과 부드러움의 꼴을 만들어, "이것이 하늘과 땅과 물과 불이 변화하여 만물을 낳는 상象(生物之象)이다"고 하였다.[이것이 8괘이다.]

이어서 나아가고 물러남과 스러지고 자라남의 추세를 만들어 "이것이 4시四時의 상이다"고 하였다.[이것이 12벽괘이다.]

또 그것을 취하여 오르내림과 오고감의 현상을 만들어 "이것이 만물의 상이다"고 하였다.[이것이 50연괘이다.][247]

여기에서 주목해야 할 것은 동일한 작자에 의해 8괘와 그것의 중괘重卦로서의 12벽괘와 50연괘가 창출되었다고 보는 점이다. 중괘한 사람에 대해서는 학자마다 다른 주장들이 있는데 대체로 복희伏羲, 신농神農, 하우夏禹, 문왕文王 등이 거론되어 왔다. 이 가운데 다산은 복희중괘설伏羲重卦說을 주장하는 것이다.

성인이 제일 먼저 발견한 것이 8괘이다. 8괘는 이미 3획이 갖추어진 괘이다. 제1획과 제2획과 제3획을 각각 홀수—짝수—홀수의 형태를 이루게 하고, 각 획은 ━과 ╍으로 구성하여 강함과 부드러움을 상징하게 하였다. 그리고 그것을 천지수화天地水火가 변화하여 만물을 낳는 상象(生物之象)이라고 여겼다. 이곳의 '천지수화'는 아직 형화形化되기 이전의 것으로 태극太極이 분화과정을 거쳐 형성된 유기游氣이다. 유기游氣로서의 천지수화가 변화하여 다시 천지수화뇌풍산택天地水火雷風山澤의 8물을 낳는데, 8괘가 상징하는 8물은 만물 가운데의 대표적인 사물들로써 형화된 상태의 구체적인 존재물이다. 여기에서 성인이 손으로 땅에 그린 획이란 ☰ ☷ ☳ ☴ ☵ ☲ ☶ ☱이다. 주목해야 할 점은 다산이 이것을 '만물을 낳는(生物)' 象으로 지목했다는 점이다. 이 '생물生物'의 '물物'은 만물을 의미하는 것으로서 50연괘에서 '만물의 상'이라고 한 만물과 같은 의미이다. 50연괘에서 만물이라 한 것은 중정衆情, 즉 뭇 상황이라고 풀어야 할 것이다.

『역학서언』의 「주역답객난周易答客難」에서 다산은 "대체로 배우는 자로 하여금 이것을 끌어다가 저것을 추론하게 하고 왼쪽과 비교하여 오른쪽을 깨닫게 하며, 서로를 참작하여 두루 통하고 글을 요약하여 뭇 상황(衆情)을 다스리기를 기대하였을 뿐이다"[248]라고 『역』의 도를 정의한 바 있다. 다산이 만물의 상이라고 할 때의 만물은 곧 뭇 상황들(衆情)의 상을 의미한다고 해야 할 것이다. 왜냐하면 벽괘에서 한 효가 변하여 연괘로 확장될 때 별도의 구체적 사물의 상이 새로이 만들어지는 것이 아니라 기본적으로 본괘本卦를 이용하든 호괘互卦를 이용하든 8괘의 상징만을 가지고 설명하기 때문이다. 8괘의 확립은 64괘의 만물 즉, 뭇 상황들을 낳는 토대로서의 상이 마련되었음을 지칭하며, 50연괘에 와서야 뭇 상황들이 다 이미지화되어 표현될 수 있는 가능성을 갖게 되었다는 의미를 담고 있다.[249]

8괘를 발견한 뒤에 성인이 한 작업은 이것을 중첩하여 64괘를 만든 것이다. 64괘에는 중심적인 괘와 부속적인 괘가 있는데, 이를 각각 벽괘辟卦와 연괘衍卦라고 한다. 벽괘는 같은 성질의 획들이 모여있는 괘들로서 복復괘 ䷗로부터 양획이 외괘를 향해 나아가면서 그 세력이 자라나는 것과, 구姤괘 ䷫로부터 양획이 음획에 밀려 물러나면서 그 세력이 약해지는 것 등을 형상화한다. 이 '진퇴소장進退消長'의 이미지를 성인은 4계절의 12개월에 각각 배당시켜 형상화하였다. 그리고 나서 벽괘에서 각각의 효들이 변화하면서 발생가능한 뭇 상황들(萬物)을 이미지화할 수 있게 되었는데, 각각의 양획과 음획이 외괘에서 내괘로 또는 내괘에서 외괘로 오르내리거나 각각의 내외괘 안에서 자리를 바꾸는 모습을 통해 뭇 상황의 변화양상을 표현할 수 있게 되었음을 가리킨다. 여기까지 8괘의 탄생에서부터 64괘의 구성내용을 개괄하면서 다산이 각각 '생물지상生物之象', '사시지상四時之象', '만물지상萬物之象'이라고 하여 언제나 상象을 놓고 있지 않는다는 점을 유의해야 한다.

> 이에 땅에 획을 그려서 짝수와 홀수, 강함과 부드러움의 추세가 되는 것을 취하여, 그 상을 음미하며 그와 비슷하거나 같은 것을 생각하다가 아주 비슷한 것을 얻고는 명명하기를, 이것은 말이요 저것은 소며, 이것은 수레요 저것은 집과 방이며, 이것은 무기와 군사요 저것은 활과 화살이라고 하였다. 드러난 것을 법식으로 삼아 하늘에 기구하면서 그 이름으로 말미암아 사용하였으니 비록 사람이 세운 이름이요 하늘이 실제로 그러한 것은 아닐지라도 하늘이 진실로 나의 정성을 살펴서 알리고자 하는 까닭이라면, 또한 거의 내가 이름한 것으로 말미암아 드디어 이로써 사용할 것이다. [이것이 「설괘」이다.][250)]

8괘를 중첩하여 벽괘와 연괘의 체계를 완성한 뒤에 뭇 상황들(萬物)의 상을 표현할 수 있게 되자 성인이 한 작업은 「설괘」를 짓는 일이었다. 벽괘와 연괘의 완성을 통해 갖추어진 만물의 상을 구체적인 사물들의 상象과 연관지어 사람들로 하여금 '이로써 사용할(以是用之)' 수 있게 하기 위해서였다. "그 상을 음미하며 그와 비슷하거나 같은 것을 생각하다가 아주 비슷한 것을 얻고는" 각각의 사물들을 8괘의 상象에 연관지었다. 따라서 「설괘」라는 8괘에 대한 해설서가 없다면 성인이 세운 만물의 상을 이해할 방법이 없다. 다산은 "『역』의 괘효사에서 취한 상이 다 「설괘」에 근본하므로 「설괘」를 공부하지 않으면 한 글자도 이해할 수 없는데 열쇠를 버리고 문을 열려고 하는 것은 참으로 어리석은 일이다"251)고 지적한 바 있으며, 괘효사의 작자인 문왕과 주공이 "『역』의 괘효사를 지을 때 한 글자 한 문장마다 다 물상을 취하였기"252) 때문에 "6효가 변하고 나서 글에 따라 상象을 구한다면 얼음 녹듯이 이해되며 환히 이치에 맞을 것"253)이라는 점을 강조하였다.

이상의 8괘로부터 중괘의 벽괘와 연괘를 구성하고 「설괘」를 짓는 과정은 하늘의 명을 받기(稟命) 위해 필요한 상들을 갖추는 작업이었다. 이렇게 상들을 갖춘 뒤에 남아있는 작업은 바로 그 상들을 운용하여 점을 치는 방법을 고안하는 일이다. 아래에 그 방법을 간략하게 적고 있다.

나. 품명稟命의 구체적 행위: 점법占法의 수립

이에 들판에 나가 향기나는 풀 몇 줄기를 취하여 그것의 오르내림과 가고옴이 되는 것과 그 수를 일치시켜 서로 호응하게 하고 경건하게 그것을 방에 보관하여 모셨다.[이것이 시책蓍策 50개이다.] 일이 있을 때마다 나가 그것을 쥐고 또 쪼개어 넷씩 세면서 말하기를, "이것은 4계절의 상이다"고 하였다. 또 여기에 흩뜨리거나 모으고 이리저리 뒤섞고 변통하며 말하기를, "이것은 만물의 상이다"고 하였다. 이미 그 수를 세고 나면 그 꼴이 드러나고 꼴이 드러나면 괘체가 서게 된다.[이것이 시초점을 쳐서 한 괘를 얻

는 것이다.][254)]

성인은 먼저 들에 나가 '향기나는 풀' 몇 줄기를 꺾어다가 연괘의 수와 일치시켜 50개를 만들었다. 그리고 일이 있을 때마다 그것을 쥐고 넷씩 세면서 '4시四時의 상象'을 역추적하였다. 또 '흩뜨리거나 모으고 이리저리 뒤섞고 변통하여(參伍變通)' 뭇 상황들의 상象을 뽑아내도록 하였다. 이런 과정을 거치면 한 괘를 얻게 된다. 「역론2」의 전반부와는 달리 이곳에서는 거꾸로 '향기나는 풀'이라는 도구를 가지고 괘를 뽑아내는 방법을 서술하고 있는 것이다.

> 이에 이른바 말, 소, 수레, 집과 방, 무기와 군사, 활과 화살 등 아주 비슷한 상을 취하여 그 승강왕래升降往來의 자취를 살핀다. 그러나 그 꼴은 온전한 것도 있고 일그러진 것도 있으며, 서로 돕기도 하고 서로 어기기도 하며, 그 실정은 편안한 것도 있고 위축된 것도 있으며, 즐겁기도 하고 슬프기도 하며, 미덥기도 하고 두렵기도 하며, 안전하기도 하고 위태하기도 하니, 그 아주 비슷한 것으로서 음미하지 않음이 없다.[이것이 그 길흉을 점치는 것이다.][255)]

하나의 괘를 뽑게 되면 「설괘」에 나열되어 있는 상을 먼저 취하고 효의 승강왕래의 양상에 따라 길흉을 점친다. 64괘 속에 나타나는 8괘의 상象은 온전한 상을 이루지 못하는 것들이 많지만, 가장 유사한 상을 연관지어 음미해야 한다. 인용문의 '그 꼴(其形)'과 '그 실정(其情)'은 다 8괘의 모양과 8괘의 내용, 즉 그것의 상象을 지칭한다. 한 괘가 뽑아졌을 때 그 괘의 상에는 8괘의 형태가 온전한 것도 있고 온전하지 않은 것도 있다. 또 형태는 온전하더라도 그것의 내용이 잘 발휘되기도 하고 어떤 것은 위축되어 잘 발휘되지 못하는 경우도 있다. 그렇더라도 반드시 그와 유사한 상을 가지고 괘상卦象을 음미하게 되면 길흉을 점칠 수 있다는 것이다.

> 음미해 보아 참으로 길하다면 이에 말을 짓기를, "하늘이 나에게 명하여 행하노라" 한다. 음미해 보아 참으로 불길하다면 안절부절못하며 감히 행하지 않는다. 이것이 『역』이 해내는 일이며, 이것이 성인이 하늘의 명을 청하여 그의 뜻에 따르는 방법이다. 그렇다고 하면 거북점(卜) 또한 마찬가지로 하늘의 명을 청하여 그의 뜻에 따르는 방법이다. 성인이 어찌 그것을 6경으로 존중하지 않아 그 글이 망실되게 하였겠는가! 복卜의 조짐이라는 것이 바로 그 길흉의 이루어진 상을 드러내는 것이니, 방方・공功・의義・궁弓[256]에도 각각 일정한 체體가 있고, 비가 개이거나 해충이 꼬이는 것 등[257]에도 각각 본색을 갖추고 있으나, 체가 120개요 그 주사繇詞가 그의 열 배이므로 서로 쓰지 못한다. 서로 쓰지 못하니 그의 오르내림과 오고감의 상이 그 안에 깃들지 않는다. 그러므로 큰일을 당하여서 하늘의 명을 청하여 하늘의 영명함을 이어받는 데는 『역』보다 낫다. 만약 거하면서 『역』의 말들을 음미함으로써 그 나아가고 물러남, 살아남음과 사라짐의 일을 살펴서 그 스스로 처리하는 방법을 안다면 오직 『역』만이 있을 뿐이므로 성인은 오직 『역』만을 존중한다.[258]
>
> 공자를 장례지낸 후 2285년 봄, 열수 정약용 찬撰.[병인년(1806) 봄][259]

길흉이 결정되고 나면 성인은 하늘의 명령이라 여기고 행위의 진로를 결정한다. 길한 경우는 하늘이 실행하라 명하는 것이므로 기꺼이 하지만 불길한 경우는 전전긍긍하며 실행하지 않는다. 이것이 『역』이 갖는 효용성이다. 이것은 『역』 저작의 목적이 하늘의 명을 청한 데에서부터 시작되었기 때문이다. 하늘의 명을 청한다는 의미에서는 시초점이나 거북점이나 동일하다. 거북점은 거북의 배딱지가 구워져 갈라지는 양상을 보고 길흉을 점치는 것인데 방

方·공功·의義·궁弓 네 가지의 방향에 따라 분류한 것이다. 4종류가 각각 30개의 항목으로 세분되어 총 120가지의 경우가 만들어진다.260) 이 120가지의 모양에 대한 풀이가 각각 10가지씩 있어서 결국 판단하는 말로는 1,200가지가 있게 된다. 그러나 이 1,200가지의 조짐은 서로 아무런 관련이 없다. 단지 거북 배딱지의 갈라진 모양에 따라 1,200가지 중의 한 가지 상황으로 판단하는 것이다. 따라서 『역』보다는 그 운용이 훨씬 용이하다. 그럼에도 『역』이 중요한 이유는 거북점에는 승강왕래升降往來의 상이 깃들어 있지 않아서, 진퇴존망進退存亡의 일을 논할 수가 없기 때문이다. 성인은 『역』이 승강왕래하면서 변화하는 양상을 통해 인간의 진퇴존망을 가르치고 있기 때문에 존중하는 것이다.

이상에서 「역론1」과 「역론2」를 개괄하였다. 「역론1」은 『주역』에 대한 소순의 신비적 관점을 비판하는 작업을 통해 다산 자신이 『주역』 해석에서 추구하려고 하는 해석의 명료성을 예비하고 있다. 「역론2」는 『역』 창작의 목적과 방법을 간략하게 기술하는 한편의 논문인데, 다산이 말하고자 하는 핵심은 애초에 성인이 품명稟命의 목적을 지니고 그 방법을 찾다가 『역』이 발명된 것이라는 점이다. 이 점은 『역』을 인간의 발명품으로서의 문화 텍스트로 읽는 인문학 지향의 역상학을 예비하고 있다.

『역』은 가장 난해한 책으로 인식되었고, 그 때문에 신비화되어 온 측면이 있다. 역학가들은 『역』에 성인이 숨겨놓은 보물이라도 있는 양 보물찾기를 해왔지만 실제로 숨겨진 보물을 찾은 사람도 없어 보이며 또 보물이 정말 숨겨져 있는 것인지의 여부도 명확하게 밝혀진 바 없다. 다산은 『역』에 알지 못할 숨겨진 그 어떤 것도 존재하지 않으며, 성인 스스로 자신의 과업을 멈춘 시점에 이미 『역』은 분명하게 설명되어 있었다고 본다. 괘효사의 글자 하나하나가 다 괘 속에 드러나 있는 물상들의 반영이며, 「설괘」의 상과 괘효사는 완벽하게 일치한다고 생각한다. 이렇게 상象과 사詞가

일치한다고 보는 다산에게 『역』은 숨겨진 진리를 담고 있는 신비문서일 수가 없는 것이다.

제4장 역상학易象學의 네 가지 원칙 : 사전四箋

1. 추이推移 : 자연의 모상模像과 탈자연의 변역원리
2. 물상物象 : 역리易理 운용을 위한 상징
3. 호체互體 : 역상易象 활용의 최적화를 위한 필수원리
4. 효변爻變 : 역상易象 활용의 전제조건

1. 추이推移 : 자연의 모상模像과 탈자연의 변역원리

'사전四箋'이라는 서명은 '상해象解'에서 '사해四解'로 그리고 '심전心箋' 또는 '사전四箋'으로 개명되어 왔음을 앞에서 살펴보았다. '사전四箋'이라는 명칭은 다산이 네 가지 원칙에 근거하여 『역』을 해석하였음을 말해주는 서명이다. 다산이 근거한 네 가지 원칙이란 무엇인가. 「괄례표括例表」의 첫머리를 다산은 이 네 가지 원칙을 밝히는 것으로 시작하고 있다.

> 『역』에 네 가지의 법칙이 있다. 첫째가 추이推移요, 둘째가 물상物象이요, 셋째가 호체互體요, 넷째가 효변爻變이다.[261]

다산은 「괄례표」의 앞에 「사전소인四箋小引」을 별도로 수록하였는데 이것은 『주역사전』의 서문에 해당하는 것으로 1806년 병인본을 내면서 수록한 것이다. 이에 따르면 네 가지 원칙은 모두 주자朱子의 학설에 근거한다.[262] 그 각각을 순서대로 살펴보기로 하자.

> 추이란 무엇인가? 동지冬至에 1양이 처음 생겨나니, 그 괘가 복復괘가 되고[곧 하늘뿌리이다.] 림臨괘가 되고 태泰괘가 되어서[대장大

壯괘가 되고 쾌夬괘가 된다.] 건乾괘에 이르면 6양이 이루어진다. 하지夏至에 1음이 처음 생겨나니 그 괘가 구姤괘가 되고[곧 달이 뜨는 곳이다.] 돈遯괘가 돼고 비否괘가 되어서[또 관觀괘가 되고 박剝괘가 된다.] 곤坤괘에 이르면 6음이 이루어진다. 이것이 이른바 4시의 괘이다.[한 괘를 한 달에 배당한다.] 소과小過괘는 큰 감坎이다.[획을 둘씩 묶은 것이 감坎이다.] 중부中孚괘는 큰 리离이다.[획을 둘씩 묶은 것이 리离이다.] 감坎이 상징하는 달과 리离가 상징하는 해가[「설괘」의 글이다.] 적기積奇하여 윤달이 되니[달과 해가 적분을 취하여 윤달이 된다.] 이것이 이른바 재윤再閏의 괘이다. 4시의 괘는 경방京房이 12벽괘라고 하였는데 이제 건乾괘와 곤坤괘 두 괘를 빼고 따로 재윤의 괘를 취하여 12벽괘에 보충해 넣으니, 12벽괘는 그 강획과 유획이 나뉘어지면서 50연괘로 확장된다.[곧 무리지어 나뉘어지는 괘이다.] 이것이 이른바 '대연의 수 50'이라는 것인데, 이것을 추이推移라고 한다.[263]

1) 12벽괘十二辟卦와 50연괘五十衍卦

추이推移는 벽괘辟卦가 연괘衍卦로 확장되어 가는 것을 표현하는 용어이다. 벽괘는 14개로 구성되며, 이것이 확장하여 50연괘로 옮겨간다. 동지冬至에 1양이 처음 생겨나서 복復괘 ䷗가 되는데 이는 자월子月(11월)에 배당된다. 한 달마다 양이 하나씩 자라나면 림臨괘 ䷒가 되고 또 태泰괘 ䷊가 되며 대장大壯괘 ䷡가 되고 더 나아가 쾌夬괘 ䷪가 되며, 마지막에 6음이 다 자라나면 건乾괘 ䷀가 된다. 건乾괘는 따라서 4월의 괘가 된다. 하지夏至에 다시 1음이 자라나기 시작하여 구姤괘 ䷫가 되고 달마다 1음이 자라나 돈遯괘 ䷠가 되며 비否괘 ䷋가 되고 관觀괘 ䷓가 되고 더 나아가 박剝괘 ䷖가 되며 최종적으로는 곤坤괘 ䷁가 된다. 곤坤괘는 따라서 달로는 10월에 배당된다. 이렇게 하여 열두 달, 즉 4시四時를 상징하는 괘가 하나씩 설정된다. 벽괘辟卦라는 용어는 이미 한대漢代부터 있어왔다. 12벽괘十二辟卦는 12월괘十二月卦, 또는 12소식괘十二消息卦라고도 불리는데, 12월괘와 12소식괘라는 용어는 맹희孟喜의 역에 연원하는 것이지만, 경방京房 및 『역위易緯』를 거치면서 역학사상 매우 큰 영향을 미쳤다. 동한東漢 이후 상수역학가들은 12월괘설을 채용하여 주석을 달았고, 이정조李鼎祚의 『주역집해周易集解』에 이에 관련된 주석들이 많이 수록되어 있다. 예를 들어, 곤坤괘 초6의 「상전」 "리상견빙履霜堅氷, 음시응야陰始凝也, 순치기도馴致其道, 지견빙야至堅氷也.(서리를 밟으면 단단히 얼게 된다는 것은 음이 응결하기 시작하여 그 도에 순종하여 단단한 얼음이 얼기에 이르는 것이다.)" 아래 수록된 구가역九家易의 주석 "초륙시구初六始姤, 구위오월姤爲五月. 성하이언견빙盛夏而言堅冰, 오월음기시생지중五月陰氣始生地中(초6은 구姤괘가 시작되는 곳이며 구姤괘는 5월이 된다. 한더위에 단단한 얼음을 말하는 것은 5월에 음기陰氣가 땅 속에서 생기기 시작하기 때문이다.)"264)이라는 것이 맹희의 12월괘를 적용하여 주석한 것이다. 또 곤坤괘 상6 효사 "용전우야龍戰于野(용이 들판에서 싸운다.)" 아래에 순상荀爽의 주석이 수록되어 있는데, 그가 "소식지위消息之位, 곤재어해坤在於亥(소식消息의 자리이니 곤坤괘가 해亥에 있다.)"265)라고 한 것도 12월괘를 이용한 것이다. 이때의 해亥는 곧 10월을 뜻한다. 열두 괘를 열두 달에 배당하는 것은 「계사상전」의 "변통배사시變通配四時(변하여 통함은 4시四時에 짝한다.)"에 근거한다. 이에 대한 다산의 주석을 짚고 넘어가도록 한다.

> 하늘과 땅에 짝하는 것은 건乾과 곤坤 두 괘이다.[8괘 중의 건乾·곤坤이다.] 4시四時에 짝하는 것은 12벽괘이다.[중괘 중의 건乾괘와 곤坤괘이다.]266)

「계사전」 원문의 '배천지配天地'에서 천지는 소성小成 8괘로서의 건乾과 곤坤에 비유된다. 그리고 4시四時는 12벽괘로 비유하였다. 12벽괘 안의 건乾괘와 곤坤괘는 중괘重卦로서의 괘를 지칭한다. 다산은 「여윤외심서與尹畏心書」에서 12벽괘를 열두 달에 배당하는 것이 「역전」(계사전)의 "변통막대호사시變通莫大乎四時(변하여 통함은 4시四時보다 큰 것이 없다.)"에 근원하는 것으로 밝힌 바 있다.[267] 그리고 그 「계사전」 원문 아래의 주석에서 '변통變通'의 주체를 12벽괘로 지목하였다.

> 윗글에서 "변하여 통함은 사시四時보다 큰 것이 없다"고 하였는데, 변하여 통하는 것이 12벽괘이다. 비否괘와 태泰괘로부터 변화하여 함咸괘, 항恒괘, 손損괘, 익益괘가 되고, 림臨괘와 관觀괘로부터 밀어 나아가면 준屯괘, 몽蒙괘, 이頤괘, 감坎괘가 된다.[모두 추이표에 보인다.] 이를 일러 '변하여 통한다'고 한다.[268]

위 인용문은 정확하게는 「계사전」 "화이재지위지변化而裁之謂之變, 추이행지위지통推而行之謂之通(변화하여 마름하는 것을 변變이라 하고 밀어 옮겨가는 것을 통通이라 한다.)"의 주석에 등장하는 말인데 원문에 의하면 '화이재지化而裁之'가 곧 변變이며, '추이행지推而行之'가 곧 통通이 된다. 다산은 이 '화이재지化而裁之'와 '추이행지推而行之'의 주체를 12벽괘로 풀이하고 있는 것이다. 예를 들어, 비否괘 ䷋ 상9의 양획이 '화이재지化而裁之'하여 내괘의 맨위로 옮겨가서 내괘가 간艮 ☶이 되고 외괘가 태兌 ☱가 되면 택산함澤山咸괘 ䷞가 되는 것이다. 태泰괘 ䷊로부터 볼 경우, 초9의 양획이 음으로 변화하여 손巽 ☴이 되고, 원래의 음은 외괘로 나가서 진震 ☳이 되면 뇌풍항雷風恒괘 ䷟가 된다. 다산은 이것을 '변통變通'이라고 말하고 있다. 그렇다면 변통이란 결국 벽괘에서 연괘로 괘가 변하는 것이며, 이것이 다산이 말하는 추이推移의 내용이다.

다산은 「계사전」 여러 곳에서 벽괘에 대해 부연설명하고 있다. 그중에서 벽괘에서 연괘로의 추이推移를 분명하게 보여주는 내용을 한번 살펴보자. 「계사하전」 "강유상추剛柔相推, 변재기중의變在其中矣(강획과 유획이 서로 밀치니 변화가 그 가운데 있다.)"에 대해 다산은 다음과 같이 주석하고 있다.

> 이것도 추이推移의 뜻을 논한 것이다. 12벽괘가 추이推移하여 50연괘가 되는데, 더러 그 강획을 밀어올리기도 하고 더러 그 유획을 밀어내리기도 하니 두루두루 옮겨다니는 자취가 그 안에 있다.[269]

이처럼 다산은 "강획을 밀어올리기도 하고, 유획을 밀어내리기도 하여" 12벽괘가 50연괘로 변모하는 것을 추이推移라고 표현하고 있다. 그리고 다산에 따르면, 이것은 일찍이 문왕과 주공이 발견하여 괘효사를 달 때 의거하였던 방법이며, 문왕과 주공이 실제로 50연괘를 12벽괘의 변화의 상象을 받아간 괘로 여겼다고 한다.[270] 다산은 자신의 추이설을 설득하기 위해 주자의 괘변도卦變圖를 끌어들인다. "괘변도는 주자朱子 만년의 작품이다.[『본의本義』가 완성된 뒤이다.] 12벽괘 추이의 법은 해와 별처럼 빛나는 주장인데, 단지 중부中孚괘와 소과小過괘만 적용치 않았을 뿐이다. 그런데도 세상이 여전히 감감하니 어찌된 일인가!"[271] 주자는 중부中孚괘와 소과小過괘를 벽괘에 포함시키지 않았지만, 그의 괘변도는 추이推移의 방법을 적용하여 그린 것이라 할 수 있다.[272] 괘변卦變을 추이推移라는 용어로 부른 것은 꼭 다산만의 용어는 아닌 것으로 보인다. 청대淸代 모기령毛奇齡의 역학에서도 이미 괘변이 추이推移로 설명되고 있다.[273] 다만 모기령은 그것을 괘변을 대변하는 상징적인 용어로 상용하지 않았을 뿐이다. 괘변은 괘의 변화를 통해 물상物象을 추출하는 방법으로도 적용된다. 그러나 괘변설卦變說은 왕필王弼이나 소옹邵雍 등에 의해 폐기되거나 비판받아 왔다. 다산은 전통적 괘변론卦變論을 견지하여 이들을 비판하고 변화관을 설명하는 가장 중요한 토대로 추이법推移法을 제시한 것이다.

『주역사전』「추이표직설推移表直說」의 내용을 가지고 다산의 추이설을 검토해보기로 하자.

다산은 먼저 건乾괘와 곤坤괘를 부모격의 괘로 설정한다.274) 복復괘, 림臨괘, 태泰괘, 대장大壯괘, 쾌夬괘는 곤坤괘로부터 변화하여 건乾괘로 나아가는 괘들이며, 구姤괘, 돈遯괘, 비否괘, 관觀괘, 박剝괘는 건乾괘로부터 변화하여 곤坤괘로 나아가는 괘들이다.275) 이렇게 하여 12벽괘가 구성된다. 그가 건乾괘와 곤坤괘를 '부모지괘父母之卦'라 하였지만 부모가 자식을 낳듯이 나머지 10벽괘가 이 두 괘로부터 생겨난다고 말하는 것은 아니다. 이를 「추이표직설」의 주석에서 다산이 직접 해명하고 있다.

> 건乾괘와 곤坤괘가 비록 뭇 괘의 아비와 어미지만 그 변화를 말하자면 건乾괘는 곤坤괘로부터 변화하며 건乾괘보다 앞선 것이 쾌夬괘이다.[뜻은 건乾괘의 단사彖詞(괘사)에 상세하다.] 곤坤괘는 건乾괘로부터 변화하며 곤坤괘보다 앞선 것이 박剝괘이다.[뜻은 곤坤괘의 단사彖詞에 상세하다.]276)

이는 사시四時가 순환 반복되듯이 12벽괘도 순환하는 것임을 밝히는 것이다. 건乾괘는 처음 곤坤괘에 양이 생겨나면서 이것이 점점 자라나 최종적으로 건乾괘가 되는 것이며, 곤坤괘 또한 건乾괘에 음이 생겨나면서 이것이 자라나 곤坤괘로 귀착되는 것이다. 12벽괘가 열두 달을 상징하듯이 이 괘들은 순환 반복의 구조를 지닌다.

2) 재윤再閏의 괘 : 벽괘의 확장을 통한 사시四時 순환모델

그러나 이것만으로 벽괘가 완비된 것은 아니다. 재윤再閏의 괘인 소과小過괘와 중부中孚괘가 포함되어야 벽괘 내부의 진퇴소장進退消長과 연괘로의 추이推移를 관찰할 수가 있게 된다. 소과小過괘 ䷽와 중부中孚괘 ䷼를 벽괘에 포함시킨 것은 다산의 창작으로 보인다. 이 두 괘가 벽괘에 포함되는 것은 그것들이 8괘의 형태를 그대로 지니고 있기 때문이다. "소과小過괘와 중부中孚괘는 감坎과 리离로부터 변화하여 다시 감坎괘와 리離괘가 되는 괘들이다."277) 감坎 ☵과 리离 ☲는 소성 8괘의 하나인데, 64괘로 중첩된 이후에도 8괘로서의 감坎과 리离의 모양을 갖추고 있는 것은 소과小過괘와 중부中孚괘뿐이다. 이에 대한 다산의 풀이를 살펴보자.

> 하늘, 땅, 물, 불은 태초의 기운 덩어리가 나뉘어 저절로 형질을 이루어서 조화와 화육을 입지 않은 것들이다.[우레, 바람, 산, 못은 불, 하늘, 물, 땅에서 생겨난다.] 그러므로 건乾, 곤坤, 감坎, 리离는 『역』의 4정四正이 된다.[진震, 손巽, 간艮, 태兌가 치우치거나 남거나 바르지 못한 것과는 같지 않다.] 임금격인 벽괘에 감坎, 리离가 없을 수 없으니, 소과小過괘는 큰 감坎이며[겸획兼畫이 셋이다.] 중부中孚괘는 큰 리离이다.[겸획이 셋이다.] 「대전」(「계사전」)에서는 이들을 재윤再閏의 상으로 삼았다.278)

천지수화天地水火는 4상四象의 본물本物로서—물화된 단계의 천지수화가 아니다.—, 태초의 기운 덩어리에서 저절로 형질을 이루어 분화된 것이다. 유기游氣적 단계의 천지수화는 이런 이유로 해서 『역』에서 중시하는 핵심적 네 요소, 즉 4정四正으로 표현된다. 다산의 판단으로 64괘 안에도 이 4정이 확장되어 있는 괘가 있다. 건乾과 곤坤은 건乾괘와 곤坤괘로 대표할 수 있지만 4정으로서의 감坎과 리離는 64괘 가운데 어떤 괘일까? 다산은 그것을 소과小過괘 ䷽와 중부中孚괘 ䷼로 확정하는 것이다. 벽괘를 분석해 볼 때 이들은 다소성 8괘의 64괘 내에서의 확장에 속한다. 림臨괘 ䷒와 돈遯괘 ䷠는 진震 ☳과 손巽 ☴의 64괘적 확장이며, 관觀괘 ䷓와 대장大壯괘 ䷡는 간艮 ☶과 태兌 ☱의 64괘적 확장이다. 복復괘 ䷗, 박剝괘 ䷖, 구姤괘 ䷫, 쾌夬괘 ䷪는 진震 ☳, 간艮 ☶, 손巽 ☴, 태兌 ☱가 건乾 ☰, 곤坤 ☷과 합하여 이루어진 것이다. 비否괘 ䷋와 태泰괘 ䷊는 건乾 ☰과 곤坤 ☷이 서로 합한 것이다. 건乾괘 ䷀와 곤坤괘 ䷁가 건乾 ☰, 곤坤 ☷의 64괘적 확장임은 두말할 나위가 없다.

그렇다면 나머지 두 괘, 즉 감坎 ☵과 리離 ☲는 64괘 가운데 어떤 괘로 확장한 것일까에 다산의 생각이 미쳤으며, 그 결론으로 소과小過괘 ䷽와 중부中孚괘 ䷼를 지목한 것이다. 중부中孚괘와 소과小過괘는 리離 ☲와 감坎 ☵의 64괘적 확장인 것이다. 더군다나 4시四時를 논할 때 역법曆法 상으로 재윤再閏이 있게 되는데, 이는 결국 열두 달 외에 추가적인 달이 있다는 결론에 이르게 된다. 「계사전」에서도 "설지이사揲之以四, 이상사시以象四時, 귀기어륵歸奇於扐, 이상윤以象閏(넷씩 세어 사시를 상징하고 남는 것을 손가락 사이에 끼어 윤달을 상징한다.)"[279]이라 하였으니, 이는 다산의 주장을 더욱 보증해 주는 자료가 된다. 벽괘가 8괘의 64괘적 확장이라는 것은 정약전도 서신을 보내와 찬탄한 바 있다.

「현산역간玆山易柬」[280]의 한 구절을 인용해 보자.

> 형이 말했다. "벽괘의 이치는 최근에 들어 더욱 정확한 것임을 깨닫게 된다. 벽괘는 8괘가 확대된 것이다. 건乾괘와 곤坤괘는 큰 건乾과 큰 곤坤이다. 림臨괘와 돈遯괘는 큰 진震과 큰 손巽이다. 관觀괘와 대장大壯괘는 큰 간艮과 큰 태兌이다. 중부中孚괘와 소과小過괘는 큰 리離와 큰 감坎이다. 복復괘와 박剝괘와 구姤괘와 쾌夬괘는 진

震과 간艮과 손巽과 태兌가 건乾과 곤坤과 합하여 이루어진 것이다. 비否괘와 태泰괘는 건乾과 곤坤이 서로 합한 것이다. 대저 8괘가 중첩되어 64괘가 된다면, 다시 8괘의 형태를 가지고 임금을 삼아 그 나머지 50괘로 하여금 다 와서 변화를 받게 하는 것은, 그 이치가 딱 들어맞아 의심할 것이 없으니 이것이 이른바 '자연스럽게 그러한 것이어서 사람의 힘을 용납지 않는다'는 것이다." …

○ "대체로 자네는 『역』에 있어서 한밤중의 샛별이라 이를 만한데, 소과小過괘와 중부中孚괘의 뜻을 펼친 곳에 이르면 그 공이 더욱 위대하다. 내가 그대의 형이 된 것으로도 만족스럽다."281)

정약전의 판단으로 소과괘와 중부괘를 벽괘에 포함시키는 것이 "자연스럽게 그러한 것이어서 사람의 힘을 용납지 않을" 수 있는 이유는 바로 "8괘가 중첩되어 64괘가 되면 다시 8괘의 형태를 가지고 임금이 되어 그 나머지 50괘로 하여금 다 와서 변화를 받게 하는 것이 이치에 딱 들어맞아 의심할 것이 없기" 때문이다. 벽괘란 다름 아닌 8괘의 64괘적 확장이었던 것이다. 정약전은 소과괘와 중부괘의 의미를 밝힌 동생 약용에게 찬사를 보내면서 그를 '어두운 밤 홀로 빛나는 샛별(長夜曙星)'이라고 감탄해 마지않는다.

중부괘와 소과괘를 벽괘의 반열에 올려놓은 것은 다산의 독창적 견해이기 때문에 유의해서 살펴볼 필요가 있다.

『역학서언』의 「다산문답茶山問答」에 이와 관련된 생생한 대화가 기록되어 있다. 강진의 사의재四宜齋에서 배출한 그의 제자 학래鶴來 이청李晴이 중부괘와 소과괘의 의미에 대해 질문하자 다산은 구구절절이 그것이 벽괘일 수밖에 없는 이유를 다각도로 전달하고 있다. 생생한 그의 목소리로 인용해 본다.

대답: 중부中孚괘와 소과小過괘는 세 차례 바뀌어 괘를 이룬다.[중부中孚괘는 양→음→양이고, 소과小過괘는 음→양→음이다.] 비록 12벽괘와는 다르지만 두 효씩 서로 모여 있어 괘의 모양이 단정하여

초연히 50연괘와는 스스로 구별된다. 50연괘는 그 형상形象과 기미氣味가 다 어지럽고 치우쳐 괘들의 어미가 될 수 없으나, 중부中孚괘와 소과小過괘는 외롭게 홀로 서서 스스로 맑고 깨끗하니 결단코 평범한 반열의 괘가 아니다. 게다가 하물며 2음 2양의 괘는 다 돈遯괘와 대장大壯괘로부터 오거나[이들은 2음괘이다.] 림臨괘와 관觀괘로부터[이들은 2양괘이다.] 오는데[모두 추이표에 보인다.] 홀로 이 중부괘만은 돈遯괘로부터 오는 것도 아니고[아래의 4획이 돈괘와는 완전히 상반된다.] 대장大壯괘로부터 오는 것도 아니다.[위 4획이 대장괘와 완전히 상반된다.] 또 이 소과괘는 림臨괘로부터 오는 것도 아니고[아래의 4획이 림괘와는 완전히 상반된다.] 관觀괘로부터 오는 것도 아니다.[아래의 4획이 림괘와 완전히 상반된다.] 대체로 세 차례 바뀌는 괘로서 마침내 기꺼이 굽히지 않으면서 먼저 12벽괘의 아래에서 변화를 받다가 우뚝하니 스스로를 높여 우뚝 솟은 것이니 어찌 뭇 괘들의 어미로서 벽괘에 참여하는 것이 아니겠는가? 하물며 2음의 괘들이 중부괘에서 부연되지 않는다면[규睽괘와 가인家人괘 등이다.] 한 괘에서 부연되어 그치고 만다.[규睽괘는 대장괘에서 부연된 것에 불과하다.

○ 가인家人괘는 돈遯괘에서 부연된 것에 불과하다.] 두 괘에서 부연되기도 하고[리離괘, 대과大過괘, 정鼎괘, 혁革괘 같은 경우, 돈遯괘로부터도 오고 또 대장大壯괘로부터도 온다.] 한 괘에서 부연되기도 하니[규睽괘, 가인家人괘 등을 가리킨다.] 또한 어그러지고 부정한 것이 아니겠는가? 2양괘가 소과괘에서 또한 그러하다. 이는 중부괘와 소과괘가 벽괘가 되지 않을 수 없는 까닭이다. 중부괘와 소과괘가 벽괘로 참여한다면 위를 받들고 아래에 접하여 그 핵심을 이어서 2음 2양의 괘가 다같이 2개가 된다. 두 괘에서 변화를 입으니[추이표에도 보인다.], 이는 아마도 천지자연의 수가 사람을 빌리지 않고 안배하여 배열된 것이다.282)

3) 14벽괘의 진퇴소장進退消長과 50연괘로의 추이推移

이렇게 중부괘와 소과괘를 포함하여 14벽괘가 설정되고 나면 비로소 추이推移를 논할 수 있게 된다. 아래에 다산 추이표推移表의 일부를 소개한다. 12벽괘는 진퇴소장進退消長의 표로 말하고 있으며, 벽괘의 연괘로의 변화는 1양괘一陽卦와 1음괘一陰卦, 2양괘二陽卦와 2음괘二陰卦, 3양괘三陽卦와 3음괘三陰卦 추이推移의 표로 말하고 있음에 주의해서 보아야 한다. 여기에서는 12벽괘 진퇴소장표와 1양괘 추이표, 1음괘 추이표만 소개한다.

十二辟卦進退消長表			周而復始四時行焉		
坤 ䷁			乾 ䷀		
一陽生	復䷗	子月卦	一陰生	姤䷫	五月卦
二陽長	臨䷒	丑月卦	二陰長	遯䷠	六月卦
三陽長	泰䷊	寅月卦	三陰長	否䷋	七月卦
四陽長	大壯䷡	卯月卦	四陰長	觀䷓	八月卦
五陽長	夬䷪	辰月卦	五陰長	剝䷖	九月卦
六陽成	乾䷀	巳月卦	六陰成	坤䷁	十月卦
坎爲本	小過䷽	閏月卦	離爲本	中孚䷼	閏月卦

一陽之卦推移表		一陰之卦推移表	
復 ䷗	剝 ䷖	姤 ䷫	夬 ䷪
一之二	上之二 爲師 ䷆	一之二	上之二 爲同人 ䷌
一之三	上之三 爲謙 ䷎	一之三	上之三 爲履 ䷉
一之四	上之四 爲豫 ䷏	一之四	上之四 爲小畜 ䷈
一之五	上之五 爲比 ䷇	一之五	上之五 爲大有 ䷍

12벽괘 진퇴소장표進退消長表는 곤坤괘에 1양이 생겨나서 자라나는 과정과, 건乾괘에 1음이 생겨나서 자라나는 과정을 두고 그린 표이다. 반면에 1양괘의 추이표推移表와 1음괘의 추이표推移表는 예를 들어 의 초효 양획이 제2위로 옮겨가서 초획은 음획으로 변하고 제2위는 양획으로 변하여 사師괘로 추이推移하는 것과 같은 경우들을 그린 표이다.

이러한 추이의 양상을 다산은 「추이표직설」에서 자세하게 설명하고 있다.

> 양이 하나인 괘는 모두 복復괘와 박剝괘로부터 오르내리며, 음이 하나인 괘는 모두 구姤괘와 쾌夬괘로부터 오르내린다.[방법은 표에 보인다.]
>
> 양이 둘인 괘는 모두 림臨괘, 관觀괘, 소과小過괘로부터 오르내리며, 음이 둘인 괘는 모두 돈遯괘, 대장大壯괘, 중부中孚괘로부터 오르내린다.
>
> 양이 셋인 괘는 모두 태泰괘로부터 오며, 음이 셋인 괘는 모두 비否괘로부터 온다.283)

다산의 추이표에 따르면 연괘 가운데 1양의 괘는 모두 4개이다. 즉 사師괘, 겸謙괘, 예豫괘, 비比괘가 그것인데, 이들은 복復괘 ䷗와 박剝괘 ䷖가 추이한 괘들이다. 그리고 1음의 괘도 4개가 있다. 동인同人괘, 리履괘, 소축小畜괘, 대유大有괘가 그것인데, 이들은 구姤괘 ䷫와 쾌夬괘 ䷪가 추이한 괘들이다.284)

50연괘 가운데 2양陽의 괘는 12개이다. 그중 준屯괘, 몽蒙괘, 이頤괘, 감坎괘 이 네 괘는 림臨괘 ䷒와 관觀괘 ䷓가 추이한 것이며, 승升괘, 해解괘, 진震괘, 명이明夷괘 이 네 괘는 림臨괘 ䷒와 소과小過괘 ䷽가 추이한 괘이다. 또한 취萃괘, 건蹇괘, 진晉괘, 간艮괘 이 네 괘는 관괘와 소과괘가 추이한 괘들이다.285) 2음陰의 괘도 12개이다.

그중 정鼎괘, 혁革괘, 리離괘, 대과大過괘 이 네 괘는 돈遯괘 ䷠와 대장大壯괘 ䷡가 추이한 것이다. 송訟괘, 무망無妄괘, 손巽괘, 가인家人괘 이 네 괘는 돈遯괘 ䷠와 중부괘 ䷼가 추이한 것이다. 또한 수需괘, 대축大畜괘, 규睽괘, 태兌괘 이 네 괘는 대장괘와 중부괘가 추이한 것이다.286)

태泰괘와 비否괘는 모두 3양과 3음으로 된 괘이지만, 3양陽이 내괘에 있는 태괘는 양괘陽卦라고 부르며, 3음이 내괘에 있는 비否괘는 음괘陰卦라고 한다.287) 3양의 괘인 태泰괘가 추이한 괘는 모두 9개이다. 2양陽이 하괘에 남아있고 상괘에 양이 하나만 있는 항恒괘, 정井괘, 고蠱괘, 풍豐괘, 기제旣濟괘, 비賁괘, 귀매歸妹괘, 절節괘, 손損괘는 다 태泰괘 ䷊로부터 추이해 온 것이다. 3음의 괘인 비否괘 ䷋가 추이한 괘는 모두 9개이다. 2음陰이 하괘에 남아있고 상괘에 음이 하나만 있는 함咸괘, 곤困괘, 수隨괘, 려旅괘, 미제未濟괘, 서합噬嗑괘, 점漸괘, 환渙괘, 익益괘는 비否괘가 추이해 온 것들이다.288) 이 부분은 다산 「추이표직설」의 세전細箋에 아주 자세하게 설명되어 있다.

4) 벽괘辟卦의 추이推移 : 복희 획괘畫卦의 필수원칙

이와 같은 추이推移의 학설은 한대漢代에 이미 순상荀爽이나 우번虞翻 등이 활용한 바 있으며289) 역대로 계승되면서 이설異說이 없었다. 주자도 추이를 언급하였는데, 다만 소과小過괘와 중부中孚괘를 벽괘에 포함시키지 않아 괘변은 설명할 수 있었지만 추이의 법은 완전하게 설명할 수 없었다.290) 최근 청대 모기령毛奇齡(1623~1713)의 역학과 다산역을 비교연구한 논문들이 여러 편 나오면서 모기령의 역학도 속속 소개되고 있는데291), 신원봉(2002)은 "우번의 괘변설과 다산의 추이설은 상당한 차이가 있다. … 결론적으로 말하면 다산의 추이설은 모기령의 관점을 이은 것이다"[292]라고 하여, 추이설에 관한 한 모기령의 영향을 지대하게 평가한 바 있다. 그러나 이역移易 또는 추역推易의 방법을 주대周代 문왕이 처음으로 사용하여 괘효사를 지었다고 보는 모기령의 주장과, 추이법을 복희 때의 고법古法으로 간주하는 다산의 주장을 비교해보면, 추이법의 성립 시기도 불일치할 뿐만 아니라, 추이법의 핵심인 벽괘와 연괘의 구도로 괘효사를 해석하는 것은 이미 한대漢代의 역학가들에 의해 체계적으로 완성된 것이기 때문에 설사 다산이 모기령의 역학에서 상당량을 습취했다 하더라도 다산이 한대의 역학을 수용했다고는 말할 수 있어도 모기령의 역학을 수용했다고 말하기에는 본말이 전도된 감이 없지 않다.

다산은 추이법이 복희 때부터 존재한 것으로 예단한다.

> 정론: 『역』의 도는 12벽괘의 추이일 뿐이다. 만약 이 법이 없었다면 복희씨는 본래 괘를 그릴 필요가 없었다. 어째서인가? 괘를 그려도 소용이 없기 때문이다. 그러므로 벽괘의 명칭은 아득한 옛날부터 우뚝이 존재하여 반드시 삼고의 시대로부터 이미 이러한 이름이 있었던 것이니 한유漢儒가 처음 만든 것이 아니다.[50연괘의 이름 중에 수隨, 고蠱, 건蹇, 해解, 손損, 익益 같은 이름들은 다 추이의 뜻을 가지고 세운 이름이다. 이름을 정할 때 이미 이러했으니 벽괘라는 이름은 반드시 아주 먼 옛날부터 있었던 것이다.] 오직 이른바 공, 후, 경, 대부의 괘라는 것은 한유들이 교묘하게 만든 군더더기로서 역가易家의 큰 장애가 되었다.[293]

이처럼 다산에 의하면, 벽괘와 연괘의 구조는 복희 때 완성된 것이다. 추이법을 적용하여 벽괘에서 연괘로의 변화를 논하지 않는다면 괘를 그려보아도 아무 소용이 없다고 보는 것이다. "벽괘辟卦의 명칭은 아득한 옛날부터 우뚝히 존재하여 반드시 삼고의 시대로부터 이미 이러한 이름이 있었다"고 전제하는 다산의 언설에서 그가 추이설에 관하여 모기령의 영향을 받았다거나 한대역학의 영향을 받았다는 주장은 무의미해 보인다. 물론 다산의 이러한 주장은 그가 애용하는 훈고적 방법, 내지는 고증적 방법으로 증명이 시도된 적이 없다. 괘효사를 해석하는 데 있어서, 그리고 물상을 괘상卦象에 적용하는 데 있어서 반드시 그럴 수밖에 없다고 판단하는 다산의 강렬한 자기주장이 64괘의 성립을 복희에게로 소급하듯이 그렇게 소급해 간 것이다.

만약 8괘를 중첩하여 64괘를 구성한 복희가 그것을 벽괘의 연괘로의 추이를 활용하여 운용하지 않았다면 64괘는 그저 땅에 그려진 --과 —의 획일 뿐이겠지만, 4시四時 순환의 모델로 벽괘를 설정하고 나서 그 벽괘의 효들이 옮겨 다니는 추이를 살펴 64괘를 운용했기 때문에 괘의 변화가 풍부해지고 물상의 적용방식이 다양해진 것이다. 따라서 벽괘라는 명칭과 추이라는 괘 운용의 방식은 복희 때 이미 완성되었다고 판단하는 것이다.

2. 물상物象 : 역리易理 운용을 위한 상징

> 물상物象이란 무엇인가? 「설괘전」에서 말한 '건乾의 말', '곤坤의 소', '감坎의 돼지', '리离의 꿩' 같은 류가 그것이다. 문왕과 주공이 『역』의 괘효사를 지을 때 한 글자 한 문장마다 다 물상을 취하였으니, 「설괘」를 제쳐놓고 『역』을 이해하려는 것은 6률六律을 버리고 음악을 제정하고자 하는 것과 같다. 이것을 물상이라 한다.294)

1) 「설괘說卦」의 물상物象 : 괘상卦象 해석의 필수 자료

건乾괘에 나오는 용龍과 곤坤괘에 등장하는 말(馬) 등이 물상에 해당되지만, 더 폭넓게 말하자면 점사占詞를 제외한 모든 사詞는 넓은 의미의 물상이다. 건乾괘 초9 "잠룡물용潛龍勿用"에서 '잠潛'과 같은 괘덕卦德도 손巽 ☴의 물상으로 간주된다. 「계사전」에서 "손칭이은巽稱而隱.(손巽은 걸맞지만 숨는다.)"이라 하였고, 「잡괘전」에서 "손복야巽伏也.(손巽은 엎드림을 뜻한다.)"라 하였으며, 「설괘전」에서 "손입야巽入也.(손巽은 들어감을 상징한다.)"라 하였으니, 손巽 ☴에 숨음·엎드림·들어감의 상象이 있음을 알 수 있다. 다산은 이와 같은 이유로 「설괘전說卦傳」의 전箋에서 손巽의 물상으로 '은복隱伏'을 보강해 넣었고 그것을 풀이하면서 '잠潛'으로 해석하였다.295) 그런데 왕필王弼은 물상에 주의하지 않았다. '득의망상得意忘象'론을 세워 상象을 뜻(意)을 파악하는 사다리 정도로 인식하였다. 그는 노장老莊의 영향 하에서 무형無形의 도道를 중시하면서 상象을 버린 것이다. 역대의 역학가들은 상象만 가지고 역을 해석하는 데에 매우 곤혹스러워 하였다. 그들 나름의 해석원칙에 따를 경우 물상과 괘효사가 완전하게 일치하지는 않았기 때문이다. 그래서 「설괘전」에 없는 물상을 새롭게 보충한 학자도 있고, 정현鄭玄 같은 경우는 원문을 수정하기까지 할 정도였다. 그러나 물상에 누락된 것이 있다 하여 상象 자체를 폐기하거나 전거가 부족한 상象을 편입시키는 것은 다 원의原義에 철저하지 않은 것이다. 다산에게서 물상物象은 『역』을 해석하는 가장 중요한 매개이다. 추이推移나 효변爻變이나 호체互體는 상象이라는 매개를 해석에 적용하는 방법이다.

괘효사에서 물상을 취한 것은 모두 「설괘」에 근거한다. 다산이 「설괘표직설說卦表直說」에서 주장하는 내용들은 다 「설괘」가 요순堯舜 시대부터 전해온 고문이며 하夏, 상商 시대에도 변함없이 이용되었고, 주周 시대의 『춘추좌전』과 『국어』의 관점官占에서도 「설괘」의 물상을 두루 취하였기 때문에, 「설괘」를 통하지 않고는 『역』을 읽을 수 없다는 사실을 강변하기 위한 것들이다. 「설괘」가 중시되어야 하는 것은 거기에 8괘의 물상物象들이 적시되어 있기 때문이다. 「설괘」는 8괘라는 암호에 대한 일종의 암호해독서이다. 암호를 해독하기 위해서 난수표가 반드시 필요하듯이 『역』을 이해하려면 「설괘」를 이용하지 않을 수 없다는 것이다. 아마도 역대에 「설괘전」을 이처럼 중시하고 높였던 사람은 없었을 것이다. 그의 10익十翼 주석 가운데 분량 면에서도 「설괘전」 주석은 압도적이다.—압도적이란 표현은 다산의 「계사전」, 「시괘전」 등과의 비교에서가 아니라 이전 역학가들의 주석과 비교했을 때 가능한 표현이다.— 다산은 「설괘전」 주석에서 한대漢代 상수역학자들이 사용했던 물상들을 도마 위에 올려놓고 그 시비를 판정한다. 그래도 부족할 경우에는 직접 물상을 유추해서 보강해 넣었다. 그가 8괘 각각에 보충해 넣은 물상만 해도 '금보今補'라는 제목 아래 총 90개나 된다.

아래의 도표는 「설괘전」에 등장하는 물상과 방위를 다산이 직접 정리해 놓은 표이다.

說卦物象表 [物象雜沓, 今不能悉指, 唯略擧一二.]

		卦德	人倫	人品	遠取	近取	物色	器物	雜物
一乾天	☰	建	父	賓	馬	首	大赤	金玉	氷
二坤地	☷	順	母	衆人	牛	腹	黑	釜	布
三震雷	☳	動	長男	君子	龍	足	蒼	簋	稼
四巽風	☴	入	長女	主人	鷄	股	白	繩	臭
五坎水	☵	陷	中男	盜	豕	耳	赤	弓	血
六离火	☲	麗	中女	武人	雉	目	·	甲冑	墉
七艮山	☶	止	少男	小人	狗	手	·	節	門闕
八兌澤	☱	說	少女	巫	羊	口	·	瓶	剛鹵

說卦方位圖

方位表	·	五行	四時	四德
正東震	出	木	春	仁
東南巽	齊	木	·	·
正南离	相見	火	夏	禮
西南坤	致役	土	·	·
正西兌	說言	金	秋	義
西北乾	戰	金	·	·
正北坎	勞	水	冬	智
東北艮	成言	土	·	·

2) 괘효사卦爻詞의 물상 : 괘상에 반드시 나타나는 물상

이 물상物象 장의 첫머리에서 언급한 예문은 「괄례표」 서두에 있는 내용이었는데, 이는 「설괘전」에서 직접 물상을 언급하는 방식이어서 경經 괘효사와의 관련성이 부각되지 못하였다. 이와는 반대의 방식으로 『역』 괘효사의 물상을 언급하면서 「설괘」의 가치를 확인시켜 주는 편지글이 있다. 윤외심尹畏心에게 보낸 편지를 한번 살펴보자.

> 무엇을 물상이라고 하는가? 대체로 『역』 괘효사의 용龍, 말, 소, 양 등은 틀림없이 그 괘에 이러한 물상이 있는 것이니 「설괘」에서 말한 것과 같다. 가령 건乾괘는 복復괘로부터 나아가는데 매번 하나의 진震를 얻어 한 걸음씩 나아가므로, 「설괘」에서 진震으로 용龍을 상징하였고, 건乾괘의 6효를 드디어 6룡이라 이름하였다. 물상이 다 그러하고, 구절마다 어긋남이 없다. 양한兩漢의 역학가들 가운데 경방·마융·정현·우중상·순자명 등과 같은 이들도 물상을 떠나서 『역』을 말한 적이 없었는데, 오직 왕필만이 「설괘」를 버리고 사용하지 않았다. 만약 「설괘」가 공자의 글이 아니라면 오히려 괜찮지만 이제 이미 그것을 공자가 지은 10익十翼의 하나라고 말했다면 어떻게 왕필이 버릴 수 있겠는가? 『주역』에 「설괘」가 있음은 풍아風雅(『시경』—역자주)에 「석언釋言」이 있음과 같으니, 이것은 어두운 거리를 밝히는 등불이고 큰 강을 건너게 해주는 배이다. 「설괘」를 버리고 『역』의 괘효사를 보는 것은 이민족의 꼬부라진 혀로 통역자를 버려두고 중국의 방언에 통하고자 하는 것과 같으니, 어찌 가능하겠는가![296]

다산이 이 편지글에서 말하고자 하는 포인트는 괘효사에 등장하는 물상이 반드시 그 괘 안에 있다는 점이다. 이것은 물론 「설괘」에 명시되어 있는 물상과 합치한다.

예를 들어 건乾괘의 6효에 다 용龍이 등장하는데, 괘상卦象에서 이 물상을 발견하지 못할 경우, 왕필처럼 전혀 엉뚱한 설명을 하게 된다는 것이다. 왕필은 『주역약례』에서 "뜻이 만약 강건함(健)에 응한다면 어찌 꼭 건乾이 말을 상징해야만 하겠는가? 어떤 사람은 말을 건乾의 상징물로 고정시켜 글에 따라 괘를 따질 때 말(馬)은 있는데 건乾이 없으면 거짓된 주장을 마구 부풀려서 실마리를 잡기가 어렵다. 호체互體로도 부족하면 마침내 괘변卦變에까지 미치고, 괘변으로도 부족하면 5행을 추리해내기까지 한다. 한번 그 근원을 잃으면 교묘함이 더욱 심해져서 더러 우연히 맞는다 하더라도 의미를 받아들일 수가 없다"[297]고 지적한 바 있다. 왕필은 건乾괘에서 용龍이라는 물상을 추출해 낼 수가 없었던 것이다. 왕필이 맞닥뜨린 곤란은 「설괘전」에서 "건위마乾爲馬"라고 분명히 건乾의 물상으로 말(馬)을 들었는데 이 말(馬)을 가지고는 도저히 건乾괘의 6효 효사를 해석할 수가 없었던 것이다. 왕필이 예로 들고 있는 호체설로도 해석할 수 없고 괘변설로도 풀이할 수가 없었다. 그가 한漢 시기의 복잡한 상수역학에서 의리역학으로의 역학사적 전화과정에 놓여 있던 인물이라 하더라도 『역』의 탄생과 함께 동시에 있어왔던 「설괘」를 바탕으로 하지 않고 더구나 선대의 역학적 성과를 전혀 수용하지 않은 것은 당시대적 유용성 내지는 가치가 있었을지라도 역학 본래적 측면에서는 해악일 수밖에 없다는 것이 다산의 판단이다. 왜냐하면 건乾괘에는 분명하게도 용龍이 괘상에 드러나 있기 때문이다. 게다가 「설괘전」의 "진위룡震爲龍"이라는 물상과 완벽하게 일치한다. 다산이 이 편지글에서 언급하고 있듯이 건乾괘는 복復괘로부터 양이 한 획씩 점점 전진하여 림臨괘, 태泰괘, 대장大壯괘, 쾌夬괘를 거쳐서 완성되는 괘이다. 이때 밀고 올라가는 양陽을 진震 ☳으로 표현할 수 있었던 것은 다산이 건乾괘에서 곤坤괘로, 또는 곤坤괘에서 건乾괘로의 진퇴소장進退消長[298]이 순환반복하고 있다는 기본 전제에 바탕한다. 이것은 벽괘가 사계절을 상징하고 사계절이 반복되는 자연현상과 일치한다. 복復괘 ䷗의 경우, 하괘가 진震 ☳이며, 림臨괘 ䷒의 경우, 아래의 호체가 진震이다. 태泰괘 ䷊의 경우, 제3효부터 제5효까지, 즉 위의 호체가 진震이다. 대장大壯괘 ䷡의 경우, 상괘가 진震이다. 쾌夬괘 ䷪의 경우는 제5, 6효와 그리고 연이어 다가올 구姤괘 ䷫의 제1효가 진震을 구성하는 것이다. 이것이 그가 「추이표직설推移表直說」에서 밝힌 "건乾괘와 곤坤괘가 비록 뭇 괘의 아비와 어미지만 그 변화를 말하자면 건괘는 곤괘로부터 변화하며 건괘보다 앞선 것이 쾌夬괘이다. 곤괘는 건괘로부터 변화하며 곤괘보다 앞선 것이 박剝괘이다"299) 라는 세전細箋의 의미일 것이다.

그러나 그렇더라도 『역』 괘효사에 등장하는 물상들은 64괘의 상하괘만을 가지고 추출한 것이 아니다. "『역』의 괘효사에서 취한 물상은 두 호괘를 겸하여 명명한 것들이 많다."300) 다산은 이에 대해 「설괘전」 주석의 끝에 부록으로 '부견겸호취상지법附見兼互取象之法(호괘를 겸하여 상을 취하는 법)'을 별도로 기재하고 있는데 여기에서는 간단하게 「설괘표직설」에서 언급한 부분으로 대체하기로 한다.

> 진震과 손巽의 풀과 나무가 감坎의 험함과 매서움을 얻으면 납가새풀과 가시덤불을 상징하게 된다.[감坎괘와 곤困괘의 효사이다.] 리离의 나는 새가 손巽의 희고 깨끗함을 얻으면 학을 상징하게 된다.[중부中孚괘의 효사이다.] 또 3획이 다 차지 않아도 상으로 취한 것이 있다.[대체로 양획이 화살을 상징하고 음획이 살갗을 상징한다.] 그러나 지금 다 지적할 수는 없다.301)

예를 들어, 곤困괘 육3의 "곤우석困于石, 거우질려據于蒺藜(돌 때문에 곤란함이니 납가새풀에 앉아 있다.)"에서 '질려蒺藜'라는 물상은 곤困괘 ䷮의 위 호체인 손巽 ☴의 부드러운 풀이 하괘인 감坎 ☵ 또는 곤困괘 육3이 변한 지괘인 대과大過괘 ䷛의 큰 감坎 ☵의 험독險毒을 만나서 만들어지는 물상이다.302) 또 감坎괘 상6의 "계용휘전係用徽纆, 치우총극寘于叢棘(동아줄로 묶어서 가시덤불에 가둔다.)"에서 '총극叢棘'이라는 물상은 아래 호괘인 진震 ☳의 풀이 하괘인 감坎 ☵의 험독을 만나서 만들어지는 물상이다.303) 중부中孚괘 구2의 "명학재음鳴鶴在陰(우는 학이 응달에 있다.)"에서 '학鶴'도 위와 같은 방식에 의해 얻어지는 물상이다. 이하는 다산의 말처럼 이루 다 말할 수 없으므로 줄이기로 한다.

이렇듯 괘효사가 「설괘」에 근거한 물상을 위주로 하고 있으며 역대의 역학가들이 결코 놓지 않았던 것임을 강력 주장하는 「계사상전」의 다산전茶山箋을 언급하는 것으로 물상 장을 마치기로 한다.

> 한漢의 경방京房이 『역』을 설명할 때에는 비록 참위讖緯적이고 허망하여 복과 재앙을 지나칠 정도로 설명하긴 하였지만 효사가 변화를 위주로 말한 것임을 모르지는 않았다.[모두 매 괘 아래 설명하였다.] 그런데 일단 마융馬融, 정현鄭玄, 순상荀爽, 우번虞翻을 거친 뒤로는 무슨 까닭인진 모르지만 마침내 없어지거나 어두워져 천년의 긴 세월 동안 세 성인의 옛뜻을 회복하지 못했으니 또한 슬프지 아니한가! 효가 변하지 않으니 상이 맞지 않고, 상이 맞지 않으니 「설괘」도 곧이어 버려져 『역』을 읽을 수 없게 되었다. 한漢·진晉 시기에 『역』을 말한 학자들이 100을 넘지 않으나 그중 가장 무상한 자가 왕필인데 후세에 이르러 다른 학설은 모두 버려지고 왕필의 학문만 전수되고 있으니[현재의 13경이 왕필의 주注를 사용한다.] 이는 우리 학문의 액운이다. 역학가들이 모두 변화를 안 것은 아니지만 그래도 반드시 상을 관찰하여 경을 풀이하였고, 돼지를 소로 잘못 알거나[곤坤이 감坎으로 변한 것을 모르는 것이다.] 말을 양이라고 잘못 부르는[태兌가 건乾으로 변한 것을 모르는 것이다.] 실수를 피하지는 못하더라도 『역』의 괘효사가 상을 위주로 하고

있음은 알고 있었다. 왕필의 학문이 세상에 유포되면서 상象을 물을 수 없게 되었는데, 그를 으뜸으로 여기고 따르니 또한 그릇되지 아니한가![304]

3. 호체互體 : 역상 활용의 최적화를 위한 필수원리

호체란 무엇인가? 괘를 중첩하고 나면 6개의 효가 서로 연결되는데, 제2효부터 제4효까지와 제3효부터 제5효까지가 각각 하나의 괘를 이룬다. 이것을 호체互體라고 한다.[305]

1) 호체의 성립 근거

호체互體란 중효中爻를 가리킨다. 초효初爻와 상효上爻의 중간에 있는 효들을 별도로 묶어 상하 호괘互卦로 파악하는 것이다. 왕필王弼 등이 호체설을 반대했지만 호체설은 대부분의 역학가들에게 채택되고 있다.[306] 다산이 『주역사전』 「사전소인四箋小引」에서 언급하고 있듯이, 주자도 "호체는 폐할 수 없다"[307]고 말한 바 있으며[308], 「계사전」 '잡물찬덕雜物撰德' 장의 주석에서 "이는 괘 중간의 4효를 가리킨다"[309]고 하여 호체가 『역』에서 운용되고 있음을 확인해준 바 있지만, 실제로 주자는 호체互體를 중시하지 않았던 것으로 보인다. 『주자어류朱子語類』에 학리學履가 기록한 주자의 '호체불가폐互

體不可廢'설은 '어류語類'라는 책의 본질상 2차자료로서의 신빙성에 일정 한계가 있을 뿐만 아니라, 주자가 왕백례王伯禮에게 답한 편지글에서는 분명 호체 등의 설을 중시하지 않고 있음을 발견할 수 있다. 아래는 그 편지 내용이다.

『역』에서 선유들의 구법을 다 폐지할 수 없지만, 호체, 납갑, 비복 같은 류는 깊이 생각해 본 적이 없다.310)

그러나 다산에 따르면, 이렇게 두 호체로 괘를 만드는 것은, 억지로 교묘하게 꾸미기 위한 것이 아니라 중괘重卦를 이루고 나면 자연히 형성되는 것이다.311) 호체설은 「설괘」의 물상이 누락된 것을 보충하는 한 설명방식으로써, 새로운 호체괘가 형성되면 거기에서 각각 새로운 물상을 추출해 낼 수가 있기 때문이다. 이러한 호체설은 물상으로 64괘 전체의 괘효사를 해석할 수 있는 토대를 마련해주는 것이기도 하다. 다산은 『춘추좌전』에 나오는 관점官占들의 용례가 모두 호체를 취하였기 때문에 가능했던 것으로 판단한다. 그의 이러한 확신은 윤외심尹畏心에게 보낸 편지글에서 분명하게 드러난다.

무엇을 호체라고 하는가? 대체로 한 괘 안에는 4개의 3획괘가 포함되어 있다. 가령 하괘가 진震이고 상괘가 감坎이면 준屯괘라 하는데, 이 준屯괘 가운데 2획부터 4획까지가 공능을 합하므로312) 호곤互坤이라 부르고, 3획부터 5획까지가 공능을 합하므로 호간互艮이라 부른다. 그러므로 이 한 괘에는 곤坤과 간艮이 함께 있는 것이다. 세상 사람들은 단지 진震과 감坎만이 있는 것으로 알 뿐이다. 주자가 "호체의 설은 없앨 수 없다"고 하였는데 호운봉·홍용재·오임천 같은 여러 선생도 또한 논증한 것이 있다.[「계사하전」의 잡물찬덕雜物撰德313) 아래에 보인다.] 『춘추좌전』에 실려있는 관점官占

의 법은 모두 호체를 취하여 신묘한 작용을 이룬 것이다. 진실로 마음을 비우고 완미하여 보면 대나무가 칼에 쪼개지듯 저절로 이해하게 될 것이다.314)

준屯괘를 예로 들 경우, 준屯괘의 괘상은 ䷂으로, 상괘는 감坎 ☵이고 하괘는 진震 ☳으로 구성되어 있는데, 이 두 소성괘만으로는 준괘의 괘사조차 이해할 수 없다고 보는 것이다. 준괘의 괘사 "준屯, 원형이정元亨利貞, 물용유유왕勿用有攸往, 이건후利建侯(준屯괘는 크게 형통하고 일이 이로우니 갈 바를 두지 말고 제후를 세우는 것이 이롭다.)"에서, 준괘가 원형이정元亨利貞이 될 수 있는 근거를 다산은 호체와의 연관 속에서 해독한다. 그 예로 『국어國語』의 관점을 들 수 있다. 중이重耳가 진晉으로 돌아가 나라를 회복할 수 있을지를 점쳤을 때 준屯괘가 나오자, 사공계자司空季子가 괘풀이를 하면서 길함을 고하는 말 가운데 다음과 같은 구절이 있다.

길합니다. 진震 우레가 주인이 되어 수장노릇하므로 '원元'이라 합니다.[선의 으뜸이다.] 무리지어서 따르고 기뻐하므로[모임을 기뻐함이다.] '형亨'이라 합니다.[협夾괘가 큰 리离이다.] 내괘에 진震 우레가 있으므로, '일이 이롭다'고 합니다.[일의 주인이다.]315)

사공계자는 괘사 '원형이정'이 성립되는 이유를 세 가지로 들고 있다. '원元'은 준괘의 하괘 진震에서 추출되는 것인데, 주인, 으뜸, 어른, 수장, 시작 등을 대신하는 말이다. '형亨'은 큰 리离의 상에서 추출되는데, 이 상은 중괘中卦 즉 호체괘를 활용하지 않으면 나올 수 없는 것이다. '이정利貞'은 진震이 내괘에 있기 때문에 얻을 수 있는 사詞이다. 진震은 주인을 상징하는데 주인이 바깥에 있지 않고 안을 지키고 있다면 일이 이로울 수밖에 없다고 보는 것이다. 진震은 상괘와 하괘의 구분 범주 안에 있는 것이므로 본괘의 상만 취한다면 누구나 뽑아낼 수 있다. 그러나 호체설을 부정한다면 '형통함'의 상은 이 준괘에서 나오지 않는다.

그런데 사공계자가 활용한 중괘中卦에는 두 가지가 있음을 알 수 있다. "중이순衆而順, 가야嘉也, 고왈형故曰亨(무리지어서 따르고 기뻐하므로, '형통하다'고 한다.)"이라는 말 가운데, 중衆과 순順은 제2효부터 제4효까지의 하호체下互體 ☷의 물상이며, 가嘉는 제1효부터 제5효까지의 협괘夾卦의 상이다. 곧 제1효부터 제5효까지의 큰 리离 안에 세 음(☷)이 함께 모여서 무리를 이루고 있으면서 순종하는 이미지가 리离 ☲의 물상인 밝음, 아름다움, 기뻐함 등과 어울려서 모임을 아름답게 할 수 있는 '형통함'이라는 결과가 만들어지는 것이다. 이와 같이 『춘추좌전』, 『국어』 등에 실려 있는 고대 관점官占의 법은 호체를 취하지 않으면 해독되기 어렵다. 따라서 『역』에 호체가 있다는 사실을 알게 되면 다산의 믿음처럼 "대나무가 칼에 쪼개지듯 저절로 이해하게 될 것이다."

2) 호체의 유형들

다산은 본괘本卦 외에 호체互體의 여러 형태를 활용한다.

'대체大體'는 호체 가운데 큰 것으로서 4획, 또는 5획을 가지고 논하는 것이다.[316] 다산은 이런 대체를 주로 '협夾'이라는 용어로 표현하였다.[317] 위 사공계자가 준屯괘의 괘사 '원형이정元亨利貞' 가운데 '형亨'의 근거를 뽑아낼 때 활용한 호체 가운데 하나가 바로 다산이 말하는 대체이다. 3획괘가 아닌 4획, 5획괘로 만들어지는 중괘가 대체인 것이다. 다산이 대체를 활용하게 된 데는 정약전丁若銓과의 교감도 작용했던 것으로 보인다. 정약전은 "두 유획이 양 날개가 되고 가운데가 꽉 채워져 있으면 감坎이다.[큰 감坎을 가리킨다.] 두 강획이 빗장이 되고 가운데가 비워져 있으면 리离이다. [큰 리离를 가리킨다.] 어찌 꼭 3획으로만 감坎과 리离를 만들겠는가!"318)라고 하여 대체의 활용을 긍정하고 있고, 다산은 자신의 설명 대신 그의 말을 직접 인용하고 있다.

경문 해석에서 '대리大离'와 '대감大坎'의 용례는 대단히 많다. 큰 리离는 준괘에서만도 괘사와 육2, 육4, 구5 등 네 곳에서 사용되었다. 다른 한 예로 송訟괘 ䷅ 초6 "불영소사不永所事, 소유언小有言, 종길終吉(송사訟事를 오래 끌지 않으면, 조금 말이 있으나 끝내는 길하다.)"의 다산전을 살펴보자.

> 태兌의 입과 혀가[중부中孚괘의 아래가 태兌이다.] 추이하여 감坎 험악함이 되면[1→4.] 험악한 말로 비방하는 것이므로[수需괘 구2이다.], '조금 말이 있다'고 한다. 그러다가 드디어 큰 리离가 되어[리履괘의 큰 리离이다.] 매우 분명하게 변론하게 되므로[리离가 분명함이다.], '끝내 길하다'고 한다.319)

송訟괘 ䷅ 초6은 리履괘 ䷉로 변한 효이다. 그리고 송괘는 원래 중부中孚괘에서 추이해 온 괘이다. 이 효사의 풀이에서는 벽괘인 중부괘와 본괘인 송괘, 그리고 지괘之卦인 리履괘가 모두 활용되었다. 중부괘의 하괘는 태兌 ☱이고, 그것의 물상은 입과 혀이다. 중부괘가 추이하여 송괘가 되면 하괘가 감坎 ☵으로 변하고 그것의 물상은 험악함이므로, 험악한 말로 입과 혀를 놀리는 이미지가 형성된다. 또 송괘가 리履괘로 효변하면 제2효부터 제4효까지의 호체가 리离 ☲가 되고 그것의 물상은 '명明(밝음)'인데, 이 리괘 전체가 큰 리离의 꼴이므로, '극명克明'으로 밝음의 이미지가 강화된다. 따라서 송사를 입과 혀를 이용하여 매우 분명하게 변론할 수 있게 되고, 그 결과로 '끝내 길하다'는 사詞가 결정되는 것이다. "매우 분명하게 변론한다"는 다산의 풀이가 바로 또 다른 형태의 대체를 이용한 것이다.

'겸체兼體'는 한 괘 전체를 가지고 호체를 취한 것이다. 중괘重卦가 성립되면 천지인天地人 3재三才의 자리가 확정되는데 그 각각을 둘씩 묶으면 또 8괘가 된다.[320] 예를 들어, 중부中孚괘 ䷼는 아래에서부터 지地-인人-천天이 강剛-유柔-강剛으로 되어 있으므로 8괘적 관점에서 리離 ☲와 같은 공능을 지닌다. 이와 같이 건乾괘, 곤坤괘, 림臨괘, 관觀괘, 대장大壯괘, 돈遯괘, 중부中孚괘, 소과小過괘의 여덟 괘는 3재를 각각 겸해서 보면 8괘처럼 운용할 수 있게 된다.

겸체는『역』해석에서 자주 활용되었다. 그 한 예로, 사師괘 상6의 효사 "대군유명大君有命, 개국승가開國承家, 소인물용小人勿用(대군에게 명이 있어 나라를 열어 집안을 계승하니, 소인은 쓰지 말라.)"에서 '대군유명大君有命'은 겸체를 사용하여 얻은 사詞이다. 다산전茶山箋을 검토해보자.

> 이는 사師괘가 몽蒙괘로 간 경우이다. 몽蒙괘는 림臨괘로부터 오는데[1→상.] 림臨괘는 큰 진震이니[겸획하여 3획으로 한다.], 이것이 '대군'이다.[진震이 주인이다.] 또 관觀괘로부터 오는데[5→2.] 관괘에는 위에 손巽이 있으니, 이것이 '명이 있다'는 것이다.[손巽이 명령이다.] 추이하여 몽괘가 되면 안으로부터 바깥으로 가서[1→상.] 위로부터 아래로 포고하니[5→2.], '대군이 명이 있다'고 한다.[321]

사師괘 ䷆ 상6은 이미 몽蒙괘 ䷃로 변한 효이다. 몽괘는 림臨괘와 관觀괘가 추이하여 만들어지는데, 바로 이 림臨괘 ䷒에서 '대군大君'이라는 효사가 만들어졌다고 보는 것이다. 다산은 괘효사의 글자 하나하나가 다 임의적으로 구성된 것이 아니라 괘상 안에 있는 물상들의 조합으로 보고 있다. '대군大君'의 '대大'나 '군君'도 괘상 안에서 모두 얻을 수 있다. '군君'은 진震의 물상인데, 림臨괘는 겸체하면 큰 진震이 되므로, 결국 '대군'이 된다.

다산이 관觀괘의 관觀자를 「설괘전」의 "간위문궐艮爲門闕.(간이 문궐을 상징한다.)"에 근거하여, 대문 달린 큰 누각(門闕)의 의미로 파악하는 것도 겸체인 간艮 ☶을 이용한 것이며, 소과小過괘의 의미를 작은 잘못(眚)으로 이해하는 것도 겸체로서의 감坎 ☵의 물상을 이용한 것이다.

'도체倒體'는 괘가 가지고 있는 성질을 온전하게 다 쓰기 위해 활용하는 호체이다.[322] 64괘 가운데 그 반대를 취할 수 없는 것은 모두 8개이다. 건乾괘 ䷀, 곤坤괘 ䷁, 감坎괘 ䷜, 리離괘 ䷝, 대과大過괘 ䷛, 이頤괘 ䷚, 중부中孚괘 ䷼, 소과小過괘 ䷽가 그것이다. 건乾괘와 곤坤괘는 순양과 순음이므로 반대되는 것도 없고 호체도 없다. 나머지 여섯 괘는 정체正體만을 취할 경우 괘 재질의 쓰임새가 미진하기 때문에 뒤집어 거꾸로 활용한다. 곧 아래에서 위의 방향이 아니라, 위에서 아래로의 방향으로 괘를 바라보는 것이다. 다산에 따르면, 괘의 모양을 뒤집어 거꾸로 본다고 하여도 본래 있던 상이 없어지는 것은 아니기 때문에 도체倒體를 활용하는 것이 이치적으로 틀린 것이 없다고 한다.[323] 그 한 예로 관觀괘의 구5와 상9 효사의 다산전을 들 수 있다. 구5의 효사 "관아생觀我生, 군자무구君子無咎(내가 살리는 것을 보니 군자라면 허물이 없다.)"에 대해 다산은 다음과 같이 근거를 제시한다.

> 이는 관觀괘가 박剝괘로 간 것이다. 박괘의 위 간艮은 만물이 죽는 곳이나[만물이 간에서 생을 마친다.] 뒤집어보면 복復괘이고[뜻이 위에 보인다.] 진震이 곧 살리는 것을 상징하니[되살림이다.] '내가 살리는 것을 본다'고 한다.[괘의 특성이 본디 보는 것이다.] 나는 진震을 가리킨다. 곤坤 백성의 운명이[위가 본디 손巽이다.] 간艮의 죽음에 닥쳤으나 진震 주인의 어짊이 그들을 구원하여 살아나게 하니, 이것이 이른바 '백성은 임금이 아니면 살아갈 길이 없다'는 것이다.

○ '군자'는 진震을 가리킨다. 진震이 그 길을 잃으면 비否괘가 되고 관觀괘가 되지만[간艮의 헤맴이다.] 이제 진震이 살리기를 좋아하여[위가 뒤집어진 진震이다.] 만민을 바라보니, '군자라면 허물이 없다'고 하였다.

○ '백성을 본다'는 말은 위에서 아래를 봄을 밝힌 것이다. 위에서 아래로 바라보기 때문에 진震으로써 살릴 수가 있다.324)

관觀괘 구5는 효변하여 박剝괘가 된 효이다. 박괘는 상괘가 간艮☶이고 전체적으로 보아도 간艮이기 때문에 간艮의 물상인 죽음(死)의 이미지가 드리워져 있다. 그런데 효사에서는 '생生'을 말하고 있다. 정체正體로 보면 본괘인 관觀괘나 지괘인 박剝괘 어디에도 '생生'의 이미지를 추출해낼 수가 없다. 주공은 효사를 지으면서 어디에서 이 '생生'이라는 물상을 끌어내었을까? 이곳에서 주공이 도체倒體를 활용했음을 발견하게 된다. 박괘를 뒤집어서 위에서 아래로 보면 복復괘이고, 복괘의 진震이 '생生'이라는 물상을 보유하고 있으므로, '관아생觀我生'이라는 효사가 만들어질 수 있었던 것이다. 진震이 위에서부터 되살아나서 그 아래의 곤坤을 구원하여 살리므로, 죽음의 이미지와는 전혀 반대되는 삶의 이미지를 관찰할 수 있게 된다.

상9 효사 "관기생觀其生, 군자무구君子無咎(그것의 살아남을 보니 군자라면 허물이 없다.)"에 대해서도 도체를 활용한다.

이는 관觀괘가 비比괘로 간 것이다. 비괘가 뒤집어져 사師괘가 되면[뜻이 위에 보인다.], 진震 주인이 가운데에 거하여[강획이 제2위에 있다.] 그 덕이 살리기를 좋아하니[되살림이다.] '그것이 살리는 것을 본다'고 한다.[괘의 특성이 본디 보는 것이다.] '그것'은 진震을 가리킨다. 진震 주인이 제5위에 있어서 이 효의 주인은 아니기 때문에[이것은 상효이다.] '나'라고 하지 않고 '그것'이라고 한다.

○ 진震이 그 길을 잃으면 비否괘가 되고 관觀괘가 되는데[간艮의 헤맴을 가리킨다.] 이제 진震이 아래를 굽어보며 곤坤 백성을 살리니 '군자가 허물이 없다'고 한다. 두 효에서 말한 것들은 두 효의 상象을 다 도체倒體에서 취하였음을 밝혀준다.[325]

관觀괘 상9는 효변하여 비比괘 ䷇가 된다. 이 비比괘 또한 정체로 보면 간艮 ☶, 감坎 ☵, 곤坤 ☷만을 추출할 수 있고, '생生'이라는 물상을 얻을 수 없다. 따라서 이 효 또한 도체로 보아야 한다는 것이 다산의 해석이다. 비比괘를 뒤집어보면 사師괘 ䷆가 되는데, 아래의 호체가 진震이고, 그 진震 주인이 제2위에 있으면서, '생生' 이라는 물상을 보유하고 있으므로, "관기생觀其生.(그것이 살리는 것을 본다.)"이라는 효사를 지을 수 있었다는 것이다. 다만 그 진震 주인이 제5위에 있고 이 상9의 자리에 있지 않기 때문에 이 효의 입장에서 보면 '나'가 아니라 '그것'이 된다. 이처럼 관괘 구5와 상9는 모두 도체倒體에서 상象을 취한 것들이다.

'복체伏體'는 6획의 자리에 근거하여 수를 고찰해 볼 때 겉으로 드러나진 않지만 감坎과 리离의 수가 실제로 그 속에 잠재해 있다고 보고 활용하는 것이다.[326] 중괘에서 하괘는 다 리离 ☲이고 상괘는 다 감坎 ☵이다. 제1, 2, 3효는 홀수-짝수-홀수로 되어 있고, 제4, 5, 6효는 짝수-홀수-짝수로 되어 있기 때문이다. 다산에 따르면, 『역』을 이해하는 관점에는 두 가지가 있는데, 하나는 괘덕卦德으로 해석하는 것이고 다른 하나는 괘수卦數로 해석하는 것이다. 괘의 덕은 건乾과 곤坤에 의해 따로따로 얻어지는 것으로, 다산은 64괘의 모든 강획은 다 건乾이고 유획은 다 곤坤이라고 정의내린다. 그러므로 64괘는 건乾과 곤坤의 범위에서 벗어나는 것이 하나도 없게 된다. 괘의 수는 감坎과 리离에 의해 이미 결정되어 있는 것으로, 상수역에서 말하는 수리학적인 수 개념이 아니다. 다산은 64괘 모두의 하괘는 다 리离이고 상괘는 다 감坎이라고 규정한다.

그 이유는 제1, 2, 3효는 홀수-짝수-홀수로 되어 있어 리离 ☲의 이미지를 갖게 되고, 제4, 5, 6효는 짝수-홀수-짝수로 되어 있어 감坎 ☵의 이미지를 얻기 때문이다. 그러므로 64괘는 제1획부터 제6획까지 감坎과 리离의 관할에 속하지 않은 것이 없게 된다. 다산은 왜 복체伏體까지 끌어다가 『역』을 해석하는 것인가? 그것은 그가 물리적 자연의 핵심적인 4대 원소로 하늘과 땅과 물과 불을 설정하였듯이, 자연을 모상한 『역』도 건곤감리乾坤坎离의 4정괘가 핵심이라고 여겼기 때문이다.327)

따라서 「설괘」에서 "리离, 위일爲日, … 감坎, 위월爲月(리离는 해를 상징하고 감坎은 달을 상징한다.)"이라고 하였듯이, 모든 괘의 하괘는 낮을 상징하게 되고 그 지위의 단계에 따라 제1위는 해가 뜨는 때, 제2위는 해가 중천에 있는 때, 제3위는 해가 기우는 때라는 시간성이 연상된다. 반면 모든 상괘는 밤을 상징한다. 쾌夬괘 구2의 다산전에서 "사위초야四爲初夜, 오위중야五爲中夜, 상위자야上爲子夜(제4위는 이른 밤을, 제5위는 늦은 밤을, 제6위는 깊은 밤을 상징한다.)"라고 한 것도 위계에 따른 시간성을 연상한 것이다. 이는 하괘의 경우도 마찬가지로 아침, 낮, 저녁의 시간성을 띠는 것과 같은 맥락이다.328) 예를 들어, 태泰괘 ䷊ 괘사 "태泰, 소왕대래小往大來, 길吉, 형亨(태泰괘는 작은 것이 가고 큰 것이 오니 길하여 형통하다.)"의 다산전茶山箋에서 그가 '형亨'의 근거로 제시하는 것이 바로 복체이다.

> 리离의 자리에 정성이 쌓이고[아래가 세 양이다.] 여섯 자리가 다 호응하며 앞길이 탁 트여 있으니, 그 점이 형통하다.329)

리离의 자리란 곧 제1, 2, 3위를 가리킨다. 이 세 자리에 세 양이 거하여 정성이 쌓여있는데다가 상괘의 각 효와 다 호응하고 있으므로 형통함이라는 사詞가 만들어질 수 있다. 여기에서 주의해야 할 것은 리離 ☲라는 괘체의 덕이 활용된 것이 아니라, 1, 2, 3이라는 괘의 수數가 사용되었다는 점이다.

'반합牉合'은 혼인의 상象과 관련된 괘의 경우, 소남少男과 소녀少女 중의 어느 한쪽이 거꾸로 되어서 서로 마주하기 때문에 활용하는 것이다.330) 귀매歸妹괘 ䷵의 경우, 누이를 시집보내는 상은 상괘 진震 ☳의 뒤집어진 상인 간艮 ☶의 물상인 지아비(壻)가 외괘로부터 내괘에 있는 태兌 ☱의 물상인 누이동생(妹)에게로 다가오기 때문에 얻어진다. 점漸괘 ䷴의 경우, 괘사 "여귀女歸, 길吉, 이정利貞.(여자가 시집가니 길하고 일이 이롭다.)"의 여자가 시집가는 상은 상괘 손巽 ☴의 뒤집어진 상인 태兌 ☱의 물상인 여자가 외괘로부터 내괘에 있는 간艮 ☶의 물상인 지아비(壻)에게로 다가오기 때문에 얻을 수 있는 상이다. 함咸괘 ䷞와 항恒괘 ䷟ 같은 류는 마찬가지로 남녀가 함께 있지만 위와 같이 반합牉合하지 않기 때문에 부부가 집안을 바르게 하는 상이 될 수는 있어도 혼례를 치르는 상이 될 수가 없다. 그러므로 대과大過괘의 효사(구2와 구5)에서는 함咸괘를 진震과 태兌의 결합으로 보았고, 항恒괘를 손巽과 간艮의 결합으로 보았다.331)

준屯괘 육4 "승마반여乘馬班如, 구혼구왕求婚媾往, 길무불리吉無不利(말을 타고 돌아오니 배우자를 구하여 가면 길하여 이롭지 않음이 없다.)"의 다산전에서 반합이 활용된 해석을 찾아볼 수 있다.

> 지금은 괘가 수隨괘로서, 간艮의 사위가 이쪽에 있고[아래가 뒤집어진 간艮이다.] 태兌의 여자가 저쪽에 있으니[수隨괘의 위가 태兌이다.], 혼인의 괘로서 반합牉合을 취한다.[뒤집어진 상象을 취한다.] 유획이 안으로부터 가서[1→상.] 드디어 태兌 여자를 얻으니, '배우자를 구하여 간다'고 한다. 모임을 아름답게 하여 결합하고[가운데가 큰 리離이다.] 제2효와 제5효가 호응하니[뜻이 서로 호응한다.], '길하여 이롭지 않음이 없다'고 한다.[태兌가 이로움을 상징한다.]332)

활용될 수가 없고 한정될 수밖에 없다. 따라서 다산역학의 성립여부는 효변설의 유무에 의해 결정된다. 효변이 이루어지지 않으면 다산역은 근거를 잃게 된다. 다산이 효변의 원리를 발견하게 된 것은 『춘추春秋』의 연구과정에서인데, 그곳에 기재되어 있는 관점官占들은 모두 효변을 활용하고 있다. 다산은 『주역사전』 안에 춘추 관점에 대한 보주補註를 별도의 권으로 묶어 제작하였다. 그 가운데 채묵蔡墨의 점풀이가 효변을 가장 잘 표현하고 있는데, 이는 진晉나라의 강교絳郊 지역에 용龍이 출현한 현상에 대해 『주역』을 가지고 해석한 것이다.

> 가을. 용龍이 강교絳郊에 나타났다.[진晉나라에 있다.] 위헌자魏獻子가 채묵에게 묻자, 채묵이 대답했다. "『주역』에 이런 말들이 있습니다. 건지구乾之姤 ䷫에서[초9가 변한다.] '숨어있는 용이니 쓰지 말라'고 하고, 건지동인乾之同人 ䷌에서[구2가 변한다.] '나타난 용이 밭에 있다'고 하고 건지대유乾之大有 ䷍에서[구5가 변한다.] '날아가는 용이 하늘에 있다'고 하고, 건지쾌乾之夬 ䷪에서[상9가 변한다.] '너무 높이 나는 용이니 후회가 있으리라'고 하고, 건지곤乾之坤 ䷁에서[건乾괘 여섯 효가 다 변한다.] '뭇 용이 나타나나 우두머리가 없으면 길하다'고 하고, 곤지박坤之剝 ䷖에서[곤坤괘 상6이 변한다.] '용이 들에서 싸운다'고 했습니다. 만약 아침저녁으로 나타나지 않았다면 누가 그것을 형용할 수 있었겠습니까?"334)

채묵蔡墨은 용이 나타난 하나의 현상에 대해, 시초점을 치지 않았지만 『주역』의 건乾괘를 인용하면서 초9, 구2, 구5, 상9, 용9와 곤坤괘의 상6을 각각 건지구乾之姤, 건지동인乾之同人, 건지대유乾之大有, 건지쾌乾之夬, 건지곤乾之坤, 곤지박坤之剝이라 하였다. 예를 들어, 건지구乾之姤란 건괘에서 구괘로의 지괘之卦를 가리키는 것으로 건괘 초9를 지칭한다. 이 지괘의 관념은 효변을 전제하지 않으면 얻어질 수 없는 것이다.

채묵의 점풀이는 시초점을 치지 않은 상태에서 암송하고 있던 『주역』의 효사들을 인용하여 신이한 현상을 해석한 것인데 반해, 직접 시초점을 쳐서 길흉을 점친 사례에서도 효변을 언급하고 있음을 발견할 수 있다. 진陳나라 여공厲公이 아들 경중敬仲을 낳은 뒤에 주周 조정의 대사大史가 『주역』을 가지고 진후陳侯를 알현한 적이 있는데, 이때 진후가 그에게 시초점을 치게 하여 얻은 것이 관지비觀之否였다. 주 대사大史의 점풀이는 다음과 같다.

> 이는 '나라의 빛을 볼 것이니 왕에게 손님이 됨이 이롭다'는 것을 말합니다. 따라서 이 아이는 진陳나라를 대신하여 나라를 소유할 것입니다. 그러나 이 나라에서가 아니라 다른 나라에서일 것이고, 이 아이 자신이 아니라 그의 자손 때일 것입니다.335)

주 대사가 관지비觀之否의 내용으로 언급한 것이 바로 "관국지광觀國之光, 이용빈우왕利用賓于王(나라의 빛을 볼 것이니 왕에게 손님이 됨이 이롭다.)"인데, 이것은 관觀괘 육4의 효사이다. 곧 관괘 육4와 관지비는 동일한 것의 다른 표현일 뿐이다. 또한 관괘 육4의 이 효사는 지괘인 비否괘와의 연관성 안에서만 이해될 수 있다. 다산에 따르면, 건乾괘에서 양이 하나하나 사라지면서 구姤괘 ䷫가 되고, 돈遯괘 ䷠가 되고, 비否괘 ䷋가 되며, 마침내 이 점의 본괘인 관觀괘 ䷓가 되는데, 관괘의 때에는 하괘에 양획이 하나도 없게 된다. 곧 내괘의 곤坤 나라에 진震의 물상인 군주가 없어지고, 전체 괘형도 겸체兼體로서의 간艮 ☶이 되어 죽음의 이미지가 있으니, 결국 망국亡國의 상이다. 그러나 이때 갑자기 관괘 ䷓ 육4가 효변하여 음이 양으로 변하면 비否괘 ䷋가 된다. 따라서 관지비觀之否는 망자가 다시 살아나는 이미지를 띠게 되고 그 효사 "관국지광觀國之光(나라의 빛을 볼 것이다.)"이 의미를 갖게 되며, "진陳나라를 대신

하여 나라를 소유한다"라는 풀이를 할 수 있게 된다.[336]

이외에 그리 많지 않은 춘추관점의 사례들이 모두 효변을 말하고 있다. 다산은 이러한 사례들의 검토 후에 9나 6이 곧바로 효변을 가리키는 것이라고 확신하게 된다.

> 서법筮法에 세 번 걸어서 다 하늘의 수를 얻으면[1, 3, 5, 7, 9.] 그 수가 9이고[하늘을 3으로 여기기 때문이다.], 세 번 걸어서 다 땅의 수를 얻으면[2, 4, 6, 8, 10.] 그 수가 6이니[땅을 2로 여기기 때문이다.], 이것이 그들이 늙게 되는 이유입니다. 하늘과 땅 사이에 한때라도 음이 없을 수가 없고 또한 한때라도 양이 없을 수가 없으므로, 순양은 곧바로 음으로 변하고 순음은 곧바로 양으로 변한다. '초9'라는 말은 제1효가 움직여서 음이 된 것을 이르고, '초6'이라는 말은 제1효가 움직여 양이 된 것을 가리킨다. 그렇다면 주공周公이 처음 효사를 달 때에 원래 이미 변한 괘체를 위주로 하여 그것의 물상物象을 사용하였으니[예를 들어 '숨어있는 용'은 손巽으로 변한 뒤의 물상이고, '서리를 밟는다'는 것은 진震으로 변한 뒤의 상이다.], 효변爻變을 모르면 주공의 효사를 읽을 수가 없다.[337]

다산은 효변이 원래 복희 획괘의 기본 원리 중의 하나이지만, 효변을 위주로 하여 효사를 찬술한 것은 주공이기 때문에 효변을 모르면 효사를 해독할 수 없다고 여긴다. 효사를 해독하지 못하는 이유는 초9, 초6 등의 효사를 변체로 간주하지 못하기 때문이다. 애초에 효爻란 글자는 사귈 교交자에서 온 것으로 음양이 서로 사귀어 바뀌는 것을 말하는데, 후인들이 초효니 상효니 하고 말하면서도 그것을 변한 괘체와 연관짓지 못하고 단지 획으로만 여기기 때문에[338] 효사를 읽어내지 못한다는 것이다.

2) 효변 : 역易 해석의 출발점

한나라 이래로 효변론은 전승되지 못했다. 벽괘에서 연괘로의 추이推移, 「설괘」의 물상, 호체 등은 한대 순구가荀九家를 중심으로 언급되긴 하였지만 효변만은 자취를 찾을 수 없다. 추이와 물상과 호체는 효변을 전제로 하여야만 온전하게 구사될 수 있는 것인데 효변을 적용하지 않고 그것들을 운용하였기 때문에 한대역학은 해석의 한계를 띨 수밖에 없었다. 한대역학이 고도의 상수적 방법으로 전개된 것은 아마도 이러한 해석의 한계를 극복하기 위한 차원에서였을 것이다.

다산의 역 해석에 있어 제1단계는 효변의 여부를 파악하는 것이고, 그 다음 단계는 효변하여 생긴 지괘之卦가 어느 괘에서 추이해온 것인지를 따지는 것이다. 예를 들어, 건乾괘 구4의 효사 "혹약재연或躍在淵, 무구無咎(미심쩍게 연못에서 뛰어오르나 허물은 없다.)"의 각각의 물상들이 어떻게 구성된 것인지를 살펴보면 다산의 역 해석과정을 알 수 있다.

> 이는 건乾괘가 소축小畜괘로 간 경우이다.[제4효가 변한다.] 소축小畜괘는 구姤괘로부터 오는데[1→4.] 구姤괘의 때에 손巽의 다리가 아래에 있다가[「설괘」에서 "손巽이 다리를 상징한다"고 하였다.] 소축괘로 옮겨오면[1→4.] 손巽의 다리가 갑자기 뛰어올라[아래의 손巽이 이제 위의 손巽이 되었다.] 거의 하늘의 자리에 미쳤으니[제5, 6위가 하늘의 자리이다.] 그 상이 '뛰어오름'과 같다. 본디 다 진震의 용이니[뜻이 앞에 보인다.] 용이 뛰어오르는 것이다. 또 쾌夬괘로부터 오는데[상→4.] 위 태兌의 연못이[쾌괘는 위가 태兌이다.] 옮겨와도 연못이 되니[이제 호체가 태兌이다.], '연못에서 뛰어오른다.'고 한다.[연못은 흐르지 않는 물이다.] 구姤괘로부터 오면 나아가는 것이고[아래로부터 올라간다.] 쾌夬괘로부터 오면 물러나는 것

이니, 상이 확정되지 않고 그 자리가 정해지지 않은 것이다.[위 같기도 하고 아래 같기도 하다.] 의심이 있으면 미심쩍게 되니[점법이다.], '미심쩍게 연못에서 뛰어오른다'고 한다.

○ 구姤괘의 때에 유획이 양의 자리에 있다가[초효의 수가 홀수이다.] 나아가 소축小畜괘가 되면[1→4.] 유획이 곧 지위를 얻으므로[제4위의 수가 짝수이다.], 나아가도 '허물이 없다'고 한다.[허물을 잘 고친다.][339)]

효변이 결정되면 먼저 그것의 지괘를 확인한다. 건乾괘 구4는 곧 건지소축乾之小畜의 동일어이다. 그 다음 소축괘 ䷈의 벽괘를 추적한다. 음이 하나인 벽괘는 구姤괘 ䷫와 쾌夬괘 ䷪이다. 역추적을 통해 벽괘가 확인되면 이제 다시 벽괘로부터 그것의 연괘衍卦인 소축괘로의 상황변화를 파악하게 된다. 구괘로부터의 추이로 보면, 구괘의 하괘 손巽 ☴의 물상인 다리가 괘의 아래에 있다가, 그 제1획인 음이 제4위로 옮겨가면 소축괘가 되는데, 이는 마치 하괘에서 상괘로 손巽 다리가 갑자기 뛰어올라 하늘의 자리인 제5, 6위에 맞닿은 이미지이기 때문에 '약躍(뛰어오름)'이라는 사詞가 만들어진다. 또 쾌夬괘로부터의 추이로 보면, 상괘 태兌 ☱의 물상인 연못이 소축괘로 추이해온 뒤에도 여전히 아래의 호괘로서 남아 연못의 이미지가 그대로 지속되므로 '약재연躍在淵(연못에서 뛰어오른다.)'이라는 사詞가 성립된다. 또한 소축괘는 본래 두 벽괘에서 추이할 수 있는데, 구姤괘로부터 오면 아래에서 위로 나아가는 상이지만, 쾌夬괘로부터 오면 위에서 아래로 물러나는 상이므로, 상이 확정되지 않고 그 자리가 정해지지 않아 의심하고 미심쩍어하는 이미지가 뚜렷하므로, '혹약재연或躍在淵(미심쩍게 연못에서 뛰어오른다.)'이라는 사詞가 만들어진다. 또 구괘의 제1획인 음이 양의 자리에 있다가 추이하여 소축괘가 되면 음이 제4위에 거하게 되어, 있어야 할 자리로 나아간 이미지가 있으므로, 나아가도 '무구無咎(허물이 없다.)'라는 효사가 만들어진다.

이와 같이 건괘 구4의 효사 여섯 글자는 한 글자 한 글자가 다 효변을 전제로 한 상태에서 벽괘와 지괘의 상황을 종합적으로 검토하여 찬술된 것이다. 따라서 효변을 모르면 벽괘에서 연괘로의 추이를 알 수 없게 된다. 다산의 말대로, 한대 이후 추이법이 폐지된 까닭은 효변을 사용하지 않았기 때문이다.

「설괘」의 물상이 폐지된 것도 효변을 사용하지 않았기 때문이다. 다산의 말을 그대로 옮겨본다.

> 건乾이 이미 손巽으로 변하였는데도 건乾이라고 여기니, 또한 닭을 잡고서 말이라고 의심하는 것이 아니겠는가? 곤坤이 이미 진震으로 변하였는데도 곤坤이라고 여기니 이 또한 용龍을 쳐다보면서 소라고 의심하는 것이 아니겠는가? 감坎이 이미 태兌로 변하였는데도 돼지라는 물상을 버렸다고 버럭 성을 내며 양을 담론하고 리離가 이미 간艮으로 변하였는데도 꿩이라는 물상을 제거했다고 개탄하며 개라고 논하니, 이것이 왕필이 일어난 까닭이다. 9명의 전문가가 효변은 알지 못하면서도 「설괘」를 잡고 있었으므로 그 설들이 견강부회하며 천착하여 한번 합치되지 않자 오직 괘사에서만 합치되는 점을 찾았다. 구가는 괘사가 우연히도 합치되는 것을 발견하여 「설괘」를 차마 버리지 못하였는데, 왕필은 효사가 합치되지 않는다는 것을 발견하고 「설괘」를 이용하려 하지 않았으니, 그 까닭을 살펴보면 단지 효변을 몰랐기 때문이다.340)

호체가 폐지된 것도 효변을 사용하지 않았기 때문이다. 이 또한 다산의 설명을 그대로 옮긴다.

> 한번 준屯괘 육2의 변화를 논해 본다면 호체인 곤坤이 변하여 호체인 진震이 된 것이다. 주공은 용龍을 논하였는데 왕필이 그 상이 소가 아닌 것을 이상히 여겨 호체가 폐지되지 않았는가? 준屯괘 육

3의 변화를 보자면 호체인 간艮이 변하여 호체인 리离가 된 것이다. 주공은 珝을 잡고 논하였는데 왕필이 그 상이 개가 아닌 것을 한탄하여 호체가 폐지된 것이 아니겠는가? 그러므로 '호체가 폐지된 것은 효변을 모르기 때문이다'고 하는 것이다.341)

왕필에 의해 효변, 추이, 물상, 호체 등의 역리사법이 폐지되긴 하였지만, 다산은 주자의 권위를 빌어 이 네 원리가 완전히 사라진 것이 아니었음을 인정받고 싶어했다. "『주역본의』는 효변법을 사용한 곳이 아주 많다"342)고 주장하며 건乾괘와 곤坤괘에서 그 용례들을 나열해 보여주었다.

주자는 건乾괘 「단전」에서 "점을 쳐서 이 괘를 얻어 여섯 효가 모두 변하지 않으면 그 점은 마땅히 대통할 수 있다"고 하였다.

주자는 건乾괘 초9에서 "양의 수 9는 노양이고, 7은 소양이다. 노양은 변하고 소양은 변하지 않는다. 그러므로 양효를 9라고 이른다"고 하였다. ○ 또 "무릇 건乾괘를 만나서 이 효가 변하면 이 상을 보고 그 점을 완색하는 것이 마땅하니, 다른 효도 이와 같다"고 하였다.

주자는 건乾괘 구2에서 "이 효의 변화를 만나면 오로지 이 사람을 봄이 마땅하다"고 하였다.

주자는 건乾괘 용9에서 "무릇 시초점 쳐서 양효를 얻은 것은 모두 9를 쓰고, 7을 쓰지 않는다"고 하였다. ○ 또 "이 괘를 만나서 여섯 효가 다 변하는 것은 이에 나아가서 그것을 점친다"고 했다.

주자는 곤坤괘 초6에서 "음의 수 6은 노음이고 8은 소음이므로, 음효를 6이라고 한다"고 하였다.343)

건괘와 곤괘뿐 아니라 모든 괘에서 주자도 효변을 활용하였다. 그가 그린 괘변도卦變圖는 사실 효변도爻變圖라고도 할 수 있다. 그런 면에서 다산의 비판 대상에서 주자는 어느 정도 빗겨서 있다. 그러나 왕필에 대한 비판의 칼날은 이와 달랐다. 다음 장에서 왕필의 의리역과 다산 역상학의 격렬한 충돌을 접하게 될 것이다.

제5장 역상학易象學과 「설괘전說卦傳」

1. 왕필 망상론忘象論에 대한 비판과 다산 역상학의 의의
2. 「설괘說卦」: 『주역』 해독의 열쇠

1. 왕필 망상론忘象論에 대한 비판과 다산 역상학의 의의

유배기 다산의 『주역』 연구과정을 살펴보면 『주역』의 탐구 이전에 예禮에 대한 공부가 있었음을 알 수 있다. 강진으로 유배지를 옮긴 그 이듬해 봄에 그는 『의례儀禮』 「사상례士喪禮」편을 읽으면서 상례喪禮에 관한 여러 책을 훑어보았다. 다산이 이때 발견한 사실은 주周나라의 옛 예법을 대부분 『춘추』에서 증명할 수 있다는 것이었다. 그런데 『춘추좌씨전』의 관점官占을 공부하면서 장벽에 부딪히게 된다. 특히 장공莊公 22년조에 나오는 진경중陳敬仲의 후손이 제나라에 가서 번창하게 되리라는 점[344]과 희공僖公 15년조의 진晋 헌공獻公이 백희를 진나라에 시집보낼 때 쳤던 점[345] 같은 경우는 그 자신의 표현대로 "문득 깨닫는 바가 있는 듯하다가도 돌아보면 황홀하고 어렴풋하여 들어갈 문을 찾을 수 없었다. 의심과 울분이 교차하여 거의 식음을 전폐하려고까지 하였다."[346] 난관에 부딪히자 그는 예禮 관련서적들을 거두어 치워놓고 오직 『주역』에만 매달렸다. 「윤외심에게 보내는 편지(與尹畏心)」에 보면 그가 『주역』에 침잠한 정경이 분명하게 연상된다. "대개 계해년癸亥年(1803) 늦봄부터는 눈으로 보는 것, 손으로 잡는 것, 입으로 읊조리는 것, 마음으로 사색하는 것, 필묵으로 적는 것에서부터 밥상을 대하고 뒷간에 가는 것, 손가락을 튕기고 배를 문지르는 것에 이르기까지 어느 것 하나 『주역』 아닌 것이 없었다."[347] 이러한 『주역』 연구과정에 대한 해명은 저술 곳곳에 혹 자신의 글을 읽는 사람들이 놓치고 지나갈까 염려하는 사람처럼 밝혀놓고 있다. 「자찬묘지명自撰墓誌銘」에 자세하고 「윤외심에게 보내는 편지」에 또한 자세하며 「약전형에게 보내는 편지(上仲氏)」 등에서 찾아볼 수 있다.

다산이 『주역』은 주례가 담겨있는 책이라고 평한 데서도 알 수 있겠지만[348] 예에 관련된 서적들을 읽으면서 『주역』 탐구가 진행되었던 것이다. 따라서 『주역사전』은 아마도 태생적으로 예禮와 밀접하게 관련되지 않을 수 없었을 것이다. 예제, 예법, 전장제도 등은 매우 시각적이며 현실적이고 직접적이다. 그가 물상物象을 가장 중요한 방법으로 채택한 것도 아마 예제의 시각성에서 연유할 수 있다. 특히 성인의 교화라고 할 때 교화의 주 내용은 언제나 예법이었으며 예법의 교육은 또 언제나 시각적 방법으로 진행되었다. 여기서 시각적 방법이란 추상적이지 않은 구체적인 방법이라는 의미이다. 관혼상제冠婚喪祭의 예절과 주변국과의 교린례交隣禮, 사냥의 예법 등등이 다 쉽게 머리속에 그려지는 연상작용이 발휘된다. 만약 시각성을 활용한 교육이 아니었다면 예법은 유지하기 어려웠을지 모른다.

「윤외심에게 보내는 편지」의 중간부분에서 다산의 『주역사전』 저술과정을 살펴보도록 하자.

> 이미 많은 것을 모아 하나로 흡족히 꿰뚫은 뒤에 마침 동짓날이 되었기에 "오늘은 갑자년의 태양의 궤도가 시작되는 첫날이다"고 말하고서, 그 날부터 건乾괘를 읽기 시작하여 64일만에 상하 두 편을 다 읽었고, 또 20여 일 동안 「대전大傳」(「계사전」—역자주.) 두 편 및 「설괘」, 「서괘」 등을 읽었다. 이때에 한·위의 학설을 널리

> 구하여 구가九家[349]의 설을 채집하고, 당·송으로 내려와 여러 학자들의 논의를 폭넓게 고찰하였다. 그러나 오직 주자의 괘변도와 호체설, 점변법만이 왕필의 고루함을 통쾌하게 씻어주었다.[350]

갑자년甲子年은 1804년이며 '일전지시日躔之始'란 곧 동짓날 태양의 궤도가 가장 남쪽으로 기울었다가 이제 다시 높아지기 시작하는 첫날이라는 의미이다. 다산의 『주역』 관련 저술활동은 예학의 연구와 병행되었다는 사실에 유의할 필요가 있다. 계해년(1803) 봄에 『예기禮記』 「단궁檀弓」에 대한 글인 「단궁잠오檀弓箴誤」가 저술되었고 —이때 저술한 「단궁잠오」는 후일 다른 저술 속에 대부분 편입되어 현본에는 실제 분량이 얼마 되지 않는다.— 이해 겨울에 『예전상의광禮箋喪儀匡』 17권이 저술되었다. 또한 을축년(1805) 여름에 『기해방례변己亥邦禮辨』이라고도 불리는 『정체전중변正體傳重辨』이 3권으로 완성되었다. 이는 모두 예학에 관련된 것들이다. 정묘년丁卯年(1807)엔 『주역사전』과 함께 그 자신 최대의 업적으로 자찬하는 『상례사전喪禮四箋』이 완성된다. 그의 『주역』 저술활동과 예학 관련 저술활동은 동시에 진행되었다는 사실이다. 위 편지글의 내용 중에 "이미 많은 것을 모아 하나로 흡족히 꿰뚫은 뒤에(融會貫洽)"라는 말은 유배지에 도착한 뒤 2~3년간 『주례』와 『의례』, 『예기』 및 『춘추좌씨전』을 읽으면서 『주역』에 대한 의혹이 조금씩 해소되었고 계해년(1803) 늦봄부터 그해 겨울 새로운 동짓날이 시작되기 전까지 식음을 전폐하다시피 『주역』에만 몰두하여 이미 그 자신 나름의 역학관을 성립하고 난 뒤라는 말이다. 두루두루 『주역』의 괘효사와 『주례』 등의 예서禮書, 『춘추』와 같은 주대의 역사서 등을 섭렵하고 이제 터득한 것을 저술로 옮기기 시작한 때가 바로 갑자년의 양이 돌아오는 계해년 겨울의 동짓날이었던 것이다.

다산이 '융회관흡融會貫洽', 즉 두루두루 섭렵하여 일맥상통하는 어떤 관점을 수립했다고 할 때 그가 꿰뚫어보았던 것은 과연 무엇일까? 그는 왜 예학을 공부하면서 『주역』을 함께 연구하게 되었는가? 그리고 왜 왕필을 고루하다고 여기는가? 먼저 왕필의 저 유명한 명언을 살펴보자.

> 그러므로 비슷한 류類를 가지고 그것의 상象을 만들 수가 있고, 의미가 들어맞는다면 그것의 징험을 만들 수가 있다. 의미가 만약 강건함에 있다면 어찌 꼭 말이어야만 하겠는가? 류類가 만약 순종함에 있다면 어찌 꼭 소이어야만 하겠는가? 효爻가 만약 순종함에 맞는다면 어찌 꼭 곤坤이 소를 상징해야만 하겠는가? 뜻이 만약 강건함에 응한다면 어찌 꼭 건乾이 말을 상징해야만 하겠는가? 어떤 사람은 말을 건乾의 상징물로 고정시켜 글에 따라 괘를 따질 때 말은 있는데 건乾이 없으면 거짓된 주장을 마구 부풀려서 실마리를 잡기가 어렵다. 호체互體로도 부족하면 마침내 괘변卦變에까지 미치고, 괘변으로도 부족하면 오행五行을 추리해내기까지 한다. 한 번 그 근원을 잃으면 교묘함이 더욱 심해져서 더러 우연히 맞는다 하더라도 의미를 받아들일 수가 없다. 대개 상象만 보존하고 뜻을 잊기 때문이다. 상象을 잊음으로써 그것의 뜻을 구한다면 의미가 드러날 것이다.351)

이른바 득의망상론得意忘象論이다. 왕필에 따르면 『주역』에서 상象이란 마치 사다리와 같아서 뜻(意)을 터득하기 위한 도구일 뿐 고정된 진리가 아니다. 강건함의 뜻을 건乾이 드러내고 있다면 건乾이 상징하는 대상은 꼭 말일 필요가 없는 것이다. 말은 굳세고 튼튼한 동물로 유비되어 강건함이라는 뜻(意)을 가지게 되었다. 그러나 굳세고 튼튼한 동물이 어찌 말뿐이겠는가? 왕필은 지금 이렇게 말하고 있다. 소가 물론 유순하고 순종적인 동물이지만 어찌 곤坤을 대표하는 상징적 동물이 될 수 있겠는가? 소가 아니라도 순종적 동물 내지는 생명체를 어디에서나 발견할 수가 있다. 따라서 말이니 소니 개니 돼지니 하는 상징물들은 어떤 한 괘에 소속된 것이 아니다. 물론 그가 이렇게 이미 「설괘전」에서 지적하고 있는 소성괘小成卦의 상징물들을 의미없음으로 묶어버린 것은 그가 호체설과 괘변설을 취하지 않았기 때문이다. 소성괘 8개와 대성괘 64개의 기호를 해석하는 과정에 「설괘전」의 물상대로는 도저히 해석불가능한 난관에 부딪힐 수밖에 없다고 여긴 젊은 천재 왕필은 아예 한대漢代의 성과를 무시하는 결과를 가져왔다. 이러한 난관은 『주역』의 첫 번째 효사 "잠룡潛龍, 물용勿用(숨어 있는 용이니 사용하지 말라.)"의 주석에서부터 나타난다. 그는 64괘 첫 효의 주석을 "「문언文言」비의備矣(「문언전」에 갖추어져 있다.)"라는 짤막한 문구로 마무리지으면서, 공자의 「문언전」에로 그 공을 넘긴다. 「문언전」에서 공자는 숨어있는 용을 성인의 덕에 비유하고 있다.

> 초구의 "숨어 있는 용이니 사용하지 말라"는 말은 무엇을 일컫는가? 공자가 말했다. "성인은 용의 덕을 지녔으되 숨어사는 사람이니, 세속 때문에 자기 뜻을 바꾸지 아니하며, 좋은 명성을 이루려고 하지 않고, 세상을 피해 살면서도 우울해하지 않고, 사회에서 인정받지 못할지라도 번민하지 않는다. 즐거우면 행하고 걱정스러우면 떠나서 그 심지가 확고하여 빼앗을 수 없으니 숨어 있는 용이다."[352]

왕필은 공자의 말로 자신의 뜻을 대신하고 있는 셈인데, 상수학적 해석방법은 전혀 사용하지 않으면서 성인의 덕에 빗대어 숨어있는 용을 해석하고 있다. 문맥으로 보아 용은 굳이 용이 아니어도 무관하다. 위대한 성인의 덕을 담아낼 수 있는 언어라면 상징물이 무엇인가 하는 것은 하나도 중요하지 않다. 어쨌든 이 건乾괘 초9는 은둔해 있지만 위대한 덕을 지닌 사람이며, 명성에 연연해하지도 않는 사람이며, 남이 알아주지 않더라도 답답해하지 않는 사람으로서, 즐거울 때는 즐기고 걱정되면 자리를 떠나는 그런 사람이다. 아직 때를 얻지 못한 위대한 성인을 표현하는 데 용만한 것이 또 어디 있겠는가! 「설괘전」에서 든 건乾의 상징물은 말인데 용龍은 어디에서 온 것인가? 왕필은 「설괘전」에 의하지 않더라도 이미 용이 강건한 이상적 짐승임을 누구나 인정하기에 건乾의 상징으로 삼을 수 있다고 생각한 것이다.

한대에는 『주역』의 괘효사를 설명하기 위해 여러 이론들이 탄생하였다. 왕필이 지적하고 있는 호체互體, 괘변卦變, 오행五行도 그 하나이며, 지금도 점술가들이 응용하기도 하는 납갑納甲, 귀갑龜甲, 구궁九宮 등의 이론들이 사실 모두 이때 만들어졌다. 잡다하고 번거로우며 억측에 가까운 잡설들이 많았지만, 당시대의 관점에서 볼 때 이는 괘라는 기호와 그것의 언어인 괘효사와의 정합성을 추구한 역학가들의 노력의 산물이기도 했다.[353] 왕필은 이러한 번잡한 이론들을 배격하고 의意를 우선하는 의리역학의 선봉이 된 것이다.

그러나 주의할 것은 왕필이 한대 역학을 전면적으로 부정하고 새로운 의리역을 창출했다고 하여 그 이전의 역학전통과 단절되어 있지는 않다는 점이다. 한대 역학은 왕필의 비판대상이면서 그가 굳게 디디고 서 있는 발판이기도 하다. 청대 및 현대학자 가운데 왕필역학이 한대 역학의 전통을 일정 부분 흡수하고 있음을 지적한 학자들이 있다. 청대 장혜언張惠言(1761~1802)은 "왕필의 주역이 왕숙王肅(195~256)을 조술하였다"[354]고 평가하였고 초순焦循은 "왕필의 역학은 유표劉表로부터 나왔으며 실질적으로 왕창王暢에 근거하고 있다"[355]고 하였다. 현대학자로서는 탕용동湯用彤 같은 학자가 "왕필은 『주역주』에서 옛 학설을 채용한 곳이 적지 않다. 왕필은 상수를 버렸으나 문의文義에서는 옛 학설을 그대로 사용했다. 관觀괘 괘사에서는 마융馬融을, 태泰괘 초9에서는 우번虞翻을, 혁革괘 '이일내부已日乃孚'에서는 송충宋衷을, 이頤괘 육2에서는 왕숙을 인용했다"[356]고 평가한 바 있다. 그의 역학이 종교적이거나 미신적인 수준에서 논의되던 한대 역학을 철학으로 옮겨놓았다는 일반적인 평가처럼 그가 한대 역학에 대해 비판적이라는 것은 분명한 사실이다. 그러나 한대와 대립적으로만 파악하는 견해는 그의 사상을 온전하게 평가하지 못하는 셈이다. 많은 부분에서 그는 한대의 전통에 빚을 지고 있다고 해야 할 것이다. 그의 역학 이론 가운데는 비판과 동시에 수용하는 것이 있으며, 부분 개조한 것도 있다. 어떤 이론은 한대 역학의 보완인 것도 있다.

그를 한대 역학의 성과에 기반하면서 전향적인 비판을 가한 인물로 평가할 경우, 사상사적인 발전단계로 본다면 매우 이상적인 전형이 아니겠는가! 그럴듯하게 비판적 계승자라고 포장할 수도 있지 않겠는가? 그러나 다산이 그를 위 「윤외심에게 보내는 편지」에서 고루하다고 평가한 이유는 무엇일까? '왕필지루王弼之陋(왕필의 고루함)'라는 말 속에서 '루陋'자는 아마도 왕필의 지식견문이 좁고 천하다는 의미일 것이다. 이 평가를 이해하기 전에 왕필의 성과를 더 짚고 넘어갈 필요가 있다.

> 상象은 뜻(意)에서 나온 것이며 언어는 상象을 설명하는 것이다. 뜻을 다 보여주는 데는 상象만한 것이 없고, 상을 다 설명하는 데에는 언어만한 것이 없다. 언어는 상에서 생겨나므로 언어를 찾아서 상象을 관찰할 수가 있으며, 상象은 뜻에서 생겨나므로 상을 찾아서 뜻을 관찰할 수가 있다. 뜻은 상을 통해 다 표현되고 상은 언어를 통해 분명해진다. 그러므로 언어가 상을 설명하는 것이므로 상을 얻고 나면 언어를 잊는다. 상은 뜻을 간직하고 있는 것이므로 뜻을 얻고 나면 상을 잊는다. 마치 올무가 토끼를 잡는 데 쓰이지만 토끼를 잡고 나면 올무를 잊으며, 통발이 물고기를 잡는 데 쓰이지만 물고기를 잡고 나면 통발을 잊는 것과 같다. 그렇다고 하면 언어는 상象의 올무이며 상象은 뜻의 통발인 셈이다.[357]

위 인용문은 『주역약례』의 「명상明象」이라는 제목 아래 첫 문장이다. 「명상」 전체는 체제상 두 부분으로 나눌 수 있다. 앞부분은 언어와 상징과 뜻의 관계를 설명하고 있으며, 뒷부분은 괘효사 속의 물상이 적절하지 않음을 구체적으로 적시하고 '망상忘象'할 것을 적극 추천하는 내용이다.

왕필은 역학을 『장자莊子』의 이론과 결합시켰다. "언어는 상象의 올무이며 상象은 뜻의 통발인 셈이다"라는 그의 언명은 장자의 "득어망전得魚忘荃.(고기를 잡으면 통발을 잊는다.)"358) 이론을 그대로 원용한 것이다. 이에 따르면 언어는 상징을 파악하는 도구이며, 상징은 뜻을 파악하는 도구에 지나지 않는다. 언어와 상징은 최종 목적지인 뜻을 얻는 데 유용한 것으로 인식된 것이다. 이때 뜻(意)이라는 것은 작역자作易者의 뜻, 생각, 의도 등을 가리키는 것으로 내용상으로는 『역』의 도道를 의미한다.

왕필은 『주역』의 성립에 대해 연역적 방법으로 접근하였다. 첫 문장 "상象은 뜻에서 나온 것이며 언어는 상象을 설명하는 것이다"라는 구절은 결국 『역』의 구성이 연역적으로 되어 있음을 말하고 있는 것이다. 먼저 뜻이 있고 나서 그 뜻을 드러내기 위해 상징이라는 도구를 사용하였으며 그 상징이라는 도구는 언어라는 설명적 수단을 필요로 했다는 말이다. 즉 의意→상象→언言의 순서로 작역作易되었다는 말이다. 그러나 성립은 그렇다 해도 작역자의 뜻을 알기 위해 접근하는 방식은 귀납적일 수밖에 없다. 작역作易의 반대 수순을 밟아야만 목적지에 도달할 수 있는 것이다. 언言→상象→의意의 수순으로 학역學易이 진행되는 것이다. 그것이 바로 아래 문장 "언어는 상에서 생겨나므로 언어를 찾아서 상象을 관찰할 수가 있으며, 상象은 뜻에서 생겨나므로 상을 찾아서 뜻을 관찰할 수가 있다"라는 구절의 의미이다.

이러한 득의망상得意忘象의 방법론을 채용하면 굳이 건乾이 용龍을 상징하는가 말(馬)을 상징하는가 하는 논쟁은 불필요한 말다툼일 뿐이다. 건乾의 뜻인 '건健', 즉 굳셈, 강건함의 뜻만을 취하면 된다. 그래서 한대 역학의 방법론을 '안문책괘案文責卦', 즉 "글에 따라 괘를 따진다"고 비판할 수가 있는 것이다. 괘효사에 따라 물상의 적절함을 따지다 보니 말은 있는데 건乾이 없으면 거짓된 주장을 마구 부풀리고, 호체互體를 응용하기도 하며, 이것마저도 맞아떨어지지 않으면 괘변卦變설로 설명하고, 이것으로도 설명이 되지 않으면 오행五行을 끄집어다 짜맞추곤 한다는 것이 이 「명상」의 대강이라 하겠다.

그렇다면 이제 다산의 왕필 비평을 들어보자. 「계사전」에 괘사와 효사의 내용에 대해 축약 설명하고 있는 문구가 있다. "단자彖者, 언호상자야言乎象者也, 효자爻者, 언호변자야言乎變者也." 이곳의 '단彖'자에 대해서는 설이 분분하다. 괘사卦詞로 보는 견해가 있는가 하면 「단전彖傳」으로 읽는 학자도 있다. 그러나 뭉뚱그려 괘사와 「단전」을 지칭한다고 보는 견해가 우세하다. 다산의 문맥 안에서는 아마도 괘사라고 해야 할 것이다. 다산의 풀이는 이러하다. "단사(괘사)는 상象을 말한 것이고, 효사는 변화를 말한 것이다." 다산은 '단彖'과 '효爻'를 각각 괘사와 효사로 풀이하는 것이다. 이는 그의 주석에서 분명하게 드러난다.

> '상象'은 포희씨가 괘를 그린 이래로 괘마다 가지고 있는 본래의 상(本象)이다.[괘가 변하지 않는다.] '변變'은 점치는 이가 시초를 센 뒤에 얻게 되는 한 효의 변화한 상(變象)이다.[건乾괘가 구姤괘로 간다.] 문왕의 단사(괘사—역자주.)는 본래의 상을 이용하여 설명한 글이며, 주공의 효사는 그 변화한 상을 이용하여 설명한 글이다.359)

다산의 주석에서 본상本象과 변상變象이라는 단어에 주목할 필요가 있다. 그는 사詞(괘사와 효사)에 주목하지 않았다. 왕필이 "단사는 한 괘 전체를 통론統論한 것이요, 상사는 각각 한 효의 의미를 설명한 것(各辯)이다"360)라고 하여, '통론統論'과 '각변各辯'이라는 서술적 개념으로 풀이한 것과는 매우 다른 접근방식이다. 다산은 『역』 경문의 해석에서 효변爻變하지 않은 본래의 상황과 효변한 뒤의 변화한 상황, 이 두 가지의 상황을 전제한다. 괘사는 괘가 변하지 않았을 때의 본래의 상을 말한 것이고, 효사는 괘가 변한 뒤의 그 변한 상을 가지고 말한 것이다. 「설괘」를 복희가 작역作易할 당시부터 존재한 『역』 해설서라고 규정한 다산은 다만 이 상만을 운용한다. 본상本象이라고 하는 것은 경문 주석에서 "차건지단야此乾之彖也(이는 건괘의 단사이다.)" "차곤지단야此坤之彖也(이는 곤괘의 단사이다.)" "차준지불변자야此屯之不變者也(이는 준괘가 변하지 않은 경우이다.)"라 한 곳을 가리킨다. 이는 각각 건乾괘와 곤坤괘 및 준屯괘의 괘사 아래 다산전茶山箋의 첫 문장이다. 건乾괘와 곤坤괘는 '단彖'으로, 준屯괘 이하는 모두 '불변자不變者'로 표현하였는데, '단'과 '불변자'는 다 본상本象을 말하기 위해 사용한 말로 같은 의미이다. 그는 건乾괘 「단전」의 주석에서 '단彖'의 의미를 다음과 같이 말하고 있다.

> '단彖'은 판단한다는 뜻의 단斷으로[6서書 가운데 형성자이다.] 본괘本卦의 판단사이다.[점쳐서 나온 결과이다.] 또 '단彖'은 시두豕頭, 즉 돼지의 머리를 형상한다.[『설문』에 보인다.] 단사는 6개의 효사 위에 있어서 마치 돼지의 머리가 몸뚱이 위에 있는 것과 같다.[「대전」에서 "단은 재질을 가리킨다"고 하였다.] 단사는 본디 문왕이 지은 것이며[곧 괘사이다.] 이곳에서 '단왈彖曰'로 되어 있는 부분은 공자가 단사를 해석한 글이다.361)

여기에서도 굳이 '단彖'자를 파자破字해서 豕+彑로 풀이하여 '단'자의 이미지를 보여주는 다산의 모습은 이채로울 정도이다.362) 이 주석에 따르면 '단'은 분명 괘사를 가리키고 있으며, 괘사는 한 괘 전체를 통론한 것이라기보다 어떤 괘가 변하지 않고 그 본모습을 유지하고 있을 때의 상황을 판단해주는 점사이다. “본괘의 판단사이다”고 한 것이 이를 뒷받침한다. 논리적 구조로 볼 때, 괘사를 ‘본괘의 단사’라고 한다면 효사는 결국 지괘之卦의 단사이다. 왕필은 지괘之卦를 운용하지 않았지만 다산은 철저하게 지괘를 활용한다. 다산은 효변爻變 개념을 경문 주석에서 철저하게 실현하는데, 다산에게 있어 효爻는 획畫이 아니라 변화를 지칭하며, 효가 변하고 나면 괘 또한 변한다. 본괘의 어느 한 효가 변하면 지괘가 만들어지고, 이 지괘는 본괘와는 다른 변화한 상을 갖게 된다. 이러한 ‘변상變象’은 경문 주석에서 “차건지구야此乾之姤也(이는 건괘가 구괘로 간 경우이다.)” “차건지동인야此乾之同人也(이는 건괘가 동인괘로 간 경우이다.)”라 한 곳들을 가리킨다. 건乾괘 제1효의 효사 “잠룡물용潛龍勿用(숨어있는 용이니 쓰지 말라.)”은 왕필의 견해로 보면 건乾괘 제1효의 의義, 즉 본덕本德을 말하지만, 다산에 따르면 건지구乾之姤의 덕이다. 왕필이 완사玩詞한 반면에 다산은 완상玩象한다. 그가 변상을 이용하여 풀이하고 있는 한 예를 들어보자. 다음은 건지구乾之姤, 즉 건乾괘 초9의 효사를 풀이한 것이다.

> 괘가 진震으로 이루어지니[복復괘 · 림臨괘 · 태泰괘이다.] 본디 다 용龍이다.[진震이 용을 상징한다.] 그런데 변하여 손巽이 되었고[아래가 이제 손巽이다.], 손巽이 숨음과[「대전」에서 “손巽이 걸맞지만 숨는다”고 하였다.] 엎드림과 들어감을 상징하니[「잡괘」와 「설괘」의 글이다.], ‘숨어있는 용’이다. 들어와서는 나가지 않아서[나감은 진震의 특성이다.] 쓰여지는 때가 아니므로[진震으로서 행동하지 않는다.], ‘숨어있는 용이니 쓰지 말라’고 한다. 본래부터 아래의 자리에 있어서[제1, 2위는 땅의 자리이다.] 숨어있는 것이 된다.363)

왕필은 애초부터 건乾괘에 용龍이 등장하는 것을 이해하지 못했다. 「설괘」에서는 분명히 ‘진위룡震爲龍’이라 하여 용龍을 진震 ☳이 상징하는 물상으로, '건위마乾爲馬'라 하여 말을 건乾 ☰이 상징하는 물상으로 지적하고 있다. 그런데 건乾괘에서는 말이 한번도 등장하지 않는다. 오히려 건乾괘에는 없는 진震 ☳의 물상이 효마다 등장한다. 말은 오히려 엉뚱하게도 곤坤괘의 괘사에 등장한다. 이를 어떻게 이해할 것인가? 왕필은 이 난관을 의리적 해석으로 돌파했다. "의미가 만약 강건함에 있다면 어찌 꼭 말이어야만 하겠는가? 류類가 만약 순종함에 있다면 어찌 꼭 소이어야만 하겠는가? 효爻가 만약 순종함에 맞는다면 어찌 꼭 곤坤이 소를 상징해야만 하겠는가? 뜻이 만약 강건함에 응한다면 어찌 꼭 건乾이 말을 상징해야만 하겠는가?"364)

그러나 다산은 「설괘」의 물상이 전혀 틀린 것이 없다고 생각한다. 괘효사의 물상과 「설괘」의 물상이 맞지 않는다고 생각하게 되는 것은 지괘之卦를 활용하지 않았기 때문이다. 지괘를 사용하면 맞지 않는 물상이 없다고 다산은 판단한다. 이 지괘는 다산이 『춘추』를 연구하면서 해결한 방안이다.

2. 「설괘」: 『주역』 해독의 열쇠

1) 「설괘」의 성립과 그 위상

'주역周易'이라는 책이름이 처음으로 등장하는 곳은 『춘추좌전』이다. 장공莊公 22년(기원전 672)조의 "주周의 사관이 『주역』을 가지고 진후陳侯를 알현한 일이 있는데 진후가 그에게 시초점을 치게 하였더니 관지비觀之否가 나왔다"365)는 기록이 바로 그것이다. 그러나 『논어論語』, 『장자莊子』, 『순자荀子』, 『관자管子』, 『예기禮記』, 『사기史記』 등에서는 대부분 '역易'으로만 언급되고 있다. '역경易經'이라는 명칭은 『한서漢書』에서 비롯되는데, 「예문지藝文志」에서 반고班固는 "『역경易經』 12편은 시수施讐와 맹희孟喜, 양구하梁丘賀 이 세 학자의 것이 있다"366)고 하여, 『역』을 경經의 위상으로 격상시키고, 복희, 문왕, 공자 이 세 성인의 권위에 기대어 『주역』의 성립과정을 신성화시켰다.

> 복희씨가 처음 8괘를 만들었다. 은주 교체기에 주紂왕이 지존의 지위에 있으면서 하늘을 어기고 백성을 포학하게 다루자, 문왕이 제후로서 천명에 순응하여 도를 행하니 천인天人의 점을 얻어 본받

> 을 수 있게 되었고 이에 『역』의 6효를 가지고 중첩하여 상하편을 만들었다. 공씨(孔子)가 「단」, 「상」, 「계사」, 「문언」, 「서괘」 등의 10편을 지었다. 그러므로 『역』의 도가 깊다고 한다.367)

복희가 8괘를 만들고 문왕에 와서 64괘로 중괘重卦가 되었으며, 여기에 공자가 10익을 보강했다는 것이다. 이렇게 세 사람의 성인을 거치고 그 오랜 세월을 거치면서 완성된 『역』이야말로 신성하기 그지없는 책이다. 복희가 '작팔괘作八卦'의 주인공임은 부인하는 학자가 없다. 그러나 중괘한 인물에 대해서는 여러 이론異論이 있다. 다산이 인용한 언급으로 정리한다면, "중괘重卦한 사람에 대해서는 학자마다 다르지만 대체로 네 가지 설이 있다. 왕필 등은 복희伏羲가 중괘했다고 여겼고, 정현의 무리는 신농神農이 중괘했다고 여겼다. 손성은 하우夏禹가 중괘했다고 여겼으며, 사마천 등은 문왕文王이 중괘한 것으로 여겼다."368) 그런데 다산은 반고 「예문지」의 이러한 문왕중괘설文王重卦說에 대해 근본적인 회의를 한다.

> 이 글(「예문지」)에서 「문언」을 10익 속에 포함시켰으나, 『역』의 효사 가운데 "기자가 오랑캐를 문명하게 했다"거나, 또 "왕이 기산에서 제사를 드렸다"는 글로 볼 때 전부를 다 문왕이 지은 것이 아님이 분명한데도 이제 "문왕이 『역』의 6효로서 중첩하여 상하편을 지었다"고 하였으니 그 말이 이처럼 치밀하지 못하다면 「문언」이 누구에 의해 지어졌는가를 반고가 또 어찌 다 알 수 있었겠는가!369)

다산의 이 주장은 「문언文言」이 10익에 포함되는 것이 아니라 옛 자서字書로서 공자도 이 「문언」을 이용하여 『역』을 읽었다는 것을 말하기 위해 한 말이지만, 그 가운데서 반고의 문왕중괘설文王重卦說을 치밀하게 연구하지 않은 부정확한 학설이라고 비판하였다. 다산은 명이明夷괘의 문왕과 관련된 고사를 인용하면서 이러한 한유漢儒의 치밀하지 않음을 지적한다.

> 총괄컨대 선유는 『역』의 괘효사를 문왕의 작품으로 여기면서, 기자가 오랑캐를 문명하게 한 일을 문왕이 미리 말할 수 없었다고 생각하였기 때문에 이렇게까지 곡해한 것이다. 그러나 "왕이 서산에서 제사를 드렸다"와 "왕이 기산에서 제사를 드렸다"라는 효사도 문왕의 글이 아니다.[왕으로 추존된 일은 무왕이 상商나라를 이긴 뒤이다.] 한유의 통하지 못함이 심하다.370)

『한서』「예문지」를 비롯하여 『별록別錄』에서 유향劉向은 '기자箕子'를 '해자荄滋'로 풀이하였고, 촉재蜀才는 '기箕'자에서 부수 '죽竹'자를 제거하고 '기자其子'라 풀이한 바 있다. 다산이 보기에 기자의 이야기는 문왕 시기에 실제했던 인물을 묘사한 것이다. 따라서 풀뿌리가 번식하는 모양으로 풀이한다든가 문왕의 아들이라고 한다든가 하는 해석을 곡해로 판단한다. 기자와 관련된 고사라든지 문왕이 서산과 기산에서 제사를 드린 고사는 역사상 실제했던 사건들로 문왕 당대에는 기술될 수 없던 것인데, 한유들처럼 문왕이 완벽하게 괘사와 효사를 다 지은 것이라는 아집과 신성화 의도 때문에 경문이 왜곡된다는 것이다.

다산에 따르면, 괘사와 효사는 각각 은나라 말기와 주나라가 흥기하던 시기에 문왕과 주공에 의해 저작된 것이다. 그렇다면 10익의 경우는 어떠한가?

> 『사기』「공자세가」에서 "공자가 늘그막에 『주역』을 좋아하여 차례대로 「단전」을 짓고 「상전」을 매어 달았는데, 「설괘」와 「문언」으로 『주역』을 읽으면서 가죽끈이 세 번이나 끊어졌다"고 하였다.371)

사실 「공자세가」의 이 문구에 대해서는 이론이 분분하다. 표점 및 서명과 편명 표시를 제거하고 보면 "공자만이희역서단계상설괘문언孔子晩而喜易序彖繫象說卦文言"이 된다. 이 가운데 '서단계상설괘문언序彖繫象說卦文言'을 다 10익의 한 편으로 보기도 한다. 즉, 「서괘전」, 「단전」, 「계사전」, 「상전」, 「설괘전」, 「문언전」으로 읽는 것이다. 「잡괘전」은 여기에 빠져 있지만 「단전」과 「계사전」과 「상전」이 상하편으로 되어 있으므로 9편의 편명이 등장하는 셈이다. 그러나 다산은 이를 위 해석처럼 이해한다. 공자는 예부터 전해져 오던 「문언」과 「설괘」를 이용해 『역』을 읽었고, 문왕과 주공의 괘효사에 각각 「단전」과 「상전」을 내어 붙였다고 이해하는 것이다. 왜 이렇게 해석하는지 다산의 해명을 들어보자.

> 장씨張氏372)에 대해, (공영달의) 『정의正義』에서 '서序' 한 글자로 「서괘」를 가리켰다고 하였는데 가소로운 일이다. 「문언」을 공자가 지은 것으로 생각한다면 공자가 스스로 「문언」을 짓고 나서 또 스스로 자기가 지은 책을 읽으면서 위편삼절하게 되었다는 것이니 또한 지나친 것이다. '서단序彖'이라는 말은 문왕의 단사를 가지고 차례지어 「단전」을 지었다는 것이요, '계상繫象'이라는 말은 주공의 효사를 가지고 거기에 「상전」을 달았다는 것이다. 「설괘」란 예부터 전해오던 고문이요[주자와 오유청(吳澄)이 다 「설괘」는 예부터 있었다고 하였다.], 「문언」은 목강穆姜이 외웠던 고서이다. 공자는 이 두 종류의 고문을 가지고 『역』을 읽어 가죽끈이 세 번 끊어질 정도에 이른 것인데 지금 「설괘」와 「문언」을 공자가 지었다고 하면 되겠는가?[지금의 「설괘」에 자못 공자의 글이 섞여 있기는 하다.] 「설괘」와 「문언」은 바로 『역』 괘효사의 고훈詁訓이니, 이 두 가지가 아니면 비록 성인일지라도 사실 『주역』을 읽을 수 없다.373)

다산에 따르면 「문언」은 목강穆姜이 외웠던 고서이고 「설괘」는 예부터의 고문으로서, 이것들이 없었다면 그 누구도 『역』을 읽어낼 수 없다. 따라서 「공자세가」의 위 구절은 "차례대로 「단전」을 짓고 「상전」을 매어 달았는데, 「설괘」와 「문언」으로 『주역』을 읽으면서 가죽끈이 세 번이나 끊어졌다"로 해석해야 한다는 것이다. 사실 위 인용문에서 「문언」과 「설괘」를 '『역』 괘효사의 고훈詁訓'이라 하여 고훈의 자료가 '역사易詞'인 것처럼 오해하게 만들었지만, 전체적인 다산의 문맥에 따르면 단사彖詞, 즉 괘사는 문왕의 작품이며 효사는 주공의 저작이다. 고훈이라고 한 것도 『역』 괘효사가 이미 이루어지고 난 뒤에 행해진 훈고가 아니라, 8괘와 64괘라는 기호에 대한 고훈인 것이다. 이는 다산 역 주석의 전체적인 흐름을 통해 알 수 있다.

다산이 이렇게 변증하고 있는 주목적은 「문언」이 『역』에 대한 고훈으로서의 고문이며 「설괘」가 64괘의 탄생과 동시에 이루어진 전적이기 때문에, 이것 없이는 『역』이 해석되지 않는다는 것을 주장하기 위함이다. 「문언」은 이미 고자서古字書임을 여러 곳에서 다산이 밝힌 바 있다.[374] 이곳에서는 본 논문의 주제와 관련하여 「설괘」에 주목하기로 한다.

10익의 성립에 대해서는 많은 이론이 있다. 현대 역학자들은 대부분 그간의 고증학적 성과들을 바탕으로 10익이 공자 1인의 저작이라는 데 동의하지 않으며, 성립시기도 동일하게 보지 않는다. 대체로 전국 시기 말에 성립되었을 것으로 보는 경향이 있다. 특히 「설괘」에 대해서는 결코 한 사람의 저작이 아니라는 데 의견을 같이한다. 공자의 말이 섞여 들어가 있거나 혹은 후대의 집성으로 보는 경향이 있다.

다산은 「설괘」가 복희가 처음 획을 만들었을 때부터 존재한 古文이라는 주장을 편다. 복희에 의해 시획始畫된 8괘가 어떤 의미를 지니고 있다고 할 경우 「설괘」의 해설이 있지 않고서는 어느 누구도 그것을 이해할 수가 없다. 8괘는 단지 기호일 뿐인데 암호와 다를 바 없는 이 기호를 풀기 위해서는 반드시 「설괘」가 획을 그릴 때부터 존재했어야 한다. 이것이 다산이 내리는 결론이다. 「설괘」가 없이 8괘를 이해한다는 것은 성인이라도 불가능하다. 그간 「설괘」의 진위와 연대에 대해서 많은 논란이 있어 왔지만 "8괘가 처음 그려졌을 때 「설괘」도 함께 이루어졌다"375)는 다산의 직설直說은 이런 의미에서 타당하게 보인다. 복희가 8괘를 처음 그렸을 때 이 암호를 설명하는 해설서를 함께 만들었는데, 그것이 「설괘」이며, 이 「설괘」에서 말하고 있는 괘상들은 『역』의 괘효사에서 모두 드러난다.

> 선유가 「설괘」를 공자의 저작이라고 말한 것은 깊고 엄밀하게 연구하여 나온 논의가 아니다. 물상物象을 취하지 않는다면 8괘는 애초부터 지을 필요가 없다.[괘만으로는 아무런 쓸모가 없다.] 「설괘」는 포희庖犧씨가 처음 괘를 그릴 때 우러러 천문天文을 살피고[감坎과 리離가 달과 해를 상징한다.] 엎드려 지리地理를 관찰하여[간艮과 태兌가 산과 연못을 상징한다.], 멀리 사물에서 취하고[건乾과 곤坤이 말과 소를 상징한다.] 가까이로는 몸에서 취하여[간艮과 진震이 손과 발을 상징한다.] 그 상象을 완미하여 명명하고, 이로서 신명神明과 약속을 맺은 것인데 공자를 기다렸겠는가!376)

이에 따르면 「설괘」는 복희씨가 천문과 지리를 관찰한 뒤에 원근의 물상들을 비유하여 지은 것이다. 「설괘」는 공자가 지었다는 10익에 포함되는 것이 아니다. "물상을 취하지 않는다면 8괘는 애초부터 지을 필요가 없다. 괘만으로는 아무런 쓸모가 없다"는 말은, 물상 없이는 8괘가 아무 쓸모 없는 존재일 수밖에 없다는 것이다. 8괘를 그릴 때 이미 천문지리에서 상을 취하고 원근의 사물에 빗대어 획을 그었던 것이기 때문에 「설괘」에 등장하는 물상들은 복희의 손끝에서 명명된 것이다.

2) 「설괘說卦」가 고문古文이라는 증거

다산은 「설괘」가 고문古文이라는 증거로 두 가지를 들고 있다. 첫째, 「설괘」 8괘의 방위와 그 순서가 고대 정치행위시의 방위와 동일하다는 점이다. 이에 대한 다산전을 살펴보자. 아래는 「설괘표직설」과 그것의 세전細箋이다.

> 직설直說 : 「설괘」의 방위의 순서는 당요唐堯와 우순虞舜이 바꾸지 않은 것이다.

> 세전細箋 : 『서書』 「요전」의 희씨와 화씨의 직분을 언급한 곳에 나오는 동작東作(봄철의 파종—역자주.), 남와南訛(여름철의 농사일—역자주.), 서성西成(가을철의 추수—역자주.), 삭역朔易(겨울철의 밭갈이—역자주.)은 4방의 괘 방위와 꼭 들어맞는다. 「순전」에 나오는 순수巡守의 순서도 마찬가지이다. 이로써 「설괘」라는 책이 이전 시대부터 본디 있었던 것임을 알 수 있다. 리離가 동쪽을, 감坎이 서쪽을 상징한다(離東坎西)는 학설은 옛 경서에 근거가 없다.377)

『서書』 「요전堯典」에 요堯의 치세가 서술되어 있다. 요堯는 희씨羲氏와 화씨和氏에게 자연현상을 관찰하여 사람들에게 때를 알리는 직책을 내렸는데, 희중羲仲에게는 동작東作을 다스리도록 하였고, 희숙羲叔에게는 남와南訛를 다스리도록 하였고, 화중和仲에게는 서성西成을 다스리도록 하였으며, 화숙和叔에게는 삭역朔易을 고르게 살피도록 하였다.378) 동작東作, 남와南訛, 서성西成, 삭역朔易은 봄, 여름, 가을, 겨울의 농사일을 지칭하는 말로, 동쪽은 봄, 남쪽은 여름, 서쪽은 가을, 북쪽은 겨울을 상징한다는 방위 개념에 근거한 것이다. 「설괘표직설說卦表直說」에서 예시한 「설괘」 방위표를 보면, 4시四時 춘하추동春夏秋冬이 각각 정동진正東震, 정남리正南离, 정서태正西兌, 정북감正

北坎에 배속되어 있는 것을 알 수 있다. 이 방위표는 「설괘」에 근거하여 다산이 직접 정리해 놓은 것인데 춘하추동의 방위가 『서』 「요전」의 방위와 일치한다. 아래에 비교를 위하여 소강절의 선천 8괘 순서와 방위, 그리고 다산이 「설괘」에 근거하여 정리한 8괘의 순서와 방위를 도표로 제시한다.

<소강절의 선천 8괘 순서와 방위>

1	2	3	4	5	6	7	8
乾―天	兌―澤	离―火	震―雷	巽―風	坎―水	艮―山	坤―地
南	南東	東	東北	西南	西	西北	北

<다산의 8괘 순서와 방위>

1	2	3	4	5	6	7	8
震―雷	巽―風	离―火	坤―地	兌―澤	乾―天	坎―水	艮―山
正東	東南	正南	西南	正西	西北	正北	東北

한편 『서』 「순전舜典」에 "이 해 2월, 동쪽으로 순수巡守하여 태산泰山에 이르러 시柴제사를 지내고, … 5월, 남쪽으로 순수하여 남악(衡山)에 이르러 태산에서의 예법처럼 하였다. 8월, 서쪽으로 순수하여 서악(華山)에 이르러 처음처럼 하였다. 11월, 북쪽으로 순수하여 북악(恒山)에 이르러 서쪽에서의 예법처럼 하고 돌아왔다"[379]는 기록이 있다. 순舜은 2월의 봄에 동쪽을 순수하였고, 5월의 여름에 남쪽을, 8월의 가을에 서쪽을, 11월의 겨울에 북쪽을 순수한 것이다. 여기에 나타나는 순수巡守의 계절과 방위도 「요전」과 마찬가지로 「설괘」의 4시四時 방위와 꼭 들어맞는다.

「요전」과 「순전」의 시대, 곧 하夏나라가 성립하기 이전에도 「설괘」의 방위와 계절은 변함없이 그들의 정치적 행위의 수단으로 이용되었다고 판단하는 것이다. 따라서 「설괘」는 공자를 기다려서 만들어진 것도 아니고 더군다나 그 후대의 작품이라고 할 수가 없는 고문古文이라고 다산은 결론짓는다. 위 세전細箋의 '리동감서离東坎西'의 학설은 소강절邵康節의 복희 선천 8괘 방위를 가리킨다. 소강절은 「설괘전」 원문 "천지정위天地定位, 산택통기山澤通氣, 뇌풍상박雷風相薄, 수화불상역水火不相射, 팔괘상착八卦相錯. 수왕자순數往者順, 지래자역知來者逆. 시고是故, 『역易』역수야逆數也(하늘과 땅이 자리를 정하고, 산과 연못이 기운을 통하고, 우레와 바람이 서로 부딪치고, 물과 불이 서로 싫어하지 않으면서, 8괘가 서로 뒤섞여서 마찰한다. 지나간 일을 셈하는 것은 순順이고, 다가올 일을 아는 것은 역逆이다. 그러므로 『역』은 거꾸로 셈한다.)"에 대해 「관물외편觀物外篇」에서 "진震에서 일어나서 간艮에서 마친다는 1절은 문왕 8괘를 밝힌 것이고, '천지정위天地定位' 1절은 복희 8괘를 밝힌 것이다"380)라 규정한 바 있고, 주희는 이에 근거하여 『주역본의』에 '복희팔괘방위도伏羲八卦方位圖'를 그려넣었다. 그러나 다산은 이에 대해 근거가 없다고 말한다. 「설괘」에 문왕의 후천학과 복희의 선천학이라는 판이하게 다른 두 방위가 공존한다는 소강절과 주희의 설명은, 그것이 고문임을 알지 못하여 억지 해석을 한 것으로 이해하는 것이다.

둘째, 물상의 명칭과 괘덕卦德의 내용이 고역古易과 동일하다는 점이다.

> 직설直說 : 「설괘」의 물상의 이름과 괘덕의 구분은 하나라와 상나라가 고치지 않은 것이다.

> 세전細箋 : 하나라의 역은 간艮괘를 맨 앞에 두어 '연산連山'이라 하였다.[간艮이 산을 상징한다.] 상나라의 역은 곤坤괘를 맨 앞에 두어 '귀장歸藏이라 하였다.[곤坤이 감춤을 상징한다.] 이로써 그것이 고치지 않은 것임을 알 수 있다.381)

하夏나라와 상商나라에 각각 연산역連山易과 귀장역歸藏易이 있었다. 현재는 그 면모를 다 알 수 없지만 마국한馬國翰이 채록한 집일본輯逸本에서 그 일부를 볼 수가 있다.382) 하역夏易과 상역商易, 주역周易은 그 체제상에 차이가 있다. 하역夏易은 연산역連山易이라 불리고, 상역商易은 귀장역歸藏易이라 불리는데, '연산連山'이라는 명칭은 간艮괘를 64괘 가운데 첫 번째 괘로 배치하였기 때문이며, '귀장歸藏'이라는 명칭은 곤坤괘를 첫 번째 괘로 놓았기 때문이다. 여기에서 알 수 있는 사실은 이 두 역易의 별칭이 「설괘」의 물상에 근거하여 명명되었다는 점이다. 곧 「설괘」의 "간위산艮爲山", "곤이장坤以藏"이라는 물상이 그대로 적용되어 명명된 것으로 보아 하나라와 상나라 때에도 「설괘」에 의해 『역』을 해석하였을 것이라는 추측이 가능해지는 것이다.

다산은 애초 「설괘」가 복희의 획괘 과정에서 비슷한 사물을 하나의 모델로 삼아 비유의 형식을 빌려 제작된 것이라고 생각한다. 처음 제작단계에 아주 비슷한 것들을 취하여 8괘의 상象에 연관지었던 것이기 때문에 「설괘」가 없다면 성인이 세운 만물의 상을 후인들은 이해할 방법이 없다. 따라서 고대로부터 전해진 고문古文에 후대의 문왕文王이나 공자가 개입할 여지는 전혀 없는 것이며, 복희 선천과 문왕 후천의 방위가 다르다는 소강절과 주희의 선후천先後天 관념은 근거 없는 것이 된다.

64괘가 8괘의 중첩으로 형성된 것임이 분명하고 이른바 "팔괘상탕八卦相蕩"하여 64괘 384획의 변화가 있게 되는데 만약 「설괘」의 물상이 아니라면 이 모든 변화의 양상을 무엇으로 표현하였겠는가? 8괘라면 8개의 기호요, 64괘라면 64개의 기호이며, 384획이라면 384개의 기호인데 이 기호는 어떤 기호란 말인가? 「설괘」의 물상이 만들어내는 기호의 연합 없이 이 수많은 기호들을 해석할 수 있겠는가라고 반문하고 있는 것이다. 따라서 「설괘」는 결코 문왕이나 공자에 와서 이루어진 책이 아니다. 64괘가 「설괘」의 물상

없이는 아무런 의미연관을 지니지 못한다고 한다면, 당연히 64괘와 「설괘」는 동시 병존하는 것일 수밖에 없다. 그것이 복희였든 아니면 그 어떤 천재였든 간에 8괘와 64괘, 그리고 「설괘」는 동시적이어야 하는 것이다.

3) 「설괘전」 중의 고문古文과 공자의 전문傳文

「설괘」를 공자의 저작으로 보는 견해가 '깊고 엄밀하게 연구하여 나온' 논의가 아니라고 했을 때, 이 말 속에는 긍정과 부정의 의미가 모두 내포되어 있다. 틀린 말도 아니고 맞는 말도 아니다. 단지 깊고 엄밀하게 연구하지 못한 것이다. 「설괘표직설說卦表直說」에서 다산이 고문과 전문을 어떻게 구분하고 있는지 살펴보자.

> 직설直說 : 공자의 손에 의해 지어진 것은 「설괘」의 서사序詞이다.
>
> 세전細箋 : '옛날 성인이 『역』을 지을 때 그윽히 신명으로부터 도움을 받아 시책의 방법을 세웠다'는 구절부터 '『역』은 거꾸로 셈한다'는 구절까지가 공자의 전문傳文이다. 또 '만물이 진震에서 나온다'는 구절부터 '이미 만물을 이룬다'는 구절까지가 공자의 전문傳文이다.[383)]

다산에 따르면, 「설괘전」에는 공자의 서사序詞가 끼어들어가 있다. 서사는 서문과 같은 역할을 하는 총론 성격의 글이다. 공자의 서사 외의 글들은 모두 'A≒Á'의 형식적 구조를 지닌다.

「설괘전」 원문을 다산의 분절에 따라 나누어보면 24개의 문단이 된다. 밑줄 친 곳은 다산이 지적한 공자의 전문이다.

1. 昔者聖人之作易也, 幽贊於神明而生蓍.

2. 叄天兩地而倚數.

3. 觀變於陰陽而立卦, 發揮於剛柔而生爻, 和順於道德而理於義, 窮理盡性以至於命.

4-1. 昔者聖人之作易也, 將以順性命之理. 是以立天之道曰陰與陽, 立地之道曰柔與剛, 立人之道曰仁與義. 兼三才而兩之, 故易六畫而成卦.

4-2. 分陰分陽, 迭用柔剛, 故易六位而成章.

5. 天地定位, 山澤通氣, 雷風相薄, 水火不相射, 八卦相錯.

6. 數往者順, 知來者逆, 是故易逆數也.

7. 雷以動之, 風以散之, 雨以潤之, 日以烜之, 艮以止之, 兌以說之, 乾以君之, 坤以藏之.

8. 帝出乎震, 齊乎巽, 相見乎離, 致役乎坤, 說言乎兌, 戰乎乾, 勞乎坎, 成言乎艮.

9. 萬物出乎震, 震東方也, 齊乎巽, 巽東南也, 齊也者, 言萬物之絜齊也. 離也者, 明也, 萬物皆相見, 南方之卦也, 聖人南面而聽天下, 嚮明而治, 蓋取諸此也. 坤也者, 地也, 萬物皆致養焉, 故曰致役乎坤.

10. 兌, 正秋也, 萬物之所說也, 故曰說言乎兌. 戰乎乾, 乾西北之卦也, 言陰陽相薄也. 坎者, 水也, 正北方之卦也, 勞卦也, 萬物之所歸也, 故曰勞乎坎. 艮東北之卦也, 萬物之所成終而所成始也, 故曰成言乎艮.

11. 神也者, 妙萬物而爲言者也. 動萬物者莫疾乎雷. 橈萬物者莫疾乎風, 燥萬物者莫熯乎火, 說萬物者莫說乎澤, 潤萬物者莫潤乎水, 終萬物始萬物者莫盛乎艮.

12. 故水火相逮, 雷風不相悖, 山澤通氣, 然後能變化旣成萬物也.

13. 乾, 健也. 坤, 順也. 震, 動也. 巽, 入也. 坎, 陷也. 離, 麗也. 艮, 止也. 兌, 說也.

14. 乾爲馬, 坤爲牛, 震爲龍, 巽爲雞, 坎爲豕, 離爲雉, 艮爲狗, 兌爲羊.

15. 乾爲首, 坤爲腹, 震爲足, 巽爲股, 坎爲耳, 離爲目, 艮爲手, 兌爲口.

16. 乾, 天也, 故稱乎父. 坤, 地也, 故稱乎母. 震一索而得男, 故謂之長男. 巽一索而得女, 故謂之長女. 坎再索而得男, 故謂之中男. 離再索而得女, 故謂之中女. 艮三索而得男, 故謂之少男. 兌三索而得女, 故謂之少女.

17. 乾, 爲天, 爲圜, 爲君, 爲父, 爲玉, 爲金, 爲寒, 爲冰, 爲大赤, 爲良馬, 爲老馬, 爲瘠馬, 爲駁馬, 爲木果.

18. 坤, 爲地, 爲母, 爲布, 爲釜, 爲吝嗇, 爲均, 爲子母牛, 爲大輿, 爲文, 爲衆, 爲柄, 其於地也, 爲黑.

19. 震, 爲雷, 爲龍, 爲玄黃, 爲敷, 爲大塗, 爲長子, 爲決躁, 爲蒼筤竹, 爲萑葦, 其於馬也, 爲善鳴, 爲馵足, 爲作足, 爲的顙, 其於稼也, 爲反生, 其究爲健, 爲蕃鮮.

20. 巽, 爲木, 爲風, 爲長女, 爲繩直, 爲工, 爲白, 爲長, 爲高, 爲進退, 爲不果, 爲臭, 其於人也, 爲寡髮, 爲廣顙, 爲多白眼, 爲近利市三倍, 其究爲躁卦.

21. 坎, 爲水, 爲溝瀆, 爲隱伏, 爲矯輮, 爲弓輪, 其於人也, 爲加憂, 爲心病, 爲耳痛, 爲血卦, 爲赤, 其於馬也, 爲美脊, 爲亟心, 爲下首, 爲薄蹄, 爲曳, 其於輿也, 爲多眚, 爲通, 爲月, 爲盜, 其於木也, 爲堅多心.

22. 離, 爲火, 爲日, 爲電, 爲中女, 爲甲胄, 爲戈兵, 其於人也, 爲大腹, 爲乾卦, 爲鱉, 爲蟹, 爲蠃, 爲蚌, 爲龜, 其於木也, 爲科上槁.

23. 艮, 爲山, 爲徑路, 爲小石, 爲門闕, 爲果蓏, 爲閽寺, 爲指, 爲狗, 爲鼠, 爲黔喙之屬, 其於木也, 爲堅多節.

24. 兌, 爲澤, 爲少女, 爲巫, 爲口舌, 爲毀折, 爲附決, 其於地也, 爲剛鹵, 爲妾, 爲羊.

「설괘표직설」의 분류에 따라서 「설괘」 고문과 공자의 전문을 나누어 본다면 다음과 같다.

1~6번 문단 : 공자의 전문.
7~8번 문단 : 고문.
9~12번 문단 : 공자의 전문.
13~24번 문단 : 고문.

다산이 공자의 전문傳文으로 분류한 문단 가운데 1~6번은 성인이 『역』을 지은 방법과 그 내용, 목적, 의미 등을 총론한 것이며, 9~12번은 8괘의 방위와 괘덕을 총론한 것이다. 고문古文에 해당하는 것들은 모두 'A≒Á'의 형식구조를 지니며 8괘의 상象과 덕德을 가리키고 있는 문장들이다. 건乾을 예로 든다면, 괘덕으로써 '군지君之(임금노릇함)', '건健(굳셈)' 등과 '마馬', '수首', '천天' 등과 같은 물상을 적시해 놓은 문장이 고문에 해당한다. 7~8번 문단이 외형적으로는 13번 이하의 문장형식과 달라 보이지만 '뇌이동지雷以動之', '제출호진帝出乎震'과 같이 괘덕을 표현하기 위한 변형일 뿐 기본적으로 'A≒Á'의 형식구조에서 벗어나지 않는다.

문장의 내용이나 형식으로 볼 때 다산과 같은 구분이 충분히 가능할 수 있다. 『주역사전』의 서두에 있는 이 「설괘표직설」과 후반부에 있는 「설괘전」의 다산전과 연관하여, 현재의 연구자들에게는 상식화되어 있는 잘못된 분석 한 가지를 지적하지 않을 수 없다. 다산은 「설괘전」 9번 문단 "만물출호진萬物出乎震, 진동방야震東方也. …" 아래에 "윗 장은 다 고문이며, 이곳 이하는 공자의 해석이다"[384]라는 전箋을 달았는데, 이을호(1993)는 이 전箋에 천착하여 "도대체 어느 쪽이 옳은지 이를 구분해서 알아낼 수가 없다. 문맥상으로는 「설괘표직설」이 옳은 것으로 여겨지지만 일단 여기서는 이를 궐의闕疑로 해두기로 한다"[385]는 의혹을 제기하고, 이를 다산의 "자가당착"[386]으로 결론내린 바 있다. 이을호의 천착대로 「설괘전」을 재구성하면 다음과 같이 된다.

1~8번 문단 : 고문.
9~24번 문단 : 공자의 전문.

이렇게 되면 「설괘표직설」에서 공자의 전문이라 한 1~6번 문단이 고문에 편입되고, 또 고문이라 한 13~24번 문단이 공자의 전문에 편입된다. 이는 다산역의 전체 구도로 보면 너무나 어이없는 구분이다.

설령 「설괘표직설」과 「설괘전」의 전箋 완성의 시간적 격차가 아주 크다 하더라도, 다산역학 내의 「설괘전」의 중요도로 비추어볼 때 다산 스스로 자가당착에 떨어질 리가 없다. 게다가 이 두 곳의 주석은 완성의 시간차가 길게 잡아야 1년을 넘지 못한다. 다산이 『주역사전』 저술을 시작한 지 5년만에 무진본戊辰本(1808)을 완성하였는데, 「제무진본題戊辰本」에 따르면 갑자본, 을축본, 병인본, 정묘본, 무진본을 제작하였으므로, 매년 최소 한번의 개정을 한 셈이며, 이 작업에는 그의 두 아들 정학연과 정학포, 그리고 제자 이학래가 참여하였다.[387] 게다가 「제독역요지후題讀易要旨後」에 따르면, 병인본(1806) 전에 편집이 마무리되어 장정까지 다 되었지만 다산 스스로 폐기할 수밖에 없었던 또 하나의 개정본이 있었으며, 갑자년(1804)부터 병인년(1806)의 3년 동안 다섯 번 원고를 수정하였다고 한다.[388] 탈고 과정에 여러 사람이 참여하였고, 매년 한두 차례의 개정을 하였다고 한다면 매우 철저한 저작임에 틀림없다. 그렇다면 「설괘전」의 전箋에서 그 구분이 잘 포착되지 않는 이유는 어째서일까? 「설괘표직설」에서 아주 분명하게 구분해 주었기 때문에 다산 스스로 말을 아낀 것으로도 볼 수 있다. 그러나 다산은 분명하게 「설괘표직설」의 구분과 똑 같이 「설괘전」을 구분하여 전箋을 달았다.

7번 문단 “뇌이동지雷以動之, 풍이산지風以散之 …(우레는 움직이고, 바람은 흩어지고, …)”의 다산전을 보면, 1~6번 문단의 성격과 7번 문단의 성격이 차별적인 것임을 분명히 밝히고 있으며, 또 그것이 복희의 말임을 천명하였다.

> 이는 괘덕을 가리킨다.
> ○ 성인이 『역』을 말할 때는 따로따로 말을 꺼내어 미루어서 통할 수 있게 한 것이 많다. 건乾이 임금노릇하는 것이라면 곧 곤坤은 신하의 도리를 상징한다는 것을 알게 되고, 리离가 이미 해를 상징한다면 곧 감坎에 달의 상이 있음을 알 수 있다.[간艮이 그침을 상징한다면 진震은 다님을 상징한다. ○ 곤坤이 저장함을 상징한다면 건乾은 베풂을 상징한다. ○ 감坎이 적심을 상징한다면 리离는 말림을 상징한다.][389)]

이곳의 성인은 『역』을 창작한 복희를 가리킨다. 이 문단은 「설괘」의 기본문장형식을 갖추고 있는 것으로써, 괘덕을 하나하나 밝혀놓은 부분이다. 따라서 앞 문단과는 문장형식이 다르다. 1~3번 문단은 『역』 창작 당시에 고안된 시책蓍策의 방법을 논하는 내용으로써, 이미 “옛날 성인이 『역』을 지을 때(聖人之作『易』也.)”라는 말로 시작하기 때문에, 성인 자신의 말이 아니라 후대인의 평가라는 것이 문장만으로도 드러난다. 따라서 다산이 이에 대해 고문이냐 아니냐를 논할 이유가 없다. 4번 문단은 『역』 창작 당시에 이미 6획으로 한 괘를 이루었고 그 안에는 천지인 3재의 사상이 담겨있음을 밝히는 내용으로써, 이 또한 “옛날 성인이 『역』을 지을 때”라는 말로 시작하기 때문에, 작역자의 고문이 아니다. 5번 문단은 소강절과 주희가 선천 8괘 방위의 전거로 삼는 문장이지만, 다산은 이를 “하늘, 땅, 물, 불, 우레, 바람, 산, 연못의 실질적인 이치를 말하여서, 8괘가 교역하여 64괘를 이루는 본뜻을 밝혔다. … 성인이 이러한 상象을 관찰하여 괘를 그렸으므로 8괘와 8물이 서로 사귀고 서로 마찰하여 64괘를 이룬다”[390]고 하여, 작역자의 관상觀象과 작괘作卦의 정황을 평가하는 후대인의 글로 읽고 있다. 6번 문단 또한 “그러므로 『역』은 거꾸로 셈한다”[391]고 하였으니, 후대인의 평가로 읽힐 수밖에 없다. 따라서 다산은 특별히 이에 대해 부연하면서 고문이다 아니다를 밝혀야 할 필요성을 느끼지 못하였을 것이다. 그 대신 7번 문단의 첫 주석을 “이는 괘덕卦德을 가리킨다”라는 말로 시작하여, 6번 문단까지의 내용과 성격이 다르다는 것을 보여주었다. 8번 문단은 다산이 언급한 괘덕의 범주에 속하는 것으로, 단지 문장의 형식만 약간의 차이가 있을 뿐이다.

그리고 또다시 9번 문단의 아래에 “윗 장은 다 고문이며, 이곳 이하는 공자의 해석이다”[392]라는 전箋을 달아서 앞 문단과 그 성격을 구분하였다. 여기에서 말한 ‘윗 장’을 앞 문단 전체를 지시하는 것으로 읽을 이유가 전혀 없다. 9~12번까지의 문단은 이러한 문맥 속에서 공자가 「설괘」가 담고 있는 진리를 총괄적으로 설명한 문장으로 읽힌다. 13번 문단부터 다시 고문이 시작되는데, 다산 전 가운데 특별히 이곳부터는 고문이다라는 문구는 없지만 「설괘전」 원문의 다산 원주에서 「서괘序卦」를 언급하고, 전箋에서 「잡괘전」과 「계사하전」의 괘덕卦德을 언급하면서, 이 세 「역전易傳」의 괘덕과 「설괘」의 괘덕이 동일한 것임을 밝혀주고, 또 “「설괘」는 『역』 괘효사의 고훈詁訓이다. 그 한 글자 한 문장이 다 어두운 거리를 밝히는 밝은 촛불이니, 『역』을 음미하는 자라면 마땅히 한 글자 한 글자 꼼꼼히 생각하고 증험해야 한다”[393]고 하여 이곳 이하를 역사易詞의 고훈詁訓으로 읽어야 한다는 점을 주지시키고 있다.

따라서 「설괘표직설」과 「설괘전」의 복희 고문古文과 공자 전문傳文의 구분 사이에는 아무런 모순이 생기지 않는다. 8괘 각각의 괘덕과 물상들을 나열한 문장은 고문이며, 「설괘」에 대한 총론 부분은 다산의 이른바 공자의 서사序詞이다. 「설괘」는 공자의 전문傳文이 포함되어 있기 때문에 「설괘전說卦傳」의 명칭을 얻을 수 있는 것이며, 또 그러한 이유 때문에 10익十翼의 하나라는 지위를 얻게 되는 것이다.

4) 물상物象의 외연 확장

다산이 8괘 각각에 보충해 넣은 물상은 '금보今補'라는 제목 아래 총 90개이다. 그가 새로 추가해 넣은 물상을 괘별로 살펴보면 다음과 같다.

건乾의 물상: 矢, 階, 郊, 野, 宗, 賓, 嬴, 富, 白, 茅, 忿. (11개)
곤坤의 물상: 田, 朋, 膚, 溫, 甘, 慾. (6개)
진震의 물상: 鬚, 草木, 舟車, 囊, 斗, 旗, 簋, 筐, 帝, 行人, 老人, 君子, 師, 將帥, 仁, 左, 立, 閉, 首. (17개)
손巽의 물상: 牛, 蟲. 藥, 載, 隱伏, 施, 主人. (7개)
감坎의 물상: 鹿, 背, 田, 石, 帶, 膏, (鳥)翼, 敬, 知, 幾, 處, 亂, 衆. (13개)
리離의 물상: 面, 墉, 獄, 防閑, 苦, 治, 禮, 誠, 寬, 辨, 喜, 嘉, 史, 武人, 孚. (15개)
간艮의 물상: 邑, 牀, 廬次, 土, 迷, 守, 誠, 退, 童, 小人, (木)根. (11개)
태兌의 물상: 虎, 金, 食, 袂, 義, 幽人, 脫失, 右, 晦, 厲.[394] (10개)

이렇게 추가된 물상들은 모두 괘효사에 근거가 있는 것들이다. 이중에 건乾에 추가된 물상 11개를 가지고 다산이 어떤 과정으로 물상을 추출해 내었는지 살펴보자.

<table>
<tr><th></th><th></th><th>「說卦表直說」의
기본 物象</th><th colspan="2">荀九家</th><th>今補 (보강한 物象)</th></tr>
<tr><td rowspan="2">一乾天</td><td rowspan="2">☰</td><td rowspan="2">建 父 賓 馬 首
大赤 金玉 氷</td><td>찬동</td><td>衣 直 施 德 人 盈
大車
(玉 矢)</td><td rowspan="2">矢 階 郊 野 宗 賓
嬴 富 白 茅 忿</td></tr>
<tr><td>반대</td><td>龍 言 甲</td></tr>
<tr><td rowspan="2">二坤地</td><td rowspan="2">☷</td><td rowspan="2">順 母 衆人 牛
腹 黑 釜 布</td><td>찬동</td><td>裳 帛 黃 邑 臣民 國
虛 暑</td><td rowspan="2">膚 田 朋 膚 溫 甘
慾</td></tr>
<tr><td>반대</td><td>虎 拇 鬼 死 迷 亂 漿
器 乙 晦</td></tr>
<tr><td rowspan="2">三震雷</td><td rowspan="2">☳</td><td rowspan="2">動 長男 君子
龍 足 蒼 簋 稼</td><td>찬동</td><td>夫 兄 器 乙 仰缶 行
侯 主 樂 作
(拇 茅 棟)</td><td rowspan="2">鬚 草木 舟車 囊 斗
旗 簋 筐 帝 行人 老
人 君子 師 將帥 仁
左 立 閉 首</td></tr>
<tr><td>반대</td><td>麋鹿 鵠 玉 鼓</td></tr>
<tr><td rowspan="2">四巽風</td><td rowspan="2">☴</td><td rowspan="2">入 長女 主人
鷄 股 白 繩 臭</td><td>찬동</td><td>楊 杞 茅 包 號 命
(魚 妻 棟)</td><td rowspan="2">牛 蟲 藥 載 隱伏 施
主人</td></tr>
<tr><td>반대</td><td>鸛 處 舞</td></tr>
<tr><td rowspan="2">五坎水</td><td rowspan="2">☵</td><td rowspan="2">陷 中男 盜 豕
耳 赤 弓 血</td><td>찬동</td><td>狐 大車 宮 律 叢棘
蒺藜 桎梏 酒 疑 夜
(漿)</td><td rowspan="2">鹿 背 田 石 帶 膏
鳥翼 敬 知 幾 處 亂
衆</td></tr>
<tr><td>반대</td><td>臀 棟 孚 蹇</td></tr>
<tr><td rowspan="2">六离火</td><td rowspan="2">☲</td><td rowspan="2">麗 中女 武人
雉 目 甲胄 墉</td><td>찬동</td><td>飛鳥 牝牛 鶴 隼 矢
斧 網 晝 夏
(鴻 鼓 孚)</td><td rowspan="2">面 墉 獄 防閑 苦 治
禮 誠 寬 辨 喜 嘉
史 武人 孚</td></tr>
<tr><td>반대</td><td></td></tr>
<tr><td rowspan="2">七艮山</td><td rowspan="2">☶</td><td rowspan="2">止 少男 小人
狗 手 節 門闕</td><td>찬동</td><td>鼻 尾 鬼 死 冥 城
宗廟 求</td><td rowspan="2">邑 牀 廬次 土 迷 守
誠 退 童 小人 木根</td></tr>
<tr><td>반대</td><td>狐 虎 狼</td></tr>
<tr><td rowspan="2">八兌澤</td><td rowspan="2">☱</td><td rowspan="2">說 少女 巫 羊
口 瓶 剛鹵</td><td>찬동</td><td>(晦 號)</td><td rowspan="2">虎 金 食 袂 義 幽人
脫失 右 晦 厲</td></tr>
<tr><td>반대</td><td>輔頰 妹 常 刑 孔穴</td></tr>
</table>

시矢(화살)의 경우 :

다산이 예로 들고 있는 마융馬融, 왕숙王肅뿐만 아니라 우번虞翻도 '비조飛鳥(날아가는 새)'에서 상을 취해 시矢를 리离의 물상으로 풀이하였다.[395] 이미 「설괘전」 본문에서도 "리위치離爲雉(리離는 꿩을 상징한다.)"라고 하였다. 다산도 "리離자가 새를 뜻하는 추隹자를 따르고, 또 날짐승을 뜻하는 금禽자가 리离자를 따르므로, 리离가 '날아가는 새'를 상징한다는 것은 분명하다"[396]고 못박았다. 상수역학가들은 해解괘 ䷧ 구2 효사 "전획삼호田獲三狐, 득황시得黃矢, 정길貞吉(사냥하여 여우 세 마리를 잡아 누런 화살을 얻으니 하는 일이 길하다.)"에 등장하는 시矢라는 물상이 해解괘의 아래 호체互體인 리离 ☲의 상에서 취한 것으로 여겼다. 마찬가지로 려旅괘 ䷷ 육5 효사 "사치일시망射稚一矢亡, 종이예명終以譽名(꿩을 쏘아 맞추어 한 화살이 없어지나 끝내 명예와 복록을 얻는다.)"의 시矢라는 물상도 려旅괘의 상괘인 리离 ☲의 상에서 취한 것으로 해석하였다. 그리고 서합噬嗑괘 ䷔ 구4 "서건자噬乾胏, 득금시得金矢, 이간정利艱貞, 길吉(뼈 있는 말린 포를 씹어 금과 화살을 얻으나 힘든 일에 이롭고 길하다.)"의 효사에 나오는 시矢도 서합噬嗑괘의 상괘 리离 ☲의 상에서 취한 것으로 해석하였다.[397]

그러나 다산은 모든 양획이 화살을 상징할 수 있다고 주장한다. 해解괘 구2의 경우 구2가 괘주卦主이므로 해괘 본래의 상(本象)을 이용하는데[398], 구2가 양획이므로 화살을 상징할 수 있는 것이다. 해解괘의 벽괘辟卦는 림臨괘과 소과小過괘이다. 다시 말해 해괘는 림괘 또는 소과괘에서 추이해온 괘이다. 화살이라는 물상은 소과괘에서 추이해 오는 상을 취할 경우에 만들어진다. 소과小過괘 ䷽는 획을 둘씩 한 단위로 묶은 겸체兼體로 보면 감坎 ☵의 형태가 되는데, 감坎은 활을 상징한다. 감坎의 물상 가운데 활이 있다는 것은 「설괘전」 본문에 근거한다.[399] 큰 감坎의 모습을 하고 있는 소과괘에서 제3효의 양획이 제2효로 추이해 가서 활에 마치 화살이 장전되는 모양[400]을 하고 있기 때문에 효사에서 화살을 언급하고 있는 것이다. 려旅괘 육5의 경우도 벽괘로부터의 추이과정에서 물상을 추리해낸다. 려괘는 비否괘 ䷋에서 추이해오는 괘인데, 비否괘의 상괘가 3양陽으로 화살 3개의 상을 지니고 있다가 제5효가 효변하여 려旅괘 ䷷로 추이하면 양획 하나를 잃는 형국이 되므로[401] 화살 하나를 잃는 상이 만들어지는 것이다. 서합噬嗑괘 구4의 경우는 지괘인 이頤괘 ䷚의 상을 이용하는데, 본래 이頤괘는 림臨괘 ䷒의 제2획이 제6위로 추이해가는 것이고, 상괘의 입장에서는 양획을 하나 얻어 이頤괘가 된 것[402]이기 때문에 화살을 얻는 상이 만들어진다.

화살이라는 물상이 등장하는 사詞에는 반드시 이와 같은 양획의 이동이 발견되므로 다산은 모든 양획이 화살을 상징한다고 추론한 것이다.

> 그 상을 가만히 살펴보면 모두 건乾의 곧은 1양을 가리킨 것이다.[건乾의 움직임은 곧고 체질이 강하며 둥근 모양이다.] 건乾뿐만 아니라 모든 양획은 '화살'을 상징한다.[403]

그러나 그렇다고 리离의 물상으로 화살이 부적합하다고 주장하는 것은 아니다. 다산은 『역』의 용례로 볼 때 리离가 꼭 화살을 상징한다고 규정할 필요는 없지만 오직 날카로운 나무만이 화살이 될 수 있기 때문에 괘상에서 이런 나무를 찾을 경우 리离만이 이것을 상징할 수 있다고 여겼다.[404] 이는 「설괘전」 본문에 "리위離爲 … 기어목야其於木也, 위과상고爲科上槁(리離는 … 나무에 있어서는 나뭇가지 위가 마른 것을 상징한다.)"[405]라는 글이 있기 때문이며, 규睽괘 ䷥의 상괘인 리离 ☲의 경우가 이에 해당한다고 설명한다. 다산은 규괘 상9 효사의 주석에서 화살을 리离의 물상으로 활용해 효사를 풀이하고 있다.[406]

계階(섬돌)의 경우 :

승升괘 ䷭ 육5 효사에 "정길貞吉, 승계升階.(바른 일을 맡아하면 길하니 섬돌에 오르리라.)"라 하였는데, 승괘 육5는 곧 승지정升之井의 괘이므로 승괘가 지괘인 정井괘 ䷯로 변한 괘를 지칭한다.407) 정井괘는 본디 태泰괘 ䷊로부터 추이한 것인데, 태괘의 제1획인 양이 제5위로 올라가는 과정에 하괘의 건乾 ☰을 지나가게 되므로408) "섬돌을 올라가는" 이미지를 갖게 된다.

> 태泰괘의 때에 건乾 섬돌이 세 층으로 되어 있는데[뜻이 아래에 보인다.] 아직 올라간 것이 없다가 승升괘로 옮겨가면 건乾 손님이 섬돌을 하나하나 밟고[1→5] 감坎 집에 올라가고[아래가 큰 감坎이다.] 손巽 주인은 아래에서[손巽이 주인을 상징한다.] 사양하여 올라가지 않으니[1음이 내려온다.], '섬돌을 오르는' 상이다.409)

그림 맞추기 놀이를 연상하면 쉽게 이해될 듯싶다. 정井괘의 벽괘인 태泰괘 ䷊에 건乾 ☰이 있으므로 여기에서 계단 그림을 하나 따오고, 또 이 건乾에 손님이라는 상이 있으므로, 손님 그림을 하나 따온다. 그런데 승升괘 ䷭로 바뀌면 제1획부터 제4획까지의 협체夾體가 감坎 ☵의 모양이므로 감坎의 물상인 집(堂)의 그림을 만들고, 하괘인 손巽 ☴은 주인을 상징하므로 주인 그림을 하나 만들면 된다. 이 네 그림을 조합해 주인이 낮은 자리에 있으면서 손님에게 집의 계단을 오르게 하는 모습을 연상하면 그림놀이는 끝나는 것이다. 다산은 또 건乾이 섬돌을 상징한다는 사실을 강력하게 시사하는 동한東漢 시기 장형張衡410)의 「사현부思玄賦」411)를 예로 들며 이미 동한 시기에 건乾으로써 섬돌을 상징한 예가 있음을 주장한다. 장형의 「사현부」 가운데 "도옥계지요쟁蹈玉階之嶢崢(높고 가파른 옥계단을 밟는다.)"은 그가 돈遯괘 ䷠에 건乾의 섬돌이 있다는 것을 알고 쓴 글이기 때문에 『역』의 상象과 오묘하게 합치하였다고 보는 것이다. 이런 예들을 통해 다산은 옛 제도상 품계에 상중하 세 등급이 있는 것도 건乾의 양陽 3획에서 연유한 것이라 추측한다.412)

교郊(교외)의 경우 :

건乾은 하늘을 상징하는 것인데 하늘에 제사지내는 곳이 '교郊'이므로413), 다산은 건乾의 물상으로 '교郊'를 새로 보강하였다. 수需괘 ䷄ 초9 "수우교需于郊. 이용항利用恒, 무구無咎(교외에서 기다리는 것이다. 항상됨을 씀이 이로우니 허물이 없다.)"의 주석에서 다산은 '교郊'를 건乾의 물상으로 이용하면서 다음과 같이 풀이하였다.

> 이는 수需괘가 정井괘로 간 것이다. 정井괘는 태泰괘로부터 오는데 유획이 밖으로부터 들어와[5→1.] 엎드려 있으면서 나가지 않으니[아래가 이제 손巽이다.], 그 뜻이 '기다림'과 같다.[앞으로 나아가지 않는다.] 건乾 하늘 아래[아래가 본디 건乾이다.] 손巽으로써 정결히 재계하고[아래가 이제 손巽이다.] 저 곤坤 소를 죽이니[1→5.] 하늘에 제사드리는 괘이다. 하늘에 제사드리는 것을 교郊라 하므로[동인同人괘에 보인다.], '교외에서 기다린다'고 한다. 기다리는 것은 무엇인가? 손巽이 하늘의 명령을 상징하니[구가역.] 교외에서 기다리는 것은 바로 하늘의 명령이다. 무왕이 상商나라 교외에서 진을 펼치고 하늘의 아름다운 명령을 기다렸으니, 이 점에 해당한다.414)

야野(들)의 경우 :

다산은 건乾을 곤坤과 상대시켜서 '야野'라는 물상을 추출하였다. 곤坤이 마을(邑)을 상징한다는 것은 순구가의 주장415)인데 다산은 부연설명 없이416) 이를 수용한다. 곤坤이 읍邑을 상징한다면 곤坤과 상대되는 건乾은 읍외邑外의 지역, 즉 야野가 될 것이므로 야野를 물상으로 채용한 것이다.417) 곤坤괘의 상6 효사 "용전우야龍戰于野, 기혈현황其血玄黃(용이 들판에서 싸우니 그 피가 검고 누렇다.)"의 주석에서 "곤坤 마을의 바깥은 그 땅이 드넓고 멀며, 마을의 바깥을 들판이라 하니, '용龍이 들판에서 싸운다'고 한다"[418]고 풀이하여 건乾의 '야野'라는 물상이 읍외邑外의 이미지에서 온 것임을 드러내고 있지만 좀더 생생한 이미지는 동인同人괘 ䷌ 괘사의 주석에서 볼 수 있다. "동인우야同人于野, 형亨(사람들을 들판에서 같이하니 형통하다.)"에 대해 다산은 다음과 같이 주석한다.

> 이는 동인同人괘가 변하지 않은 경우이다. 괘가 구姤괘와 쾌夬괘로부터 오는데[오르내린다.] 구姤괘의 1음은 아직 곤坤의 마을을 이루지 못하고 있고, 쾌夬괘의 5양은 이미 곤坤의 마을을 멸망시킨 것이니, 마을 지역이 아닌데다가 위로는 건乾의 하늘을 이고 있으니, 그 상象이 들판이다.[또 제2획은 지면을 상징한다.] 건乾의 종족이 회동하여[본디 5양이다.] 서로 리離에서 만나니[아래가 이제 리離이다.], '들판에서 사람들과 함께 모인다'고 한다.[419]

동인同人괘는 구姤괘 ䷫와 쾌夬괘 ䷪로부터 추이한다. 동인괘의 벽괘인 구姤괘의 경우 하괘에 1음밖에 없어서 곤坤 ☷이라 할 수 없고, 또 쾌夬괘의 경우는 5양이 곤坤의 마을을 멸망시킨 형국이다. 원래 제2획은 지면을 상징한다. 천지인 3재로 볼 때 제1, 제2위가 땅을 의미하므로 제2획은 땅의 표면을 의미하게 된다. 이미 동인괘의 하괘는 곤坤 ☷이 형성되지 않아 마을을 이루지 못하고 있는 상황인데, 상괘가 건乾 ☰이므로 하늘을 이고 있는 이미지가 된다. 드넓은 하늘을 머리에 이고 있으면서 지면地面에 해당하는 것으로서 마을이 아니라면 아마도 그것은 들판이 될 수밖에 없을 것이다.

종宗(아비의 계열)의 경우 :

다산에 따르면, 『역』의 효사에 등장하는 '종宗'은 다 괘상卦象에 건乾 ☰이 포함되어 있기 때문이다. 건乾의 물상으로 아비를 삼는 것은 「설괘전」에도 근거가 있는 것인데, 그 아비의 계열을 '종宗'

이라 하므로, '종宗'이 건乾의 물상으로 당연하다는 생각이다. 예를 들어 동인同人괘 ䷌ 육2 효사 "동인우종同人于宗, 린吝(아비 계열에서 사람들을 모아서 만나니 허물이 있을 것이다.)"의 '종宗'이라는 물상은 건乾 ☰에서 온 것이라 주장한다.

> 이는 동인同人괘가 건乾괘로 간 것이다.[이제 순전한 건乾이다.] 건乾은 아비를 상징하고[「설괘」의 글이다.] 아비의 계열을 종宗이라 한다. 아비 계열의 가족들이 서로 모여서[위아래가 건乾이다.] 리离에서 서로 만나므로[아래가 본디 리离이다.], '아비 계열 안에서 사람들을 모아서 만난다'고 한다.['동同'은 모아서 만난다는 뜻이다.][420]

동인괘 육2는 결국 지괘之卦인 건乾괘를 의미한다. 원래 동인괘의 하괘가 리离 ☲이므로 만남의 상이 있는데, 그 육2가 변하여 건乾 ☰이 되어서 상괘의 건乾과 함께 있게 되었으므로 상하괘에 건乾이 모여있는 이미지가 형성된다. 따라서 '동인우종同人于宗'이라는 효사가 만들어질 수 있었던 것이다. 그런데 이렇게 끼리끼리 모여 작당하게 되면 아무리 건乾이라 하여도 인색함을 면치 못할 것이다. 다산에 따르면, 이와 같이 본괘와 지괘의 상들을 운용하여 조합하면 효사의 물상이 다 이해될 수 있는 것인데, 효변이나 지괘를 활용하지 못하는 경우 순상荀爽처럼 동인同人괘의 5양으로 보아 무리 '중衆'자로 해석한다든가 후과侯果처럼 높은 자리에 있는 구5를 '종宗'으로 해석하여[421] 육2가 그것에 호응하여 숭상한다는 의미로 잘못 해석하게 된다.

빈賓(손님)의 경우 :

손님이라는 물상은 일반적인 용례와는 다른 좀 특수한 경우이다. 다산에 따르면 반드시 주인의 상象이 있어야만 그 상대로서의 손님의 상이 생긴다. 구체적으로 건乾과 손巽이 함께 있어야만 건乾

의 물상으로 손님을 활용할 수 있는 것이다. 왜냐하면 손巽이 주인을 상징하기 때문이다.422) 따라서 주인을 상징하는 손巽이 괘상에 없으면 건乾이 있다 하여도 손님의 상으로 활용할 수 없다. 『예기』「향음주의鄕飮酒義」에 "주인자존빈主人者尊賓, 좌빈어서북坐賓於西北(주인된 사람은 손님을 높여서 손님을 서북쪽에 앉힌다.)"이라는 손님 접대의 예법이 실려있는데, 서북 방향은 「설괘전」에 건乾의 방향으로 방위가 설정되어 있다. 따라서 『역』의 용례로 볼 때 서북 방향은 건乾의 물상—엄밀한 의미에서는 방위라고 해야 하지만—으로 사용되는 동시에 손님을 의미하게 되는 것이다.423) 예를 들어 관觀괘 육4 "관국지광觀國之光, 이용빈우왕利用賓于王(나라의 빛을 볼 것이니 왕에게 손님이 됨이 이롭다.)"에서 '빈賓'이라는 물상이 이와 같은 방식으로 추출된다.

> 예禮에 주인이 동남쪽에 앉고[『예기』「향음주의」에 보인다.] 손님을 서북쪽에 앉히므로[곧 서쪽 계단의 북쪽이다.], 『역』의 용례에 손巽으로 주인을 상징하고[동남쪽.] 건乾으로 손님을 상징하였다.[서북쪽.] 괘가 아직 변하지 않았을 때는 손巽이 높은 자리에 있다가[상괘에 있다.] 비否괘로 변하면 손巽이 한 등급을 내려[위의 손巽이 이제 호손互巽이 되었다.] 스스로 낮추어 양보하고[겸손히 양보한다.] 건乾이 곧 위에 있어서[위가 이제 건乾이다.] 그 존경의 예를 다하니[높이고 숭상한다.] '손님이 됨이 이롭다'고 한다.[손님이 위에 있다.] 곤坤 나라의 위에 건乾이 본디 왕이 되므로, '왕에게 손님이 된다'고 한다. 옛날 제후들이 왕을 조회하여 제사를 도울 때[괘에 본디 제사의 이미지가 있다.] 반드시 세 번 삼가는 손님의 예를 갖추었으니[『좌전』에 보인다.], 이것이 그 점이다.424)

관觀괘 ䷓의 육4가 변하면 비否괘 ䷋가 된다. 관觀괘의 때에 손巽 ☴이 위에 있다가 비否괘가 되고 나면 이 손巽이 한 등급을 내려와 상호上互의 자리에 오게 된다. 이는 주인이 낮추어 겸손해 하는 의미가 있다. 그리고 상괘가 건乾 ☰이므로 손巽 ☴이 그것을 높이고 숭상하는 이미지가 형성된다. 게다가 하괘가 곤坤 ☷이므로 백성이 건왕乾王을 떠받드는 상이다. 주인은 자신을 낮추고 건乾의 손님은 위에서 그 접대를 받는 이미지가 있으니 '손님이 됨이 이롭다'는 효사가 자연스럽게 나올 수 있다.

리羸(여윔)의 경우 :

굳세고 강건한 괘인 건乾이 어떻게 여윔을 상징할 수 있을까? 쉽게 받아들일 수 없는 상象이지만, 다산의 설명은 간결하다.

> 『역』의 용례에 유획은 살갗을 상징하고 강획은 뼈를 상징하는데 [서합噬嗑괘에 보인다.], 건乾괘는 뼈만 있고 살이 없으므로 '여윔'을 상징한다.[『역』에서 무릇 여윔을 말할 때 다 건乾을 사용하였다.][425]

이를 보면 다산이 괘형卦形에서 느껴지는 인상 내지 이미지를 얼마나 철저하게 관철하고 있는지를 알 수 있다. 건乾 ☰은 뼈대만 있고 살점이 없는 모양이다. 따라서 자연히 '여윔'의 상을 지니게 된다. 『역』의 사詞에 '리羸'라는 물상이 등장하는 효사는 총 4곳이 있는데, 모두 건乾이 괘상에 함께 나타난다. 대장大壯괘 ䷡ 구3의 "저양촉번羝羊觸藩, 리기각羸其角(숫양이 울타리를 받아 그 뿔이 여위었다.)", 대장괘 구4의 "번결불리藩決不羸(울타리가 터져서 여위지 않는다.)", 구姤괘 ䷫ 초6의 "리시부척촉羸豕孚蹢躅(야윈 돼지가 믿음을 가지고 날뛴다.)", 정井괘 ䷯ 괘사 "리기병羸其甁, 흉凶(두레박이 여위면 흉하다.)"이 그것이다. 대장괘나 구괘는 효변을 논하지 않더라도 본괘本卦에 건乾 ☰이 있고, 정井괘의 경우는 벽괘인 태泰괘 ䷊에서 추이한 것이므로 괘상에 건乾이 등장한다. 이 네 곳의 주석에서 다산은 건乾이 뼈대만 있고 살점이 없는 앙상한 이미지를 보여준다는 것을 확인해 주고 있다.

부富(부유함)의 경우 :

'부유함'에 대해서는 「설괘전」의 주석에서 건乾의 물상으로 보강만 해놓고 별도의 부연설명은 하지 않았다. 그러나 '부富'자가 등장하는 각 효사의 주석에서 건乾을 부유함으로 이미지화하고 있음을 발견할 수 있다. 예를 들어 소축小畜괘 ䷈ 구5 "유부련여有孚攣如, 부이기린富以其隣(믿음이 있어서 부러진 팔을 다른 팔이 돕듯이 부유함으로써 그 이웃을 돕는다.)"의 주석이 그러하다.

> 소축괘의 두 호체가 괘를 이루면 규睽괘이다. 규괘의 제5효는 곧 리履괘이다. 리履괘 ䷉는 쾌夬괘로부터 오는데[상→3.] 쾌괘의 때에 남쪽 이웃이[하괘의 자리가 리离이다.] 3양으로서 부유하고 견실하며[쾌괘의 아래가 건乾이다.] 북쪽 이웃이[상괘의 자리가 감坎이다.] 태兌로서 결여되고 가득하지 않다가[벗어남과 잃음을 상징한다.] 리履괘로 옮겨오면[3→상.] 남쪽 이웃의 부가 북쪽 이웃에게로 옮겨가니[리履괘의 위가 건乾이다.], '그 이웃을 부유하게 한다'고 한다.426)

쾌夬괘 ䷪의 때에 하괘가 건乾 ☰으로 부유하고 견실하다가 추이하여 리履괘 ䷉가 되면 남쪽 이웃의 부유함이 북쪽 이웃에게로 옮겨진 것이므로 소축괘의 구5 효사 "부유함으로써 그 이웃을 돕는다"는 말이 성립하는 것이다.

백白(흼)의 경우 :

이것도 '야野'의 경우처럼 곤坤과 상대시켜서 얻어낸 물상이다. 다산의 「설괘전」 주석으로 대신한다.

> 곤坤이 검은색을 상징하니 건乾은 흰색이다.[또 금색이 본래 흰

색이다.][427]

모茅(띠집)의 경우 :

다산은 진震과 손巽의 물상으로 '초草'를 보강해 넣었다.[428] 진震 ☳ 또는 손巽 ☴이 건乾 ☰과 함께 같은 괘에 있게 되면, 건乾이 3개의 뼈대를 이루고 있는 이미지이고 진震과 손巽이 풀을 상징하므로 띠집이 이미지화된다. 태泰괘와 비否괘, 대과大過괘에 나오는 '모茅'라는 효사는 이렇게 하여 성립된다.

> 진震과 손巽의 풀이 건乾의 뼈대 3개를 겸하면 그 이미지가 '띠집'이 된다.[태泰괘와 비否괘 및 대과大過괘이다.] 옛날에 띠집은 3개의 뼈대를 사용하였다.[429]

분忿(성냄)의 경우 :

다산이 '분忿'을 건乾의 물상으로 추가한 것은 「대상전」에 근거한다.[430] 손損괘 ䷨의 「대상전」에 "군자君子, 이징분以懲忿, 질욕窒慾(군자는 이를 보고 성난 마음을 맑게 안정시키고 욕심을 막는다.)"이라 하였는데, 손損괘가 태泰괘로부터 추이한 것이므로 다음과 같은 추론을 가능케 한다.

> 괘가 태泰괘로부터 오는데[3→상.] 건乾의 성질은 몹시 강하니 강하면 성내기 쉽다.[강하고 너그럽지 못하다.] 그러나 태兌의 기뻐함에로 옮겨오면[건乾이 태兌로 변한다.] 연못의 물처럼 맑고 안정하게 된다.['징懲'은 맑고 안정하다는 뜻이다.] 곤坤의 성질은 몹시 여리니 여리면 욕정이 많다.[431]

곤坤 이하의 추가된 물상들에 대해서는 생략한다.

제6장 문화 텍스트로서의 역상易象의 의의

1. 예禮의 구체적 표현으로서의 역상易象
2. 역상易象에 감추어진 예제禮制
3. 사詞의 임의성과 상象의 기호로서의 보편적 범주
4. 사사완상舍詞玩象의 설법
5. 역사易詞의 문화 텍스트적 기능

1. 예禮의 구체적 표현으로서의 역상易象

『주역』은 주周나라 사람들의 예법이 담겨있는 것으로 유자儒者라면 그 은미한 말과 오묘한 뜻이 발휘된 곳에 밝지 않을 수 없습니다. 그러나 옛 성인은 은미한 말과 오묘한 뜻을 다 그 단서만 살짝 드러내어 사람들로 하여금 스스로 사고하여 자득自得케 하였습니다. 만약 하나도 숨김없이 훤히 알 수 있다면 재미가 없을 것입니다. 이제 이 『역전易箋』이 너무 자세하고 너무 분명하니 이는 깊이 후회되는 바입니다.432)

다산이 『역』에서 무엇을 찾고 있었는가 하는 것의 대강이 위의 편지에 드러나 있다. 이는 『주역』에 대해 정약전丁若銓(1758~1816)이 질정한 편지에 답한 다산의 답신이다. 이 편지의 중반부에 "저는 갑자년甲子年(1804)부터 『역』을 공부하는 데 전심하여 오늘까지 10년 동안 일찍이 하루도 시초를 세어 괘를 만들어서 어떤 일을 점친 적이 없습니다"433)라는 구절이 있는 것으로 보아 대략 1814년경 쓰여진 것이다. 『주역사전』은 무진년戊辰年(1808)에 1차 탈고되었는데, 『역학서언』의 「이정조집해론李鼎祚集解論」과 「정강성역주론鄭康成易注論」이 경진년庚辰年(1820)에 완성되고 「내씨역주박來氏易註駁」과 「이씨절충초李氏折中鈔」가 신사년辛巳年(1821)에 탈고된 것으로 보면 그간에도 여전히 『주역』을 놓지 않았음을 알 수 있다.

다산은 유배된 후 『춘추』를 정리하면서 자연스럽게 주나라의 예제를 알 수 있었고 이를 통해 『주역』에로 나아갈 수 있었다. 특히 『춘추』에 나오는 관점官占의 사례에서 『역』 해석의 실마리를 얻게 된다. 여기에서 그가 발견한 것은 『주역』이 복서卜筮의 책이긴 하지만 그것으로 그치는 것이 아니라는 점이다. 다산은 『주역』에 '주례周禮'가 고스란히 담겨있다고 보았다. 이는 『주역』에서 점치는 방법만을 찾으려는 학문태도에 경종을 울리는 선언이다. 그러나 고대 성인이 이것을 그대로 드러내놓고 가르쳐주지는 않았다. 단서를 보여주어 자득自得케 한다는 것이다. 그렇기 때문에 다산은 자신의 주석이 너무 상세하고 분명하여 후회하는 마음과 함께 후학들의 '자득自得'에 오히려 장애가 될까 두려워하였다. 그러나 우리는 이 편지에서 『주역』에 주례周禮가 분명하게 표현되고 있지 않다는 여백의 말도 이끌어내야 한다. 『주역』에 주례周禮가 담겨있기는 하지만 『역』의 괘효사에 주나라의 예법들이 적나라하게 또는 체계적으로 표현되어 있는 것은 아니다. 괘효사에 숨어있는 고대 성인들의 미언묘의微言妙義를 다산 자신이 읽어냈다는 자부심과 함께 너무도 상세하게 풀어놓아서 오히려 그 정신을 해칠까 후회하고 있는 것이다. 위 편지의 앞부분에서 다산은 『주례』에 대한 대단한 신뢰를 보이고 있다.

> 제가 만약 병 없이 오래 산다면 『주례』를 다 주석하고 싶지만 아침이슬 같은 목숨으로 언제 죽을지 알지 못하니 감히 엄두를 못 내고 있습니다. 그러나 마음으로는 3대의 치세를 진정 회복코자 한다면 이 책이 아니고는 착수할 길이 없다고 생각합니다.[434]

이처럼 다산은 『주례』 전체를 주석하고자 하는 욕심이 있었다. 끝내 이에 대한 주석을 남기지는 못했으나, 다산이 이상으로 생각한 삼대三代의 치세를 회복하기 위해서는 반드시 『주례』를 통해 시작해야 한다고 말할 정도로 그 신뢰는 대단했다.435) 다산에 따르면, 이전 시기에 『주례』의 내용에 대해 신뢰하지 않는 사람들이 있었으나 왕안석王安石(1021~1086)에 와서 『주례』에 대한 정당한 평가가 이루어졌다. 그러나 왕안석은 지식이 깊지 못했고, 주자는 믿음도 있고 지식도 있었지만 10에 6~7이 잘못된 정현鄭玄의 주석436)을 믿고 따랐기 때문에 대부분 잘못되었다고 생각했다.437)

다산은 3대三代의 훌륭한 정치를 실현코자 한다면 반드시 『주례』를 통해야만 하는데, 그 『주례』의 단서들이 『주역』 속에 잠재되어 있다고 말한다. 그렇기에 『주역』을 단지 복서卜筮의 책으로만 간주하고 그 방법만 터득하려고 하는 세태에 대해 일침을 놓는다.

> 옛날엔 봉건제를 실시했으나 오늘날은 봉건제를 실시하지 않으며, 옛날엔 정전제를 썼으나 오늘날은 정전제를 쓰지 않고, 옛날에는 육형肉刑을 가하였으나 오늘날은 육형肉刑을 가하지 않으며, 옛날에는 순수巡守하였으나 오늘날은 순수하지 않고, 옛날에는 입시立尸하였으나 오늘날은 입시하지 않습니다. 복서가 다시 오늘날의 세상에 시행될 수 없음은 이 몇 가지 일보다 심한 경우입니다. 그러므로 저는 갑자년甲子年(1804)부터 『역』을 공부하는 데 전심하여 오늘까지 10년 동안 일찍이 하루도 시초를 세어 괘를 만들어서 어떤 일을 점친 적이 없습니다. 제가 만약 관직에 다시 나아간다면 조정에 고하여 복서를 엄히 금할 것입니다. 이는 오늘날의 서법筮法이 옛날의 서법이 아니라고 말하는 것이 아닙니다. 설령 문왕과 주공이 오늘날 다시 태어나더라도 결코 복서卜筮를 통해 계의稽疑하지 않을 것입니다.438)

본격적으로 『주역』을 공부하기 시작한 때로부터 10년 동안 한번도 점친 적이 없다는 다산의 말은 거짓처럼 들린다. 어떻게 『주역』을 공부하면서 한번도 점을 쳐보지 않을 수 있겠는가! 공부를 위해서라도, 혹은 심심풀이로라도 점대를 가지고 이리 세고 저리 세어보는 것이 『주역』을 공부한다 하는 사람에게는 일반적인 과정이 아닌가! 다산의 이 말은 점치지 말라고 직접 말하는 것보다 더 무겁게 배우는 사람들을 훈계하는 듯하다. 그러나 왜 점치지 말라는 것인가? 본래 점서라면 최초의 목적은 점치기 위한 책이 아닌가? 다산은 시대의 변화, 제도의 변화, 문물의 변화 등이 『주역』을 최초의 목적대로 운용하는 것을 어렵게 한다고 생각한다. 이러한 사고는 예법에도 적용된다. 오늘날의 법은 옛날 법과 다르기 때문에 지금 다시 주공이나 문왕이 태어난다 해도 점치지 않을 것이라는 확신을 갖는다.

아래의 글 또한 같은 편지의 일부이다. 다산은 자신의 『주역사전』에 서주西周의 예법이 훤히 드러나 있다고 자부한다. 진晉나라의 대부 한선자가 노魯나라를 예방했을 때 한 말로 반증된다.

> 한선자韓宣子439)가 노魯나라를 예방하면서, 노나라에 있던 '역상易象'을 보고는 "주나라의 예법이 노나라에 다 있습니다"고 하였으니, 『역전易箋』을 자세히 열람하면 서주西周의 예법을 훤히 알 수 있는 것이 헤아릴 수 없이 많습니다. 오늘날 복서卜筮 때문에 그 예법을 살피려고 하지 않는 것이 옳은 일이겠습니까? 공자가 복서 외에 따로 「단전彖傳」과 「대상전大象傳」을 지었으니 『주역』이 어찌 복서로서만 그치겠습니까?440)

노나라에 유전되고 있던 '역상'을 읽고 "주나라의 예법이 노나라에 다 있습니다"고 한 한선자의 이 말은, 두예杜預가 『춘추좌전』의 서문에서도 인용하고 있는 구절로써441) 원문은 『좌전』 소공昭公 2년조에 있다. 원문으로 보자면 "견역상여노춘추見易象與魯春秋('역상'과 『노춘추』를 보고)"라고 해야 할 테지만 다산은 그 가운데서 '역상'이라는 구절만 취하고 있다. 두예杜預는 주에서, "'역상'은 (『주역』)

상하 경의 상사象辭이고, 『노춘추』는 역사기록의 책서策書이다. 『춘추』는 주공周公의 법전을 높여서 당시의 일을 기술한 것이기 때문에 '주례가 노나라에 다 있다'고 말한 것이다"442)라고 하여, 문맥으로 볼 때 주로 『노춘추』에서 한선자가 주례를 발견한 것으로 해석하고 있다. 이에 대해 공영달도 『정의正義』에서, "주나라가 쇠락한 이후 각 나라의 법전제도가 옛 제도를 어겼으나, 『노춘추』만은 이 주공의 법전을 높여서 당시의 일을 기술하였기 때문에 '주례가 다 노나라에 있다'고 말한 것이다"443)라고 하여, 두예의 설을 긍정적으로 수용하고 있다. 두예나 공영달의 문맥 속에서는 모두 『노춘추』가 강조된 반면 다산의 경우는 '역상'만을 취하여 강조하였다는 점이 눈길을 끈다.

이 둘의 작자에 대해서, 두예는 문왕과 주공이 지은 것으로 함께 묶어 주를 달았으나, 공영달은 "'역상'은 문왕이 지은 것이고, 『춘추』는 주공이 펼친 법이기 때문에, 두예가 한꺼번에 들어서 '역상'과 『춘추』가 문왕과 주공이 지었다고 한 것이다"444)라고 하여, 구별하였다. 두예가 말한 상사象辭는 효사를 가리키는 것이며, 공영달도 두예의 설을 긍정하면서 '역상'의 작자를 문왕이 지었다고 하였으므로, 이 두 사람은 『주역』 상사象辭의 작자를 문왕으로 보고 있는 것이다. 상사의 작자 문제는 다산과 견해가 다르지만, 어쨌든 그 두 사람은 '역상'이 『주역』의 상사, 즉 효사를 가리키는 것으로 이해하였다.445) 다산이 이곳의 '역상'에 대해 단정적으로 말한 곳은 보이지 않지만, 특별히 두예나 공영달의 주석에 대해 비판하는 구절도 없는 것으로 보아 '역상'의 의미에 관한 한 그 두 사람의 견해를 긍정하는 것으로 보인다.446)

다산은 한선자가 '역상'을 보고 '주례周禮'를 읽어냈듯이 자신의 『주역사전』을 읽게 되면 주나라의 예법을 환히 알 수 있다는 확신을 한선자의 말을 통해 보장받고자 한 것이다. 그리고 『역』의 가치는 이렇게 역상易象에 숨어있는 주례周禮로 하여 확보된다. 태생적으로 복서卜筮의 서적인 『역』은 복서로서의 기능을 이미 상실했지만, 그 속에 은밀하게 감추어져 있는 주나라의 예법 때문에 여전히 보존되어야 할 효능과 문화 텍스트로서의 가치를 지니는 것이다. 그렇다면 주나라의 어떤 예법들이 『주역』에 담겨있는가?

2. 역상易象에 감추어진 예제禮制

다산이 설명하고 있는 상象은 대단히 시각적이다. 동양식 장기를 둔다거나 서양식 체스를 한다고 상상하면서 그의 괘풀이를 살펴보면 흥미롭다. 제사祭祀와 관련된 괘들 가운데 그 상이 시각적 상상을 비교적 분명하게 보여주는 관觀괘와 환渙괘에서 다산 역상학의 일면을 읽을 수 있다.

먼저 제사에 관련된 사례를 검토해 보자. 『주역사전』의 「역례비석易例比釋」에 제사와 관련된 것으로 9개의 사례가 예시되어 있다. 곤困괘 구2와 구5, 취萃괘의 괘사 등이다. 제사에 관련된 괘효사에는 사祀, 묘廟, 서산西山, 약禴, 향享 등 일반적으로 제사와 관련 있는 구체적인 용어들이 있다. 아래는 다산이 직접 만들어 놓은 제사의 사례표이다.

祭祀例					
困 九二	䷮	利用享祀	困 九五	䷮	利用祭祀[受福也.]
萃之象	䷬	王假有廟[致孝享也.]	渙之象	䷺	王假有廟[王乃在中也.]
隨 上六	䷐	王用享于西山	升 六四	䷭	王用享于岐山
萃 六二	䷬	孚乃利用禴	升 九二	䷭	孚乃利用禴
旣濟 九五	䷾	不如西鄰之禴祭[吉大來也.]			

여기서 주의해야 할 것은 제사례祭祀例의 사례모음이 괘덕卦德을 열거한 것이 아니라 괘효사 안에 해당 사례와 관련된 사詞가 들어 있는 것들을 모아놓은 것이라는 점이다. 사祀, 묘廟, 약제禴祭와 같은 글자가 있어서 9개의 사례가 적시되어 있지만 이것은 단지 괘효사 안에 제사 관련 단어들이 출현한 사례들일 뿐이다. 이런 단어들이 출현하지 않더라도 제사와 관련된 괘들은 아주 많다. 예를 들어, 간艮 ☶은 귀신(鬼)과 묘당(廟)을 상징한다.447) 그러나 사실 『역』 경문과 10익에 이에 해당하는 전거는 찾을 수 없다. 정현鄭玄이 간艮의 물상으로 귀신(鬼)을 들었고 우번虞翻은 묘당(廟)을 들었는데, 이를 다산이 채택한 것이다.448)

원래 간艮 ☶이 상징한다는 귀신이나 묘당은 「설괘전」에 없는 물상인데, 정현이 겸謙괘 ䷎ 「단전」의 해석에서 '귀鬼'라는 물상을 이용하였고, 우번은 환渙괘 ䷺ 「대상전」의 주석에서 "비否괘의 건乾이 선왕先王을 상징하고, … 진震이 제帝를 상징하고, … 간艮이 묘당을 상징한다"449)고 풀이하여 '묘廟'라는 물상을 제시하였다. 다산은 이들의 물상을 채택하면서 간艮 ☶이 귀신과 묘당을 상징하게 되는 이유를 「설괘전」 주석에서 다음과 같이 설명한다.

> 살아있는 것들은 간艮으로서 생을 마치니, 죽으면 '귀鬼'가 된다.[규睽괘에 보인다.] … 귀신이 거처하는 곳이니, 그 이미지가 '묘당'과 같다.[환渙괘 단사.]450)

간艮이 사물의 종말, 마감, 끝을 상징하는 것은 「설괘전」에서 명백하다. "간艮은 동북쪽을 가리키는 괘로서 만물이 생을 마치는 동시에 시작하는 곳이다."451) 즉 간艮 ☶이라는 기호는 죽음, 종말을 상징한다. 그래서 다산은 "진震에서 시작하여 간艮에서 마침이 『역易』 한 권의 대경대의이다"452)고 단언할 수 있었던 것이다. 귀신과 묘당이라는 상징물은 '간종艮終'에서 추론되어 나온 것이다. 생명이 마감되면 곧 죽음이고 죽으면 귀신이 되며 그 귀신이 사는 곳이 묘당이므로 간艮의 상징외연이 '귀鬼'와 '묘廟'에까지 확장된 것이다.

그렇다면 사祀와 묘廟 같은 점사가 출현하지 않더라도 괘상卦象에 간艮 ☶이 있게 되면 그 괘는 제사와 관련된 괘가 언제나 될 수 있다. 왜냐하면 간艮이 산山과 지止만을 상징하는 것이 아니라 귀신과 묘당을 함께 상징하고 있어서 그 이미지가 제사 드리는 대상 및 장소와 연관되어 있기 때문이다.

> 옛사람의 제사는 다 날을 점쳐서 행하였으니 이것이 그 점사이다. 제사의 의미는 오직 정성과 정결함이기 때문에 리離로서 믿음을 가지고 다가가며 손巽으로서 정결히 재계하여야 그 점이 길하다. 어떤 것은 간艮으로 묘당을 상징하고 어떤 것은 곤坤으로 희생을 상징하고 어떤 것은 감坎으로서 공경하고 어떤 것은 태兌로서 음식을 대접함을 상징하니 오직 괘의 특성만을 볼 뿐 한 가지 예가 아니다.[453]

이에 따르면 간艮 ☶뿐만 아니라 곤坤 ☷, 감坎 ☵, 태兌 ☱, 리離 ☲, 손巽 ☴도 각각 제사와 관련된 상象을 가지고 있다. 곤坤은 제단에 바쳐지는 희생물이다. 소일 수도 있고 양일 수도 있다. 감坎은 공경하는 태도를 상징하며, 태兌는 구열口悅, 즉 입이 즐거워하는 것이므로 음식대접을 상징한다. 이것들은 다 8개의 소성괘小成卦가 상징하는 물상들 중의 하나일 뿐이다. 한 괘 안에 이런 8개의 기호들이 결합하는 관계와 방식에 따라 다 제사와 관련된 점사가 될 수 있고 실제로 제사를 지내려고 할 때 옛 사람들은 시초점을 쳐서 택일했던 것이다. 한편 리離와 손巽도 조상과 귀신에 대한 믿음, 몸을 정결히 재계함의 상象을 가지고 있다. 처음 점쳐서 나온 괘 안에 이런 소성괘小成卦들이 놓여 있거나 호체互體의 결합으로 된 호괘互卦에 이런 소성괘들이 있으면 제사와 관련된 점일 가능성이 있는 것이다. 다만 희생을 점치는 것과 관련되어 있으면 분명하게 제사의 점이겠지만, 괘상 안에 곤坤 ☷과 같은 희생이 없더라도 "有孚.(믿음이 있다.)"와 같은 사詞는 다 제사의 점이 될 수가 있다.

> 제사의 점은 여기에 그치지 않으며, 더러 희생을 점치는 것과 관련되어 있으니[중부中孚괘와 구姤괘.] 이에 온전하게 드러나지는 않더라도 무릇 믿음이 있으면 다 제사의 점이다.[454]

이와 같은 방식으로 괘상을 관觀괘와 환渙괘에서 추출해 해석해 보기로 하자. 관觀괘 ䷓의 괘사는 다음과 같다.

> 觀, 盥而不薦, 有孚, 顒若.(관觀괘는 손은 씻었으나 제물을 바치지 않은 때이니 믿음이 있어서 온화할 것이다.)

관觀은 괘 이름이다. '관盥'은 손을 씻는다는 뜻이다. 손 씻을 관盥자는 한대漢代의 마융과 정현, 우번, 순상 등이 다 강신제降神祭 즉 신내림제사 지낼 관祼자로 썼다. 주자가 처음으로 『주역본의』에서 손을 씻는다는 뜻으로 해석하였고 다산이 이를 긍정한 것이다.[455] "유부有孚(믿음이 있다.)"라는 말은 제2위의 유획柔畫과 제5위의 강획剛畫이 서로 호응하여 내괘와 외괘의 중앙에 있는 두 마음이 서로에게 다가가기 때문이다. '옹顒'자에 대해서 『광운廣韻』에서는 우러러보는 모습(仰)으로 풀이했으며, 『이아』에서는 온화한 모습(溫)을 형상한 것으로 풀이하였다. 건乾이 「설괘전」에서 추위(寒)를 상징하고 있는 반면, 『좌전』에서는 곤坤으로 온화함(溫)을 상징하였다. 일반적으로 제사의식 중에서 제물을 바치지 않은 시점을 가장 정성을 다해야 하는 시점으로 파악하므로, 위와 같은 번역이 나오게 된다. 이상은 글자의 의미와 용례를 통해 괘사를 풀이한 것이다. 그렇다면 상象을 이용할 경우 어떻게 그림이 그려지는가 살펴보기로 하자. 아래의 번호와 분절은 시각적 편의를 위해 필자가 구분한 것이다.

> ① 괘가 큰 간艮이니[획을 둘씩 묶어 3개로 만든다.] 간艮이 종묘를 상징하고[귀신이 머무는 곳이다.] 손巽이 정결하게 재계함을 상징하며[「설괘」의 글이다.] 아래에 곤坤 희생이 놓여있으니[곤坤이 소를 상징한다.] 제사祭祀의 상이다.[환渙괘와 같다.]
> ② 이에 호체인 간艮 손이[3-5호괘.] 위로 감坎 물을 맞아[4-5-6.] 손巽으로써 씻는데[위가 본디 손巽이다.], 손을 씻는 것을 '관盥'이라 한다.[씻어서 정결하게 한다.]
> ③ 곤坤 소가 아래에 있으나 아직 화살을 받지는 않았으니[곤坤이 다친 곳이 없다.] 이는 피를 바치고 데친 고기를 바치고 익힌 고기를 바치는 예가[『예기』에 보인다.] 아직 실행되지 않은 것이므로[환渙괘는 곤坤 소가 화살을 맞았으므로 희생이 이미 바쳐진 상이다.], '손은 씻었으나 제물은 바치지 못하였다'고 한다.456)

① 먼저 관觀괘 ䷓는 큰 간艮 ☶의 모양이다. 3재三才의 위位로 1~2효는 땅을, 3~4효는 사람을, 5~6효는 하늘을 상정한 것이므로 이것을 각각 한 획으로 묶어 3획괘를 만들면 간艮 ☶이 된다. 이는 다산이 『역』 해석에 활용하는 호체의 하나로써, 겸체兼體라고 한다. 본래 6획괘로서 간艮 ☶의 형태를 띠고 있으므로 대간大艮이라 하였다. 간艮 ☶은 죽음과 관련되어 있으며 죽은 뒤의 귀신이 머무는 종묘를 상징한다. 상괘는 손巽 ☴이다. 손巽의 상징행위로 「설괘전」에서 분명하게 "만물지결제야萬物之潔齊也(만물이 정결히 재계한다.)"라고 말하였으므로, 손巽은 모든 사람들이 몸을 정결히 하여 재계하는 행위를 상징한다. 하괘는 곤坤 ☷이다. 곤坤의 상징물 가운데 희생이 있다. 그렇다면 이 괘는 간艮 ☶의 형태로 구성되어 있는 종묘 안에서 손巽의 상징행위인 몸을 정결히 하여 재계하고,

곤坤의 상징물인 희생이 놓여 있으므로, 누구나 쉽게 제사 지내는 모습을 떠올릴 수 있다. 그러므로 관觀괘는 전체적으로 제사와 관련된 괘인 것이다.

② 이제 호체互體와 위位를 이용해 상象을 구성해 보자. 위 호체는 간艮 ☶이다. 위位로 볼 경우 상괘는 감坎 ☵이다. 위位는 다산의 독특한 해석법의 하나로써 복체伏體를 가리킨다. 1-2-3위는 홀수-짝수-홀수로 되어 있어 자리하고 있는 위치만으로도 이미 양-음-양으로서 리離 ☲를 이루고 있다. 4-5-6위는 짝수-홀수-짝수로 음-양-음이 되어 감坎 ☵의 위位가 된다. 그리고 상괘는 원래 손巽 ☴이다. 그렇다면 상괘를 위주로 하여 간艮과 감坎과 손巽으로 상징물을 결합해보자. 간艮의 대표적인 상징물이 손이며, 감坎의 대표적인 상징물은 물이다. 손巽은 정결히 재계함의 상징행위를 가리키므로, 물을 가지고 손을 정결하게 씻어냄이 곧 두 번째 문단의 풀이이다.

③ 이제 원래의 괘와 호체의 하괘를 위주로 하여 풀이해 보자. 관觀괘의 하괘는 곤坤 ☷이다. 호체로 보아도 역시 곤坤이다. 곤坤이 소를 상징하는 것임은 「설괘전」에 분명한 전거가 있다. 주대周代에 희생물로 소를 사용한 것은 『주례』 곳곳에 전거가 있다. 제물을 바칠 때 먼저 피를 올리고 데친 고기와 익힌 고기를 올리는 것이 또한 주대의 예법이다. 그런데 곤坤 ☷이 그 형태를 계속 유지하고 있으므로 곤坤의 상징물인 소가 아무런 상처를 받지 않은 모양이다. 다산은 이러한 상황을 실재했던 일로 간주하면서, 희생을 준비하였으나 아직 천신薦神하지 않은 시점으로 해석한다. 그러므로 관觀괘의 상황은 손을 씻고 제단은 차려놓았으나 아직 희생을 바치지 않은 상황인 것이다. 이것은 다른 일이 생겨서 제사의 의례를 중지했음을 의미한다. 점사인 "믿음이 있어서 온화할 것이다"는 말은 이래서 유효한 점사가 된다.

한유漢儒 가운데는 관觀괘를 조회朝會하는 의식에 관련된 괘로 보거나 공사貢士(유능한 인재를 바침)의 의식으로 해석한 경우가 있었다. 조회로 보는 경우는 괘사의 관盥자의 해석 차이에서 온 것이다. 원래 관盥과 관祼자는 통용되었는데 마융, 정현, 우번, 순상이 다 관祼자로 바꿔 썼다. 그런데 이 관祼자에는 두 가지 뜻이 있다. 강신제降神祭를 지낸다는 뜻과 손님으로 와서 술을 권한다는 뜻이다. 우번과 순상은 술을 권한다는 뜻을 채용하였다. 『주례』「대종백」에 따르면, 제후가 처음 도착하면 울창주를 따라서 권하였다고 한다.457) 또한 『예기』「예기禮器」편에서도 "제후끼리 서로 예방할 때 울창주를 따라서 권한다"458)고 하였다. 순상과 우번은 이렇게 천자와 제후 간에, 또는 제후끼리 서로 조회하고 예방할 때의 의식을 표현하는 것으로 관觀괘를 해석한 것이다. 마융은 강신제의 의식으로 풀이하여 제사의 괘로 보았다. 공사의 경우는 정현의 해석으로써 그는 유능한 인재를 바치고 손님을 천거하는 의식(貢士賓興)으로 해석하였다. 이는 관觀괘 육4의 "이용빈우왕利用賓于王(왕에게 빈객이 됨이 이롭다.)"이라는 점사 때문에 연역된 것이다. 제사의 의례로 간주한 경우는 마융과 왕숙, 왕필이다. 다산은 조회와 공사의 두 가지 견해를 단호히 배격한다. 왜냐하면 이 괘사의 풀이에 해당하는 공자의 「단전」에서 "하늘의 신도神道를 바라보아 4시四時가 어긋나지 않으니 성인이 신도로써 가르침을 베풀어 천하가 복종하는 것이다"459)고 하여 신도神道를 언급하고 있으므로 이는 귀신과 인간의 관계 사이에서 벌어지는 일로 보아야 한다는 것이다. 따라서 신과 인간 사이의 가장 적절한 행위인 제사가 이 관觀괘의 상象이 된다.

관觀괘 괘사의 주석에서 언급하였듯이 환渙괘 또한 제사의 상이다. "환渙괘는 곤坤 소가 화살을 맞았으므로 희생이 이미 바쳐진 상象이다."460) 관觀괘 ䷓는 하괘가 곤坤이고, 이 곤坤이 그 형태를 그대로 유지하고 있으므로 곤坤의 상징물인 소가 아무런 상처를 입지 않은 모양이다. 그러나 환渙괘 ䷺는 관觀괘 ䷓의 제2효가 변하여 된 것이므로 하괘의 곤坤이 감坎으로 바뀐 것이다. 감坎 ☵은 곤坤의 상징물인 소가 화살을 맞은 모양이다. 양획 —이 화살을 상징하고 있기 때문이다. 이제 환渙괘의 괘상을 가지고 그림놀이를 해보자. 환괘 괘사는 다음과 같다.

> 渙, 亨. 王假有廟, 利涉大川, 利貞.(환渙괘는 형통하다. 왕이 묘당에 이르며 큰 내를 건너는 데 이로우니, 일이 이롭다.)

관觀괘는 "유부有孚, 옹약顒若(믿음이 있어서 온화할 것이다.)"이라 하여 비록 형통하진 않다 하더라도 나쁘지는 않은 괘이다. 제사에 임하여 이미 정성을 다하였지만 다른 일 때문에 제사의 의례를 계속 진행하지 못한 상황이므로 이미 신에게 그 믿음을 표현한 것으로 허물될 것이 없는 것이다. 그러나 반면 환괘는 형통하다. 왜냐하면 이미 정성을 다한데다가 희생까지 바친 상황이기 때문이다. 다산은 「역례비석易例比釋」의 제사례祭祀例에 이미 괘사의 "왕격유묘王假有廟(왕이 묘당에 이른다.)"가 제사의 사례임을 설명한 바 있다. 이것이 왜 제사의 예에 해당되는지 그의 주석에 잘 그려지고 있다.

> 비否괘의 막혀있는 때에[2→4.] 강획이 와서 소통시키고[감坎이 통함을 상징한다.] 유획이 가서 지위를 얻어[2→4.] 가운데에서 모임을 아름답게 가지니[가운데가 큰 리离이다.] 그 점이 '형통하다'고 한다.
>
> 지금의 위 손巽이 옛날엔 건乾 왕이었으니[비否괘의 때이다.] 간艮 묘당 위에서[3-5호체이다.] 이 선왕先王을 받들고[간艮에서 마친다.], 왕의 맏아들이[건乾의 제1획이다.] 이제 진震 주인이 되어[2-4호체이다.] 간艮 묘당 안으로 들어가니[제2획이 이제 강획이다.], '왕이 묘당에 이른다'고 한다.
>
> 손巽으로써 정결히 재계하고[「설괘」의 글이다.] 감坎으로써 공경하니[또한 큰 리离이다.], 제사祭祀의 상이다.461)

환渙괘 ䷺는 비否괘 ䷋로부터 추이한다. 비괘는 천지가 각각 위와 아래를 지향하여 서로 교류하지 않기 때문에 비색否塞한 상황이다. 비색한 상황에서 제4위의 강획이 하괘로 내려와 이제 하괘가 감坎 ☵으로 변하였다. '감위통坎爲通', 즉 감坎이 통함을 상징하는 것은 「설괘전」에 전거가 있다. 다시 말해 하늘과 땅이 사귀면서 서로를 소통시킨 것이다. 게다가 비否괘 제2위의 유획이 상괘로 올라가 임금의 자리인 제5위에 가까이 있으면서 유순한 특성을 가지고 있으며 상괘 또한 손巽 ☴으로 변하여 안정적인 모습이 되었다. 또 제2위에서 제5위까지의 중앙 협체夾體가 리离 ☲의 꼴을 이루고 있다. 리离는 「설괘전」에서 "만물상견호리萬物相見乎離(만물은 리離에서 서로 만난다.)"라고 하여 만물이 리离라는 상징을 통해 서로 만나서 아름다운 모임을 가짐을 의미한다. 이제 이 세 가지 기호를 결합하여 환괘의 전체 상象을 엮어볼 수 있다. 곧 하늘과 땅이 사귀면서 그 둘 사이에 소통이 이루어졌고 하늘에 대해 공손한 태도로써 많은 사람들이 모임을 아름답게 가지는 형상이므로, 형통한 모습이다.

현재의 환渙괘 ䷺는 상괘가 손巽 ☴이지만 추이해오기 전의 벽괘인 비否괘 ䷋의 상괘는 건乾 ☰이었다. 건乾은 임금을 상징한다. 이것이 환괘로 변하면 상괘의 건乾은 사라지고 손巽 ☴으로 변하며, 이 건乾 ☰의 제1획이 하괘 제2위로 내려와 감坎 ☵이 되면서 하괘의 주인이 되었다. 그런데 이 건乾의 제1획은 임금의 장자였다. 즉 건乾의 임금은 이미 죽었고 그의 장자가 하괘로 내려와 다시 주인 자리를 차지하였으니 그가 새로 등극한 왕을 상징하게 된다. 위의 호체는 간艮 ☶이고, 간艮은 묘당을 상징한다. 또 상괘 손巽 ☴은 공손함을, 하괘 감坎 ☵은 공경함을 상징한다. 이것을 정리해보면 선왕이 죽은 뒤에 그의 장자가 왕이 되었으며 그가 선왕의 묘당에 이르러 공경하는 자세로 제祭를 올리는 상이 된다. 이하 "이섭대천利涉大川, 이정利貞(큰 내를 건너는 데 이로우니, 일이 이롭다.)"의 상象도 연결하여 해석할 수 있다.

감坎 물 위에 손巽 바람이 순하게 불어오고[바람이 물위에 부는 괘이다.] 진震 배가 이미 떠서[2～4호괘.] 곤坤 백성이 앞으로 나아가니[2→4.], '큰 내를 건너는 데 이롭다.'고 한다.

환渙괘는 정井괘와 교역하는데[물과 바람의 괘가 바람과 물의 괘가 된다.] 정井괘 ䷯의 때에 감坎 위험이 앞에 있었으나 사귄 뒤에 바뀌어 감坎 위험이 이미 지나갔으므로[감坎이 아래에 있다.] 건너는 데 이롭게 된 것이다.

○ 손巽이 감坎 일을 이롭게 하므로, 일을 맡아함이 마땅하다.462)

환渙괘 ䷺는 하괘가 감坎 ☵이고 상괘가 손巽 ☴이며, 아래 호체가 진震 ☳이다. 하괘는 원래 비否괘의 때에 곤坤 ☷이었다. 곤坤 ☷이 감坎 ☵으로 변하여 소통함의 상을 얻는데다가 감坎의 상징물인 물 위에 진震의 상징물인 배가 떠 있고 또 그 위에 손巽의 상징물인 바람이 불어온다. 거기에 곤坤의 제2위의 백성이 배를 타고 제4위로 건너가니 그것의 이동에 순한 조건만이 있으므로 이로운 상이 된다. 괘사의 '이섭대천利涉大川(큰 내를 건너는 데 이롭다.)'은 이 네 가지 상이 연결되어 만들어진 것이다. 따라서 이러한 상황에는 피하거나 숨을 것이 아니라 '이정利貞', 즉 일을 맡아하는 것이 이롭다. 왜냐하면 감坎이 상징하는 일을 손巽이 이롭게 해 주기 때문이다.

이처럼 다산의 해석은 호체를 이용하고 변괘를 이용하지만 그 모든 것이 상象을 매개로 하여 이루어진다. 관괘의 제사의 상과 연관하여 환渙괘 구2를 주목할 필요가 있다. 환괘 구2는 환지관渙之觀괘로 이미 관괘로 변한 것이다. 점을 쳐서 환괘의 구2가 노양의 수가 나오면 환괘에서 관괘로 이미 변한 괘가 된다. 따라서 관괘를 위주로 하여 해석하되 원래의 괘인 환괘도 이용하는 것이다. 환괘 구2의 효사와 다산전은 다음과 같다.

九二, 渙奔其机, 悔亡.(구2는 풀려나 그 상에서 도망가니 후회가 없을 것이다.)

이는 환渙괘가 관觀괘로 간 경우이다. 책상 궤机자와 안석 궤几자는 통용되니[궤几는 안석이다.] 희생을 가르는 상이다. 감坎의 단단한 나무 위에 곤坤 고기가 놓여 있으니[아래가 본디 곤坤이다.] 그 상象이 상이다. 간艮 묘당 아래[3-5호괘이다.] 곤坤 소가 화살을 받았고[건乾 화살이 와서 그것을 맞추었다.] 상이 이미 놓여 있으니 소는 이제 죽은 것이다. 그러나 제2효가 이미 변하였으니 감坎의 강함이 드디어 풀리고[제2획이 이제 갈라졌다.] 곤坤 소가 다시 살아나[아래가 이제 곤坤이다.] 손巽으로써 도망가니[위에 손巽이 있다.] '풀려나 상에서 도망간다'고 한다.[소가 달아나는 것을 '분奔'이라 하며 분犇자를 통용하여 쓴다.] 상 위의 고기가 상에서 달아나 삶을 얻으니, 이로써 희생에 대해 점치면 쓸 수가 없는 것이다.

○ 괘가 비否괘로부터 오는데[2→4.] 곤坤 소가 여전히 살아있으니 그 후회가 사라지는 것이다.[변한 상象이 사라진다.][463]

여기에서 '환渙'은 풀려난다는 뜻이다. 환渙괘 모두冒頭에서 다산은 "괘가 비否괘로부터 오는데 비否괘의 때에 북방은 매서운 추위가 몰아쳐 건乾 얼음이 단단하게 얼어 있다가 환渙괘로 옮겨오면 건乾 얼음 조각 1개가 곤坤의 따뜻한 땅 속으로 들어오고 손巽 바람은 부드럽고 순하며 감坎 물이 흘러 움직이니, 이것이 '환연渙然히 얼음이 풀리는 듯하다'는 것이다. 호체互體로써 보면, 간艮에서 이미 생을 마쳤으나 진震이 되살아나니 시기적으로 봄이며, 봄바람이 물에 불어오니 어찌 얼음이 녹아 풀리지 않겠는가! 이것이 '동풍東風이 얼음을 녹인다'는 것이다. 건乾의 단단한 뭉침이 여기에서 풀어지므로, '환渙괘는 떠남을 가리킨다'고 한 것이다"[464]고 하여, 얼음이 녹는 모양처럼 흩어지고 풀리는 것을 의미하였다.

제사의 상과 관련하여 이것은 희생물이 풀려나 해방되는 의미로 전환된다.

궤机는 희생을 올려놓는 작은 상을 말한다. 왕필은 "궤机는 물건을 받드는 것으로, 초효를 가리킨다"[465]고 하여 구2효가 초6효에 기대어 있는 것으로 풀이하였다. 이를 안석案席이라고 하는데 앉아서 몸을 기댈 수 있게 만든 물건이다. 주자 또한 "궤机는 몸을 구부려 의지하여 몸을 편안하게 하는 물건이다"[466]라고 풀이하였다. 이 또한 안석의 의미이다. 그러나 다산은 '분奔'자를 달아난다는 뜻의 '분犇'자로 보고, 만약 안석의 의미로 풀이한다면 달아난다는 것은 어떻게 설명할 수 있겠는가 반문한다. 옛 주석에서 안석 궤几자와 통용해 쓴 것이 많더라도 안석의 의미로 쓸 때에는 궤几자를 주로 사용하였고 제물을 올려놓는 작은 상이나 책상의 의미로 쓰일 때는 주로 궤机자를 사용한 용례가 많음을 들고 안석案席이라는 해석을 거부한다.[467] 또한 방본坊本[468]에서 올杌자로 쓴 것에 대해서도 비판한다. 올杌은 도올檮杌의 뜻으로 초楚나라 사관의 명칭이니 오자일 수밖에 없다는 것이다. 내지덕來知德은 그의 『주역집주周易集注』에서 나무이름 궤机자로 풀이하였는데 이 또한 오역이라고 다산은 주장한다.[469] 그리고 조선 인조仁祖 때의 상국相國 최석정崔錫鼎[470]의 기록을 인용하며 주대에 있었을 어떤 사건에 대한 점사라고 주장한다.[471] 인조仁祖 을해년(1695) 시제時祭 때 제물로 바칠 소가 달아나면서 제관祭官을 덮쳐 다치게 했던 사건이 실제 벌어졌던 일이고 이러한 일이 주대에도 있었기 때문에 효사에서 언급했을 것이라는 말이다.

환渙괘의 하괘는 감坎이며, 감坎 ☵은 「설괘전」에서 "나무에 있어서는, 단단하고 속이 많은 것이다"[472]라 하였으니 단단하고 굳은 나무를 상징한다. 참고로 연약하고 부드러운 나무의 상징은 손巽이다. 「설괘전」에서 "손巽이 나무를 상징한다"[473]고 하였는데, 대과大過괘와 구姤괘의 풀이에서 순구가가 손巽으로 버드나무를 상징하였고 우번이 구기자나무를 상징한 바 있다.[474] 다산은 이를 긍정적으로 수용하면서 "손巽은 무른 나무를 상징한다. 버드나무와 구기자나무를 상징하는 것은 그 성질이 휘는 특성이 있기 때문이다"[475]라고 부연하였다. 원래 환渙괘는 비否괘에서 온 것이므로 이때에 하괘가 곤이었다. 곤坤 ☷은 소의 고기를 가리킨다. 「설괘전」에서 '곤위우坤爲牛.(곤坤이 소를 상징한다.)'라고 하였고, 다산이 새로 보강한 물상을 모아 놓은 「금보今補」에서는 '곤위부坤爲膚.(곤坤이 살갗을 상징한다.)'를 추가하였다. "강획이 뼈를 상징하고 유획이 살갗을 상징하니, 곤坤은 '살갗'을 상징한다."[476] 다산은 서합噬嗑괘 ䷔와 박剝괘 ䷖의 주석에서 건乾을 뼈에 비유하고 곤坤을 뼈에 붙은 살로 풀이한 바 있다. 따라서 단단한 나무로 만든 제기용 상 위에 소의 고기가 놓여있는 상象이다.

환괘의 위 호체는 간艮이며, 간艮 ☶은 관괘의 풀이에서 언급하였듯이 묘당을 상징한다. 비否괘 ䷋의 때에 하괘인 곤坤 ☷이 환渙괘로 추이하면서 감坎 ☵이 되어 소가 화살을 맞은 꼴이다. 소가 화살을 맞았으므로 이미 죽은 소이며 이 소가 제물로 바쳐지기 위해 제기용 상 위에 놓여 있다.

그런데 환渙괘의 제2효가 변하여 관觀괘 ䷓가 되고 나면 강함을 상징하던 감坎 ☵이 사라지고 다시 곤坤 ☷이 살아난다. 비否괘의 때에 곤坤으로 있다가 환渙괘의 때에 화살을 맞고 감坎으로 변하였지만 이제 다시 관觀괘로 옮겨와 곤坤 ☷의 형태를 되찾았으니, 곤坤의 상징물인 소가 다시 살아난 꼴이다. 그래서 '풀려나 상에서 도망간다'라 한 것이다. 만약 이렇다면 희생을 바치지 못하는 상황이 될 것이니 만약 점쳐서 이 괘가 나오면 희생을 써서는 안 되는 것이다.

이와 같이 8괘 이미지들의 결합으로 제사라고 하는 하나의 시뮬레이션을 구성할 수 있다. 다산이 지적하였듯이 '유부有孚(믿음이 있다.)'라는 사詞가 있으면 언제나 제사의 이미지를 가질 수가 있으며, 곤坤의 희생, 손巽의 정결히 재계함, 리离의 믿음, 태兌의 음식 대접, 간艮의 묘당 또는 죽음, 건乾의 임금 등의 이미지 결합작용으로 이 시뮬레이션의 구성요소가 갖추어진다. 그러나 주의할 것은 이러한 결합이 절대적이거나 결정적인 것이 아니라 다산의 선택적 자의성에 기반하고 있다는 점이다. 이러한 자의성은 결국 다산의 목적을 암암리에 드러낸다. 예를 들어 곤坤의 물상 가운데서 땅이나 백성, 순종함, 어미, 기름, 군중, 검은색 등을 제치고 희생물을 선택하는 것은, 물상이 결국 다산철학의 세계관을 구성하는 수단적 역할에 지나지 않음을 스스로 인정하는 것이다.

이상에서 필자는 상象이 어떻게 운용되고 있는가를 시각적 효율성을 가지고 설명을 시도해 보았다. 그런데 다산전茶山箋은 한 괘 안의 하나 이상의 상象들이 맺는 결합관계나 그 결합의 방식을 설명하는 것을 위주로 하고 있어서, 어떤 전통 관념의 의리義理를 발견해내기가 쉽지 않다. 그러나 인문학적 지향을 가지고 『주역』을 해석하는 사람의 역학에 오직 상象만 있을 뿐이라고 한정할 수 있는 것인가! 과연 의意 또는 의리義理가 다산역에 없는 것인가! 결코 그렇지 않다. 사실 다산역은 의리로 가득 차 있다고 해야 한다. 다만 다산의 의리가 전통 관념상의, 특히 주자학적인 의리와 성격을 달리하기 때문에 오해가 빚어질 뿐이다. 다산은 관觀괘와 환渙괘 및 제사례祭祀例에서 들고 있는 여러 괘효사의 내용을 통해 문왕과 주공 당대의 종교적 생활문화가 지닌 신앙의 경건성을 지적하고 있는 것이다. 전통 의리역의 관점, 특히 성리학적 관점에서가 아니라 다산 특유의 관점, 이전 시기의 역학자들에게서 전혀 볼 수 없었던 새로운 관점에서 인문도덕을 말하고 있는 것이다. 그리고 이것은 다산에게 있어서 『역』 작자의 본의이다. 필자가 다산역을 인문학 지향의 역상학이라고 정의하는 이유가 바로 여기에 있다.

3. 사詞의 임의성과 상象의 기호로서의 보편적 범주

『춘추』 민공閔公 원년元年(B. C. 661)조의 좌전左傳에 따르면, 필만畢萬이 진晉나라에 벼슬하는 문제를 가지고 점을 친 일이 기록되어 있다. 필만이 얻은 괘는 준지비屯之比였는데, 이는 준屯괘 ䷂의 초9가 변한 것이다. 진晉의 대부인 신료辛廖가 점풀이를 다음과 같이 하였다.

> 길합니다. 준屯괘는 견고하고 비比괘는 들어감을 의미하니, 이보다 더 길한 것이 어디 있겠습니까? 반드시 번창할 것입니다. 진震이 땅으로 변하며, 수레는 말을 따르고 발은 거기에 거하고 형은 장자가 되는데, 어미가 그를 감싸고 사람들이 그에게 귀속하니, 이 여섯 가지가 바뀌지 않으면서 합하여 견고할 수 있고 편안하여 사람들을 죽일 수 있는 능력을 갖게 되니, 공후公侯의 괘입니다.[477]

신료의 말 가운데 "준고屯固, 비입比入(준屯괘는 견고하고 비比괘는 들어감을 의미한다.)"의 준屯과 비比는 대성괘를 지칭한다. 그는 준屯괘의 내포적 의미를 견고함으로 이해하였고, 비比괘의 내포적 의미를 들어감으로 이해하였다. 따라서 필만이 얻은 준지비屯之比는 '견고함'의 상황에서 어디엔가로 '들어감'이 진행되는 점이므로 길하지 않을 수 없음을 단정한다. 이러한 상황의 변화과정을 설명하는 신료의 근거는 어디에 있는가? 이는 바로 8괘의 물상들을 활용하는 데에서 시작된다. 그가 언급한 소성괘는 여기에서 모두 3개이며 명칭은 괘명을 쓰기도 하고 또 괘덕을 활용하기도 하였는데, 전체적으로 여섯 가지의 상황이 전개되고 있다. 신료의 점풀이는 3층 구조를 지닌다.

① 震爲土
② 車從馬, 足居之, 兄長之
③ 母覆之, 衆歸之

괘상의 변화를 가지고 설명해보자. ䷂ ⟶ ䷇ (屯卦 ⟶ 比卦)

준괘의 하괘인 진震 ☳이 비괘에서 곤坤 ☷으로 변하였다. 신료가 언급한 ① "진위토震爲土(진震이 땅으로 변한다.)"는 이러한 준지비屯之比의 전체적 상황변화를 보여준다. ② "거종마車從馬, 족거지足居之, 형장지兄長之(수레는 말을 따르고, 발은 거기에 거하고, 형은 장자가 된다.)"는 앞서 말한 "준고屯固(준괘는 견고하다.)", 즉 준괘가 내포하고 있는 견고함의 상황을 설명한 것이다. ③ "모복지母覆之, 중귀지衆歸之(어미는 그를 감싸고, 사람들이 그에게 귀속한다.)"는 비괘가 준괘의 견고한 상황이 진행되어 오는 국면에 대처하면서 포용과 귀속을 택하는 이른바 "비입比入(비比괘는 들어감을 의미한다.)"의 과정을 보여준다.

여기에 활용된 소성괘는 진震 ☳, 감坎 ☵, 곤坤 ☷의 3개이다. 3괘에서 나온 물상들을 정리하면 다음과 같다.

진震 ☳ : 車, 足, 長男

감坎 ☵ : 馬, 歸
곤坤 ☷ : 土, 母, 衆

이 필만畢萬의 시초점은 다산의 역상학 체계에 있어서 의미 있는 사례이다. 신료辛廖가 효사와는 관계없이 별도로 상象을 관찰하여 점괘를 풀고 있기 때문이다.[478] 준괘 초9의 효사는 이러하다. "초구初九, 반선磐桓, 이거정利居貞, 이건후利建侯.(초9는 절뚝거림이니 거처를 옮기는 일이 이로우며, 제후를 세움이 이롭다.)" 여기에는 신료가 언급하고 있는 물상들이 전혀 등장하지 않는다. 도대체 초9 효사는 어떻게 하여 이런 내용으로 구성되었을까 하는 것이 문제이다. 신료의 점풀이에 의하면 이 초9의 '반선磐桓'[479]이나 '이거정利居貞'은 의미 없어 보인다. 위에서 열거한 ①→②→③의 3층 구조에 의해 그가 내리는 결론은 공후公侯에게 맞는 괘이므로 길하다는 것이다. 곧 준지비屯之比는 공후의 괘이므로 효사 중에서 '제후를 세움이 이롭다'는 구절만이 살아있게 된다. 엄밀하게 말하자면 필만은 진나라에 벼슬하는 일을 물은 것이기 때문에 '이건후利建侯'도 딱 들어맞는 효사라고 할 수는 없다. 어떻게 그는 주공이 지은 효사를 전혀 언급하지 않으면서도[480] 어쨌든 반틈의 동일한 결론을 끌어낼 수 있었을까? 결론부터 말하자면, 주공의 효사는 준지비屯之比라는 기호가 담고 있는 수많은 물상들 가운데서 주공 자신에 의해 선택된 물상들의 조합이라는 것이다. 물상들의 조합의 가능성은 다양하게 열려있다. 신료와 같은 방식의 조합이 있을 수 있으며, 주공과 같은 방식뿐 아니라 다산과 같은 방식이 있을 수 있다. 그렇기 때문에 『주역』의 역사易詞는 하나의 텍스트일 수 있는 것이며, 그 텍스트의 내용과 지시指示가 무엇인가 하는 점이 그 텍스트를 다른 방식의 텍스트와 구별짓는 기준이 된다.

주공이 지은 효사는 특별히 사례를 보여줄 뿐이지, 이 한두 마

> 디로 천하의 실정을 다하여 그 심오함을 다 표현할 수 있다고 말하는 것이 아니다. 그러므로 복사卜史는 효사 밖에서 사안에 따라 상象을 취하여 오직 변화에 적용하는 것이니, 곧 수레・말・형・어미가 비록 효사에 또렷하게 열거되지는 않았지만, 신료辛廖는 미루어 연역하여 점을 풀이할 수가 있었던 것이다.481)

신료는 준괘 초9를 풀이하면서 제후를 세움이 이롭다는 결론을 이끌어내었다. 물론 효사와 비교할 때 효사의 점사와 동일한 점사는 아니다. 제후를 세우는 일과 남의 나라에 벼슬하는 일은 엄연히 다른 일이다.

그렇다면 다산은 준괘 초9를 어떻게 해석하고 있을까? 다산전茶山箋을 살펴보자.

> 初九, 磐桓, 利居貞, 利建侯.(초9는 절뚝거림이니 거처를 옮기는 일이 이로우며, 제후를 세움이 이롭다.)

이는 준屯괘가 비比괘로 간 것이다. '반선磐桓'은 절뚝발이의 걸음걸이이다. 괘가 관觀괘로부터 오니[상→1.] 손巽의 두 강획은[관觀괘 위가 손巽이다.] 그 상이 다리이다.[손巽이 다리를 상징한다.] 그런데 준괘로 옮기면 한쪽 다리가 병이 나서[위가 이제 감坎이다.] 다른 한쪽 다리만으로 가니[아래가 이제 진震이다.], 주춤거리며 가는 모양이다. 림臨괘의 진震 발이[림臨괘는 큰 진震이다.] 한쪽이 병이 나서 다른 한쪽으로만 가는 것도[제2획이 제5위로 가서 감坎이 된다.] 이 상象이다. 초효가 괘의 주인이므로 그 본래의 상을 말하였다.

○ '거정居貞'은 거처를 옮기는 일이다.[서거筮居(거처를 시초점으로 물음—역자주.)는 복거卜居(거처를 거북점으로 물음—역자주.)와 같다.] 괘가 관觀괘로부터 오는데[상→1.] 강획이 바깥으로부터 옮겨와서 안에서 주인이 되고[와서 진震이 된다.], 감坎 집이 견고해지고 진震 농사일은 번성해지니[본디 곤坤의 밭이었다.], '거처를 옮기

는 일이 이롭다'고 한다.

○ 괘가 관觀괘로부터 오는데[상→1.] 강획이 바깥으로부터 와서 드디어 진震 주인이 되어서[아래가 이제 진震이다.] 곤坤 나라를 주관하니[관觀괘 아래가 곤坤이다.], '제후를 세움이 이롭다'고 한다. 그런데 그것이 비比괘로 변하니 비괘가 복復괘로부터 오면, 진震 주인이 올라가서[1→5.] 임금의 지위가 드디어 바르게 되므로[제5위가 임금이 된다.], 마찬가지로 제후를 세움이 이롭다.482)

이 준屯괘 초9가 바로 필만이 얻은 준지비屯之比이다. 신료는 초9의 효사를 전혀 언급하지 않으면서 길흉을 말하였지만, 사실 효사를 언급하지 않더라도 신료가 말한 물상들이 모두 이 괘상에 다 드러나 있다. 그러나 물상의 외연은 너무나 크다. 다산은 신료가 언급한 소성괘를 포함하여, 벽괘와 지괘의 소성괘들을 활용하여 전혀 다른 물상들을 활용하고 있지만 그 결론은 동일하다.

효사의 '반선磐桓'이 절뚝거리는 모양을 형용할 수 있는 까닭은 무엇인가? 준괘의 벽괘로는 관觀괘와 림臨괘가 있다. 관觀괘의 경우, 상획이 제1위로 추이하여 준괘가 만들어지는데, 관괘 ䷓의 상괘는 손巽 ☴으로 그것의 물상인 다리(股)는 이미 「설괘」에 전거가 있다. 그런데 준屯괘 ䷂로 추이하면 상괘가 감坎 ☵이 되어 손巽 ☴의 두 양획陽畫 가운데 하나를 잃어 한쪽 다리만 남아있는 이미지이다. 여기에 그 양획이 제1위로 옮겨가서 하괘가 진震 ☳으로 변하고, 그 진震의 물상이 걸어감(行)이니, 두 이미지가 합성되면 다리 하나를 잃고 걸어가는 모양이 된다. 림臨괘에서 추이할 때도 마찬가지의 상이 형성된다. 림臨괘 ䷒의 경우도, 겸체로 볼 때 진震 ☳의 모양으로 진震의 물상인 발의 이미지를 지니다가, 제2획이 제5위로 추이하여 준괘 ䷂가 되면 한쪽 다리를 잃는 꼴이므로 전체적인 상이 절뚝거리는 모양이 된다.

'거정居貞'이 거처를 옮기는 일이라는 뜻은 어떻게 추출되는가?

준괘가 관觀괘로부터 추이해오면 상획의 양陽이 외괘에서 내괘의 제1위로 옮겨와 내괘의 주인인 진震이 된다. 감坎 ☵은 집(宮)을 상징하는데, 준괘의 상괘가 감坎으로 변하여 집이 튼튼해지는 이미지를 얻고, 관괘의 때에 하괘의 밭을 상징하던 곤坤 ☷에 진震 주인이 와서 농사일을 하는 이미지가 만들어진다. 관괘의 양획 하나가 준괘로 추이한 결과, 집이 튼튼해지는 효과를 얻고 괘의 주인이 돌아와 경작을 하게 되므로, "거처를 옮기는 일이 이롭다"는 효사가 만들어질 수 있다.

또 '이건후利建侯'(제후를 세움이 이롭다.)는 어떻게 추출되는가? 관觀괘의 하괘는 곤坤 ☷으로서 나라와 백성 등을 상징하는데, 추이하여 준괘가 되면 상획인 양陽이 제1위로 내려와 진震 ☳으로서 곤坤의 주인이 되어 곤坤 나라를 주관하는 이미지가 형성된다. 따라서 '제후를 세움이 이롭다'는 효사가 만들어질 수 있는 것이다. 뿐만 아니라 지괘之卦를 가지고도 '제후를 세움이 이롭다'는 효사를 얻을 수 있다. 지괘인 비比괘 ䷇는 복復괘 ䷗로부터 추이하는데, 복괘의 제1획이 제5위로 올라가서 임금의 지위에 바로 선 상황이므로, 마찬가지의 결론을 얻게 된다.

다산이 활용한 물상을 정리하면 다음과 같다.

손巽 ☴ : 股
진震 ☳ : 行, 足, 稼, 主
감坎 ☵ : 宮
곤坤 ☷ : 國
(손巽 ☴의 두 양획 : 각각 한쪽의 股)

총 7개의 물상이, 괘가 벽괘에서 연괘로, 또 그것의 지괘로 변할 때마다 자리를 이동하여 이전의 물상을 교체하고, 또 상호 연관되면서 초9 효사를 구성하게 된다. 다산의 이러한 작업에서 반드시 놓쳐서는 안 되는 점이 있다. 주공이 찬술撰述한 효사의 성립 근거를 증명하기 위해서 위와 같은 물상과 그것들의 연관을 추출해낸 것이지, 이러한 물상들을 먼저 추출한 뒤에 효사를 증명하는 방식이 아니라는 점이다. 왜냐하면 위의 총 7개의 물상과 그것들의 연관은 전혀 다른 효사를 만들어낼 수 있을 뿐만 아니라, 위의 총 4개의 소성괘에서 추출된 물상도 전혀 다르게 뽑아낼 수 있기 때문이다. 8괘의 물상은 유비類比의 방식으로 확장되어 무한의 외연을 가지고 있다. 그렇다면 과연 무한의 외연 가운데서 주공의 효사는 어떤 역사적 필연성이 있기에 현재인에게 의미 있는 텍스트인가? 그것은 주공의 텍스트에 다산이 찾고자 하는 인문정신이 담겨있기 때문이며, 그 인문정신은 바로 유가 본연의 수기치인修己治人의 정신이다. 다산이 『주역』의 전 체계를 역리4법으로 관통하였다고 하여, 『주역』에 역리라는 구성원리만이 있을 뿐이라고 판단하는 것은 오해이다. 역리라는 작역作易의 원리들로 작성된 주공周公 텍스트의 내용과 정신을 읽어내야만 다산이 주례를 이상시했던 정신세계를 이해할 수 있게 된다.

신료의 점풀이와 다산의 주석을 종합적으로 분석해보면, 물상의 외연을 짐작할 수 있다. 신료는 총 3개의 소성괘—즉 진震, 감坎, 곤坤—에서 총 8개의 물상—거車, 족足, 장남長男, 마馬, 귀歸, 토土, 모母, 중衆—을 추출하여, 준지비屯之比가 길한 괘로서 공후公侯의 괘임을 증명하였지만, 다산은 4개의 소성괘—손巽, 진震, 감坎, 곤坤—와 그것들의 7개의 물상—고股, 행行, 족足, 가稼, 주主, 궁宮, 국國—을 가지고 벽괘, 연괘, 지괘를 활용하여 효사의 "이거정利居貞, 이건후利建侯(거처를 옮기는 일이 이롭고, 제후를 세움이 이롭다.)"를 증명하였다. 두 사람이 이용한 소성괘는 다산의 주석에서 손巽이 추가된 것 외에는 동일하지만, 각각의 물상은 동일하지 않다.

다산이, "주공이 지은 효사는 특별히 사례를 보여줄 뿐이지, 이 한두 마디로 천하의 실정을 다하여 그 심오함을 다 표현할 수 있다고 말하는 것이 아니다"483)라고 한 말은 곧 상象보다 사詞가 부차적이며 임의적임을 지적한 것이다. 상象은 기호로서의 보편성을 띠고 있으며, 8괘가 비록 8개의 기호이긴 하지만 그 외연은 무한으로 확장될 수 있다. 역사易詞는 그 무한의 외연 가운데 임의의 선택에 의해 구성된다. 그것이 임의적인 한에 있어서 선택된 역사易詞의 내용은 창작자의 사상을 그대로 표현하지 않을 수 없다. 『주역』이 문왕과 주공의 찬술撰述이라고 한다면, 『주역』은 그들의 사상을 보여주는 것이며, 『주역사전』이 다산의 저술이라고 하면, 『주역사전』은 다산의 사상이 된다. 그런데 다산은 지금 문왕과 주공의 원의原義를 보여준다고 생각하는 것이므로, 『주역사전』은 곧 문왕과 주공의 사상과 직접 일맥상통하는 것이 된다.

4. 사사완상舍詞玩象의 설법

「설괘」를 다산이 중히 여기는 것은 「설괘」의 물상대로 해석하면 하나도 풀리지 않는 것이 없다고 믿기 때문이다. 그리고 이것은 다산이 상象을 가지고 『역』을 해석하려는 분명한 의도를 드러내준다. 그런데 『역』이 상들의 조합으로 모두 해석이 가능하다면 결국 『주역』의 신비로움은 사상되고 상들의 조합만 남지 않겠는가? 이에 대해 다산 당대에 다산 스스로 혹은 실제의 어떤 인물에 의해 반론이 제기된다. 『역학서언』 「주역답객난周易答客難」에서 그 일단을 보여준다. 「주역답객난」은 갑, 을, 병이라는 손님의 질문에 대해 답변하는 형태의 글인데 다산의 자문자답의 측면도 있다.

을乙이라는 사람이 다음과 같이 질문한다.

> 실로 그대의 말처럼 『역』 괘효사의 물상들이 다 「설괘」와 들어맞는다고 한다면, 이는 『역』 괘효사의 글들이 심오하지 않음이다. 이미 심오하지 않다면 거기에서 말하는 것들은 단지 점서일 뿐으로 커다란 의리가 그 속에 깃들어 있는 것이 아니다. 만약 이러하다면 『역』은 그리 존중할 필요가 없을 것이다.[484]

을乙이라는 사람은, 다만 상들의 조합으로 『역』 해석이 가능하다면 거기에 도덕적 의리가 담겨 있다거나 자연의 섭리를 표현하고 있다는 전통적 관념이 무의미해진다고 비평한다. 그는 절대진리가 표현된 『역』이 물상들의 조합방식으로 설명되면서 일반진리가 되어버린다면 인간의 지적 한계 내에서 『역』이 충분히 논의될 수 있다는 것이고, 동시에 유가 제1의 경전이라는 독보적 위상도 흔들리게 될 것이라고 걱정한다. 그의 질문과 같이 단지 점치는 책으로서만 의미가 있을 뿐 존중해야 할 이유가 사라진다. 단지 「설괘」에 등장하는 물상들의 기계적 조합에 의해 오차 없이 딱 맞아떨어지는 수학적 공식과 같이 되어버리고 그림 짜맞추기 놀이에 불과하게 되는 것이다. 당연히 을과 같은 추론이 가능할 테지만 다산의 대답은 다르다. 여전히 『역』은 존중받을 만하고 위대한 책이라는 것이다.

『역』의 도道는 크게는 천지를 두루 망라하여 2기二氣에 따라 4시四時를 질서지울 수 있으며, 작게는 벼룩이 뛰고 파리가 나는 것까지 살펴 알 수 있게 한다. 높이면 소장굴신消長屈伸의 이치를 징험하여 진퇴출처進退出處의 까닭을 알 수 있고, 낮추면 말, 소, 개, 닭을 얻거나 잃는 일까지 헤아릴 수 있다. 멀게는 귀신에 이르러 천명을 상고하여 바람과 비, 가뭄과 장마의 일을 알 수 있고, 가깝게는 부자, 군신, 부부의 달라진 상황에 대처할 수 있으며 이목구비와 사지와 온몸의 움직임도 그 징조를 미리 알 수 있다. 그러므로 『역』의 괘효사에서 문장을 만들 때, 더러는 넓고 크게 하고, 더러는 작고 첨예하게 하고, 더러는 전중엄존典重嚴尊하게 하며, 더러는 비근협애卑鄙狹隘하게 하며, 더러는 심오하여 깊은 취지가 있는 듯이 하고, 더러는 천근淺近하여 고담준론이 없게 하고, 더러는 황홀하여 다양하게 변하게 하고, 더러는 졸렬할 정도로 곧아 일정함을 지키도록 하여, 뒤섞어 하나로 귀결시키지 않았다. 대체로 배우는 자로 하여금 이것을 끌어다가 저것을 추론하게 하고, 왼쪽과 비교하여 오른쪽을 깨닫게 하며, 서로를 참작하여 두루 통하고 글을 요

> 약하여 뭇 상황을 다스리기를 기대하였을 뿐이다. 그 도가 이와 같은데도 후대에 『역』을 말하는 자들은 오직 크고 존엄하고 유원幽遠하기만을 힘쓰면서, 아울러 그 자잘하고 가까운 뜻을 은하수처럼 끝이 없이 풀이하였다. 이것이 『역』이 어두워져서 성인의 평범하고 내실 있는 가르침이 고묘高妙하고 신기하며 신령스러운 법으로 돌아가도 깨닫지 못하는 이유이다.485)

다산의 대답에서 우리는 다산이 이해하는 『역』의 진면목을 알 수 있다. '대소大小'의 관점에서 볼 때, 『역』의 도道는 천지를 망라하여 4시四時를 질서지을 수 있으며, 벼룩이 뛰고 파리가 나는 것까지 살펴 알 수 있게 한다. '상비尙卑'의 관점에서는 소장굴신消長屈伸의 이치를 징험하여 진퇴출처進退出處의 까닭을 알 수 있고, 말, 소, 개, 닭을 얻거나 잃는 일까지 헤아릴 수 있다. '원근遠邇'의 관점에서는 귀신에 이르러 천명을 상고하여 바람과 비, 가뭄과 장마의 일을 알 수 있고, 부자, 군신, 부부의 달라진 상황에 대처할 수 있으며, 이목구비와 사지와 온몸의 움직임도 그 징조를 미리 알 수 있다. 그가 설정하고 있는 크고 작음, 높고 낮음, 멀고 가까움 등의 내용이 각각 정확한 대구를 이루면서 서술되고 있는 것 같지는 않다.

'대大'와 '상尙'과 '원遠'의 관점에서는 '미륜천지순이기彌綸天地順二氣(천지를 두루 망라하여 2기二氣에 따름)'와 '험소장굴신지리驗消長屈信之理(소장굴신의 이치를 징험함)'와 '달귀신고천명達鬼神考天命(귀신에 이르러 천명을 상고함)'이라는 원심적 지향을 거쳐서, '이서사시而序四時(4시를 질서지음)', '이지소이진퇴출처而知所以進退出處(진퇴출처의 까닭을 앎)', '이식풍우한로지고而識風雨旱澇之故(바람과 비, 가뭄과 장마의 일을 앎)'의 구심적 지향으로 넘어온다. 전자는 천지자연의 이치에 해당하며 후자는 결국 인간의 일이다. 2기의 움직임을 살펴서 사계절과 그 절기를 정하는 일은 인간이 천지를 모방하여 할 수 있는 일이며, 사건 사태를 만나서 그에 맞게 대처하는 진퇴출처進退出處도 근원적으로 천지음양의 소장굴신消長屈伸의 이치를 터득하고 그 이치가 만들어내는 효과들을 검증하는 원심적 작업을 통해야만 가능하다. 바람과 비, 가뭄과 장마 등의 자연현상의 발생원인과 대책을 강구하는 것도 귀신과 천명을 고찰하여 그것에 통하려는 노력을 통하여야 되는 것이다. 이런 의미에서 『역』은 신성하고 위대할 수가 있다.

그러나 다산의 이 말은 문맥의 흐름으로 볼 때, 구심적 지향으로 향하고 있으며 『역』은 인간의 일을 질서짓고(序) 처신의 방법을 알며(知) 자연현상을 아는(識) 도구적 장치임을 알게 된다. 그것은 '소小'와 '비卑'와 '이邇'의 관점에서 더욱 뚜렷해진다. 여기에서는 다 구심적 지향만을 언급하고 있다. 주변에서 쉽게 볼 수 있는 벼룩과 파리의 움직임을 알 수가 있고, 말, 소, 개, 닭을 잃거나 얻는 발생가능한 인간 주변의 일, 그리고 부자, 군신, 부부의 시시각각 변하는 관계설정을 가능하게 해주는 것이 『역』의 도인 것이다. 포괄적으로 '대소大小'로 구별되는 두 관점에서 결국은 원심적 지향에서 구심적 방향으로 논의를 치중하고 있는 것이다. 『역』 괘효사의 글들은 두 측면을 다 포괄하고 있다. 넓기도 하고 좁기도 하며, 심오하여 깊은 취지가 있는 듯하기도 하고, 아주 가까워서 고담준론이 없는 듯하기도 하며, 황홀하여 다양하게 변하는 듯도 하고, 졸렬할 정도로 한 가지만을 고집하기도 하여 하나로 귀결되지 않는다. 그런데 『역』이 이렇게 구성되어 있는 까닭은 "이것을 끌어다가 저것을 추론하게 하고, 왼쪽과 비교하여 오른쪽을 깨닫게 하여, 서로를 참작하여 두루 통하고 글을 요약하여 뭇 상황을 다스리기를 기대하였기" 때문이다. 다산의 답변에서 핵심은 바로 여기에 있다. 즉, 글을 요약하여 대중의 실정을 다스리기를 기대한 것이다. 『역』의 글은 "뒤섞어 하나로 귀결시키지 않았지만(錯綜雜糅, 不一其歸)" 이것을 인간사에 맞추어 잘 요약하면 '중정衆情' 즉 뭇 상황을 깨달을 수 있고 대처할 수 있는 것이다. 『역』의 작자가 기대한 것은 바로 이것이다. 이러한 원 의도를 알지 못하면 『역』은 영원히 신비적으로만 채색되고 실제에서 멀어질 것이다. 그래서 다산은 "『역』이 어두워져서 성인의 평범하고 내실 있는 가르침이 고묘高妙하고 신기하며 신령스러운 법으로 돌아가도 깨닫지 못한다"고 지적하는 것이다.

다산은 위 답변에 이어서 이른바 '중정衆情'의 사례들을 몇 가지 적시한다. 기본적으로 괘효사는 점사이기 때문에 주나라 당시의 예법이 내포되지 않을 수 없다. 어떤 사건 사태의 처리방안을 논할 때 그 사건 사태가 서술되고 난 다음에 이에 대한 점사, 즉 처리방안이 논의될 수 있기 때문이다. 즉 주나라에서 행해졌던 모든 전장제도典章制度가 『역』의 괘효사 안에서 기술될 수밖에 없는 것이다. 아래의 '중정衆情'의 사례들이 이것들 중 일부이다.

> 『역』의 "지나가는 사람이 소를 얻으니 마을사람에게는 재앙이다"[무망無妄괘 육3이다.]라는 효사는 민간에서 소를 잃었을 때의 점사이다.[『역』에서 '소를 잃는다'거나 '끌어서 돌아온다'는 류가 다 그러하다.]

> 『역』의 "귀패龜貝를 잃으니 쫓지 않아도 7일에 얻는다"[진震괘 육2이다. ○ 기제旣濟괘의 글도 유사하다.]라는 효사는 민간에서 재물을 잃었을 때의 점사이다.[『역』에서 '양을 잃는다'거나 '노자와 도끼를 잃는다'는 류가 다 그러하다.]

> 『역』의 "가서 비를 만나면 길하다"[규睽괘 상9이다.]라는 효사는 막 먼길을 떠나려고 할 때의 점사이다.[비를 만나지 않는다면 도적을 만나 병을 얻을 것이므로 비를 만난다는 말로 길함을 삼은 것이다.]

『역』의 "큰 희생을 씀이 길하다"[취萃괘의 괘사이다.]와 "돼지와 물고기라면 길하다"[중부中孚괘의 괘사이다.]라는 괘사는 제사에 쓸 희생을 점칠 때의 점사이다.[환渙괘 구2의 '그 상에서 도망간다'는 효사도 그러하다.]

『역』의 "사슴을 쫓는데 안내자가 없다"[준屯괘 육3이다.]와 "밭에 날짐승이 있거든 말을 받드는 것이 이롭다"[사師괘 육5이다.]와 "왕이 세 군데로 몰며 앞의 짐승을 놓아준다"[비比괘 구5이다.]라는 효사는 사냥하는 것에 대한 점사이다.["사냥하나 짐승을 잡지 못한다"(항恒괘 구4—역자주.)나 "사냥하여 세 마리의 여우를 잡는다"(해解괘 구2—역자주.)가 다 그러하다.]

『역』의 "구름이 빽빽하나 비가 오지 않음은 우리의 서쪽 교외로부터 하기 때문이다"[소축小畜괘의 괘사와 소과小過괘의 육5.]라는 것은 기우제를 지내면서 비를 기원할 때의 점사이다.[소축小畜괘의 상9도 그러하다.][486]

이상을 정리하면 다음과 같다.

民間失牛者之占辭
民間失財者之占辭
遠行起程者之占辭
祭祀筮牲之占辭
田獵之占辭
雩祀禱雨之占辭

소를 잃은 자, 재물을 잃은 자, 먼길을 떠나는 자, 제사를 지내려는 자, 사냥하려는 자, 기우제를 지내려는 자들이 맞닥뜨린 현실에 대해 점을 쳐서 물었을 때 나온 점사가 위 대답 속에 나오는 괘효사들이다. 그러나 이 몇 사례들만 있는 것이 아니라 제사나 혼인이나 전쟁 등과 관련된 점은 수를 헤아릴 수 없이 많다. 다산이 과연 64괘사와 386효사, 합하여 450개의 사詞를 각각 점사로 귀속시키려는 의도는 무엇일까? 이 「주역답객난周易答客難」의 질의응답은 다산의 역상학을 이해하는 데 매우 중요한 저작이다. 갑·을·병의 논의가 대부분 상론에 대한 것들이다. 아마도 다산이 말하고자 하는 핵심은 다음의 구절에 있을 것이다.

> 이와 같은 것은 문왕과 주공이 괘효사를 찬술할 초기에 오직 점치는 사람을 위해 대의를 밝히고 사례를 세우는 데 그쳤을 뿐이기 때문이다. 천인성명天人性命의 이치가 이 사이 어디에 깃들어 있겠는가![487]

괘효사를 지은 당사자들의 의도는 바로 서인筮人들이 사용하도록 대의를 밝히고 사례를 만들어 놓은 것일 뿐이다. 인간사의 내용을 이루고 있는 전쟁, 혼인, 제사, 사냥, 재물을 잃음 등의 행위들은 이미 벌어진 불행한 사태라든지 혹은 앞으로 있을 대사大事에 해당한다. 이러한 불행한 사태와 대사를 당해 인간들은 하늘에 묻고 그 답을 얻으려고 한다. 그래서 찾는 것이 점이다. 문왕과 주공은 이때에 유용하게 쓰도록 하기 위해 괘효사를 찬술한 것이다. 이런 까닭에 애초에 『역』에는 천인성명天人性命의 이치가 놓일 자리가 없었던 것이다. 천인성명天人性命의 이치란 결국 인문학을 자연학에 결부시키는 원리이다. 다산의 이어지는 말로 정리한다면, "상하 두 편 64괘 386효의 효사를 하나같이 천인성명의 의리에 귀결시켜서 스스로 그 진퇴존망의 뜻이 깃들게 하고자 한다면 어긋나서 맞추려 하여도 들어맞지 않음이 많을 것이다."[488] 괘효사는 점치는 자들을 위해 만들어놓은 사례집일 뿐인데 여기에서 성명性命의 이치를 찾는 것은 애초 출발부터 잘못된 것이다.

그러나 그렇다고 하여 다산이 『역』을 존중하지 않는 것은 아니다. 성명의 이치를 추구하는 방식이 아닌 다른 방식으로 접근할 때 『역』은 의미가 있게 되며 대의로써 존중받을 수 있게 된다. 그 방식은 바로 "사詞를 버리고 그 상을 음미한다(舍其詞, 而玩其象.)"는 것이다.

> 만약 점을 쳐서 그것을 만났을 때 사詞를 버리고 그 상을 음미한다면, 두 편 64괘 386효가 다 대의일 것이니 어찌 존중하지 않을 수 있겠는가?[489]

다산의 이 말은 대단히 파격적이다. '사사완상舍詞玩象', 곧 괘효사를 버리고 상을 음미한다는 말은 한대 상수역학자들에게서도 찾아볼 수 없는 선언이다. 다산 자신이 문왕과 주공을 성인의 반열로 존중하며 유가 제1 경전의 저작자들로 인정하고 있으면서도 그들이 찬술한 사詞들을 버리라는 말은 마치 모순처럼 보이지만, 다산에게 있어 이른바 대의大義가 담겨 있는 곳은 사詞가 아니라 효爻이다. 효는 변화를 상징하고 이 변화는 효들의 상에서 표현된다. 386효가 각각 하나 이상의 상들을 가지고 있고 이 상들의 조합과 변화원리를 음미하게 되면 『역』이 내포하고 있는 대의를 알 수 있게 된다. 다산이 지적하듯이 386효의 효사를 가지고 천인성명의 이치에 귀결시킨 뒤에 저절로 그 이치 속에서 자신의 행동지침을 찾아내려는 의도는 효사 저작의 의도가 본래 천인성명의 이치를 밝히는 데 있는 것이 아니기 때문에 실현될 수가 없다.

5. 역사易詞의 문화 텍스트적 기능

다산의 『주역사전』 저술은 예학 관련 저술과 동시에 진행되었다. 따라서 그의 역학은 태생적으로 예禮와 연관되지 않을 수 없다. 그러나 기타의 예 관련 저술들이 예송禮訟의 문제를 다루거나 예론禮論에 대한 고증이나 변론을 위주로 하는 것과는 달리, 『주역사전』에 인용되는 예禮는 괘효사의 물상—괘덕과 괘상을 포함하는 포괄적 의미—과 고사故事에 대한 증빙 또는 반증 자료로 제시된다는 점에서 그 성격이 다르다. 따라서 논리적이기보다는 열거적이며, 백과전서적이다.

곤坤괘 육5의 경우, '황상黃裳'이라는 물상을 반증하는 자료로써 예禮를 인용한다.

> 곤坤괘 육5는 왕후王后의 자리이다. 『주례』에 따르면, 왕후의 여섯 가지 복식 가운데 하나가 국의鞠衣인데[주에 "국鞠은 누런색이다"고 하였다.], 옛날 아녀자의 복식에서 웃옷과 치마는 서로 붙어 있었으니[『주례소周禮疏』에 보인다.], '누런 치마'는 곧 국의鞠衣이다.490)

주공의 작품인 효사爻詞 속에는 은주殷周 교체기의 문화가 반영되어 있다. '황상黃裳' 또한 그 시기 주대 문화의 한 단면을 대변하는

데, 효사가 주대 문화의 텍스트라는 점을 보여주기 위해 『주례』와 그에 대한 정현鄭玄의 주, 가공언賈公彦의 소를 모두 동원하여 반증자료로 활용하는 것이다.[491] 주나라의 예법에 왕후는 여섯 종류의 복식을 할 수 있었는데, 그중 하나가 국의鞠衣이다. 정현의 주에 따르면 '국鞠'은 누런색이므로 '국의鞠衣'는 곧 '황의黃衣'와 같다. 그런데 가공언의 소에 따르면 옛날 아녀자의 복식은 위아래가 붙어 있었으므로 '의衣'와 '상裳'은 결국 하나의 동일한 옷을 지칭한다. 주공周公의 문장인 '황상黃裳'은 결국 『주례』에 기재되어 있는 왕후의 복식이며, 곤괘 육5에서 '황상'을 말한 것은 그 자리가 왕후의 자리를 상징하기 때문이다. 여기에서 『주례』는 효사의 물상을 반증하는 데 기여할 뿐, 왕후가 왜 누런색의 옷을 입어야 하는지, 또는 옛날 여인들의 복식이 왜 웃옷과 치마가 붙어 있어야 하는지 등을 증명하는 데 이용되지 않는다.

진晉괘 괘사 "강후康侯, 용석마번서用錫馬蕃庶, 주일삼접晝日三接(강후康侯가 많은 말을 하사하고 낮에 세 번 접견한다.)"의 경우에는 실제의 사실사건을 반증하는 자료로써 예禮를 인용한다.

> 주자가 강후康侯를 『주례』 「고공기」의 영후寧侯(나라를 편안하게 하는 군주—역자주.)와 같은 경우라고 말하였으나[나라를 안정시킴을 가리킨다.], 제을帝乙이 누이동생을 시집보낸 일과 고종高宗이 귀방鬼方을 정벌한 일, 그리고 기자箕子가 명이明夷한 일 등이 다 실제로 있었던 일이므로 강후가 말을 하사한 일도 반드시 옛날의 사실일 것이다.
>
> ○ 『주례』 「대행인」(현재의 외교관—역자주.)의 직분을 살펴보건대, "공작은 세 번 대접하며 세 번 위문하고 세 번 위로하며, 후작은 세 번 대접하며 두 번 위문하고 두 번 위로하며, 자작과 남작은 세 번 대접하며 한 번 위문하고 한 번 위로한다"고 하였으니, 경문의 '세 번 접견한다'는 말은 이러한 예법을 가리킨다.[492]

주희는 '강후康侯'를 나라를 편안하게 하는 제후라는 일반적 의미로 이해하였다.[493] 주희의 본의本義대로라면, "진晉괘는 나라를 편안하게 하는 제후에게 많은 말을 하사하고 낮에 세 번 접견한다"로 풀이된다. 그러나 다산은 이를 실제 사건의 텍스트로 이해한다. 『주역』 태泰괘 육5와 귀매歸妹괘 육5의 "제을귀매帝乙歸妹"를 제을帝乙이 누이동생을 시집보낸 실제사건으로 이해하고, 기제旣濟괘 구3 "고종벌귀방高宗伐鬼方"을 고종高宗이 귀방鬼方을 정벌한 실제 전쟁을 묘사하는 텍스트로 이해하는 다산에게 "강후康侯, 용석마번서用錫馬蕃庶"라는 사詞가 실제의 사건파일로 읽힐 수 있다는 것은 짐작가능하다. 『주례』 「대행인大行人」 조의 예법도 괘사 '삼접三接'의 반증자료로 제시되었다.[494] 그러나 마찬가지로 왜 신분에 따라 접대나 위문의 예법에 차이가 생기는지 등에 관해서는 설명할 필요를 느끼지 않는다. 이것은 별도의 과제이기 때문이다. 『주역』의 사詞들은 예禮의 근본이나 원리, 목적 등을 알리는 데 목표가 있는 것이 아니라, 각각의 괘효상에 맞는 사례들을 나열하여 서법筮法의 편리를 추구한 데 그 목적이 있었기 때문이다. 다산은 늘그막에 평생의 목표로 『주례』를 완주完注하고 싶지만 세월이 무상하다는 말을 남긴 적이 있는데, 만약 그의 목표가 달성되었다면, 그 주석에서는 어쩌면 이러한 작업이 진행되었을지 모른다.

다산은 『주역』을 주나라라는 한정적 시공간의 문화 텍스트로 읽고 있다. 마치 인류학자가 한 나라, 또는 한 종족의 민속을 탐구하듯이 역사易詞 한 글자 한 글자를 해체하기를 마다하지 않는다. 『주역사전』에 등장하는 예禮 관련 내용들은 모두 괘효사의 물상에 대한 사전적 역할을 하며, 괘효사의 배경 설명을 하는 데 필요한 고사故事들이다. 따라서 『주역』의 괘사와 효사는 통시대성을 지닌 영원불변의 진리로 간주되거나, 우주적 원리를 체體로 삼고 그것의 용用으로서의 인문질서가 통합적으로 일관되어 있는 형이상학적 진리로 간주되지 않는다.

『주역』을 한정적 시공간의 문화현상으로 파악하는 일은 사실 정통 학문에 대한 대단한 도전이며, 게다가 자연의 원리를 배제하고 인문학적 관점에서만 바라보려는 시도는 위태해 보이기도 한다. 그러나 그것이 도발적인 의도를 가진 것으로는 보이지 않는다. 그가 학문 대부분을 경학經學 탐구에 쏟은 것은 경학이 지닌 인간학을 회복하는 일이었으며, 이른바 원시유학의 도덕정신을 되살리려는 노력이었다.

『주역』의 인문학을 회복하기 위해 다산이 먼저 시도한 작업은 『주역』에 대한 신비적 관점을 깨는 일이었다. 그것은 인간 도덕문화의 원칙들이 자연의 원리, 우주적 원리에 연원한다는 형이상학적 본체론을 비판하는 작업의 일환이다. 그리고 그 비판의 과녁은 언제나 주자학적 세계관이었다. 다산이 『주역』을 상학象學으로 일관되게 해석하는 것이 단순히 고대의 상징체계를 보여주기 위한 것이라고 생각하는 것은 대단한 오해이다. 고대 원시 역상의 체계를 통해서 전통 성리학적 세계관이 아닌 전혀 다른 세계관으로, 아니 다르다고 하기보다는 유가儒家 본원의 세계관으로, 역학을 재정립하려 한 것이 다산역의 핵심이라 할 수 있다. 『주역』이 당대 문화의 텍스트라고 할 때, 다산이 『주역사전』에서 보여준 텍스트 분석은 텍스트의 구조를 분석한 것이 아니라 그 내용을 분석한 것이다. 그렇다면 그 분석된 텍스트의 내용이 과연 무엇인가? 그것은 바로 당대 문화가 보여주는 인문학, 인문정신인 것이다.

따라서 괘효사에서 천인성명天人性命의 이치를 찾는 것은 무의미하다. 천인성명天人性命의 이치란 결국 인문학을 자연학에 결부시키는 원리인데, 다산은 이 양자의 결합을 근본적으로 회의하고 있는 것이다. 다산은 「설괘전」의 전箋에서, "옛날 성인이 『역』을 지을 때에 장차 성명性命의 이치에 따르고자 하였다"[495]는 공자의 전문傳文에 대해 한 마디 주석도 달지 않았다. 공자가 분명 성인의 작역作易이 천명과 인물성의 원리에 따르고자 하는 의도에서 이루어진 것임을 밝혔지만, 다산은 의도적으로 성명性命의 원리에 대한 언급을 피하고 있는 것이다. 이는 『역』이 자연학적 원리와 인문학적 원리를 통합하고 있다는 전래의 통념을 부정하는 간접적인 역할을 한다.

『주역』의 통론이라고도 할 수 있는 「역론」을 "성인의 도道가 없어지지 않는 까닭은 예禮로써 그 도를 밝혀놓고 『역易』으로써 심오하게 해놓았기 때문이다"496)라는 소순蘇洵의 주장에 대한 강한 비판으로부터 시작하는 것도, 인문학과 자연학의 신비적 결합을 해체하는 시도이다. '예禮'는 인문학 전체를 대변하는 상징적 표현이며, 다산은 『역』을 인문학적 텍스트로 해독하려는 것이다.

이를 위해 다산은 『역』에서 인문학으로 덧칠해진 유사 자연학적 색채를 배제하기 시작한다. 필자가 사용하는 자연학이라는 개념은 자연과학을 지칭하는 것이 아니라, 인문학의 원칙들이 자연의 원리에 연원한다고 보는 형이상학 관점을 지칭하는 것이다. 「역전」에서 사용된 태극, 음양은 자연의 변화원리 또는 우주적 본체로 이해되어 왔지만, 다산은 음양陰陽을 하나의 자연현상으로 파악하고, 오행五行은 오상五常의 근원처로서가 아닌 물질 요소로, 태극은 최초의 원기元氣로 파악한다. 「역전」의 작자는 태극, 음양 개념을 활용하여 『역』이 본체론적 요소와 현상론적 요소를 모두 포괄하고 있는 것으로 파악한 것이지만, 다산은 『역』에서 본체론적 요소를 제거함으로써 『역』에서 활용되는 원리나 법칙이 순수 현상론적 원리임을 강조한다. 이른바 역리사법易理四法은 『역』의 운용원리이지 『역』에 내재되어 있는 자연원리가 아니다.

서구과학의 전래 이후 조선의 역학가들 사이에선 서구과학과 『주역』을 접목하려는 많은 시도들이 있었다. 김석문, 황윤석, 서명응 등이 그 대표주자인데, 이들의 역학은 서구과학의 『주역』적 재해석이었다. 그들 모두 성리학적 상수역象數易에 기반하고 있었기 때문에, 선진 자연과학 지식은 성리학적 상수역의 정당성을 반증하는 부수적 역할에 그칠 뿐, 순수 자연과학으로 수용되지 못했다. 그들의 역학은 자연과학의 지식을 빌려 『주역』을 합리적으로 이해하려 했다는 점에서 진일보한 면이 있지만, 탈성리학으로 나아가지 않았다는 점에 시대적 한계가 있다. 심한 경우 객관성을 잃기까지 하였다.

다산이 이들의 역학을 구체적으로 언급하면서 비판을 가한 곳은 찾을 수 없지만, 사상의 시대반동적 경향을 고려할 때 이들 역학의 부정적 영향은 필연적인 것으로 보인다. 이들의 직접적 영향이 실제로 전무했을 수 있으나 세계관의 변화는 이들을 부정하지 않을 수 없었다.

이들과 같은 자연학과 인문학의 결합 시도를 반박하면서 다산은 여러 곳에서 양자의 연결고리를 끊었다. 천인성명의 이치를 배제한 것 외에 수학을 『역』에서 배제한 것도 그 하나이다. 곤坤괘 육2 "직방대불습무불리直方大不習無不利(곧고 모나지만 큰 것이 거듭하지 않으니, 이롭지 않음이 없다.)"에 대해 이광지李光地가 '직방대直方大'로 구두하며 서구 기하학의 원형이 여기에 담겨있다고 주장하는 것에 대해 다음과 같이 반박한다.

> 이광지는 "수학에 이른바 선·면·체라는 용어가 있는데, 선이 곧지(直) 않으면 면의 모남(方)을 이룰 수가 없고, 면의 모남으로 말미암아 그것을 포개면 체의 큼(大)을 이룰 수가 있다"고 하였다.
>
> 평의: 곤坤괘 여섯 효가 모두 양운陽韻이니 '직방대直方大'를 한 구로 써서는 안 된다. 기하학자들이 말하는 선·면·체가 어떻게 『주역』에 관계되겠는가?497)

다산에 의하면, 곤괘의 여섯 효사들은 각각 상霜, 방方, 장章, 낭囊, 상裳, 전戰이 운에 따라 지어진 것이기 때문에 육2는 '직방直方'에서 구두해야 된다. 이광지는 서구 기하학의 원형을 『주역』에서 끌어내기 위한 목적으로 '직방대直方大'로 구두하면서 선·면·체에 각각 배속시켰지만, 다산은 단호하게 그 고리를 끊어낸다. "기하학자들이 말하는 선·면·체가 어떻게 『주역』에 관계되겠는가?"

아울러 역법曆法도 『역』에서 배제한다.

> 대저 『역』의 도는 상象(본뜬 것)일 뿐이다. 그러므로 12벽괘로 사시를 상징하였고, 중부中孚괘와 소과小過괘로 재윤을 상징하였다. 이에 건乾괘와 곤坤괘 두 괘는 하늘과 땅을 상징하고 나머지 62괘는 5년마다 오는 재윤의 62개월의 수를 상징하였다. 성인은 여기서 또한 그 아주 비슷한 것을 취했을 뿐이다. 분괘직일分卦直日의 법이 어찌 경 안에 증거가 있겠는가? 『역』이 역법曆法을 본뜨는 것은 가능하지만 한진 이래로 역법曆法이 『역』을 본떴으니 어찌 통하겠는가? 역曆은 일월오성의 강기이다. 조금의 차라도 있으면 사시가 어그러지니 어찌 『역』을 본떠서 만들었겠는가?498)

이는 서명응의 주장과 같은, 서양 역법의 중국원류설을 부정하는 것이다. 다산은 역리가 상징철학으로 기능할 수는 있지만, 과학적 수치를 계산하는 용도로는 결코 쓰일 수 없다고 보는 것이다. 이처럼 수학이나 역법, 천문학 등의 자연과학을 『역』에서 분리해내면 괘효사가 인문학적 성격을 띤 사례모음이라는 다산의 주장을 이해할 수 있게 된다.

제7장 다산 역상학 체계의 새로운 패러다임

1. 인문학 지향의 분류학
2. 역상학의 본물本物—본상本象 체계
3. 탈자연학적 관점의 인문 역학 수립
4. 동서 만남의 차원에서 논하는 다산역학

1. 인문학 지향의 분류학

1) 역사易詞의 계열화와 인문학

고대 중국에서 류類라는 개념은 오랜 세월을 두고 형성되었는데, 원래 이 글자는 갑골문에는 보이지 않다가 금문에 '頪'라는 형태로 나타나기 시작했다. 그러나 엄밀하게 정의된 바 없이 매우 다의적으로 사용되었다. 처음에는 '겨레붙이', '같은 종류'란 뜻으로 쓰이다가, 서주西周 시기에 두 가지 중요한 용례가 더해졌는데, 하나는 '유유상종類類相從'이란 말에 잘 남아 있는 바와 같이, 부류가 같은 것들은 서로를 따른다는 관념의 용례이며, 다른 하나는 예법에서 사용된 용례이다.499)

『상서尙書』나 『시詩』에는 철마다 지내는 정규 제사가 아닌 류禷(또는 類)제사에 관한 기록이 남아있는데, 이 류제는 섭정攝政을 고하거나 전쟁을 치를 때 상제에게 정규제사에 준하는 격식으로 지내는 제사이다. 또한 『예기禮記』에는 천자를 알현하는 예에 준해서 행하는 유현類見이라는 예禮가 있다. 이런 사례는 예법의 규정이 없는 사태를 만났을 때 기존 예법의 이치를 유추하여 적용한다는 뜻을 담고 있다. 이러한 류 개념을 철학적 논의의 영역으로 끌어들인 이들은 합동이合同異 학파의 혜시惠施와 이견백離堅白 학파의 공손룡公孫龍을 대표로 하는 전국시기 명가名家들이었으며, 전국시기 중기로 오면 장자학파와 후기묵가에 의해 깊이를 더해간다. 장자학파는 무엇을 류로 묶을 수 있고 무엇을 류로 묶을 수 없는지를 나누는 류類와 불류不類의 구분 자체를 해체하려 하였으며, 후기묵가는 류類의 구분을 더욱 정교히 함으로써 좀더 체계적인 논리학설을 세웠다. 전국시대 후기에 순자荀子는 후기묵가의 논리학설을 받아들여 언어문자나 제도로 규정할 수 없는 영역까지 인식할 수 있는, 곧 전면적 인식이 가능해지게 하는 '예의법도의 총원칙'인 '통류統類'를 잡으려 하였다. 순자가 이해한 통류란 겉보기에 가지런하지 않은 모든 사태 안에서 가지런한 질서를 찾아내는 것을 말한다. 또한 한비韓非는 순자의 논리학설을 대체로 수용하면서, 순자의 논리학설에서 '통류'에 관한 논의를 덜어내고 대신 법가의 '형명刑名'이론을 더함으로써 자신의 논리학설을 완성했다. 그는 모호한 개념인 통류 대신 이치(理)를 중시했는데, 우주와 인간사의 모든 사태를 적절한 갈래로 나눌 수 있는 통찰을 얻으려 하는 대신 구체적으로 주어진 사태마다 철저하게 조사하고 가능한 증거를 대조함(衆端參觀)으로써 사태에 대한 확실한 결론을 얻으려 하였다.

고대 중국의 논리학자들이 전개한 논지는 서로 다르지만, 이들이 생각한 류類에는 일정한 공통요소가 있다. 첫째는 류類가 추상화의 원리로 작용하는 대신 계열화의 원리로 작용했다는 점이다. 이들은 추상화의 정도에 따라 개념의 위계질서를 형성하는 대신, 명제와 논리의 계열화를 더 중시했다는 특징을 지닌다. 둘째는 류類의 질서를 비대칭적인 것으로 이해했다는 점이다. 셋째는 류類를 잡으면서도 늘 류類로 잡을 수 없는 잉여에 대해 예민하게 의식하고 있었다는 점이다.[500]

이상수(2003)가 지적한 류類 개념의 공통요소들 가운데 류類의 잉여에 대한 의식은 사실 류類를 계열화의 원리로 사용하는 사람에게나 또는 비대칭적으로 이해하는 사람에게나 간에 모두 의식하지 않을 수 없는 것이다. 계열화는 잉여를 해소하기 위한 분류의 방식이며, 비대칭화는 분류의 방식을 초월하여 잉여를 소멸시키기 위한 방식이다. 류類의 비대칭화는 고대 중국의 도가적 전통 하에 형성된 원리이긴 하지만, 유가 전통에서도 류類 개념의 비대칭화가 진행되지 않은 것은 아니다. 예를 들어, 주자朱子 리학理學의 경우 음양이라는 대칭 개념 위에 무극이태극無極而太極을 상정함으로써 음양개념이 완전한 형식논리적 대칭개념이 아님을 주장한 바 있다. 리기理氣 불리부잡不離不雜의 비대칭적 사유에는 서구적 형식논리가 적용되지 않는다.

객관사물이나 학문 등을 분류할 때 분류의 원칙이 서면 그 세워진 원칙 아래 사물들은 각각 어느 한곳에 계열화된다. 큰 범위에서 볼 때 음양의 류 개념에는 이른바 음적인 것과 양적인 것들이 계열화되며, 또 거기에 오행을 설정할 때는 오행의 분류 원칙에 따라 사물들은 그 어느 한곳에 계열화되어 서게 된다. 이렇게 객관사물을 분류하고 계열화하는 작업에는 추상적이기보다는 경험적인 관찰이 매우 중요하다. 경험관찰을 통해 일반원리를 얻었을 때라야만 분류는 가능해지는 것이다. 그런 의미에서 음양의 두 획으로 8괘를 만들고 64괘를 중첩한 고대의 성인은 중국 최초로, 그리고 매우 복잡하고도 정합적인 분류학을 시도한 인물이다.

분류학 자체는 형식논리적이다. 형식논리에 의하지 않고는 분류의 목적이 사라지고 만다. 비록 분류된 대항목 가운데 비대칭적 항목이 있다 하더라도 그 또한 비대칭적인 것들의 묶음으로써 기능할 뿐 분류의 원리인 형식논리를 어길 수는 없다.

다산이 역상易象을 분류할 때 적용한 원리는 형식논리이다. 이상수의 지적과 같은 장자적 비대칭화의 원리는 개입되지 않는다. 송영배(1995)는 마테오 리치가 소개하려는 토마스 아퀴나스의 신학이 아리스토텔레스 논리학과 철학을 기초로 하고 있기 때문에 『천주실의』에 아리스토텔레스 논리학의 개념, 용어, 추론방식이 담겨 있음을 지적한 바 있다.[501] 『천주실의』는 출간된 후 중국에서 널리 유통되었을 뿐 아니라, 이수광李睟光이 『지봉유설芝峰類說』(1616)에 소개한 이래 성호星湖와 다산茶山 등의 조선 후기 남인학자들에게 커다란 영향을 미친 책이다. 다산의 저작 속에는 『천주실의』의 영향이 곳곳에서 발견된다.[502]

서구의 형식논리는 마테오 리치의 『천주실의』(1603)를 통해 이미 부분적으로 유입되었지만, 관련서적이 처음으로 번역 소개된 것은 명말의 이지조李之藻(1565~1630)에 의해서이다. 그는 1621년 중국에 들어온 포르투갈 선교사 푸르타도(P. François Furtado, 1587~1653, 중국명 傅汎際)와 함께 포르투갈 예수회 코임브레 대학(Univérsite de Coimbre)의 철학교재인 *Logica*를 『명리탐名理探』(1631)이라는 제목으로 번역 출간했다.[503] 『천주실의』와 『명리탐』을 통해 서구의 형식논리학이 중국학계에 스며들기 시작했다. 그러나 엄밀한 의미에서 서구 형식논리가 중국학계에 영향을 미친 것은 엄복嚴復(1853~1921)이 존 스튜어트 밀(John Stuart Mill, 1806~73)의 *System of Logic*(1843)을 번역한 『목륵명학穆勒名學』부터라고 해야 할 것이다. 왕전기汪奠基의 지적대로 중국학계에서는 최근까지 "『명리탐』 뒷부분 다섯 권은 파리도서관에서 영인해 온 것인데 오늘날까지 뒷부분이 누락됐다는 사실조차 몰랐다."[504] 그러나 그렇다고 하여 중국과 조선의 학계가 서구 형식논리의 영향을 19세기를 기점으로 받기 시작했다고 주장하는 것은 온당하지 않다. 이지조의 『명리탐』이 조선에 수입되었는지는 현재로서는 자료가 없다. 17세기부터 정조대까지 수입된 도서들의 목록에 『명리탐』은 보이지 않는다.[505] 그러나 이지조는 1607년 중국 항주杭州에서 『천주실의』 제3판을 출간할 때 교정을 본 사람이며, 마테오 리치가 『천주실의』를 쓸 때 서방철학과 신학에 등장하는 주요 용어를 중국어로 표현하는 데 결정적인 역할을 한 사람이다.[506] 이지조는 『명리탐』에서

categories(범주)를 '윤倫'으로, genus(類)를 '종宗'으로, species(種)를 '류類'로, differentia(種差)를 '수殊'로 옮겼는데[507], 이러한 개념들은 이미 『천주실의』에 반영되어 있었다. 『천주실의』에는 종宗, 류類, 수殊 등의 개념이 자주 등장한다. 따라서 직접적으로 조선의 선비들이 이지조의 『명리탐』을 얻어보지는 못했다 하더라도 마테오 리치가 『천주실의』에서 다루었던 아리스토텔레스 논리가 조선학계에, 특히 남인들에게 흡수되었다고 보는 데는 이론의 여지가 없다.

다산이 류 개념을 계열화의 원리로 사용한 곳을 「계사전繫辭傳」의 전箋에서 발견할 수 있다. 「계사전」의 "방이류취方以類聚, 물이군분物以羣分(괘의 덕은 같은 종류끼리 모이고 괘의 상은 그렇게 모였던 것들이 나뉘어지고 확대된다.)"에 대해 다산은 다음과 같이 설명한다.

> '방方'은 괘의 덕德이다.[방향으로써 안다.] 그러므로 동방의 괘, 남방의 괘, 서방의 괘, 정북방의 괘[「설괘」의 글이다.]가 반드시 방향에 따라 덕德을 달리한다. '물物'은 괘의 상象이다.[즉, '잡물찬덕'이라 이르는 것이다.] 그러므로 물이 태어나면 보나마나 어리지만 물이 어리다고 하여 기르지 않을 수 없고 기르되 예가 있으면 물은 끝나거나 막힐 수가 없으니[「서괘」의 글이다.], 반드시 물物로서 상象을 드러낸다. '유취類聚'는 복復괘·림臨괘·태泰괘·대장大壯괘·쾌夬괘[곤坤괘가 變한 것이다.], 구姤괘·돈遯괘·비否괘·관觀괘·박剝괘[건乾괘가 변한 것이다.], 중부中孚괘·소과小過괘[감坎과 리离가 변한 것이다.] 등의 12괘를 이른다. 양은 양끼리 모이고 음을 사이에 끼지 않으며, 음은 음끼리 모이고 양을 사이에 끼지 않는다.[예를 들어, 복復괘의 다섯 양은 음을 끼고 있지 않으며, 관觀괘의 네 음도 양을 사이에 끼지 않는다.] 이것을 '유취類聚'라고 한다.[중부괘와 소과괘는 가운데로 모이는 괘이다.] '군분羣分'은 12괘가 나뉘어지고 나서 그 모여 있던 것들이 확대되어 50괘가 되는 것을 이른다.[건乾괘와 곤坤괘 및 12괘를 제외하면 나머지가 50괘이

다.] 하나가 올라가면 하나가 내려오고, 하나가 가면 하나가 오고, 음과 양이 서로 두고 강유가 서로 구제하니, 이것을 '군분'이라 이른다.[상세한 설명은 「추이표」에 보인다.][508]

다산에 따르면, '방方'은 괘의 덕이고, '물物'은 괘의 상을 지칭한다. 또한 '유취類聚'는 12벽괘처럼 양은 양끼리 모여서 음을 사이에 끼지 않으며, 음은 음끼리 모여서 양을 사이에 끼지 않음을 가리키는 말로, 예를 들어 복復괘 ䷗가 음끼리 모여 있으면서 양을 끼고 있지 않는 것이나, 관觀괘 ䷓가 네 음과 두 양이 따로 모여 있는 것을 의미한다. 중부中孚괘 ䷼와 소과小過괘 ䷽는 예외적이지만 각각 음 두 개가 가운데로 모이거나, 양 두 개가 가운데로 모인 것이다. '군분羣分'은 12벽괘가 나뉘어지고 나서 그 모여 있던 것들이 확대되어 50연괘가 되는 것을 이르는 말로, 음양과 강유가 서로 자리를 옮기는 것을 의미한다. 그가 '방方'을 괘의 덕으로 이해할 수 있는 이유는, 방향에 따라 사물들이 계열화되기 때문인데, 동서남북의 방향에 사물들을 계열화하는 작업은 이미 「설괘」에서 진행된 것이다. 벽괘도 음양이 각각 같은 부류끼리 계열화된 괘들이다. 이렇게 계열화된 사물들이 분산되면서 상들이 변하는 것을 '군분羣分'이라 한다. 다산의 「설괘전」 주석작업은 「설괘전」 원문의 제한성을 벗어나 잉여의 영역까지 포괄하여 폭넓은 사물과 물상들을 계열화하는 작업에 다름 아니다.

또한 다산이 『역』 경문의 주석에 앞서 실행한 '괄례括例'는 역리에 대한 계열화작업이었으며, '역례비석易例比釋'은 괘덕과 괘상을 계열화하는 작업이었다. 이전의 상수역학자들이 주로 도圖를 활용하였다면 다산은 표表만을 제작하였는데, 「괄례표」와 「역례비석」은 도圖를 대체하는 역할을 하며, 그 실질적 내용은 역리易理의 분류와 총 450개 괘효사의 용례 분류이다. 역리를 크게 4항목으로 계열화한 「괄례표」에 대해서는 이미 앞장에서 다룬 바 있다.

다산은 「역례비석」에서 450개의 괘효사를 각각 하나의 용례에 계열화하였다. 이는 괘효사를 하나의 원리적 체계로 읽는 것이 아니라 일종의 용례, 사례로 파악하려는 의도에서 진행된 것이다.

> 元亨利貞例(7개), 亨利貞例(11개), 元亨例(4개), 亨例(21개), 利貞例(7개), 元吉例(14개), 貞吉例(26개), 貞凶例(9개), 永貞例(7개), 居貞例(5개), 艱貞例(6개), 安貞例(2개), 女貞例(3개), 君子貞例(2개), 幽人貞例(2개), 雜貞例(6개), 可貞例(6개), 貞吝例(4개), 貞厲例(8개), 厲例(19개), 吝例(16개), 悔例(6개), 無悔例(7개), 悔亡例(19개), 無咎例(99개), 有孚例(38개), 征吉例(5개), 征凶例(10개), 利見大人例(7개), 利涉大川例(12개), 利有攸往例(21개), 祭祀例(9개), 婚媾例(14개), 疾病例(8개), 福例(6개), 歲月日例(29개), 東西南北例(5개), 無不利例(12개), 無攸利例(10개). (이상 총 502개의 용례.)

『주역』에 주례周禮가 담겨있다고 판단하는 다산에게 있어 괘효사 하나하나는 주례가 기술되어 있는 하나의 사건이며 고사故事이다. 이 용례분류에서 주목해야 할 점은 용례의 계열화 내용이 각각의 사詞 중에서 점사占辭에 해당한다는 것이다. 점사는 곧 길흉을 판단하는 내용인데, 길흉이 바로 인사人事의 영역이므로, 결국 「역례비석」의 분류는 인사의 내용을 분류한 것이 된다. 곧 다산은 인문학의 관점에서 역사易詞를 분류하고 있는 것이다. 「계사전」의 "역여천지준易與天地準(『역』은 천지와 짝한다.)"을 완전히 『역』 전문에서 삭제 폐기한 이유가 그것을 말해준다.

2) 만물 분류의 새 기준과 인문학

인간의 사유는 언어를 기반으로 한다. 언어가 아니라면 사유할 도리가 없다. 생각하는 행위의 도구이며 수단이 바로 언어이다. 그런데 사유는 분별하는 데에서 출발한다. 나와 너, 이것과 저것, 자自와 타他 등이 그 분별의 내용이 된다. 사유는 대부분 이분법적 방식으로 진행된다. 세계를 삼분법으로 분류한다든가 사분법으로 파악한다는 것은 불가능해 보인다. 분별심分別心이란 이것을 말한다. 이러한 분별에 기초하여 인간은 세계를 파악한다. 이 분별의 행위가 조화의 방향을 추구하는가 아니면 분열의 방향을 추구하는가에 따라서 사유구조가 결정되고 이렇게 결정된 사유구조는 곧 철학이 된다. 문자란 이 언어가 시각적 기호로 변모된 것이다. 문자가 언어보다 먼저 생겨났을 수는 없다. 『주역』을 놓고 본다면 창작 당시 어떤 주술행위로서의 언어가 있었고, 이 언어를 표현하기 위해 괘라는 시각적 기호를 만들었을 것이다. 당시로서는 괘라는 시각적 기호가 바로 주술언어에 대한 문자였다. 그러나 이 괘라는 문자가 태생적으로 함축적 기호의 성격이 강하였기 때문에 이 기호를 설명하기 위한 또 다른 언어가 기술되었다. 그것이 바로 사詞(괘사와 효사)이다. 이 괘라는 기호문자가 창작된 이유가 무엇일까? 이에 대해서는 이미 공자가 「계사전」에서 밝혀 놓았다.

> 옛날 포희씨가 천하를 다스릴 때 우러러 하늘에서 상象을 관찰하고 아래로는 땅에서 법칙을 관찰하였다. 새와 동물들의 무늬, 땅의 마땅함을 살피되 가까이로는 몸에서 취하고, 멀리로는 사물에서 취하여 처음으로 8괘를 만들고 그로써 신명의 덕에 통하여 만물의 실정을 분류하였다.[509)]

이에 따르면, 괘는 성인이 천지의 상象과 법칙을 관찰하고 그것들의 실정을 분류하기 위해 만든 것이다. 8괘는 분류학적 의미에서 볼 때, '만물지정萬物之情(만물의 실정)'을 분류한 최초의 문자이다. 위 「계사전」 원문에 대해 다산은 "대개 물상으로 3획의 괘를 이용하였으나 사실은 복희 당시에 이미 64괘가 만들어져 있었다"[510]고 하였으니, 다산의 관점에서는 64괘가 만물의 실정을 분류한 기준이 된다. 8괘는 물상을 분류한 기준이지만 만물의 실질적인 정황을 분류하기 위해서는 64괘의 단계까지 이미 설정되어 있어야 한다고 보는 것이다. 다산이 만물과 그 실정을 분류하는 기준은 그의 문자학 텍스트인 「천문평千文評」[511]과 『아학편兒學編』[512]에 좀더 구체적으로 기술되어 있다.

> 문자가 일어나게 된 것은 만물을 분류하기 위해서이다. 그것들의 형태를 취하기도 하고, 실정을 취하기도 하고, 일을 취하기도 하는데, 반드시 분류된 것들을 경험하여야 두루 통할 수 있다. 같은 부류의 것들을 다 알고 그것들의 차이점을 구별한 뒤에야 사리가 뚜렷해져서 문리가 터지고 두뇌가 열리니, 이렇게 하여 개발되는 것이다.[513]

문자가 일어나게 된 것은 만물을 분류하기 위해서라고 하였으니, 문자는 다산에게 있어 세계 파악의 코드이다. "류만물類萬物(만물을 분류한다)'은 박동환(2001)의 "역사에 등장하는 철학들은 류類들의 새로운 체계와 방법을 제시하며 그것은 언제나 진정한 표表 또는 척도에 대한 탐구에서 이끌어져 나오는 것이다"[514]라는 언급에 의한다면 일종의 철학이다. 역사의 초기에 문자의 창작자들은 만물을 분류하는 방식을 통해 그 사상을 전달하고 있는 것이다. 다산이 『아학편』에서 문자들을 재분류한 이유도 자신의 사상을 전달하기 위해서였을 것이다.

만물은 어떻게 분류되는가? 어떤 것은 형태로 분류되고, 어떤 것은 상태적 속성으로 분류되고, 또 어떤 것은 동태적 속성으로 분류된다. '혹이기정或以其情(실정을 취하기도 함)'의 '정情'이란 사물이 띠고 있는 형용사적 상태, 정적 상태를 표현하는 말이다. '혹이

기사或以其事(일을 취하기도 함)'의 '사事'는 사물의 동사적 상태, 동적 상태를 가리킨다. 서양철학 용어로 속성이라 표현할 수 있다. 다산은 만물을 사물 그 자체와 그것의 속성으로 분류하고 있는 것이다. 다산은 분명 여기에서 문자의 분류를 이야기하고 있는 것이지만 이 분류된 문자가 세계 파악을 위한 도구이므로 결국 세계의 분류, 즉 만물의 분류를 지시하고 있다고 해야 한다. 이러한 분류는 그의 이기관에도 직결된다. 그에게서 리理는 기氣가 띠고 있는 조리條理에 불과하다.515)

"필촉류이방통지必觸類而旁通之(반드시 분류된 것들을 경험하여야 두루 통할 수 있다.)"라는 말은 아주 중요한 다산의 이념을 보여주고 있다. 류類란 분류된 문자들인 동시에 분류된 사물들—사물 그 자체와 그것의 속성들을 포함하여—이다. 다산은 분별에 기초한 경험이 없이는 인식이 불가능하다는 말을 하고 있는 것이다. 같음과 다름이라는 원칙 아래 분류된 문자들을 학습하여야만 그 문자들을 제대로 이해할 수 있다. 그가 말하는 "갈기족竭其族, 별기이別其異(같은 부류의 것들을 다 알고, 그것들의 차이점을 구별한 다.)"는 말은 같음과 다름을 지적하는 것에 다름 아니다. 같은 부류의 것들을 다 모은 뒤에 그것들의 차이를 구분하는 방식으로 문자 학습이 진행된다. 인식이란 같음과 다름을 인식하는 것이다. 이러한 인식에 중요한 기초가 경험이다. 경험하지 않으면 알 수가 없다. 그러나 이것은 감각하지 않으면 알 수가 없다는 말과는 다르다. 감각되는 것이 아니어도 경험은 가능하다. 모든 추상언어가 이에 해당되며, 다산이 들고 있는 '정情'과 '사事'가 이것이다.

이러한 「천문평」의 만물 분류학은 『아학편』을 구성하는 데 적용되었다. 다산은 정약전에 보낸 편지(1811)에서 『아학편』의 편집 체제에 대해 다음과 같이 적고 있다.

> 제가 편집한 『아학편』 두 권은 2천자로 한정하여, 그 상권에는

> 형태가 있는 사물에 관한 글자를, 하권에는 물정物情과 사정事情에 관한 글자를 실었습니다.[516)]

2천자로 되어 있는데, 상권에서는 '유형지물有形之物'을, 하권에서는 무형無形의 물정物情과 사정事情을 다루었다는 내용이다. 『아학편』은 아동용 교재로 1804년 봄에 제작된 책이다.[517)] 앞서 살펴본 「윤외심에게 보내는 편지」[518)]에 따르면, 다산은 음력 1803년 동지冬至부터 『주역』을 읽기 시작하여 대략 80여 일간 경經과 전傳을 독파하였다. 그렇다면 다산이 『역』을 완독한 시점과 『아학편』의 완성은 시기적으로 일치한다. 계해년(1803) 동지에서 갑자년(1804) 춘분까지 90일이 걸리는데, 이 기간에 다산은 『주역사전』 갑자본의 저술활동을 시작하면서 동시에 『아학편』을 저술하였던 것이다. 따라서 다산의 역상학과 『아학편』의 문자 분류학은 동일한 시기에 동일한 사유구조 속에서 탄생한 것으로 밀접하게 연관되지 않을 수 없다. 필자는 유형有形의 것과 무형無形의 것으로 글자를 분석하여 아동교육을 시도했다는 점에 주목한다.

「천문평」은 주흥사周興嗣의 『천자문千字文』에 대한 비평문이면서, 『아학편』의 자서自序이다. 『천자문』은 '천지현황天地玄黃'으로 시작되는데, 여기에서 다산은 그것이 "갈기족竭其族, 별기이別其異"의 교육방식을 보여주지 못한다고 비판한다. '천天'과 '지地'라는 글자를 깨우치기 위해서는 '천'과 '지'의 족族(같은 부류)들을 알아야 한다. 해, 달, 별, 산, 내, 언덕, 구릉 등이 그것의 족族들이다. 하늘과 땅, 해와 달 등을 같은 족族으로 묶는 것은 이것들을 구체적인 자연물로 파악하는 그의 자연과학적 인식이 전제되어 있다. 앞서 인용한 「상중씨上仲氏(정약전에게 보낸 편지)」(1811)에 나오는 '유형지물有形之物'이 이에 해당되며, 반면에 '현玄'과 '황黃'은 「상중씨」의 '물정物情'에 해당된다. 다산에 따르면 같은 부류의 유형한 사물들을 비교 경험하고 나서 그것의 '물정'을 파악하는 것이 학습의 순서가 된다. 그 족族들을 다 파악하기도 전에 다른 차원의 글자를 인식하는 것은 순서상 맞지 않는다. "하늘은 검고 땅은 누렇다"고 할 때 검다는 것과 누렇다는 것은 하늘과 땅의 정태적 속성 가운데 하나에 불과하다. 예를 들자면, 하늘은 검을 수도 있고 푸를 수도 있다. 땅도 누럴 수도 있지만 검을 수가 있다. 따라서 유형한 사물들은 사물들대로 학습하고 무형한 속성들은 또 별도로 학습해야 한다. '우주홍황宇宙洪荒'도 마찬가지이다. 게다가 "천지天地-현황玄黃-우주宇宙-홍황洪荒"은 유형물 '천지'에서 그것의 물정 '현황玄黃'으로, 거기에서 다시 유형물 '우주宇宙'로 그리고 또다시 그것의 물정 '홍황洪荒'으로 학습해 가는 방식이다. 이는 '갈기족竭其族'하지 못한 채 곧바로 '별기이別其異'로 진행하는 과정이다. 이렇게 족류族類의 학습이 이루어지지 않게 되면 사물을 분별할 수 없어서 혼란을 겪게 된다. '청靑' '적赤' '흑黑' '백白' 등의 '현玄'자의 족류들을 비교분석하면 '현'의 색감을 알 수 있지만 그렇지 않고 "하늘이 검다"라고만 해서는 알 수가 없는 것이다.

다산은 또 유사어와 반대어를 구분하고 있다. 『천자문』 초엽에 '일월영측日月盈昃'이 있는데, 다산이 보기에 '영盈'과 '측昃'이 병렬되어 있는 것은 같은 족류族類를 상대시킨 것이 아니다. 찰 '영盈'자를 알기 위해서는 같은 부류의 빌 '허虛'자가 와야, 찬다고 하는 정태적 상태와 빈다고 하는 상태를 비교분석할 수가 있다. 기울 '측昃'자도 마찬가지로 이것의 상대어인 평평할 '평平'자와 함께 학습해야만 기울어져 있는 상태와 평평한 상태를 비교할 수가 있다. 이와 같은 예는 해 '세歲'자와 때 '시時'자, 볕 '양陽'과 그늘 '음陰'에도 똑같이 적용된다. 그렇지 않으면 "고행이과거孤行而寡居(같은 부류에서 떨어뜨려 외따로 과부살이 시킴)"하게 된다. 즉 비교할 상대어들이 없기 때문에 적확한 의미를 알 수가 없는 것이다.

다산은 계속하여 '청탁淸濁', '원근遠近', '경중輕重', '천심淺深' 등의 글자들을 "갈기족竭其族, 별기이別其異"의 학습방식으로 가르칠 것을 주장한다. 각각 대비되는 글자를 비교하는 과정을 통해 글자의 선명성이 강해져서 대비되는 각각의 글자들을 다 알 수가 있다. 이어서 그는 각각 상대되는 두 비교기준을 제시한다. '유형지물有形之物'과 '무형지정無形之情', 그리고 '무위지정無爲之情'과 '유위지사有爲之事'이다. '물物'과 '정情'은 형태의 있고 없음으로 구별되며, '정情'과 '사事'는 행위의 있고 없음으로 구분된다. 그가 예시한 대로, 강과 흙과 돌 등은 유형한 사물이며, 맑고 탁하고 가볍고 무거움은 그 각각의 정태적 속성이다. 그리고 이 유형한 사물이 멈추거나 흐르거나 떨어지거나 삐져나오는 등의 것은 동태적 속성이다. 현대어 문법의 형용사와 동사의 구분과 유사하다.

필자가 「천문평」에서 주목하는 것은 다산이 만물을 분류하는 분류기준을 제시한다는 점이다. 그는 '유형지물有形之物'과 '무형지정無形之情', 그리고 '무위지정無爲之情'과 '유위지사有爲之事'로 문자를 분류하고 있는데, 이러한 문자의 분류는 곧 세계의 구분과 같다. 세계를 분류하는 시도는 특별한 관점과 기준에 의해서만이 가능하다. 동식물을 분류하거나 학문을 분류한다는 것은 곧 그 분류대상들을 분류된 카테고리 안에서 파악하고자 하는 의도가 숨어있는 것이다. 그가 행한 유형有形과 무형無形이라는 대분류는 「중용강의보中庸講義補」에서 정의한 리기理氣의 구분 기준과 같은 맥락으로 이해할 수 있다.

> 기氣는 스스로 있는 것(物)이며, 리理는 그것에 기대어 붙어있는 속성(品)이니, 기대어 붙어있는 것들은 반드시 스스로 있는 것들에 의지할 수밖에 없다.519)

여기에서 기氣는 유기游氣520)와 그 유기游氣가 형화形化된 물物을 다 포함하는 범주로서, '형形과 질質을 가진 모든 존재하는 것들'을 지칭한다. 이처럼 리와 기에 대한 다산의 개념 규정은 아주 명확하다. 리와 기 중에서 스스로 존재할 수 있는 것은 기氣뿐이며, 리理는 다만 기의 존재 이후에 기의 운동 변화에 의해 형성되는 기의 속성적 의미를 지닐 뿐이다. 리는 스스로는 절대로 존재할 수 없고 반드시 기라는 존재에 의해서만 드러날 수 있는 속성이다. 리는 존재의 근거가 되는 본질[521]로서의 '원리'가 아니다. 리는 기의 운동 변화 후에 파악할 수 있는 그것의 법칙성일 뿐이다. 한편 기의 운동과 변화에는 내적 자기 법칙성(所以然)이 작용하지만 그것 또한 기보다 선재한 본체적 원리가 아니다. 그것은 구체적인 기의 세계에 이미 드러나 있어서 감각적으로 지각할 수 있는 유형의 자국들일 뿐이다.

자유지물自有之物과 의부지품依附之品이라는 용어는 그의 저작 중에서 「중용강의보」에만 한 번 나온다. 「중용강의보」는 23세 때의 초고에 나타난 관점이 거의 그대로 절정기까지 유지되고 있는 저작이다. 더 이상의 용례가 나타나지 않는 것을 보면 다산이 이 용어를 철학적 용어로 상용하고 있지는 않다는 점을 알 수 있지만, 이 범주 구분은 그의 전 체계를 관통하고 있다는 점에 유의할 필요가 있다.

이러한 실재하는 것들과 그것의 속성이라는 구별은 마테오 리치의 『천주실의天主實義』와 밀접한 관련이 있다.[522] 리치는 다음과 같이 말했다.

> 존재(物)의 으뜸되는 범주(宗品)에는 두 가지가 있다. 하나는 자립자自立者이며 하나는 의뢰자依賴者이다. 존재(物) 가운데서 다른 것에 의지하지 않고서도 스스로 존재(物)를 확보할 수 있는 것은 하늘과 땅과 귀鬼와 신神과 인간과 새와 풀과 나무와 쇠와 돌과 4행四行(물, 불, 흙, 공기—역자주.) 등이 있는데, 이것은 자립自立하는 범주(品)에 속한 것들이다. 존재(物) 가운데서 스스로 존재성을 확보할 수 없어서 다른 것에 의탁하여 자기 존재를 확보하는 것은 5상五常과

> 5미五味와 7정七情 등이 있는데, 이것은 의뢰依賴의 범주(品)에 속한 것들이다. 흰말을 관찰해 보고서 '희다'거나 '말'이라고 말할 때, '말'이 곧 자립자이며 '흼'이 곧 의뢰자이다. 비록 '말'에 '흼'이 없더라도 그 '말'은 존재할(有) 수 있지만, 만약 그 '말'이 없다면 그 '흼'은 절대로 있을 수 없으므로 의뢰하게 된다. 이 두 범주를 비교해 보면 자립자가 먼저 있으며 귀하고, 의뢰자는 뒤에 있으며 천하다.523)

그의 말에 따르면, 의뢰자는 하나의 자립자에서 발견될 수 있는 하나 내지는 여러 가지의 속성을 뜻한다. 이것은 곧 사물이 갖는 '실재'와 '속성'에 대한 구별 의식을 보여주는 것인데, 다산은 마테오 리치의 이러한 범주 구분을 자신의 철학체계에 적용하고 있다. '흰 말'의 비유에서 자립자로 지칭되는 '말'을 다산은 기氣적 실재로 파악하고 그것이 갖는 '흰'이라는 의뢰자를 기적 실재에게서 경험적으로 발견해낼 수 있는 속성으로 파악하고 있는 것이다.

그러나 다산과 리치의 리기관은 내용상에 있어서 분명하게 구별해야 할 필요가 있다. 리치가 보유론적補儒論的 입장에서 자립자와 의뢰자를 각각 기와 리에 해당시키고 리를 다만 속성적 의미로만 격하시켜524) 주자학을 강력 비판하였다고 하지만, 그가 사용한 '자립지품自立之品'과 '의뢰지품依賴之品'이라는 용어는 다분히 스콜라적인 범주 개념, 즉 추상적인 범위에서만 논의되는 개념적 의미만을 지칭하는 것으로 이해된다.525) 그러나 다산은 '자유지물自有之物'과 '의부지품依附之品'이라는 용어를 사용함으로써 자유자와 의부자의 성격을 '물物'과 '품品'으로 한정시켜 좀더 명확하게 기는 실재하는 것들로, 리는 그것의 정태적 및 동태적 속성으로 의미규정하고 있음을 알 수 있다. 즉 '물物'은 실재적 측면, '품品'은 속성적 측면을 말하는 것이다. 다시 말해 다산이 리치의 표현을 차용하고 있다 하지만 내용에 있어서 엄연히 구분된다는 것이다.

마테오 리치의 사상과 다산 사상의 연관성은 구체적인 전거를 통하여 밝혀질 수 있는 것이 아니다. 다산의 저작 속에 리치라는 이름은 전혀 등장하지 않는다. 당시 서학西學이 이단시되고 금기되던 분위기 속에서 서학이나 서학서에 대한 언급은 피할 수밖에 없었다.[526] 그러나 '자유지물自有之物'과 '의부지품依附之品'이라는 용어는 서학에서 그가 받은 영향을 보여주는 중요한 단서인 셈이다.

다산이 「천문평」의 앞부분에서 말한 "혹이기형或以其形, 혹이기정或以其情, 혹이기사或以其事"라는 기준과, 뒷부분에서 말한 "유형지물有形之物, 무형지정無形之情", "무위지정無爲之情, 유위지사有爲之事"라는 기준으로 문자와 만물을 분류한 것과, 「상중씨上仲氏」에서 『아학편』의 체제에 대해 언급한 "상권上卷, 유형지물야有形之物也, 기하권其下卷, 물정·사정야物情·事情也"의 분류기준, 그리고 「중용강의보」에서 천명한 "기시자유지물氣是自有之物, 리시의부지품理是依附之品"의 분류범주는 결국 같은 맥락으로 읽히지 않는가? 이 네 곳의 언급을 도표화한다면 다음과 같이 된다.

<table>
<tr><th>中庸講義補</th><th colspan="3">千文評</th><th colspan="2">兒學編(「上仲氏」)</th><th>周易四箋</th></tr>
<tr><td>氣: 自有之物</td><td>或以其形</td><td colspan="2">有形之物</td><td>上卷</td><td>有形之物</td><td>本物</td></tr>
<tr><td rowspan="2">理: 依附之品</td><td>或以其情</td><td rowspan="2">無形之情</td><td>無爲之情</td><td rowspan="2">下卷</td><td>物情</td><td rowspan="2">法像</td></tr>
<tr><td>或以其事</td><td>有爲之事</td><td>事情</td></tr>
</table>

2. 역상학의 본물本物—본상本象 체계

유형과 무형으로 만물을 분류하는 관점은 다산의 『역』 해석에도 그대로 적용된다. 다산은 소강절의 역학을 비판하는 곳에서 『역』의 상象들이 모상模像되기 전의 본래의 사물이 엄연히 존재한다는 사실을 분명하게 지적하고 있다.

> 원래 태극 · 양의 · 사상 · 팔괘의 학설에는 반드시 두 가지가 있어야 한다. 하나는 천지 본래의 사물(本物)이고, 다른 하나는 괘를 뽑을 때 사용하는 상象(法象)이다. 선유는 태극과 양의에 대해서는 어설프게나마 두 가지를 들고 있으나 4상과 8괘의 본래의 사물이 무엇인지는 알지 못하였다. 그러나 하늘, 땅, 물, 불, 우레, 바람, 산, 못이 곧 8괘 본래의 사물이라고 다른 사람이 굳이 말하더라도 이론異論이 없을 테지만, 4상에 의해 상징된 것만은 예로부터 지금까지 언급한 자가 아무도 없다. 만약 소강절의 횡배도橫排圖에 배열된 노양 · 소양 · 소음 · 노음을 가지고 말하자면, 이는 4개의 상象이지 4개의 사물이 아니다.527)

여기에서 말하는 본물本物과 법상法象의 관계구도를 이해할 필요가 있다. 앞서 언급했다시피 『역』의 경과 전에서 말하는 태극과 양의와 사상과 팔괘는 다 본물本物이 있은 다음에야 구성될 수 있는 법상法象이다. 법상이란 여기에서 모델로 삼는 상象이란 의미이므로 이미지라는 말로도 표현이 가능하며, 이하 간단하게 상象이라는 말로 사용할 것이다. 물物과 상象은 「천문평」에서 언급하고 있는 유형지물有形之物과 무형지정無形之情의 구도 아래 있는 것이다. 음양陰陽이라는 것도 단지 천지라는 본물에 대한 상象일 뿐이다. 그가 8괘의 본물本物로 제시한 것은 천天·지地·수水·화火·뢰雷·풍風·산山·택澤이다. 소성괘小成卦로서의 8괘는 이 천·지·수·화·뇌·풍·산·택의 이미지, 즉 상象인 것이다. 그런데 8괘만이 본물의 상象이 아니라 4상과 양의, 그리고 태극이 다 본물의 상象이다.

> 양의兩儀에 의해 상징된 것이 하늘과 땅인데도 혹 '음과 양'이라 한다면, 4상에 의해 상징된 것은 어찌 해당 사물이 없는가? 종이 위의 흑백의 자취가 어찌 하늘과 땅을 받들기에 충분하겠는가? 만약 '4상이 원래 본래의 사물에 대한 명칭일 수 있다'고 말한다면 태양·태음·소양·소음은 천지간에 본디 이러한 사물도 없고 이러한 명칭도 없으니[책력가들은 해와 달을 태양과 태음이라고 여기지만 소강절이 지적한 것은 해와 달이 아님이 분명하다.], 장차 어찌하겠는가?
>
> 포희씨가 처음 괘를 그릴 때 오직 자리를 깔고 앉아서 위로는 천문을 관찰하고 아래로는 지리를 관찰하였는데, 이렇게 하여 먼저 두 개의 사물을 얻었다. 그 두 개가 네 개로 나뉘어져 또 네 개의 사물을 얻었고, 네 개가 또 여덟 개로 나뉘어져 드디어 여덟 개의 사물을 얻었다. 여덟 개의 사물이란 하늘, 땅, 물, 불, 우레, 바람, 산, 못이다. 여덟 개의 사물을 얻고 나서야 8괘를 그렸다. 이렇게 보면 '하도河圖'라는 것은 반드시 여덟 개 사물의 상象이 있어야만 성인이 본받을 수가 있는 것인데, 지금의 하도河圖에 과연 여덟 개 사물의 상象이 있는가?[528]

이에 따르면 양의兩儀는 천지天地를 상징한 것이며, 4상象은 그 천지가 분화되어 형성된 천지수화天地水火 4개의 유기游氣적 사물을 상징한다. 그리고 4상이 분화되어 형성된 8괘는 천지수화뇌풍산택天地水火雷風山澤 8개의 구체적 사물을 상징한다. 구체적 사물이 없다면 상象도 또한 있을 수가 없는 것이다. 필자는 여기에서 다산이 사용하는 '물物'이라는 글자를 사물이라는 용어로 번역사용하고 있는데 '사물과 상징'이라는 대립적 구도 속에서 사용하고 있는 것이다. 다산은 하도와 낙서를 기본적으로 부정하면서, 8괘가 단독적으로 어떤 의미를 지니고 있는 것이 아니라 8괘 탄생 이전에 여덟 개의 구체적 자연사물이 존재하고 있는 것을 기호화한 것일 뿐이라고 주장한다.

> 지금 태극이 분화하는 원리를 논하자면 원래 1은 2를 포함하고[태극이 하늘과 땅을 포함한다.], 2는 4를 포함하고[하늘과 땅은 하늘과 땅, 물, 불을 포함한다.], 4는 8을 포함하니[하늘・땅・물・불은 하늘・땅・물・불・우레・바람・산・못을 포함한다.], 태극은 8개사물의 종합체이며 8개의 사물은 태극의 분화물이다. 그 재료는 따로 구별되는 것이 아니며 그 도수 또한 따로 계산할 수 없다. 비유하자면, 큰 음악이 분화하여 단지 이 8음뿐인데 8음이 모이면 또 큰 음악이 되는 것이지, 큰 음악 외에 별도로 8음이 있다거나 8음 외에 따로 큰 음악이 있는 것이 아니다.529)

다산은 태극을 원기元氣로 설정하고 있다. 원기인 태극이 분화하여 천지라는 2개의 사물로 변하고 이것이 천지수화라는 4개의 사물로 분화하며 또 이것이 8개의 사물, 천지수화뇌풍산택으로 분화한다. 이것은 우주의 자기 성장과정이며 이를 통해 만물이 형성되는 것이다. 다산은 여기에서 무극이태극無極而太極, 즉 태극과 무극이 동일한 의미를 지닌다고 하는 주자학적 틀을 깨고 있다. 태극은 부판剖判(쪼개짐)이 가능한 태초의 원기이기 때문에 무극이라는 말로 대치할 수 없는 것이다. 태극은 이미 물物의 범주에 속한다. 이 태초의 물物이 두 개, 네 개, 여덟 개의 물物로 분화하는 과정은 마치 어설픈 우주론처럼 보이기는 하지만 추상적 논의가 아닌 구체적 우주 형성의 과정을 시각적으로 연상할 때 가능하게 보이는 과정이다.

이처럼 만물은 일종의 자기분화 과정을 통해서 생겨나는데, 이 분화의 기점이 바로 태극이다. 태극의 최초의 분화물은 하늘과 땅이다. 『역학서언』의 「오초려찬언론吳草廬纂言論」의 한 구절을 인용해 보자. 여기에 그 과정이 설명되어 있다.

> 하나에서 두 개가 생겨나는 과정은 하나가 나뉘어져 두 개가 되는 것이지, 태극 외에 별개의 하늘과 땅이 더 생겨나는 것이 아니다.[태극이 하늘과 땅으로 나뉘어진다.] 두 개에서 네 개가 생겨나는 과정은 두 개가 나뉘어져 네 개가 되는 것이지 하늘과 땅 외에 별개의 4기四氣[지금 '두 양陽과 두 음陰'이라고 말해지는 것이다.]가 더 생겨나는 것이 아니다. 네 개에서 여덟 개가 생겨나는 과정은 네 개가 나뉘어져 여덟 개가 되는 것이지 4기四氣 외에 별개의 하늘, 땅, 물, 불, 우레, 바람, 산, 못이 더 생겨나는 것이 아니다.[530]

태극이 하늘과 땅으로 갈라지고 하늘에서는 또 불이 분화되어 나오며 땅에서는 물이 생겨난다. 이렇게 4기氣가 만들어진다. 그리고 이 4기 가운데 하늘과 불이 서로 작용하여 우레와 바람을 만들고 땅과 물이 서로 작용하여 산과 못을 만들어낸다. 그런데 이 과정들은 『역』에서 사용하는 상象의 형성과정이 아니라 구체적인 물物의 분화과정이다. 유형지물有形之物의 단계에서 논의되는 것이다. 북한학자의 말처럼, "그는 강조하기를 태극이 음양을 낳는다는 것은 물질적 태극이 그와 질적으로 다른 어떤 것을 새로 만들어내는 것이 아니라 물질적 태극이 음양으로 갈라진다는 것이며 이 두 대립물의 통일과 투쟁을 통하여 천하 만물이 발생 발전하는 것이라고 하였다. 태극에서의 음양의 발생을 이렇게 설명하는 것은 물질적 태극에서 물질적 음양이 나누어져 나왔으며 그 물질적 음양인 천지의 작용에서 만물로 발전한다고 설명함으로써 세계의 물질적 통일성을 논증하려고 노력한 것이었다."[531] 다산은 「계사하전」의 "역자易者, 상야象也, 상야자象也者, 상야像也(그러므로 『역』은 상象이며, 상象이라는 것은 본뜬 것이다.)"라는 구절에 대해 다음과 같이 주석한다.

> 성인이 기물을 제작하면서 상象을 숭상한 방법을 살펴보면 『역』이라는 도가 상象을 본뜨는 데에서 벗어나지 않는다는 사실을 알 수 있다.[유사한 것을 가지고 상象으로 삼았다.][532]

태극이 8물物로 분화해가는 과정은 주석의 내용 가운데 '상상像象(상을 본뜸)'하게 되는 구체적 재료가 된다. 다산이 가졌던 자연과학적 지식에 바탕하여—오늘날의 관점에서 보면 결코 과학적이지도 체계적이지도 않은— 우주의 발생과 발전 양상을 본떠서 상象을 만들어내었고, 성인이 이 상象을 숭상하여 『역』의 도리를 설립할 수 있었다고 여기는 것이다.

그렇지만 태극에서 4기四氣로의 생성과정과 4기에서 8물八物로의 생성과정에는 다른 점이 있다. 「시괘전」의 한 구절이 이를 말해준다.

> 네 개가 서고 나면 하늘과 불이 서로 어울려 우레와 바람이 생겨나고[하늘이 불을 품어서 우레가 되고, 또 불이 하늘과 어울려 바람이 된다.], 땅과 물이 서로 가까이하여 산과 못이 이루어진다.[물이 흙을 깎아서 산이 되고, 흙이 물을 둘러싸서 못이 된다.][533]

4기四氣(天地水火)가 생겨날 수 있는 것은 각각 이전 단계의 천지天地가 4기로 분화될 수 있는 요소를 내포하고 있기 때문이다. 하늘은 원래부터 불을 내포하고 있으며, 땅은 원래부터 물을 내포하고 있는 것이다. 그러나 8물八物의 형성과정은 두 개에서 네 개로의 분화과정과는 층차를 달리한다. 8물은 이 4기가 형성된 이후에 그것들의 상호작용에 의해서 생겨난다. 4기 가운데 하늘과 불의 결합작용으로 우레와 바람이 생겨나며 땅과 물의 결합작용으로 산과 못이 생겨난다. 유의해야 할 점은 4기와 8물이 같은 유형지물有形之物의 범주 안에 묶이지 않는다는 점이다. '상상像象'하는 재료로서의 물物은 8물의 단계에서 가능한 것이다. 다산도 4물物이라 하지 않고 4기라 표현하고 있다. 4기는 아직 유형화되기 이전의, 즉 물화物化되기 이전의 것이다. 태초의 배태胚胎에서 탄생한 하늘과 땅은 아직 유형화되지 않은 하늘과 땅이다. 이 하늘과 땅이 불과 물을 원래부터 함유하고 있기 때문에 결국 4기로 분화될 수 있다. 그러나 이 4기도 아직 물화되지 않은 유기游氣의 상태이다. 자연물로서 인간의 인식에 포착되는 하늘과 땅과 물과 불은 8물物의 단계에서 가능하다. 그가 사용하고 있는 기氣와 물物이라는 용어에서 우리는 기氣에서 물物로의 전화과정을 설명하고 있음을 알 수 있다.

> 산과 못은 땅과 물에 의해 이루어진다. 우레와 바람은 하늘과 불에 의해 이루어진다. 높은 산 위에 큰 연못이 있는 경우도 있고 [백두산이 그러하다.], 큰 연못 가운데 높은 산이 있는 경우도 있으니[동정호에 있는 군산君山이 그러하다.], 이는 산과 못이 서로 기氣를 통하는 것이다. 번쩍이는 우레와 매서운 바람이 같은 소리를 내며 서로 호응하니, 이는 우레와 바람이 서로 넘나드는 것이다.534)

산과 못, 우레와 바람은 이제 8물의 단계에서 논의할 수 있는 사물들이며, 땅과 물, 하늘과 불은 아직 4기의 단계에 속한다. 물론 바람과 우레 같은 무형한 것들을 물物로 간주하여 논의를 전개한다는 것에 대해서는 이의가 제기될 수 있다. 그러나 이는 다산의 자연과학적 지식의 한계라고 볼 수 있으며, 긍정적으로 평가할 경우에는 『역』이 결국 상象들의 조합이라는 사실을 강조하기 위해 어쩔 수 없이 취한 선택이라고 할 수도 있다. 이처럼 자연과학 지식과는 동떨어진 관찰은, 백두산(白山) 가운데에 있는 천지天池를 보고 산과 못이 서로 기를 소통하는 현장으로 간주한다든가, 우레와 바람이 비슷한 소리를 내는 것으로 그것들이 서로 기를 소통하며 넘나들고 있다고 설명하는 단계에 오면 좀 엉뚱한 것이 사실이다. 이는 그가 경험적 판단을 추구하기는 하였지만 자연과학적 접근을 하고 있지는 못한 시대적 한계를 은연중에 드러낸다.

경험적 판단의 귀납은 천지창조의 방식을 설명하는 곳에서도 드러난다. 그는 둥그런 수박이 형성되는 것과 그 외의 다른 열매들이 형성되는 과정을 경험적으로 귀납하여 천지창조의 방식에 연결시킨다.

> 사물이 창조되고 생성되는 방식이 넓고 큰 듯해 보이지만 실제로 다 하나의 예를 사용한다. 수박이 처음 열릴 때는 그 크기가 좁쌀만 하지만, 그 몸통 속에서 그것이 점점 커갈 수 있는 원인을 찾아본다면, 먼저 꼭지에서부터 조금씩 펴지기 시작하여 동근 모양을 이루고, 다시 꽃배꼽[꽃이 붙어 있다가 떨어지는 곳이다.]으로 거두어들여야 열매가 달리고 속이 차기 시작하여 커다란 수박이 될 수 있다. 천지창조의 처음도 그 방식이 또한 틀림없이 이와 같았을 것이다. 북극성은 수박의 열매꼭지에 해당하는데 점차 성장하여 둥근 모양이 되었다가 다시 거두어들여 남극성이 된다. 남극성은 수박의 꽃배꼽에 해당한다. 풀과 나무 등의 온갖 열매와 갖가지 과실과 곡식들도 그 예가 모두 같으니, 위대한 창조의 처음도 그 방식이 틀림없이 그러하였을 것이니, 북극성이 태극太極임이 어찌 분명하지 않은가?[535]

수박이 열매꼭지에서 점차 커다란 열매로 커가는 과정을 우주의 탄생과 연관시키면서 북극성을 수박의 열매꼭지에 비유하고 있다. 꼭 수박뿐만 아니라 모든 과실과 곡식들이 수박의 경우처럼 아주 작은 꽃망울에서 시작하여 커다란 열매로 성장하게 된다. 다산은 이러한 과실의 성장과정을 이미지로 활용한 것이다. 다산은 이미지를 활용하는 연상법을 많은 곳에서 사용하고 있다. 『역』을 상象들의 조합으로 설명하는 데에서는 이미지 활용이 거의 체질화되어 있는 듯이 보인다. 다산은 경험적 관찰을 이미지 활용을 통해 논리적으로 비약시켜 천지창조의 과정을 설명하고 있는 것이다. 그의 이론이 결코 과학적이지는 않지만 인식의 범위 밖의 사태를 이미지를 통해 가정하는 설법은 모든 과학자들이 잘 사용하는 방법이다. 그리고 이 연상법은 『역』의 해석에 전반적으로 활용되고 있다. 문제는 이미지 활용의 정당성 여부가 아니라, 그가 태극이나 양의 등을 어떻게 이해하고 있는가 하는 것이다. 다산에 따르면 태극은 천지를 잉태하고 있는 태초의 탯줄과 같다. 태극이 분화되고 나면 맑고 가벼운 것이 하늘이 되고 무겁고 탁한 것이 땅이 된다. 이것을 양의兩儀라고 한다. 양의가 각각 체질이 분화되어 위계가 생겨나면 하늘과 땅과 물과 불이 만들어진다. 이것을 4상이라 한다. 여기까지는 다 유기游氣적 단계인데, 이 유기가 서로 간섭하여 바람과 우레, 산과 못이 만들어진다. 이렇게 되면 구체적으로 물화된 8물이 생겨나게 된다. 이 과정을 「시괘전」의 다음과 같은 말에서 확인할 수 있다.

> 태극太極이란 무엇인가? 천지의 배태胚胎이다. 양의兩儀란 무엇인가? 가볍고 맑은 것은 위에 있고 무겁고 탁한 것은 아래에 있게 되는데, 이것을 양의라 한다. 4상四象이란 무엇인가? 하늘과 땅과 물과 불이 그 체질이 각각 나뉘고 지위가 등급이 있게 되는데, 이것을 4상이라 한다. 4상이 서고 나면 하늘과 불이 서로 어울려서

우레와 바람이 생겨나고 땅과 물이 서로 가까이하여 산과 못이 형성된다.536)

종합해보면 이러하다. 태극太極에서 천지天地로, 그리고 천지수화天地水火로, 그리고 천지수화뇌풍산택天地水火雷風山澤으로의 분화과정은, 태극이라는 하나의 배태胚胎에서 점차 성장 확대되어 가는 과정이지만, 그 가운데 태극과 천지수화天地水火까지는 유기游氣적 차원에서 논의되는 것이며, 천지수화뇌풍산택天地水火雷風山澤은 물物적 차원에서 논의되는 것이다. 천지수화天地水火는 4기四氣로 표현되지만 천지수화뇌풍산택天地水火雷風山澤은 8물八物로 표현된다. 4기四氣와 8물八物은 존재론적인 차원이 다르다. 4기의 천지수화天地水火와 8물 속의 천지수화天地水火는 똑같은 존재가 아니다. 4기의 천지수화天地水火는 아직 물화物化되기 이전의 유기游氣적인 존재이다. 태극에서 양의와 4기까지의 과정은, 4기에서 8물로 그리고 만물萬物로의 과정과는 차원이 다르다. 곧 태극에서 4기까지는 엄밀한 의미에서 분화라 할 수 있지만, 4기에서 8물과 만물로의 전화는 4기의 상호작용과 간섭으로 탄생하는 것이므로 분화가 아니다. 게다가 4기에서 탄생한 8물은 단지 만물의 대표격을 띨 뿐이지 4기에서 8물만이 분화된다는 것이 아니다. 다시 말해 8물의 분화에 의해 16물이 탄생하고 이어서 64물이 탄생하며 이 과정이 결국 무한정 진행되어 만물이 탄생한다고 보는 가일배법加一倍法의 방식처럼 전개되는 것이 아니다. 이러한 의미에서 8물과 만물은 물화된 존재라는 동일한 존재론적 위상을 갖게 된다. 이러한 관점으로 『역』을 해석하게 되면 「설괘」에 등장하는 수많은 물상들이 8괘의 본물本物과 같은 차원의 존재물로써 운용되고 있다는 사실을 발견하게 된다. 다시 말해 8괘의 대표적인 본물本物, 즉 본래의 사물은 천지수화뇌풍산택天地水火雷風山澤이지만, 이것뿐만 아니라 소, 돼지, 양, 개 및 초목, 배와 수레, 주머니, 깃발 등등의 사물들이 부수적인 본물本物로서 같은 위상의 가치를 지닌다는 것이다.

이처럼 역상易象의 전제조건으로 본물이 설정된다는 점에서 다산 역도 우주생성론의 관점을 보유하고 있다. 그러나 그가 역리4법으로 『주역』의 전 체계를 관통한다거나, 괄례括例(용례별로 묶음)와 역례비석易例比釋(『역』 용례들에 대한 비교분석)이라는 방법으로 역사易詞를 분류하는 것에 집중해보면, 『주역』은 이미 역상학의 체계가 된다. 필자가 서론에서 바둑두기에 비유한 바 있는 것처럼, 『역』의 기호들은 태생적으로 본물의 모상이지만 『역』의 운용은 상象의 또 다른 형태의 모상이다.

3. 탈자연학적 관점의 인문역학 수립

1) 성리학적 세계관의 해체

주희에게 있어서 리理는 본체적 원리, 본질적 원리로서 엄연히 기氣보다 선재先在한다. 현상적으로는 분리되지도 섞이지도 않지만 본체론적으로는 결단코 리는 기와는 같지 않은 본질적 존재이다.

> 이른바 '리'와 '기', 이것은 결단코 다른 존재이다. 구체적인 사물 위에서만 본다면 리와 기는 뒤섞여 있으므로 분리시켜 따로따로 한 곳에 있을 수가 없으나, 그것이 리와 기가 각각 하나의 존재(物)가 됨을 방해하지는 못한다. 만약 본체적인 원리상에서 본다면 구체적인 사물이 있지 않더라도 이미 사물의 원리는 있으나, 또한 그 본체적 원리만 있을 뿐이지 일찍이 구체적 사물이 실재하는 것은 아니다.537)

주희의 이 말은 대체로 세 가지를 분명히 전달하고 있다. 바로 리기의 본체론적 이질성異質性과 현실적 혼재성混在性 및 리의 선재성先在性이다.538) 리와 기는 존재론적으로 결코 같지 않은 별개의 존재이다. 구체적인 사물은 이미 리와 기의 결합(理氣之合) 이후의 산물이므로 그 사물 안에서 리와 기를 분리해낼 수는 없다. 그러나 그렇다고 해도 여전히 리와 기는 각각 하나의 존재로서 그 위상을 가지고 있다. 리기지합理氣之合으로써의 구체적 사물의 존재 이전에 기적 요소들이 모두 사상捨象된 상태에서도 리는 존재하고 있는 본체이다. 사물의 존재 이전에 리는 이미 기가 개입되지 않은 상태의 리로서 존재의 영역을 확보하고 있다. 이 리理는 본질적인 리, 본체적인 리인 것이다. 리와 기는 이질적인 것이나 현실적으로 구체적 사물 안에서 각각을 분리하여 그 존재성을 인식할 수가 없다. 그러나 본질적으로 리는 기보다 앞서서 구체적 사물이 있기 전에도 존재하는 본체이다. 그래서 리선기후理先氣後라 한다.

그렇다면 리는 과연 무엇인가? "세상의 모든 사물은 반드시 그렇게 되는 원인(所以然之故)과, 마땅히 그렇게 해야 할 원칙(所當然之則)이 있다. 이것이 이른바 '리'이다."539) 배종호(1990)의 지적처럼, "주자에 있어 리는 존재(Sein)의 리와 당위(Sollen)의 리의 양면이 있으며, 존재의 리는 당위의 리의 근저로 된다. 존재의 리란 생생지리生生之理이요, 당위의 리란 인간 세계에 있어 도덕의 원리이다."540) 이처럼 주희의 리학理學은 우주적 원리와 도덕적 원리를 결합하여 도덕적 가치의 원리가 생생하는 우주적 존재의 원리에 연원하는 것으로 파악한다. 존재하는 것들은 그것의 본질로서의 원리, 존재를 존재되게 하는 근거로서의 원인 즉 '소이연지고所以然之故'가 있다. 이때의 '고故'는 어떤 존재를 그렇게 되게끔(그러하게끔) 한 원인이라는 의미이다. 이것은 존재 이전에 그 존재의 본질로서 어떤 원리가 있음을 말한다. 그리고 본질로서의 원리, 즉 소이연지고所以然之故는 사물의 본성을 이루는 도덕적 원리로서의 소당연지측所當然之則이 된다.

소이연지고와 소당연지측이 인간에게 적용되는 경우에 각각 어떤 의미를 지니는가? "'마땅히 해야 할 원칙'이란 임금은 인자(仁)해야 하고 신하는 공경(敬)해야 함과 같다. '그렇게 되는 원인'이란 임금은 왜 인자해야 하며 신하는 왜 공경해야 하는가와 같은 것인데, 모두 천리가 그렇게 되도록 하는 것이다."[541] 주희의 이 말에 따르면, 임금의 '인仁'과 신하의 '경敬'이라는 도덕적 원칙은 천리에 의해서 필연적으로 그렇게 되도록 되어 있는 본질로써 이미 인간과 만물 속에 내재하여 있다. 인간 사회의 도덕은 단지 그 자체로 도덕의 지위를 확보하는 것이 아니다. 그 당위의 근거는 천리에 의해서 확보된다.

기는 근본적으로 질료성을 띤 것으로써 응결凝結의 힘을 통해 형체를 갖게 된다. 그런데 현상계를 논하면서 주희는 또 기氣의 존재가 리理보다 선재되어야 함을 말한 곳이 있다.

> 만약 현상계를 논하면 이 기가 있은 뒤에 리가 따라서 갖추어진다. 그러므로 이 기가 있으면 이 리가 있고 이 기가 없으면 이 리도 없다.[542]

> 그러나 리理는 또 따로 하나의 존재가 되는 것이 아니라, 곧 이 기의 가운데 보존되어 있는 것이니, 이 기가 없으면 이 리도 걸려 있을 곳이 없다.[543]

위 언급들은 주희의 전 체계와 비교할 때 매우 모순적이다. 앞서 살펴보았듯이 리는 본체론적 측면에서 볼 때, 세계의 양대 구성요소 중의 하나이다. 그리고 우주적 원리로서 또 다른 구성요소인 기보다 선재하는 것이다. 현상론적 측면에서 볼 때, 리와 기는 결합된 상태로 있으며 리는 현상 및 존재의 성性이 된다. 즉 성은 존재의 본질이다. 성을 존재의 본질이라 할 수 있는 이유는 성이 없다면 그 존재를 설명해 줄 수 있는 것이 없어지기 때문이다. 그런데 "이 기가 있은 뒤에 리가 따라서 갖추어진다"고 말하게 되면 리는 본질의 의미가 아니라 속성의 의미를 지니게 된다. 이 언명을 구태여 주희의 정합적 체계에 짜맞출 필요는 없다. 주희 또한 현상의 존재 속에서 리를 요청한 것으로 파악할 수 있기 때문이다. 주희도 자연과학적 관점에서는 결코 리의 선재를 주장할 수 없었던 것으로 판단된다.

『주자어류朱子語類』 「리기상理氣上」에는 리선기후理先氣後에 대한 제자와의 문답이 많은 부분 등장하는데 한형조(1992)는 이 문답들을 분석하여 다음과 같은 결론을 내린다. "이들 『주자어류』의 예문들에서 주의할 것은 理의 선재성과 우월성은 직접적으로 드러나지 않는다는 사실이다. 그것은 반성과 유추라는 간접적 이차적 활동에 의해 드러난다. 리의 선재성과 우월성은 '소종래를 미루어보거나(推之所從來)', '추측에 의해(推上去時)', 아니면 '이차적 반성에 의해(以意度之)', '유추(推來)'된다. 그것은 자기의식에 의해 직접적으로 '확인(推究)되지 않는다'. 주희는 리의 선재와 우월성은 논리적 요청에 의한 것임을 누누이 강조하고 있는 것이다. 유기체적 자연학의 수준에서는 리의 선재성과 우월성을 확보할 수 없고 또 그럴 필요도 없다. 리는 언제나 기의 리로서 기보다 뒤서거나 적어도 동시적인 것이지 결코 앞설 수는 없는 것이다. 그런데 어째서 주희는 이 전제를 양보하지 못하고, 확인할 수 없다면서도 끊임없이 「요청」해야만 했을까."544)

주희는 논리적으로 요청된 것을 실재하는 것으로 간주하였다. 신앙이 아닌 사변적 철학에서 요청과 실재는 분리될 수밖에 없지 않는가? 그러나 제자들의 물음에 교묘하게 피해가면서도 그가 끝까지 지킬 수밖에 없었던 것은 리의 이념성이었다. 그는 단순히 요청한 수준에 머물지 않고 그것을 이념화하였다. 사실적이고 실제적인 차원에서의 리의 선재성을 확립하는 것이 모순임을 자각하면서도 주희는 기에 대한 리의 선재성을 논리적으로 요청하고 있다. 이처럼 주희가 끝까지 리의 선재성을 포기하지 않는 것은 기에 대한 리의 제일의적第一義的 지위를 확립하기 위함이다. "만일 기가 리에 앞서고 그리하여 리보다 우월하다면 인간의 윤리적 의무를, 자의적 행동을 취할 수도 있는 기의 자연성에 맡길 수 있겠는가. 이것이 딜레마이다. 이 딜레마를 해결하기 위해 주희는 리를 영원의 이념으로 읽었고 이 이념은 기에 의해 결코 침해될 수 없는 것이었다."[545] 그의 논리적 요청을 염두에 둘 때, 주희는 본체로서의 리와 속성으로서의 리를 모두 통틀어서 한 마디로 '리理'라고 한 것이 된다. 그런데 보편으로서의 본체는 결코 속성으로 표현할 수 없는 것이며, 속성 또한 본체라고 표현될 수 있는 것이 아니다. 자연학과 도덕학을 구분하지 못하는 한에 있어서 주희는 오류를 범한 것이다. 이와 관련하여 주희 이학의 폐단에 대해 한 번쯤 돌아보게 하는 것은 줄리아 칭(1993)이 신유학을 "살아 있는 인간 존재들을 덕이라는 이론적 가르침에 종속시켰으며, 진정으로 도덕성을 추구하게 하기보다는 위선을 부추겼다"[546]고 혹평하였다는 점이다.

반면 다산에게서는 자연학과 도덕학은 엄연히 구별된다. 자연은 실재와 속성으로 구별되며 그것은 각각 기와 리에 배속된다. 도덕은 인간이라는 존재자의 행위에서 드러나는 결과 개념이다. 그가 성을 기호嗜好라고 하는 한에 있어서 선악의 양분되는 길목에 서서 선의 길로 인도하는 것, 그것이 그의 도덕학이라 할 수 있다.

다산은 존재를 자유지물自有之物과 의부지품依附之品으로 분류하고 있다. 이러한 실재(自有之物)와 속성(依附之品)이라는 두 범주로 인간세계 및 자연세계를 분석할 때, 리理는 자연스럽게 맥리脈理, 조리條理의 성격만을 갖게 된다. 그것은 다산이 존재(인간 및 자연) 속에 그 존재의 길을 결정해 주는 본질, 즉 성으로 말하자면 오상五常이 미리부터 부여된 것이 아니라고 하는 전제에서 출발한다. 다산이 사용하는 용례를 간추려보면, 리는 맥리脈理, 치리治理, 법리法理(또는 獄理)의 뜻으로 압축된다.[547] 그런데 이것들은 모두 어떻게 보더라도 자연물에 포함된 결, 줄, 무늬 및 그것들 사이의 비교나 구분에서 드러나는 순서, 등급, 층, 관계 구조 등을 가리키는 글자라는 것을 알 수 있다. 리理라는 글자의 의미 분석을 통해 다산이 강조하는 것은 리가 결코 기와 대등한 존재론적 수준의 개념이 될 수 없다는 점이다. 리는 기로 이루어진 사물 속에서 의미를 지닌 것으로, 기처럼 실재하는 것이 아니라 기에 주어진 속성으로서만 성립하는 개념이라는 것이다.548)

마테오 리치는 중국 유학자(中士)들이 태극을 리라고 하는 것을 비판하면서 리는 결코 자립자일 수 없음을 밝히고 있다. 자립할 수 없는 존재가 어떻게 자립적 존재인 기를 주재하고 안양安養할 수 있겠는가! 그의 리理 선재에 대한 비판의식은 다음에서 명확하게 드러난다. 그에게 있어 리는 결코 기보다 선재할 수 없는 존재이다.

> 리는 진실로 의뢰의 범주에 속한 것인데, 어찌 구체적 사물의 근원이 될 수 있겠습니까? 이 두 가지(人心의 理와 物의 理—역자 주.)는 구체적 사물의 뒤에 있는 것인데, 뒤에 있는 것이 어떻게 앞서 있는 것의 근원일 수 있습니까? 게다가 처음부터 구체적인 하나의 사물이 있기도 전에, 어찌 반드시 리가 존재하고 있다고 말합니까? 대체 리理는 어디에 있습니까? 어떤 사물에 의뢰하고 부속됩니까? 의뢰자의 성격(情)은 자립할 수 없다는 것입니다. 그러므로 자립자에 의존함이 없으면 의뢰자는 모두 없어지고 맙니다. 만약 '공허空虛에 의뢰할 뿐'이라고 말하게 되면, 아마도 공허空虛는 의뢰할 만하지 못하니, 리理라는 개념은 무너지고 말 것입니다.549)

리는 구체적 존재(物) 이후의 것으로써 결코 기보다 선재할 수 없다. 인간의 마음이나 사물의 존재 이전에 먼저 리가 부여된다고 하는 것은 성립할 수 없다. 만약 그렇게 되면 의뢰자를 자립자로 오인하는 오류를 범하고 만다. 의뢰자는 자립할 수가 없다. 그래서 자립자에 의존하여야만이 존재성을 얻을 수 있다. 그런데 자립자는 어떤 구체적이며 현실적인 존재들이지 공허가 아니다. 따라서 의뢰자를 구체적 존재가 아닌 '공허'에 의존한다고 말한다면 '공허'는 의뢰하기에는 부족한 것이므로 의뢰의 실정을 제대로 표현해주지 못한다. 불가나 도가에서 사용하는 '공허'라는 표현은 '리'라는 의뢰자를 설명해주기에는 부족한 점이 있다. 왜냐하면 그것은 의뢰자가 비록 속성의 의미를 지닌 것으로서 구체적 존재 이후의 것이지만 결코 비존재(空虛)는 아니기 때문이다. 그런데 여기에는 주의할 점이 있다. 마테오 리치의 서양철학적 배경을 고려할 때, '리'라는 추상적 개념을 존재라고 표현하는 데에는 그들의 유명론唯名論적 경향을 이해해야 하는 것이다.

다산 철학의 분석에 적용되는 '존재'의 두 범주에는 마테오 리치가 가졌을 '실체'와 '실존'에 대한 구별의식이 없다. 정확한 의미에서 다산은 '실체'라는 개념에 대한 인식이 없다. 그러나 마테오 리치의 '자립자'는 '실존'이라는 의미보다도 '실체'라는 의미가 더 강하다. 흰말의 비유에서 마테오 리치가 자립자라고 지칭한 '말'은 구체적 존재, 즉 실존적 존재라기보다도 실체적 의미를 지닌다. 그러나 다산이 말하는 '자유자自有者'는 구체적이며 실제적인 존재들을 지칭하는 것이다. 다산의 다음의 말은 그가 본질이나 실체 개념에 대해 얼마나 부정적인지를 잘 보여준다.

> 본연本然의 뜻을 잘 깨닫지 못하는 사람들이 많다. 불서佛書에 의하면, '본연'은 시작도 없이 자립적으로 존재한다는 뜻이다. 유가에서는 "우리 인간들이 하늘로부터 명命을 품부받았다"고 하는데, 불씨佛氏는 "본연지성은 명으로 받은 바도 없고 처음으로 생겨난 바도 없이 천지 사이에 독립적으로 존재하며 끝없이 돌고 돌아 사람이 죽으면 소가 되기도 하고 소가 죽어서 개가 되기도 하고 개가 죽어서 사람이 되기도 하는데, 그렇더라도 그 본연의 체는 맑게 자

립적으로 존재한다"고 한다. 이것이 이른바 '본연지성'이다. 그러나 천을 거스르고 명을 게을리 하며 리를 해치고 선을 상함이 본연의 학설보다 심한 것이 없다.550)

그가 성리학에서 읽은 '리理=본연지성本然之性'은 과거 현재 미래를 통해 지속되는 순수 이념적 실재이다. 그가 이 본연을 윤회설과 연결지은 것은 그가 이념적 사고에 얼마나 익숙하지 못한가를 역설적으로 보여준다.551) 만약 본연의 개념을 인정한다면 리는 본질이라는 면에서 같을 수가 있다. 다만 기질의 청탁淸濁에 의해서 달라질 뿐 본연적이고 본질적인 리는 동일하다고 할 수 있다. 그런데 다산은 본연을 자립적인 것으로 이해할 수 없었다. 그렇다면 본연의 개념을 부정하고 나서 다산은 개별자의 본성이나 본질을 어떻게 설명할 것인가?

천지만물의 리는 각각 만물 그 자체 내에 있는 것이지, 어찌 나에게 다 갖추어져 있을 수 있겠는가? 개에는 개의 리가 있고, 소에는 소의 리가 있다. 이것은 분명코 나에게는 없는 것인데 어찌 억지로 "나에게 다 갖추어져 있다"고 떠벌릴 수 있을 것인가?552)

다산은 불가나 주희가 주장하듯이 개와 소와 사람을 관통시켜주는 영원한 순수 이념적 실재, 즉 보편으로서의 리 혹은 본연을 인정하지 않는다. 개의 리는 소의 리와 같을 수가 없다. 왜냐하면 그 리는 각각 개라는 존재의 속성이며 소라는 존재의 속성이므로, 그 리는 구체적인 개와 소의 존재 이후에 그 존재에게서 부수적으로 따라나오는 것이지 결코 실재하는 기보다 먼저 있을 수는 없기 때문이다. 시작도 없이 원래부터 존재하는 '본연'이란 개념은 다산 철학의 구성체계상 불필요하다. 윤회하는 영혼, 즉 시간과 공간의 변화에도 변하지 않고 독립적으로 존재하는 어떤 것, 이것이 본연인데 그것은 각 개별자에게 있어서는 본질의 의미를 담고 있다. 윤회하면서도 영원히 남아 있는 자기 동일성, 시공의 영역 안에서 비록 형질을 달리하더라도 영원히 자기 동일성을 유지하는 자립적인 존재, 바로 그것에 대해 다산은 메스를 가하고 있는 것이다. 비결정적 현상세계 속에서 결정적 존재를 파악하기에는 어려움이 있었겠지만 보다 더 근본적인 것은 결정된 것, 운명적인 것, 피할 수 없는 것 등의 관념을 피하고 규정되지 않는 개념의 자유를 구가했다는 것이다.

다산은 리를 실재하는 기의 속성으로만 파악하기 때문에 리는 결코 실재할 수 없다고 생각한다. 형形과 질質이 없는 리가 관념적으로 존재한다고는 말할 수 있으나 그렇다고 해도 실재일 수는 없는 것이다. 리는 형形이 없는 것으로 실재에서 드러나는 속성이다. 따라서 '기발리승일도氣發理乘一途'만이 가능하다. 능발성能發性과 능동성能動性은 관념적 존재(理)에게서는 발견할 수 없으며 형形과 질이 있는 실재적 존재(氣)에게서만 발견되는 성질이다.

그러나 주의할 점은 다산이 주희의 '리'를 속성의 지위로 하락시켰다 하더라도 '리'가 결코 가치론적으로 하락된 위치에 처하는 것은 아니라는 점이다. 그가 본질적 실재 내지 이념적 실재로서의 '리'는 부정하였다 해도 인성론이나 도덕론에 있어서까지 '리'를 추락시킨 것은 아니다.

> 예의가 비록 나에게 보존되어 있다 하더라도 도심道心이 그것을 따르지 않는다면 어떻게 예의를 (진정으로) 실행하겠는가? 또 무릇 세계의 존재(物) 중에는 허虛한 것이 귀하고 실實한 것이 천하며, 형체가 없는 것(無形者)이 귀하고 형체가 있는 것(有形者)이 천하다. 도덕, 인의, 예법, 정교는 모두 허로 실을 다스리고 무형으로 유형을 제재하는 것이다.553)

도덕과 인의 등은 본질적으로 주어지는 것은 아니지만 추상(虛)의 영역에서 구체적(實) 사물을 제재한다는 의미에서 중요한 가치를 지닌다. 구체적인 사물들은 추상개념으로서의 리에 의해 다스려진다. 그러나 주희와 다른 점은 추상개념으로서의 리가 본질적으로 실재하며 영원한 것은 아니라는 점이다. 도덕이나 인의 등은 결과개념이며 가변적인 것이고 상대적인 것이다. 다산은 본래부터 있는(本有) 혹은 본래부터 그러한(本然) 어떤 것을 설정하는 데에 일종의 거부반응을 보인다.

> 천을 거스르고 명을 게을리 하며, 리를 해치고 선을 상함이 본연의 학설보다 심한 것이 없다. 이전의 유학자들이 어쩌다가 한번 빌려 쓴 것을 가지고 요즘 사람들은 내력도 밝히지 않고 입만 벙긋하면 '본연지성'이라 말한다. '본연'이란 두 글자는 육경사서와 제자백가의 글에 한 번도 나온 적이 없다.554)

선험주의적이고 본질주의적인 그 어떤 것도 다산에게는 인정되지 않는다. 인의도덕 등은 선험적으로 주어지거나 사물의 본질로서 실재하는 것이 아니다. "주희의 글에서 우리가 자주 만나게 되는 '원原'이니 '본本'이니는 분명히 시간상의 특정한 시점을 가리킨 것이 아니다. 그것은 시간과 공간의 축을 저만큼 넘어서 있다. 주희가 말하는 '형이상形而上'은 바로 이 같은 이념의 영역을 가리키며 '리상간理上看'이란 바로 이 선험의 이념적 무시간적 영역에서 세계를 바라본다는 뜻이다. 다산은 이 선험적 이념의 영역을 인정할 수 없었다. 경험적 근거를 갖지 않는 모든 진술은 의심스럽다는 것이다."555) 그렇다면 문제는 다산이 주희가 말하는 식의 본질적인 도덕을 말하진 않는다 해도 엄연히 도덕의 개념을 갖고 있고 게다가 기적 실재들보다 가치있는 것이라고 한다면 그에게 있어 도덕은 무엇인가 하는 점이다. 단순히 결과개념으로만 도덕을 말한다면 그것이 진정한 도덕의 지위를 얻을 수 있겠는가? 도덕을 속성의 범주에 넣는다면 인간의 속성이 도덕이 되고, 나무나 돌에서 보여지는 결(脈理)과 같이 인간의 행위에서 후천적으로 인식되는, 혹은 판단되는 결과의 의미를 지니게 된다. 그렇게 되면 도덕은 공리적으로 선택되는 것이 되지 않는가? 어떻게 선과 악을 구별하고 그것을 도덕의 지위에 올릴 수 있는가? 다산의 해결 방식은 의외로 간단하다. 선이 인간의 경향성으로서 이미 인간의 정신 속에 내포되어 있다는 것이다. 인간의 경향성을 파악해보면 인간은 도덕적인 존재이다.

> 지금 인성人性을 논하면 사람은 선을 즐기고 악을 미워하지 않는 사람이 없다. 그러므로 하나의 선을 행하면 그 마음은 흐뭇하여 즐겁고, 하나의 악을 행하면 그 마음은 만족스럽지 못하여 답답해한다. 내가 선을 행한 적이 없어도 남이 나를 선하다 추켜주면 기쁘고, 내가 악하지 않은 적이 없지만 남이 나를 악하다 비방하면 화가 난다. 이와 같은 것에서 선을 즐기고 악을 미워할 수 있음을 알 수 있다. 남의 선을 보면 같이 선하다 여기고 남의 악을 보면 같이 악하다 여긴다. 이와 같은 것에서 선을 사모하고 악을 미워할 수 있음을 알 수 있다. 대체로 지금 든 종류들은 모두 사람의 기호가 눈앞에 드러난 것이다.556)

표면적으로 눈앞에 드러난 인간의 기호만을 살펴보더라도 인간은 낙선이치악樂善而恥惡할 수 있는 경향성을 이미 갖추고 있다. 사람의 마음은 선을 행하면 기쁨으로 충만하여 흐뭇하고 악을 행하면 불만스럽다. 또한 선한 일을 행하지 못하였지만 사람들이 자기를 선하다고 칭찬하면 기뻐하고, 아무런 악한 행위를 하지 않았지만 사람들이 나를 악하다고 비방하면 분노하게 된다. 이러한 마음의 행태를 살펴보면, 모든 사람이 선을 좋아하고 악을 부끄러워하는 어떤 경향성을 지니고 있음을 알 수 있는데, 바로 이것을 통해 기호의 성을 눈앞에서 뚜렷이 확인할 수 있는 것이다. 이러한 경향성은 인간이 생명을 부여받을 때 이미 갖추게 된 것으로써, 하늘이 인간으로 하여금 악한 일을 하지 않고 선으로 나가게 해준 것이다. 따라서 인간의 성(嗜好)을 가진 사람은 자연적으로 선을 좋아하고 그 길을 따라갈 수밖에 없다. 이러한 경향성을 선천적으로 타고났지만 '기호'라는 표현에서 드러나듯이 그것은 규정적인 것이 아니며, 또한 본질적으로 우리에게 주어진 것이 아니다. 인의예지라는 네 알갱이가 본래부터 인간에게 씨앗처럼 존재하는 것이 아니다. 그래서 도덕은 인간의 실천 이후에나 성립할 수 있는 결과개념인 것이다. 다시 말하면 인의예지는 도덕적 실천을 가능케 하는 근원이나 동기로서가 아니라 결과개념으로 이해되고 있는 것이다.

> 인의예지라는 이름은 본래 우리 인간의 실천에 의해서 생기는 것이지, 마음속에 잠재되어 있는 현묘한 이치가 아니다. 사람이 하늘에서 받은 것이라고는 단지 이 영명스런 정신(靈明)뿐이니, 인仁할 수 있고 의義할 수 있고 예禮할 수 있고 지智할 수 있음이 있는 것이다. 그러나 만일 "상천이 인의예지라는 이 네 알갱이를 인성의 가운데에 부여해 주었다"고 한다면, 이는 실상이 아니다.557)

이미 본질로서 설정된 도덕은 인간을 정서적으로 각박하게 한다. 인간을 조여오는 예정된 도덕, 헤어날 수 없는 도덕의 굴레. 그러나 이런 것이 없어도 이미 인간의 경향성은 아름다운 세계로 나아가게끔 경향지워져 있다. 인간은 선을 사랑하고 악을 미워할 수 있는 경향성을 타고났기 때문이다. 그러나 그것은 결코 본질적인 것이 아니다.

2) 해체와 새로운 구도

위魏의 왕필王弼(226~249)과 북송北宋 정이천程伊川(1033~1107)의 철학사상에는 시간적 차이만큼이나 현학玄學과 도학道學이라는 분명한 구분이 있지만, 역학사에서 보면 의리역학義理易學이라는 공통분모를 지닌다.558) 공자의 10익十翼이 『역』 경문의 점서역占筮易 시대를 마감하고 의리역義理易의 기초를 마련하였다고 하지만, 의리역을 철저히 발휘한 사람은 왕필이었다. 왕필은 술수術數와 재이災異를 위주로 하는 한대漢代의 상수역학을 비판하면서 『주역』을 완전한 철학서로 바꾸어 놓았다. 당대唐代에 공영달孔穎達의 주도로 이루어진 13경十三經의 대부분이 한대漢代 학자들의 주석으로 채워져 있지만 『주역』만은 왕필의 『주역주周易注』가 정통으로 채용되었다. 그리고 그 이후 역학은 으레 왕필의 역학을 떠올리게 되었다. 24세에 요절한 왕필이 『노자주老子注』와 『주역주周易注』를 거의 동시에 이루었다고 볼 때, 그의 『주역주』는 현학玄學과 무관할 수 없다. 위진魏晋시대에는 자연自然과 명교名敎의 조화와 합일을 추구하면서 유가儒家와 도가道家의 학문적 교류가 활발하였다. 그런데 이러한 경향은 북송北宋대까지도 계속되었다.

이러한 맥락에서 북송대의 정이천은 왕필의 역학을 계승하고 있다. 이천은 도학道學 체계를 세운 뒤에도 생애 내내 자신의 『역』 주석에 수정작업을 계속했을 만큼, 『역정전易程傳』은 그의 철학에서 중요한 위치를 차지한다. 그러나 그 둘 사이에는 분명한 차이가 있다. 이천은 "왕필과 한강백은 노장老莊의 철학으로써만 (『주역』을) 해석하였다"559)고 지적하며, 왕필이 노장학으로 주역을 해석하는 데에 대해 비판적 입장을 취한다. 이 점이 바로 이 두 사람의 현학玄學과 도학道學의 분기점이 된다.

한대의 상수학자들은 술수적 방법과 문자적 고증의 방법으로 성인의 미언대의微言大義를 찾았지만, 드러난 현상만을 중시함으로써 사건, 사물의 정확한 실정을 잡는 데 실패하고 번잡해지는 폐단을 낳았다. 왕필과 이천이 의리로써 『주역』을 해석하는 까닭은 그 안에 성인의 뜻이 담겨있다고 보기 때문이다. 인간과 세계, 그리고 그 변화에 대한 오랜 반성과 통찰을 통해 얻은 지혜가 『주역』에 담겨있다고 생각한 것이다. 왕필의 망상득의론忘象得意論이나 이천의 인상명리론因象明理論은 성인의 의리를 발견하는 방법론적 의미를 갖는다. 상수역학으로부터 의리역학으로의 전환은 중국철학상에서 사유의 전환을 의미한다. 한대漢代로부터 왕필 이전까지는 천명론天命論 또는 일기一氣에 기초한 발생론發生論적 사유에서 벗어나지 못했다. 왕필의 역학사적, 철학사적 창견創見은 분명 사물의 실정實情은 겉으로 드러난 현상만으로는 설명될 수 없으며, 현상은 그 배후에 있는 보이지 않는 무형無形의 세계를 근본으로 하고 있다는 본말론本末論적 사유이다. 이천은 무형無形의 근본에 대한 왕필의 사유를 계승할 뿐만 아니라, 더욱 발휘하여 그 근본을 리理로 파악하는 체용론體用論적 세계관을 전개한다. 그래서 만약 모든 현상의 근본이 되는 의리義理만 알 수 있다면 구체적 사물에 통하지 못할 것이 없다고 생각했다.560)

주희의 『역학계몽易學啓蒙』(1186)은 초학자들을 대상으로 한 상수역학서이다. 주희는 이 책에서 상수를 태극음양의 이치를 반영한 것이면서 역리의 핵심적 요소를 이루는 것으로 설명한다. 곧 상수는 서법筮法과 역리易理의 표현인 동시에 천지의 변화와 운동의 또 다른 표현이라는 것이다. 그에 따르면, "『역』은 하도河圖만으로 지어진 것이 아니다. 천지 사이에 가득 찬 것이 오묘한 태극음양 아닌 것이 없는데 성인이 이를 우러러보고 굽어보며 관찰하여 멀거나 가까운 데서 취하였으니 실로 가만히 침묵하는 가운데 마음에 합치하는 것이 있었기 때문이다. 따라서 음양이 나뉘기 전의 혼연한 태극 속에는 이미 양의, 사상, 64괘의 이치가 그 속에서 빛을 발하고 있다."[561] 그가 정이천에 비해 한대 상수역을 중시한 것은 상수학 이론의 정립에 목적을 둔 것이 아니라 리기론 형이상학의 상수학적 근거를 마련하기 위한 것으로 보인다. 그가 하도와 낙서를 중시한 점도 이와 같은 맥락에서 이해된다. 우주적, 초월적 리의 우연적 발견이라는 신비체험—하도와 낙서의 발견—을 통해 천리가 역학에 그대로 드러나 있다는 그의 가정은 신비적으로라도 어쨌든 역학이론의 절대근거로써 기능하게 된다. 『역학계몽』이 바로 이러한 우연성을 필연성으로 계몽하는 중요한 역할을 하고 있는 셈이다. 하도와 낙서에 근거한 도서역圖書易과 소강절의 선후천역 이론이 당시에 이미 비판을 받고 있던 상황에서 주희가 이를 채택하여 계몽의 주 텍스트로 삼았다는 것이 주희의 목적의식을 짐작케 해준다.

『역』에서 자연학적 원리와 인문학적 가치를 동시에 통일적으로 추구하려는 의도에 대해, 다산 자신이 직접 『역』을 이해하는 열쇠라고 지목한 「설괘전」의 주석에서 우회적으로—우회적이라기보다는 생략의 방식을 통해— 피해간 부분이 발견된다. 「설괘전」 가운데서 다산이 공자의 전문傳文이라 지적한 부분의 주석을 살펴보자. 아래는 「설괘전」 본문이다.

> 옛날 성인이 『역』을 지을 때에 장차 성명性命의 이치에 따르고자 하였다. 그리하여 하늘의 도를 세워 음陰과 양陽이라 하였고, 땅의 도를 세워 유柔와 강剛이라 하였고, 사람의 도를 세워 인仁과 의義라고 하였다. 3재三才를 겸하여서 2개씩 나누었으므로 『역』은 6획으로 괘를 이룬다.[562]

「설괘전」의 이 원문은 크게 세 문장으로 구성되어 있다. 첫째, 『역』은 성명의 이치에 순종하려는 의도에서 지어졌다는 것이며, 둘째, 그 이치란 천지인天地人 각각의 도리라는 것, 셋째는 3재가 각각 둘씩 중첩되어 6획의 괘가 만들어졌다는 것이다. 그런데 다산은 첫째 문장에 대해서는 일언반구一言半句도 주석하지 않고 있다. 「설괘전」은 『역』 가운데서 다산이 가장 중시하는 텍스트이다. 거의 모든 글자와 구절들을 속속들이 주석한 것과 비교해 볼 때 특이한 이 점은 주의해 볼 만한 가치가 있다. 그의 전箋을 살펴보자.

> 6획을 3재에 배당하면 제1획은 강剛이고 제2획은 유柔이며[이는 땅의 도이다.], 제3획은 의義이고 제4획은 인仁이며[이는 사람의 도이다.], 제5획은 양陽이고 제6획은 음陰이다.[이는 하늘의 도이다.] 음양陰陽이라 하는 것은 하늘과 불처럼 체질이 맑아서 분별할 만한 기氣가 있다. 유강柔剛이라 하는 것은 땅과 물처럼 체질이 탁하여 잡을 만한 형태가 있다.
>
> ○ 『역』에서 무릇 물상은 꼭 같지만 달아놓은 사詞가 아주 다른 경우는[건乾괘의 초9와 구4가 다 손巽이 변하여 된 것이지만 아랫자리에 있으면 '숨어있는 용'을 상징하고, 가운뎃자리에 있으면 '뛰어오르는 용'을 상징하는 것과 같다.], 마땅히 3재才의 자리를 참고하여 탐구해야만 본지를 얻을 수 있다.
>
> ○ 생각건대, 이 글에서는 6획으로 괘를 이룬다고 말하였지 6효라고 말하지 않았다.563)

「설괘전」 본문에 대해 천지인 3재의 도리를 말하고 괘가 획으로 구성되었다는 점만을 말했을 뿐 어디에도 『역』의 창작 목적인 '순성명지리順性命之理'에 대한 언급은 찾아볼 수 없다. 공자는 분명 성인의 작역作易을 천명과 인물성의 원리에 따르고자 하는 의도에서 이루어진 것임을 밝혔지만, 다산은 의도적으로 성명性命의 원리에 대한 언급을 피하고 있는 것이다. 이는 『역』이 자연학적 원리와 인문학적 원리를 통합하고 있다는 전래의 통념을 부정하는 간접적인 역할을 한다.

4. 동서 만남의 차원에서 논하는 다산역학

1) 퇴계의 리理, 마테오 리치의 천주天主, 다산의 상제上帝

조선 후기의 역학 관점의 여러 변용은 사실 동서양의 만남의 문맥 속에서 이해해야 한다. 『역易』은 고대로부터 여러 학파의 학자들이 차용해서 이론을 전개해 갔으며 꾸준히 관심을 가졌던 문헌이다. 역학자들은 『역』의 변화變化 관념을 자신의 사상 속에 끌어들여 나름의 방식으로 재해석함으로써 그 자신의 역학체계를 구성하였다. 『주역』에 직접적인 주석을 하거나 별도의 글의 지어 『역』 전체에 대한 관점을 제시하기도 하였고, 또는 자신의 다른 저술 속에 『역』의 구절들을 인용하기도 하였다. 이러한 역학 전개과정을 거치면서 정설을 말하기 힘들 정도로 다양한 논리와 학설들이 창출되고 차용되었다.

19세기의 전반기에 주로 활동한 다산茶山도 자신의 역학체계를 구성하였는데 그의 작업은 이전 시기와는 다른 중대한 의의를 갖는다. 역학사易學史에서 이전의 학설들을 종합하는 시대적 위치에서 있었기 때문이다. 그러나 그것은 단순한 시대적 우연으로서의 중요성이 아니라 학술사 상에서의 의의 때문이다. 그는 한국의 역학사를 집대성하는 위치뿐 아니라 중국을 포함한 동양 역학사를 종합하는 역할을 담당했다. 물론 그 종합된 성과물이 보편타당성을 가지고 있는가 하는 역사적 가치의 문제는 논외의 것이다.

현재의 다산학자들에게 미진한 연구분야이긴 하나 사상사 상에서의 위상 정립이 필요한 시기이다. 현재의 연구자들에게 있어 다산에 대한 평가는 양분되어 있는데, 지조 없이 변절한 종교인에서부터 근대를 지향한 위대한 선각자에 이르기까지 정부正否 양면에 걸쳐 있다. 사상사 상에서의 상호 연계적 탐구를 거친다면 다산학의 면모가 조금 더 분명해질 수 있다. 성리학이 조선사에서 자체적인 논리 전개과정을 밟아왔듯이 역학도 조선 자체의 논리 전개과정이 있을 수 있다.

다산의 다른 저작들과 마찬가지로 『주역사전』도 다산 한 사람의 작품이 아니다. 그는 아들들 및 여러 제자들과 함께 이 일을 했으며 그 과정에서 여러 학자와 교류하였다.[564] 좀더 나은 해석방법이나 예증들이 나올 때는 곧바로 수정해가면서 여러 차례의 교정을 거쳤다. 현재 발견된 필사본들 가운데 차이가 생겨나는 까닭이 여기에 있다. 이는 다시 말해 동양사 전체의 계승관계뿐만 아니라 조선사 자체의 계승관계가 성립할 수 있다는 개연성을 보여주는 것이다. 또한 다산은 『주역사전』의 여러 곳에서 상황에 맞는 인물이나 사건을 조선의 현실에서 찾고 있다. 종래 괘효상卦爻象을 설명할 때 중국의 인물이나 사건을 빗대어 설명하던 틀에서 조금은 조선적인 학문을 펼쳤다고 하겠다. 예를 들어 성호星湖 이익李瀷과 중형仲兄인 손암巽庵 정약전丁若銓의 이론을 소개한다든가, 인조대 정승을 지낸 명곡明谷 최석정崔錫鼎을 효의 주석 속에 등장시키기도 한다.[565] 이는 그가 『천자문千字文』을 대체하는 『아학편兒學編』을 짓고 거기에 한글 토를 달았던 것과 같은 일종의 주체의식의 발로로 여겨진다.

이러한 예들은 다산의 역학을 조선 자체의 논리 전개과정 속에서 파악할 수 있는, 주변적 동기를 제공한다. 그러나 실제로 다산역의 직접적 사승관계나 영향관계를 파악하는 것은 쉬운 일이 아니다. 그가 받은 서학西學의 영향은 뚜렷해 보이나, 조선 역학사 내에서 이론상의 교류를 펼친 흔적은 거의 보이지 않는다. 『주역사전』과 『역학서언』에는 이익李瀷과 정약전丁若銓에게서 받은 영향들이 눈에 띈다. 그러나 그 외에 등장하는 인물들은 대부분 그의 역론에 동의하는 아들들과 제자들이다. 이는 아마도 서학이 수용된 이후에 성호학파 내에서의 시대적 고민, 특히 다산이 맞닥뜨린 동양과 서양의 만남의 접점에서 겪는 고민이 반영되어 있기 때문일 것이다. 그에게 있어서 이전의 역학가들은 모두 극복해야 할 대상들일 수밖에 없었다. 전혀 새로운 사유의 틀을 가지고 바라보는 『역』은 다산 자신을 독특한 고립무원의 땅으로 이끌었을 수 있다. 『역』에 있어서 다산의 사승관계가 드러나지 않는 이유가 바로 여기에 있다. 그가 『주역사전』의 「사전소인四箋小引」에서 역리4법易理四法이 다 주자를 계승한 것이라 밝히고는 있지만 이것은 호의적好意的 의미의 계승이라고 할 수가 없다. 주자朱子라는 권위는 그가 채용한 한대漢代 역학가들의 방법론을 보증하는 데 이용되었을 뿐이다. 오히려 『역학계몽易學啓蒙』과 『주역본의周易本義』에서 제기된 주자학적 세계관은 다산 역상학의 가장 큰 과녁이었다.

다산의 역상易象 이론에 관한 한 정약전의 영향은 매우 큰 것으로 보인다. 『역학서언』에 정약전의 서신 중에서 중요한 것들만을 뽑아 별도로 「현산역간玆山易柬」이라는 한 편을 만든 것으로 보면 그 중대성을 알 수가 있다. 그의 저서에 드러난 자료들만을 바탕으로 할 때 그러하다. 그러나 그의 역학 저서에 드러나지는 않지만 다산 역학의 완성에는 퇴계退溪 이황의 영향을 빼놓을 수 없다. 필자가 제기하는 퇴계의 영향이라는 것은 역학 이론의 직접적 영향을 말하는 것이 아니라, 사유구조라는 차원에서 패러다임의 유사성을 말하는 것이다. 퇴계는 주자의 리理 개념을 체용體用 개념으로 확대 재생산하면서 절대진리로 받아들였다.[566] 그는 "리理는 본래 존귀하여 상대가 없으며, 사물에 명령을 내리되 사물의 명령을 받지 않으니, 기氣가 이길 수 있는 것이 아니다"[567]고 하여, 주자의 "감정도 없고, 의도적인 조작도 없고, 헤아림도 없다"[568]는 리 개념에 능동적 역량을 부여하였다. 이광호(2003)는 퇴계의 리 개념의 성격을 세 가지로 정의하고 있다. 첫째, 퇴계가 부정의 방법을 통하여 발견한 리는 현상세계에 있는 어떤 것과도 다르다. 둘째, 동정動靜의 원리를 갖춘 리는 내 마음에만 있는 것이 아니라, 모든 사물에 다 내재되어 있으며, 각 사물의 근본이 되어 각 사물을 다른 사물과 구별되게 만든다. 셋째, 포괄자包括者이면서 내재적 초월자인 리는 허실, 유무, 동정을 넘어 있는 영원불멸의 절대자로서 거기에 어떤 것도 더할 수도 줄일 수도 없다.[569] 퇴계가 절대진리라고 생각하는 리에는 "물아物我도 없고, 내외內外도 없고, 분단分段도 없고, 방체方體도 없다."[570] 이렇게 주객을 나누는 이분법적 사고를 부정하는 방법을 통해 정립된 리 개념은, 모든 것을 포괄하면서 현상계를 넘어서 있는 포월자包越者이면서 절대자가 된다. 한편으로 주자 리 개념과의 상충을 해결하기 위해 그는 체용의 관점에서 리를 설명한다. "감정이나 조작이 없는 것은 리 본연의 체이며, 만나는 상황에 따라 발현하여 도달하지 않음이 없는 것은 리의 지극히 신묘한 작용이다."[571]

이러한 퇴계의 리 개념은 마테오 리치가 『천주실의』에서 전하는 천주天主 개념과 유사하다. 부정의 방법을 통해 리를 현상계와 구별하였다는 점에서 그러하며, 자립적으로 존재하는 영원한 초월자超越者로 보았다는 점에서 그러하다. 다만 그 대상이 상제上帝와 리理라는 데에서 차이가 생겨나는데, 상제는 초월성이 강조되는 반면, 퇴계의 리는 초월적이면서 만물에 내재하는 특성을 지닌다.[572]

퇴계의 리는 기독교의 천주와 같은 창조적 인격신으로 해석될 수는 없다. 상제는 절대적 진리인 리의 한 측면으로서의 주재성을 지칭하기 때문이다.

그러나 다산에게서 상제는 천주와 같은 능력의 실존적 존재이다. 그가 『주역사전』에서 운용하는 역상易象들은 많은 부분 상제에 대한 제사와 당대 사람들의 종교적 경건성을 증명하기 위한 도구로 이용된다.[573] 다산이 『주역』을 주례周禮가 표현되어 있는 서적으로 간주하면서[574] 말하고자 한 뜻은, 주나라라는 한정된 시공간에서 적용된 예법을 『역』의 상들이 보여준다는 것이다. 이 예법 가운데 가장 비중있게 다루어지는 것이 바로 상제나 귀신과 같은 초월적 존재들에 대한 제사의 예법이다. 『역』의 주석을 통해 상제를 증명코자 한 것이 다산의 중요한 의도의 하나였던 것으로 판단된다.

조선에서, 서학의 전래 이후 서구과학 지식을 역학에 접목하려는 시도를 한 역학자들이 있었는데, 그들은 소강절과 주희의 상수역 관점에 철저히 의지하여 서구 선진과학을 순수한 과학지식으로 섭취하기보다는 상수역의 완성도에 기여하는 부수적 지식으로 수용하였다. 그들은 서구 천문학 수학 등의 선진지식을 활용하여 하도河圖와 낙서洛書 및 태극도太極圖 등을 유사과학으로 포장하고, 상수역의 체계 안에서 성리학을 강화하는 수단으로 삼았다. 그들은 『주역』의 진리가 자연과 우주 및 인간을 일관되게 설명하고 있다는 전통적 형이상학을 신념처럼 떠받들고 있었다. 그러나 다산은 자연학을 인문학에서 분리하여 독립적으로 논의하고자 하였으며, 『역』을 『역』 자체의 논리로서 파악하면서 인문학으로 한정하였다. 이러한 다산의 생각은 『역학서언』의 "문왕과 주공이 괘효사를 찬술할 초기에 오직 점치는 사람을 위해 대의를 밝히고 사례를 세우는 데 그쳤을 뿐이다. 천인天人 성명性命의 이치가 이 사이 어디에 깃들어 있겠는가!"[575]라는 언급에서 알 수가 있다. 이때의 '천인성명지리天人性命之理'는 자연학과 인문학의 형이상학적 결합의 원리이다. 천명으로서의 천리를 품수하여 인간의 본성이 이루어진다고 보는 주자 성리학의 입장은 인문학의 원리를 자연학의 원리에 근원하는 것으로 보고 그 둘의 합일을 추구한 것인데, 다산은 이 둘을 뚜렷하게 구별한다.

다산이 『주역』에서 읽어낸 사실은 역사易詞가 문왕과 주공 당대의 문화 텍스트라는 것이다. '텍스트'는 하나의 교재이며 자료를 지칭한다. 그가 천인성명天人性命의 형이상학적 결합을 부정하고 역사易詞를 텍스트로 읽는 것은 자연학과 인문학의 체용일원體用一元적 결합의 방식으로 『주역』을 독해하지 않아도 『주역』에서 구체적이며 실존적인 인문 가치를 읽어낼 수 있다고 보기 때문이다. 텍스트로서의 역사易詞에는 그가 지향했던 진정한 유가儒家의 가치, 고대 성인들이 추구했던 인문정신이 고스란히 담겨있다. 일반적 문화현상뿐 아니라 종교적 경건성, 예禮, 인의仁義, 신信, 신독愼獨, 화和, 순천명順天命, 정명正名 등의 인문 가치 및 당대의 자연과학 지식까지도 담겨있다. 역사易詞에 등장하는 일식日蝕이나 월식月蝕, 역법曆法, 본물本物, 동식물動植物 등 자연물과 자연현상에 관련된 텍스트도 인문학 범주에서 파악되는 인문학 지식이지, 형이상학으로서의 자연학 지식이 아니다.

퇴계의 리와 다산의 상제가 이와 같이 차이가 있다고는 할 수 있지만, 그 두 대상이 지닌 유사한 역량으로 볼 때 다산이 퇴계를 사숙私塾했다고 말할 수 있는 타당한 이유가 성립된다. 그러나 퇴계의 리 개념이 다산의 상제 개념으로 옮겨오는 데는 마테오 리치의 영향이 결정적이다.576) 자립자自立者와 의부자依附者의 개념이 그러하고 천주天主 개념이 또한 그러하다. 마테오 리치는 『천주실의』를 통해 주자학의 리를 속성 범주로 격하하고577) 서양의 천주를 중국 고전에 등장하는 상제와 동일한 것으로 주장하였다.578) 다산이 천주교 신도인가, 배교자인가 하는 것은 중요치 않다. 그가 그러한 인생역정을 통해 추구한 것이 무엇인가 하는 것에 주목해야 할 것이다. 그가 천주교의 전도를 위해 살아남은 자인가, 아니면 천주 개념의 영향을 받아 이른바 수사학적 상제를 부활시킨 자인가 하는 것은 동서양의 만남의 차원에서 다산학을 논할 때 그리 의미 없어 보인다. 그는 상제라는 초월적 존재를 마테오 리치가 그러했듯이 동양 고전에서 끌어냈으며, 마테오 리치가 천주를 신봉하였듯이 다산도 상제를 신봉하여 경건한 신앙적 생활태도를 지녔다. 이광호(2003)의 지적처럼 "조선에서의 유학과 기독교의 만남은 리를 절대진리로 이해하고 상제를 리의 주재적 측면으로 이해하는 퇴계의 주자학적 진리관과 창조주인 초월적 상제를 절대적 진리로 믿고 의지하는 기독교적 진리관과의 만남이다."579)

그러나 한편으로 사상에 대한 이러한 패턴(pattern)적 인식은 인간이 인식의 이원성二元性을 벗어날 수 없다는 점에서 사상의 실질적 내용 차이를 잡지 못할 우려가 늘 존재한다. 인식은 분별심分別心에 바탕한 이원적 방법을 통해 성립되는 것이고, 이원적 사고는 자타自他, 물아物我, 진가眞假, 리기理氣, 성정性情, 신과 인간, 상제와 기氣 등의 여러 방식으로 변용된다. 패턴으로 볼 때, 주자의 리기와 퇴계의 리기, 율곡의 리기가 다를 것이 없으며, 나아가 다산의 상제와 기라는 이원적 구분도 이와 다를 것이 없다. 중요한 것은 구분된 이원二元 각각의 실질적 내용이 무엇인가 하는 점이다.

중국에서는 퇴계의 리와 같은 개념이 주자학 계승자들에게 나타난 적이 없다. 엄연히 퇴계는 주자와는 다른 철학적 사고의 소유자이다. 다산도 마찬가지로 주자와 다르고 퇴계와도 다르다. 그러나 그 개념의 유사성으로 본다면 다산은 주자적이라고 하기보다는 오히려 퇴계적이라고 할 수 있다. 리로 말하든 상제로 말하든, 최고 존재자의 능동적 발동發動의 개념을 공유한다는 점에서 그러하다.

2) 인물성이론人物性異論과 다산의 성삼품설性三品說

상제와 대립 개념인 기氣라는 구체세계는 또한 어떠한가? 이미 기 세계 주재자로서의 원리라는 개념이 사라진 이상, 기 세계에는 만물일체를 설명할 수 있는 보편 개념이 존재할 수 없다. 각 종속種屬의 개별자들을 그 종속이게 하는 보편자는 있지만 만물일태극萬物一太極과 같은 방식의 최고 보편자는 이미 사라지고 없는 것이다. 그렇다면 기 세계는 다양성 그 자체일 것이다. 다양한 구체세계의 모습을 설명하는 한 방식에 있어서 조선후기 호락논쟁湖洛論爭은 다산의 역학 구성에 일정 정도 기여했을 것으로 보인다.

다산이 활동하던 시기, 조선사회는 호락논쟁의 여파 속에 있었고, 호락논쟁은 사단칠정론四端七情論, 인심도심설人心道心說 등과 늘 연계되어 있었다. 다산도 이러한 조선의 성리학 논쟁사와 무관할 수 없었다. 그가 이 논쟁사에 깊숙이 자리하고 있었다는 것은 「오학론五學論」의 성리학 비판 내용에서 분명하게 알 수 있다.

> 지금 성리학을 하는 사람들은 리理니 기氣니 성性이니 정情이니 체體니 용用이니 하는가 하면, 본연本然이니 기질氣質이니 이발理發이니 기발氣發이니 이발已發이니 미발未發이니 단지單指니 겸지兼指니 리동기이理同氣異니 기동리이氣同理異니 심선무악心善無惡이니 심선유악心善有惡이니 하여 수많은 가닥과 갈래로 터럭을 나누고 실오리를 쪼개듯이 세밀히 분석하여서 서로 꾸짖고 서로 야단치며 눈을 감고 묵묵히 연구하다가 대단한 것을 깨달은 것처럼 핏대를 올려 목줄기를 붉히면서 스스로 천하의 고묘한 이치를 다 터득했다고 떠들어댄다. 그리하여 동쪽으로 부딪치고 서쪽으로 들이받으며 꼬리만을 잡고 머리를 놓쳐서 문마다 하나의 기치를 세우고 집마다 하나의 진루陣壘를 쌓아서 한 세상이 끝나도록 그 송사訟事를 결단하지 못하고 대를 전해가면서까지 그 원한을 풀지 못한다. 자기에게

> 들어오는 사람은 존대하고 나가는 사람은 천대하며, 자기와 학설이 같은 사람은 떠받들고 다른 사람은 공격하면서 스스로 자기의 주장이 지극히 올바르다고 여기고 있으니 어찌 (학문과) 거리가 먼 것이 아니겠는가?[580)]

성리학 비판 내용을 개괄해 보면, 다산이 리기理氣, 성정性情, 체용體用 등 성리학의 주요 개념들뿐만 아니라 주요 논쟁점들까지 비판의 대상으로 삼고 있음을 알 수 있다. 다산은 리발理發, 기발氣發 및 이발已發, 미발未發의 사칠四七 논쟁의 쟁점들과, 단지單指, 겸지兼指, 리동기이理同氣異, 기동리이氣同理異 등의 인물성동이人物性同異 논쟁의 쟁점들, 그리고 심선유악心善有惡, 심선무악心善無惡 등의 심체유선악心體有善惡 논쟁의 주요 쟁점 등 거의 모든 영역에 있어 성리학을 비판하고 있다. 그와 아울러 그러한 논쟁이 가져오는 사회현상까지도 비판하고 있다. 이처럼 조선 성리학에 대한 전면적 비판을 통하여 다산은 자신의 새로운 체계로의 출구를 준비하고 있는 것이다.

호락논쟁은 사단칠정론 및 인심도심설과 함께 조선성리학을 특징짓는 논쟁이다. 이 논쟁의 쟁점은 크게 두 가지로 요약된다. 미발未發 상태에 기질지성氣質之性이 있는가 없는가 하는 문제와, 사람과 사물에 있어 오상五常의 성이 같은가 다른가 하는 문제이다.

미발 때의 기질지성氣質之性을 부정하는 이간李柬(巍巖, 1677~1727)은 성인과 범인이 다같이 명덕明德의 본체本體를 동일하게 부여받아 그 본심이 같다는 주장과 함께, 인간과 물도 그 본성이 같다는 인물성동론人物性同論을 정립한다. 반면에 한원진韓元震(南塘, 1682~1772)은 미발 때의 기질지성을 긍정하면서 성인과 범인이 그 본심이 다르다고 하는 성범심부동론聖凡心不同論과 함께, 인간과 물도 본성이 다르다는 인물성이론人物性異論을 정립한다. 이에 대해 최영진(2001)은 외암巍巖이 같음(同)의 논리를 기저로 한 반면 남당南塘은 다름(異)의 논리, 곧 분별의 논리를 기반으로 하고 있다고 규정한 바 있다.[581)]

이간은 "대개 사람과 물物은 5행의 기를 똑같이 받았으나 치우치거나 온전함에 있어서 분수가 있다. 지금 분수의 다소나 발용發用의 여부를 논하는 것은 괜찮지만, 5행 가운데 어떤 것은 있고 어떤 것은 없다고 말한다면 옳지 않다. 무릇 풀 한 포기 나무 한 그루 어느 것도 음양 5행에 의해 만들어지지 않은 것이 없는데 하물며 풀이나 나무보다 더 영명한 것이 어찌 5행을 다 받지 못할 까닭이 있겠는가?"582)라고 하여, 인물의 차별이 존재함은 인정하였으나 만물이 음양 5행으로 이루어진 이상 그 리理를 똑같이 받지 않을 수 없는 것임을 강조하였다. 이는 본연지성과 기질지성의 구별을 전제로 하여 본연지성이 기질지성보다 우위의 것임과 아울러 보편적이고 절대적인 것임을 밝힌 것이다.

그러나 한원진은 이와 다르다. "리는 본래 하나이지만, 형기形氣를 초월하여 말하는 것이 있고, 기질을 인因하여 이름붙인 것이 있고, 기질과 섞어서 말하는 것이 있다. 형기를 초월하여 말하면 태극太極이 이것이니 만물의 이치가 동일하다. 기질에 인하여 이름붙이면 건순오상健順五常의 이름이 이것이니 인물이 동일하지 않다. 기질과 섞어서 말하면 선악의 성이 이것이니 모든 사람, 모든 사물이 동일하지 않다"583)고 하여, 이른바 성삼품설性三品說을 주장한다. 이때의 형기를 초월한(超形氣) 리理인 태극은 본연지성과 기질지성의 구분 이전의, 곧 아직은 도덕론의 단계에서 논할 수 없는, 자연의 리이다. 인기질因氣質과 잡기질雜氣質의 구분이 바로 본연과 기질의 구분에 해당한다. 기질에 인한 건순오상健順五常은 기질지성과는 차원이 다른 것으로 보편성을 지니지만, 기질과 섞여서 선악의 구분이 있을 수밖에 없는 성은 개별체들의 기질지성을 지칭하는 것으로 상대적이며 개별적이다.

여기에서 주목할 것은 한원진이 이러한 인人·물物 본연지성의 근본적 차별성을 주장하고 있다는 점이다. 한원진은 "형체를 이룬 기가 다르고 부여받은 리 또한 다르므로, 사람과 물物의 본성은 다르다"[584]고 하여 인성과 물성의 차이를 분명히 하였다. 즉 성性이라 명명할 수 있는 것은 기氣로 인해 구체화된 상태에서 그 속에 내재된 리를 지칭한다고 보기 때문에 기의 차이에 근거한 리의 차이를 역설하여 인기질因氣質 개념을 세우게 된다. 만약 다양한 기로써 구체화되지 않았다면 그것은 여전히 리 자체일 뿐 아직 성이라 할 수 없기 때문이다. 인기질因氣質의 인因이란 원인이나 근거를 뜻하는 것으로, 그는 또 다른 표현으로 수隨·겸兼·유由 등의 용어를 사용함으로써 성 개념의 일차적인 조건이 기질에 근거하는 것임을 분명히 한다.[585] 그러나 그의 인물성 이론異論의 주장은 기질 자체에 강조를 두고 있지는 않다. 오히려 기질의 차이로 인하지만 동일한 종種 안에 있는 구체적인 개별자들이 지향해야 될 또 명확한 표준의 설정을 확보하려는 것이다. 즉 이러한 개별차에 근거하여 실성失性하지 않고 각 개체가 지향해야 될 본연에 대한 지향목표를 설정해 두는 것이기 때문에, 그 근거와 결론으로써 인간과 동물의 본성이 선천적으로 다르다는 차이점을 주장하게 되는 것이다.

이러한 호론湖論의 성이론性異論의 관점은 다산의 성론性論과 상통한다. 다산은 기론적으로 세계를 해석하였다. 이미 성이나 리나 모두 자립자의 지위를 상실하였고 본질적인 어떤 것도 부정하는 다산에게 있어서 '성즉리性卽理'는 성립될 수 없는 명제이다. 성을 인간 고유의 본질적 도덕성으로 말하는 주자학의 정의와는 전제부터 다르다. "다산의 성은 이치와 같은 이학적 존재가 아니다. 그의 성은 완전성과 만족감을 향하는 경향성이며 고정화된 본체적인 성이 아니다. 활발발한 선에로의 지향성을 가지고 있는 생동적인 성이다."[586] 인의예지의 도덕이 인성 내에 본질적으로 주어져 있다면 그 도덕의 내용은 언제나 일정할 것이며 인간의 현실 속에 나타나는 시공간적 변화의 추이를 감당하지 못할 것이다. 교조적이고 이념적인 사상의 주입이 인간 사유의 목적이 아닌 이상 자유로운 인간의 위상에 걸맞는 도덕이 정립되어야 한다. 주희가 시도하듯 자연법칙을 의인화하여 인간의 도덕에 적용한다면 인간은 자연법칙에 따를 수밖에 없고 인간적 자유의 보장은 힘들어진다.

> 게다가 성은 리가 아니다. 리理라는 것은 자연에 귀속되는데 자연을 어찌 성으로 여길 수 있겠는가? 만물이 생겨나는 것은 어느 것이나 다 시작점이 있는데 어찌 본연의 것이 있다 하겠는가?587)

자연적 속성은 인간 및 만물의 속성을 설명해줄 수 없다. 자연自然의 의미가 '스스로 그러함'이듯이 자연은 인간을 포함하고 있지만 인간의 논리와는 상관이 없다. 인간에게는 희노애락喜怒哀樂의 감정이 있지만 자연에게는 그런 감정이 없다. 따라서 자연이 갖추고 있는 본연적 요소를 인간에게 짜맞출 수는 없다는 것이 다산의 생각이다. 이러한 생각의 바탕에는 세계 내 존재들의 탄생 이전에 어떤 본질이 실재하는 것은 아니라는 비본질주의적 의식이 깔려 있다. 그렇기 때문에 다산은 성리학에서 본연지성과 기질지성을 구별하는 것은 의미가 없다고 생각한다. 성은 본래부터 있던 것이 아니므로 언제나 질적 요소에 부속될 수밖에 없다. 따라서 우리가 성을 논할 때는 언제나 기질지성을 논할 수밖에 없다. 다산에 의하면 굳이 본연지성을 말하고자 할 때도 그것은 기질지성을 가리키는 말이라고 한다. 우리가 논하는 성은 기질지성일 수밖에 없다는 것을 다산은 다음의 글을 통해 밝히고 있다.

> 하물며 성性이라는 것은 형形도 없고 질質도 없는데, 만약 "성은 질質에 붙어 있다"고 말한다면 옳지만, 만약 천명의 밖에 따로 기질의 성을 세운다면 옛 경전에 증거할 것이 없다.588)

인간과 사물이 똑같이 하늘로부터 성을 타고났다는 것은 분명하지만, 인간과 물物이 지닌 본성이 내용상으로도 똑같다고 하는 데에 문제가 있다. 성의 근원이 같다는 것과 성의 내용이 같다는 것은 결코 동일시될 수 없다. 다산의 관점으로 본다면, 기질氣質의 성은 인간과 사물이 함께 지닌 것이지만, 본연本然의 성은 우리 인간만이 지닌 것이다. 본연本然의 성 곧 도의道義의 성性은 기질氣質의 성 속에 깃들어 있는 것이면서 인간 이외의 사물에서는 볼 수 없다고 보기 때문이다.[589]

다산이 호락논쟁에 직접 참여하지는 않았지만, 인물성동론에 대해 부정적일 수밖에 없음은 부인할 수 없다. 이는 그의 의부자依附者·자유자自有者의 구분에서 알 수 있듯이, 의부자는 자유自有의 기氣 위에 타고 있어야만 그 존재를 확보할 수 있기 때문이다. 이른바 기질지성은 이러한 의미에서 인물에 각각 차별적일 수밖에 없는 것이다.

> 오늘날 "건순오상의 덕을 사람이나 만물이 똑같이 얻었다"고 말한다면 어느 것이 주인이고 어느 것이 종이겠는가? 이는 모두가 차등이 없는 것이니, 어찌 상천이 만물을 생생하게 하는 리가 본래 이와 같다 할 수 있겠는가?[590]

한원진도 "명命이 이미 같지 않은데, 인물이 생겨남에 각각 그 명에 의한 리를 얻음으로 말미암아 성으로 삼는 것이 또 어찌 같을 수 있겠는가?"[591]라고 하여, 인기질因氣質의 본연 단계에서 이미 인물의 차별성을 주장하고 있다. 한원진과 다산 모두 인간과 인간 아닌 존재와의 본질적 차등을 강조하고 있는 것이다.

이 두 사람 사이의 중요한 차이점은 다산이 말하는 성性에 두 종류가 있다는 것이다. 다산이 「중용강의보」에서 분류한 성의 3품은 초형기나 인기질을 가지고 말하는 것이 아니라, 잡기질을 말하는 것이다.

> 성에는 세 등급이 있다. 초목의 성에는 생명(生)은 있으나 지각(覺)은 없다. 금수의 성에는 생명도 있고 또 지각도 있다. 우리 인간의 성에는 생명도 있고 지각도 있으며 또 영명성이 있고 선함이 있다. 상중하 세 등급의 성은 확실하게 다른 것이기 때문에 그것을 실현해 나가는 방법 또한 현격히 다르다.592)

다산의 이러한 성삼품설性三品說은 생명체의 영역을 크게 셋으로 구별하는 분별의식을 전제로 한다. 그러나 이는 생명체의 세 특성으로써의 성을 표현하는 것이지 개별 존재자의 본성으로써의 성을 말하는 것이 아니다. 곧 '성기호性嗜好'라고 할 때의 성과 성삼품性三品에서 말하는 성은 질적으로 다른 것이다. 기호嗜好의 성은 사물의 경향성을 말하며 3품의 성은 생명체의 세 등급의 특성을 말하는 것이다.

그런데 다산의 이러한 분류는 마테오 리치의 혼삼품설魂三品說과 비슷한 구조를 지니고 있다.

> 사후 세계의 혼魂은 3품三品이 있는데, 하품下品은 생혼生魂으로 초목의 혼을 말한다. 이 혼은 무릇 초목의 생장을 돕지만 초목이 죽게 되면 혼 역시 소멸한다. 중품中品은 각혼覺魂이라고 하는데 이는 능히 금수의 성장을 돕고 그의 눈과 귀로 듣고 보게 할 수 있고 코와 입으로 냄새와 맛을 알 수 있게 하고 그 사지로 물정을 알 수 있게 하나 능히 도리를 추론할 수 없으며 죽은 후에 혼 또한 없어진다. 상품上品은 영혼靈魂이라고 하는데 곧 사람의 혼을 말한다. 이는 생혼生魂과 각혼覺魂을 겸하여 능히 사람으로 하여금 물정을 지각할 수 있게 하고 사물을 추론할 수 있게 하며 의리를 명변할 수 있게 하니, 사람의 몸이 죽어도 혼은 죽지 않고 영원불멸하다.593)

다만 다산이 초목, 금수, 인간의 성을 상중하의 등급으로 나누어, 그 도의성에 근거해 인성과 물성이 같지 않음을 논하고 있는 것은 기의 구체세계에 대한 것인데 반해, 마테오 리치는 내세적인 입장에서 인간의 영혼이 금수나 초목과는 다르다는 점을 강조하고 있다는 차이가 있다. 아마도 다산은 마테오 리치의 혼 개념을 쉽게 이해할 수 없었을 것이다. 실제로 그의 철학체계 안에는 사후세계와 같은 것이 보이지 않는다. 영원불멸의 영혼 등은 여전히 그에게는 용납될 수 없는 개념이었다. 그러나 생명체의 생生·각覺·령靈의 기능적 측면만은 적극적으로 수용했다고 할 수 있다.

한원진이 성삼품을 통해 인물의 차별성을 주장한 바탕 위에 마테오 리치의 성삼품의 분류가 가미된다면, 충분히 다산의 인물성 개념이 도출될 수 있다고 보여진다. 만일 이러한 가정이 가능하다면 다산에게서 성리학과 서학의 만남은 매우 유용하게 기능하였다고 말할 수 있을 것이다. 다산의 독특성은 그 한 사람만의 것이 아니라 그를 있게 한 모든 것들의 종합이라고 보아야 한다. 그가 직접적으로 언급하지 않거나 또는 못한 것이라 하더라도 상관성을 벗어나서는 그 진면모를 밝힐 수 없다. 그러나 이 또한 그 연관성을 강조하려고 하는 것은 분명 아니다.

다산이 인물성동론을 부정한 것은 분명하다. 그러나 다산이 인물성동론을 거부한다고 해서 성리학의 인물성이론과 같은 입장은 아니다. 다산은 성 개념에서 성리학과 현격히 다르며 이미 리기설에 근거하여 인물성의 동이를 논의하는 입장이 아니다.[594] 이에 대해 최영진은 중세적 연속성의 해체라고도 말할 수 있는 자연의 탈도덕화에 의한 인간과의 분리는 유학사상사적으로 볼 때 획기적인 사건이 아닐 수 없으며, 다산이 인간에게만 도덕성과 자율성을 인정하고 금수의 도덕성을 부정함과 아울러 필연적인 자연법칙에 종속된 존재로 규정함으로써 인간과 자연의 세계를 분리한 점이야말로 다산에게 나타나는 가장 뚜렷한 근대성이었다[595]고 강조하기도 하였다.

맺음말

다산은 『역』을 소사상제昭事上帝의 점서占書로 파악하였다. 하늘의 명령을 청하여 그의 뜻에 따르기 위해 성인에 의해 창작된 것으로 보는 것이다. 『역』의 작자로서의 성인은 품명稟命을 하기 위해 먼저 물리적 자연의 우주론적 변화과정에서 인간사의 모든 상황을 표현할 수 있는 상징물을 수립했다. 그것이 8괘이다. 8괘는 우주적 원기인 태극이 유기游氣 상태의 천지수화天地水火로 분화하고, 이것들의 상호작용으로 탄생한 대표적인 자연물인 천지수화뇌풍산택天地水火雷風山澤의 상징기호이다. 다산은 이것을 '만물을 낳는' 상으로 지목했다. 이때의 만물은 위에서 논의한 바대로 중정衆情, 곧 뭇 상황들이라는 뜻이다. 8괘의 확립은 64괘의 만물 즉, 뭇 상황들을 낳는 토대로서의 상이 마련되었음을 지칭하며, 중괘重卦에 와서야 뭇 상황들이 다 이미지화되어 표현될 수 있는 가능성을 갖게 되었다는 의미를 담고 있다. 이 뭇 상황들의 변화양상은 64괘 중의 벽괘辟卦와 연괘衍卦의 체계로써 설명된다. 12벽괘의 진퇴소장進退消長의 이미지를 4계절의 12개월로 형상화하고 나서 그 벽괘에서 각각의 효들이 변화하여 연괘로 옮겨가는 추이를 가지고 인간사 뭇 상황의 변화양상을 표현할 수 있게 되었음을 가리킨다.

그리고 이러한 만물의 변화양상을 후대인이 알기 쉽도록 『역』의 작자 스스로 8괘에 해당하는 상들을 가까이로는 몸에서 취하고 멀리로는 자연물에서 각각 취하여 그 목록을 상세하게 작성하였다. 따라서 「설괘」에 실려 있는 상象들의 목록을 통하지 않고는 『역』

작자의 뜻을 누구도 파악할 수 없다고 보는 것이다. 이런 점에서 다산역에 있어 「설괘전」의 중요성이 인지된다. 그리고 이상에서와 같이 상으로 뭇 상황들을 설명할 수 있는 방법을 체득한 과정을 역추적하는 방식으로 점법을 고안하였다. 50개의 점대를 취하여 하나의 괘를 뽑는 것은 결국 길흉을 점치기 위한 것인데, 점을 쳐서 나온 그 길흉을 곧 하늘의 명령으로 간주하는 것이다. 이것이 다산이 바라보는 『역』의 효용성이다.

다산은 이른바 역리4법易理四法과 「설괘」의 물상을 적용하여 『역』을 품명稟命의 현실적 필요에서 창작된 실용서로 파악한다. 『역』이 10익에 의해 의리서義理書라는 위상을 얻긴 하였지만, 기본적으로 품명을 위한 점서라는 것을 강조하는 것이다. 그가 『역』 해석과 관련하여 종래의 난독성을 스스로 벗어났다고 판단하는 핵심에는 추이, 효변 등의 역리와 「설괘」의 물상이 자리하고 있다. 「설괘」는 『역』 창작자가 해설을 위해 지은 물상의 목록으로써, 8괘는 태극에서 시작되는 우주분화의 과정을 모상模像한 대표적 상징물이다. 따라서 이 물상을 이용하지 않고는 『역』에 접근할 수 없다고 주장하는 것이다. 다산에 따르면, 우주분화과정에서 상을 추출해낸 일이나 그것을 이용하여 하늘의 명령을 요청하는 방법을 고안한 것은 복희라는 인물에 의해 완성된 것이다. 『주역』은 단지 주나라 때 저술된 문왕과 주공의 괘효사를 지칭하는 것일 뿐이지, 『역』 자체의 상과 역리가 이때에 발견된 것이 아니다. 따라서 『주역』은 주나라라는 한정된 공간과 시간에서 의미를 지니게 된다. 그가 말한 "괘효사를 버리고 상을 완미한다(舍詞玩象)"는 설법은 위와 같은 이유에서 타당한 주장이 된다.

다산은 『주역』 해석의 목적을 『주역』 저작당시의 인문세계를 복원하는 데 두었다. 다산은 『주례周禮』, 『의례儀禮』, 『예기禮記』, 『시경詩經』, 『춘추春秋』, 『국어國語』 등의 고대전적이 당시의 문화상을 보여주는 것들로써, 『주역』의 상징세계에서 그것을 확인할 수 있다고 여겼다. 그러나 다산이 『주역』의 상징체계 안에서 문왕과 주공 당대의 인문세계를 확인하는 작업이 당대 문화의 복권을 목적으로 하는 것은 아니다. 다산은 자신이 주나라 사람들과는 다른 시대에 살고 있고, 그 시대로 되돌아갈 수 없음을 명확하게 깨닫고 있었다. 다산은 은말주초의 봉건제, 정전법, 형벌제도 등을 오늘날 다시 시행할 수 없듯이 당시의 관습인 복서卜筮도 이미 의미 없는 것이 되었다고 본다. 다산은 시대의 변화, 제도의 변화, 문물의 변화 등이 『주역』을 최초의 목적대로 운용하는 것을 어렵게 한다고 생각한다. 이러한 사고는 예법에도 적용된다. 오늘날의 법은 옛날 법과 다르기 때문에 지금 다시 주공이나 문왕이 태어난다 해도 점치지 않을 것이라는 확신을 갖는다.

다산은 『주역』의 태생적 복잡성을 이해하기 위해 네 가지 역리易理를 이용하면서 6획괘 안에서 활성화되는 물상들을 배열하여 그 전체의 의미를 판단한다. 다산의 해석은 아마도 철저한 기호론적 면모를 발휘하고 있다고 해야 할 것이다. 다산은 『역』의 상징기호와 그 해석언어를 이해하는 데 있어 그 자신이 『역』의 원작자가 처음 세웠으리라고 간주한 네 가지의 중요한 법칙을 설정하였는데 이 법칙은 그가 『역』을 해석하는 기본적인 틀이 된다. 그가 『역』에 대한 주석서를 '4전四箋'이라 칭한 것도 이에 연유한다. 그것은 바로 추이推移, 물상物象, 호체互體, 효변爻變이다.

『역』의 해석방법에는 여러 가지가 있을 수 있으나 다산은 이전 학설들의 모순을 지양하고 종합한 역사적 역할을 담당했다. 그가 「설괘전」의 주석에서 강조하는 것은 물상物象이지만, 그가 말하는 물상의 범주 안에는 이른바 괘덕卦德, 곧 의리역학가들이 말하는 의리義理가 포함되어 있다. '물상物象'은 말 그대로 물物에서 언어지는 이미지를 일컫는다. 이러한 이미지에는 추상과 구체의 모든 내용들이 담겨 있다. 어쨌든 다산의 '물상'이라는 용어는 상수象數와 의리義理를 포괄하는 개념임에 유의할 필요가 있다. '물상'을 매개로 의리와 상수를 아우르고 있기 때문에 그는 실제적으로 의리역학가이면서 상수역학가이다. 본 논문의 제목을 '역상학易象學'이라 정한 것도 이에 기인한다. 다산은 왕필王弼이나 주자의 의리적 해석의 내용을 거부하는 것이 아니라 해석의 방법론을 문제삼고 있는 것이다. 이는 추이推移, 물상物象, 효변爻變, 호체互體를 통해 『역』을 해석해야만 괘효사의 원의를 제대로 인식할 수 있다는 그의 신념에 따른다.

다산은 이러한 『역』 해석방법론을 근거로 경經과 전傳의 전반적 개편을 단행하였다. 「대상전大象傳」을 별도 표장하고, 「계사전繫辭傳」에서 괘효사를 보완하는 부분이라고 간주되는 구절들은 해당 괘효사 아래에 편입시키고, 서법과 관련된 내용은 모두 「시괘전蓍卦傳」에 편입시켜 별도로 전傳을 구성하였다. 「시괘전」은 다산이 스스로 재구성한 하나의 시괘법蓍卦法 안내서이다. 물상을 하나의 중심축으로 하고 나머지 3법三法을 적용방법으로 삼아 점술적 신비주의를 배격하기 위해 과감한 칼대기를 시도한 것이다.

과연 무엇이 다산으로 하여금 이처럼 과감한 발상을 할 수 있게 하였을까. 세계관이 이미 달라졌기 때문이다. 정통역학에서는 우주와 인간이 도道나 리理라는 거대하고 원만한 통일성 안에서 융해되어 논의될 수 있었다. 왕필역학에서 무無라는 통일적 실체에로 우주와 인간이 회귀할 수 있었다면, 주자역학에서는 리理라는 보편적 원리에로 포괄될 수 있었다. 그러나 다산역학에서는 원시유학의 상제가 복권되면서 그 최고존재 아래 우주와 인간이 구분되는 천인분리天人分離의 구도가 형성되었다. 따라서 자연학과 인문학의 총체적 진리가 담겨있다고 여겨졌던 『역』의 면모가 축소될 수밖에 없다. 다산의 구도 속에서 인문학의 모든 기호와 상징은 인간의 영역에 속하는 것이지 자연의 영역이 아니다. 신 아래 자연과 인간이 대적하듯이, 자연은 자연의 원리대로 움직이고 인간은 인간의 윤리에 따라 살 뿐이다. 인간의 발명품은 인간의 소유물이듯이

『주역』도 인류가 발견한 인간만의 기호와 상징의 체계로 이해된다. 따라서 이와 같은 맥락에서 볼 때, 『주역』은 다분히 불완전하며 한정성을 가질 수밖에 없다. 다산이 『주역』을 은말주초殷末周初의 한정적 시공간 속 문화 텍스트로 읽으려고 하는 이유가 바로 여기에 존재한다. 그러나 이것이 『주역』의 폄하를 목적으로 하지 않는다. 왜냐하면 주례周禮가 다산의 이상이었던 것과 같이 『주역』의 상징세계는 그가 그토록 이상시했던 성스런 시대를 적나라하게 반영하고 있기 때문이다.

다산은 『주역』을 주례가 담겨있는 책이라고 평하였고, 『주역』의 탐구는 예禮 관련서적들을 읽으면서 진행되었다. 따라서 『주역사전』은 아마도 태생적으로 예禮와 밀접하게 관련되지 않을 수 없었다. 예법이라는 것은 실제로 추상적이거나 초월적이라기보다는 매우 시각적이며 구체적인 논의로 구성되어 있다. 그가 물상物象을 가장 중요한 방법으로 채택한 것도 아마 예제의 시각성과 구체성에서 연유할 수 있다. 특히 성인의 교화敎化라고 할 때, 교화의 주 내용은 예禮였으며 예 교육은 또 언제나 시각적 방법과 구체적 지시로 진행되었다. 관혼상제冠婚喪祭의 예절과 주변국과의 교린례交隣禮, 사냥의 예법 등등이 다 쉽게 머리속에 그려지는 연상작용이 발휘된다.

다산에 따르면, 괘효사 작자의 의도는 서인筮人들을 위해 대의를 밝히고 사례를 만들어 놓은 것일 뿐이다. 인간사의 내용을 이루고 있는 전쟁, 혼인, 제사, 사냥, 재물을 잃음 등의 행위들은 이미 벌어진 불행한 사태라든지 혹은 앞으로 있을 대사大事에 해당하는데, 이러한 불행한 사태와 대사를 당해 인간들은 하늘에 묻고 그 답을 얻으려고 했다. 그래서 찾는 것이 점이다. 문왕과 주공은 이때에 유용하게 쓰도록 하기 위해 괘효사를 찬술한 까닭에 『역』에는 천인성명天人性命의 이치가 놓일 자리가 없었다. 천인성명天人性命의 이치란 결국 인문학을 자연학에 결부시키는 형이상학적 원리인 것이니, 점치는 자들을 위한 사례집에서 성명性命의 이치를 찾는 것은 애초 출발부터 잘못된 것이다.

그러나 기타의 예 관련 저술들이 예송禮訟의 문제를 다루거나 예론禮論에 대한 고증이나 변론을 위주로 하는 것과는 달리, 『주역사전』에 인용되는 예禮는 괘효사의 물상—괘덕과 괘상을 포함하는 포괄적 의미—과 고사故事에 대한 증빙 또는 반증 자료로 제시된다는 점에서 그 성격이 다르다. 따라서 논리적이기보다는 열거적이며, 백과전서적이다. 다산은 『주역』을 주나라라는 한정적 시공간의 문화 텍스트로 읽고 있다. 마치 인류학자가 한 나라, 또는 한 종족의 민속을 탐구하듯이 역사易詞 한 글자 한 글자를 해체하기를 마다하지 않는다. 『주역사전』에 등장하는 예 관련 내용들은 모두 괘효사의 물상에 대한 사전적 역할을 하며, 괘효사의 배경 설명을 하는 데 필요한 고사故事들이다. 따라서 『주역』의 괘사와 효사는 통시대성을 지닌 영원불변의 진리로 간주되거나, 우주적 원리를 체體로 삼고 그것의 용用으로서의 인문질서가 통합적으로 일관되어 있는 형이상학적 진리로 간주되지 않는다.

『주역』을 한정적 시공간의 문화현상으로 파악하는 일은 사실 정통 학문에 대한 대단한 도전이며, 게다가 자연학과 인문학의 형이상학적 결합의 원리를 배제하고 인문학적 관점에서만 바라보려는 시도는 위태해 보이기도 한다. 그러나 그것이 도발적인 의도를 가진 것으로는 보이지 않는다. 그가 학문 대부분을 경학經學 탐구에 쏟은 것은 경학이 지닌 인간학을 회복하는 일이었으며, 이른바 원시유학의 도덕정신을 되살리려는 노력이었다. 다산이 『주역』에서 읽어낸 사실은 역사易詞가 문왕과 주공 당대의 문화 텍스트라는 것이다. 그가 천인성명天人性命의 형이상학적 결합을 부정하고 역사易詞를 텍스트로 읽는 것은 자연학과 인문학의 체용일원體用一元적 결합의 방식으로 『주역』을 독해하지 않아도 『주역』에서 구체적이며 실존적인 인문 가치를 읽어낼 수 있다고 보기 때문이다. 텍스트로서의 역사易詞에는 그가 지향했던 진정한 유가儒家의 가치, 고대 성인들이 추구했던 인문정신이 고스란히 담겨있다. 일반적 문화현상뿐 아니라 종교적 경건성, 예禮, 인의仁義, 신信, 신독愼獨, 화和, 순천명順天命, 정명正名 등의 인문 가치 및 당대의 자연과학 지식까지도 담겨있다. 역사易詞에 등장하는 일식日蝕이나 월식月蝕, 역법曆法, 본물本物, 동식물動植物 등 자연물과 자연현상에 관련된 텍스트도 인문학 범주에서 파악되는 인문학 지식이지, 형이상학으로서의 자연학 지식이 아니다.

『주역』의 인문학을 회복하기 위해 다산이 「역론易論」에서 시도한 작업은 『주역』에 대한 신비적 관점을 깨는 일이었다. 『주역』의 통론이라고도 할 수 있는 「역론」을 소순蘇洵의 "성인의 도道가 없어지지 않는 까닭은 예禮로써 그 도를 밝혀놓고 『역易』으로써 심오하게 해놓았기 때문이다"라는 주장에 대한 강한 비판으로부터 시작하는 것도, 인문학과 자연학의 형이상학적 결합을 해체하는 시도이다. '예禮'는 인문학 전체를 대변하는 상징적 표현이며, 다산은 『역』을 인문학 텍스트로 해독하려는 것이다. 그가 가장 중시한 「설괘전說卦傳」에서 공자의 전문傳文으로 꼽은 "옛날 성인이 『역』을 지을 때에 장차 성명性命의 이치에 따르고자 하였다"596)는 문장에 대해서도 한 마디 설명 없이 우회하는 모습을 발견할 수 있는데, 이는 『역』이 자연학적 원리와 인문학적 원리를 통합하고 있다는 전래의 통념을 부정하는 간접적인 역할을 한다.

다산은 『역』에서 인문학으로 덧칠해진 유사 자연학적 색채를 배제하기 시작한다. 필자가 사용하는 자연학이라는 개념은 자연과학을 지칭하는 것이 아니라, 인문학의 원칙들이 자연의 원리에 연원한다고 보는 형이상학 관점을 지칭하는 것이다. 「역전」에서 사용된 태극太極, 음양陰陽은 자연의 변화원리 또는 우주적 본체로 이해되어 왔지만, 다산은 음양을 하나의 자연현상으로 파악하고, 오행五行은 오상五常의 근원처로서가 아닌 물질 요소로, 태극은 최초의 원기元氣로 파악한다. 「역전」의 작자는 태극, 음양 개념을 활용하여

『역』이 본체론적 요소와 현상론적 요소를 모두 포괄하고 있는 것으로 파악한 것이지만, 다산은 『역』에서 본체론적 요소를 제거함으로써 『역』에서 활용되는 원리나 법칙이 순수 현상론적 원리임을 강조한다. 이른바 역리4법易理四法은 『역』의 운용원리이지 『역』에 내재되어 있는 자연원리가 아니다.

서구과학의 전래 이후 조선의 역학가들 사이에선 서구과학과 『주역』을 접목하려는 많은 시도들이 있었다. 김석문金錫文, 황윤석黃胤錫, 서명응徐命膺 등이 그 대표주자인 셈인데, 이들의 역학은 서구과학의 『주역』적 재해석이었다. 그들 모두 성리학적 상수역象數易에 기반하고 있었기 때문에, 선진 자연과학 지식은 성리학적 상수역의 정당성을 반증하는 부수적 역할에 그칠 뿐, 순수 자연과학으로 수용되지 못했다. 그들의 상수역은 소강절과 주희의 선천후천설先天後天說과 하도낙서설河圖洛書說에 기초한다. 다산이 이들의 역학을 구체적으로 언급하면서 비판을 가한 곳은 찾을 수 없지만, 사상의 시대반동적 경향을 고려할 때 이들 역학의 부정적 영향은 필연적인 것으로 보인다. 이들의 직접적 영향이 실제로 전무했을 수 있으나 세계관의 변화는 이들을 부정하지 않을 수 없었다.

이들과 같은 자연학과 인문학의 결합 시도를 반박하면서 다산은 여러 곳에서 양자의 연결고리를 끊었다. 천인성명의 이치를 배제한 것 외에 수학과 역법曆法을 『역』에서 배제한 것도 그 하나이다. 다산은 역리가 상징철학으로써 기능할 수는 있지만, 과학적 수치를 계산하는 용도로는 결코 쓰일 수 없다고 보는 것이다. 이처럼 수학이나 역법, 천문학 등의 자연학을 『역』에서 분리해내면 괘효사가 인문학적 성격을 띤 사례모음이라는 다산의 주장을 이해할 수 있게 된다.

다산이 『역』 경문의 주석에 앞서 실행한 '괄례括例'는 역리에 대한 계열화작업이었으며, '역례비석易例比釋'은 괘덕과 괘상을 계열화하는 작업이었다. 이전의 상수역학자들이 주로 도圖를 활용하였다면 다산은 표表만을 제작하였는데, 「괄례표」와 「역례비석」은 도圖를 대체하는 역할을 하며, 그 실질적 내용은 역리의 분류와 총 450개 괘효사의 용례 분류이다. 이는 괘효사를 하나의 원리적 체계로 읽는 것이 아니라 일종의 용례집, 사례집으로 파악하려는 의도에서 진행된 것이다. 『주역』에 주례周禮가 담겨있다고 판단하는 다산에게 있어 괘효사 하나하나는 주례가 기술되어 있는 하나의 사건이며 고사故事이다. 이 용례분류에서 주목해야 할 점은 용례의 계열화 내용이 각각의 사詞 중에서 점사占辭에 해당한다는 것이다. 점사는 곧 길흉을 판단하는 내용인데, 길흉이 바로 인사人事의 영역이므로, 결국 「역례비석」의 분류는 인사의 내용을 분류한 것이 된다. 곧 다산은 인문학의 관점에서 역사易詞를 분류하고 있는 것이다. 「계사전」의 "역여천지준易與天地準(『역』은 천지와 짝한다.)"을 완전히 『역』 전문에서 삭제 폐기한 이유가 그것을 말해준다.

다산 역상학은 그가 다른 경전 해석에서 그러했듯이 주자적 세계관에 대한 비판이다. 소강절의 수리역을 비판하는 것도 실제적으로는 주자를 과녁으로 삼고 있다. 그것은 인간 도덕문화의 원칙들이 자연의 원리, 우주적 원리에 연원한다는 형이상학적 본체론을 비판하는 작업이기도 하다. 다산이 『주역』을 상학象學으로 일관되게 해석하는 것이 단순히 고대의 상징체계를 보여주기 위한 것이라고 생각하는 것은 대단한 오해이다. 고대 원시 역상의 체계를 통해서 전통 성리학적 세계관이 아닌 전혀 다른 세계관으로, 아니 다르다고 하기보다는 유가儒家 본원의 세계관으로, 역학을 재정립하려 한 것이 다산역의 핵심이라 할 수 있다. 『주역』이 당대 문화의 텍스트라고 할 때, 다산이 『주역사전』에서 보여준 텍스트 분석은 텍스트의 구조를 분석한 것이 아니라 그 내용을 분석한 것이다. 그렇다면 그 분석된 텍스트의 내용이 과연 무엇인가? 그것은 바로 당대 문화가 보여주는 인문학, 인문정신인 것이다.

참고문헌

원전류

『與猶堂全書』(新朝鮮社本), 서울: 여강출판사, 1989년 영인본.
『與猶堂全書補遺』, 茶山學會 편, 서울: 경인문화사, 1989년 영인본.
『與猶堂集』(奎章閣筆寫本), 서울대학교 규장각 도서번호 11894.

『天學初函』, 서울: 아세아문화사. 1976.
『周易諺解』 宣祖本, 1606년 목판본, 1992년 弘文閣 영인본.
金錫文, 『易學二十四圖解』, 민영규(1975) 『동방학지』 16, 게재본.
張顯光, 『旅軒先生全書』, 仁同張氏南山派宗親會 刊, 1983년 영인본.
黃胤錫, 『頤齋全書』, 서울: 경인문화사, 1976년 영인본.
徐命膺, 『保晩齋叢書』, 규장각본(도서번호 古0270-11).

樓宇烈, 『老子周易王弼注校釋』, 臺北: 華正書局, 民國 72(1983).
程 頤, 『易傳(覆元至正本)』, 臺灣: 學生書國, 民國 72(1983).
京 房, 「京氏易傳」, 『漢魏叢書』.
孔穎達, 『周易正義』(十三經注疏本), 臺北: 新文豊出版公司, 民國 66(1977).
黎靖德 編, 『朱子語類』, 北京: 中華書局, 1986.
李光地, 『御纂周易折中』, 上海: 上海古籍出版社, 1990.
李鼎祚, 『周易集解』, 上海: 上海古籍出版社, 1989.
鄭康成注, 『易緯乾鑿度』, 東京: 明德出版社, 昭和 56.
朱 震, 『漢上易傳』, 上海: 上海古籍出版社, 1990.
楊伯峻 編著, 『春秋左傳注』, 北京: 中華書局, 1990.
黃宗羲, 『易學象數論』(沈善洪 主編, 『黃宗羲全集』 제9책), 浙江古籍出版社, 1992.

역서류

『國譯 與猶堂全書』(전주대 호남학연구소 역), 전주대학교 출판부, 1986.
張顯光, 『국역 여헌집』(성백효 역), 민족문화추진회, 1996.
마테오 리치(利瑪竇), 『天主實義』(이수웅 역), 경북: 분도출판사, 1984.
__________, 『천주실의』(송영배 역), 서울대학교 출판부, 1998.
李瀷, 『星湖疾書』(이광호 역), 서울: 청류헌, 1999.

선집류

『茶山實學思想論文選集』, 서울: 불함문화사, 1994.

연구서

김승혜 외, 『다산사상 속의 서학적 지평』, 서강대 인문과학연구원, 2004.
강만길 외, 『丁茶山과 그 時代』, 서울: 민음사, 1990.
곽신환, 『주역의 이해—주역의 자연관과 인간관』, 서울: 서광사, 1993.
琴章泰, 『韓國實學思想硏究』, 서울: 집문당, 1987, 1989.
김낙진 외, 『조선유학의 자연철학』, 서울: 예문서원, 1998.
金玉姬, 『한국천주교사상사 1』, 순교의 맥, 1990.
_____, 『광암 이벽의 서학사상』, 가톨릭출판사, 1979.
金麟哲, 『茶山의 周易 解釋體系』, 서울: 경인문화사, 2003.
朴籌丙, 『周易反正—丁若鏞 易學을 中心으로—』, 서울: 서문당, 2002.
朴秉濠 외, 『茶山學의 探究』, 서울: 민음사, 1990.
裵宗鎬, 『韓國儒學의 哲學的 展開』(上中下), 연세대학교 출판부, 1985.
송영배 외, 『천주실의—연구와 번역』, 서울대학교 출판부, 1998.
실시학사경학연구회, 『茶山의 經學世界』, 한길사, 2002.
야마다 케이지(山田慶兒), 『朱子의 自然學』(김석근 역), 서울: 통나무, 1992.
劉明鍾, 『朝鮮後期性理學』, 대구: 이문출판사, 1985.
유봉학, 『연암일파 북학사상 연구』, 서울: 일지사, 1995, 2000.
유초하, 『한국사상사의 인식』, 서울: 한길사, 1994.

李康洙,『道家思想의 硏究』, 고대민족문화연구소, 1995.
李元淳 외,『朝鮮西學史硏究』, 서울: 일지사, 1986.
李乙浩,『韓國改新儒學史試論』, 서울: 박영사, 1982.
______,『茶山의 易學』, 서울: 민음사, 1993.
______ 외,『丁茶山의 經學』, 서울: 민음사, 1989.
李篪衡,『茶山經學硏究』, 서울: 태학사, 1996.
정옥자 외,『정조시대의 사상과 문화』, 서울: 돌베개, 1999.
정일균,『茶山의 四書經學 硏究』, 서울: 일지사, 2000.
정재영,『茶山 정약용의 兒學編』, 서울: 태학사, 2002.
정진석 외,『다산정약용』(북한: 과학원 철학연구소), 서울: 푸른 숲, 1989.
정호훈,『朝鮮後期 政治思想 硏究—17세기 北人系 南人을 중심으로—』, 서울: 혜안, 2004.
Georges Jean,『기호의 언어—정교한 상징의 세계』(김형진 역), 서울: 시공사, 1997, 2002.
Joseph Needham,『中國의 科學과 文明』(이석호 외 역), 서울: 을유문화사, 1987.
朱紅星 외,『朝鮮哲學思想史』, 연변: 人民出版社, 1989.
Julia Ching,『유교와 기독교』(임찬순 외 역), 서울: 서광사, 1993.
최동희,『서학에 대한 한국실학의 반응』, 고려대학교 민족문화연구소, 1988.
崔英辰,『주역과 한국역학』, 서울: 범양사, 1996.
한우근,『星湖 李瀷 硏究』, 서울대학교 출판부, 1980.
______ 외,『丁茶山 硏究의 現況』, 서울: 민음사, 1990.
한형조,『주희에서 정약용으로』, 서울: 세계사, 1996.

高 亨,『周易古經今注』, 北京: 中華書局, 1989.
______,『周易大傳今注』, 齊魯書社, 1987.
高懷民,『兩漢易學史』, 臺灣: 商務印書館, 民國 59.
孔 繁,『魏晉玄談』, 審陽: 遼寧教育出版社, 1991.
溝口雄三,『中國前近代思想の屈折と展開』(김용천 역,『중국전근대 사상의 굴절과 전개』, 서울: 동과서, 1999), 東京: 東京大出版部, 1980.

屈萬里,『讀易三種』, 聯經出版事業公司, 民國 73.
金景芳, 呂紹綱,『周易全解』, 吉林大學出版社, 1989.
戴璉璋,『易傳之形成及其思想』, 臺北: 文津出版社, 民國 78.
廖名春 外,『周易哲學史』(심경호 역,『주역철학사』, 서울: 예문서원, 1995), 長沙: 湖南出版社, 1991.
牟宗三,『周易的自然哲學與道德函義』, 臺北: 文津出版社, 民國 77.
薄樹人 編,『中國天文學史』, 台北: 文津出版社, 民國 85.
范良光,『易傳道德的形上學』, 臺灣: 商務印書館, 民國 71.
徐遠和,『洛學源流』(손흥철 역,『정주철학의 뿌리를 찾아서』, 서울: 동과서, 2000).
徐宗澤,『明淸間耶蘇會士譯著提要』, 北京: 中華書局, 1949.
徐志銳,『宋明易學槪論』, 遼寧古籍出版社, 1997.
盧國龍,『中國重玄學』, 北京: 人民中國出版社, 1993.
呂紹綱,『周易闡微』, 吉林大學出版社, 1990.
王育濟,『天理與人欲』, 齊魯書社, 1992.
汪奠基,『中國邏輯思想史料分析』 1, 中華書局, 1961.
劉玉建,『兩漢象數易學硏究』, 廣西敎育出版社, 1996.
李　廉,『周易的思惟與邏輯』, 安徽人民出版社, 1994.
林忠軍,『象數易學發展史』, 齊魯書社, 1994.
張善文,『象數與義理』, 遼寧敎育出版社, 1993.
張立文,『周易思想硏究』, 湖北人民出版社, 1980.
______,『帛書周易註譯』, 中州古籍出版社, 1992.
鄭球柏,『帛書周易校釋(增訂本)』, 長沙: 湖南出版社, 1987.
丁壽昌,『讀易會通』, 北京: 中國書店, 1992.
朱伯崑,『易學哲學史』, 北京: 華夏出版社. 1995.
______,『易學基礎敎程』, 廣州: 廣州出版社, 1993.
馮友蘭,『中國哲學史新編』, 北京: 人民出版社, 1983.
皮錫瑞,『經學歷史』(이홍진 역,『경학의 역사』, 동화출판사, 1984), 北京: 中華書局, 1981.
許抗生,『魏晉玄學史』, 西安: 陜西師範大學出版社, 1989.
Alan K. L. Chan, *Two visions of the way*, SUNY Press, 1991.

Wardy, Robert, *Aristotle in China: Language, Categories and Translation,* Cambridge Univ. Press, 2000.

소논문류

具萬玉, 「星湖 李瀷의 科學思想」, 『민족과 문화』 9, 한양대 민족학연구소, 2000.

權純哲, 「茶山의 思想體系에 대한 一考」, 『茶山學報』 7, 1985.

琴章泰, 「다산의 심개념과 마테오리치의 영혼론」, 『종교와 문화』, 서울대학교 종교문화연구소, 2002.

______, 「다산경학의 탈주자학적 세계관」, 『다산학』 창간호, 다산학술문화재단, 2000.

______, 「다산의 천개념과 천인관계론」, 『한국실학사상연구』, 서울: 집문당, 1987, 1989.

______, 「茶山의 易學思想과 서학정신」, 『韓國儒敎의 再照明』, 서울: 전망사, 1982. (이 논문은 『한국실학사상연구』에도 실렸다.)

金京一, 「丁若鏞 易學과 화이트헤드 有機體哲學의 비교」, 『동양철학연구』 18, 동양철학연구회, 1997.

김낙진, 「장현광의 역학과 세계 이해」, 『도설로 보는 한국유학』, 서울: 예문서원, 2000.

______, 「황윤석의 동서양 자연학의 절충과 시대적 한계」, 『도설로 보는 한국유학』, 예문서원, 2000.

金大鉉, 「茶山 丁若鏞의 漢文敎育書에 대한 고찰」, 『한문교육연구』 10, 한국한문교육학회, 1995.

김문식, 「19세기 전반 京畿學人의 경학 논쟁—丁若鏞의 경학 연구를 중심으로」, 『조선시대사학보』 13, 조선시대사학회, 2000.

金相洪, 「茶山의 星湖學 私淑考」, 『한문학논집』 14, 근역한문학회, 1996.

김승동, 「毛奇齡과 丁若鏞의 易卦 해석에 관한 비교연구」, 『인문논총』 36, 부산대학교, 1990.

金永友, 「정약용과 모기령의 역학 사상 비교 연구」, 2004년 『동방학지』(연세대 국학연구원) 게재예정논고(2003.3.8 한국실학학회 발표문의 수정보완본).

金玉姬, 「종교학적으로 본 曠菴 李蘗의 『聖教要旨』 構造에 관한 硏究」, 『종교학연구』 2, 서울대 종교학연구회, 1979.

김왕연, 「丁茶山의 邵子先天論 비판」, 『철학』 42, 한국철학회, 1994.

金容傑, 「星湖思想의 理氣論 體系」, 『유교사상연구』 2, 1987.

金容憲, 「金錫文의 宇宙說과 그 哲學的 背景」, 『동양철학연구』 15, 동양철학연구회, 1995.

金麟哲, 「茶山易學 硏究序說」, 『泰東古典硏究』 13, 1996.

金喆凡, 「解配後 茶山의 交遊關係」, 『한국한문학연구』 14,

김필수, 「旅軒 張顯光의 易學圖說 硏究」, 『周易과 韓國易學』, 韓國周易學會 編, 1996.

노대환, 「정조시대 서기 수용 논의와 서학 정책」, 『정조시대의 사상과 문화』, 서울: 돌베개, 1999.

문중양, 「18세기 조선 실학자의 자연지식의 성격—象數學的 우주론을 중심으로」, 『한국과학사학회지』 제21권 제1호, 한국과학사학회, 1999.

文喆永, 「茶山 丁若鏞의 『周禮』 수용과 그 性格」, 『史學志』 19, 단국사학회, 1985.

閔泳珪, 「十七世紀 李朝學人의 地動說—金錫文의 易學二十四圖解」, 『동방학지』 16, 연세대 국학연구원, 1975.

박권수, 「徐命膺(1716~1787)의 易學的 天文觀」, 『한국과학사학회지』 제20권 1호, 1998.

박동환, 「중국적 세계관의 불변계통」, 『동양철학』 6, 한국동양철학회, 1995.

박재술, 「周易 卦爻의 성립과 그 의미 변화에 대한 고찰」, 『철학연구』 21, 고려대 철학연구소, 1998.

방 인, 「다산역학에 있어서 기호와 의미」, 『한국화의 세계화(1)』(제6회 국제학술회의 논문집), 1991.

______, 「다산역학의 변증법적 이념」, 『주역연구』 3, 한국주역학회, 1999.

______, 「茶山의 『易論』을 통해본 卜筮의 模擬實驗的 기능」, 『주역연구』 4, 한국주역학회, 1999.

______, 「茶山의 明淸易學 비판」, 『철학연구』 84, 대한철학회, 2002.
______, 「茶山易의 기호론적 세계관」, 『대동철학』 20, 대동철학회, 2003. 3.
______, 「茶山의 李光地 易學에 대한 비판」, 『철학연구』 90, 대한철학회, 2004. 5.
서용화, 「역철학의 변증법적 특징」, 『인문학보』 1, 강릉대 인문과학연구소, 1985, 12.
徐鍾泰, 「巽菴 丁若銓의 實學思想」, 『東亞硏究』 24, 1992.
______, 「星湖學派의 陽明學과 西洋科學技術」, 『한국사상사학』 9, 한국사상사학회, 1997.
小川晴久, 「地轉(動)說에서 宇宙無限論으로」, 『동방학지』 21, 연세대 국학연구원, 1979.
송영배, 「천주실의(天主實義)의 내용과 그 의미」, 『철학사상』, 서울대 철학사상연구소, 1995.
신원봉, 「다산의 역학관 정립에 미친 청대사상의 영향—모기령을 중심으로」, 『다산학』 3, 다산학술문화재단, 2002.
엄연석, 「조선 전기 역철학의 두 경향에 관한 고찰—상수역학과 의리역학을 중심으로—」, 『철학연구』 55, 철학연구회, 2000.
______, 「조호익 역학의 상수학적 방법과 의리학적 목표」, 『대동문화연구』 38, 성균관대 대동문화연구원, 2001.
유권종, 「조선 성리학의 예 교육 심성 모델 개발」, 『오늘의 동양사상』 8, 예문동양사상 연구원, 2003.
______, 「退溪 禮교육과 인격형성의 원리」, 『유교사상연구』 18, 한국유교학회, 2003.
______ · 박충식 · 장숙필, 「인지과학적 시뮬레이션을 통한 조선성리학의 예 교육 심성모델 개발(1)」, 『민족문화연구』 37, 고려대 민족문화연구소, 2002.
______, 「유교의 종교적 역할-의례의 구성을 중심으로」, 『철학탐구』 12, 중앙대 중앙철학연구소, 2000.
______, 「퇴계 성학과 다산 실학」, 『공자학』 7, 한국공자학회, 2000.
유초하, 「정약용철학의 유물론적 측면」, 『동양학』 26, 단국대 동양학연구소, 1996.

_____, 「성리학적 인물성동이론에 대한 정약용의 비판」, 『태동고전연구』 12, 한림대 태동고전연구소, 1995.

_____, 「정약용의 존재론과 운동관」, 『한국사상사의 인식』, 한길사, 1994.

원재린, 「星湖 李瀷의 人間觀과 政治改革論—朝鮮後期 荀子學說 受容의 一端」, 『學林』 18, 연세대 사학연구회, 1997.

李光虎, 「동서 융합의 측면에서 본 정약용의 사상」, 『退溪學報』 114, 퇴계학연구원, 2003.

_____, 「上帝觀을 중심으로 본 儒學과 基督敎의 만남」, 『儒教思想研究』 19, 한국유교학회, 2003.

_____, 「李退溪의 哲學思想이 丁茶山의 經學思想의 形成에 미친 영향에 관한 고찰」, 『퇴계학보』 90, 퇴계학연구원, 1996.

_____, 「理의 自發性과 人間의 修養問題—李退溪의 哲學에 있어서」, 『대동문화연구』 25, 1990.

_____, 「星湖 李瀷의 思想—孟子疾書를 중심으로」, 『泰東古典研究』 2, 한림대 태동고전연구소, 1986.

이애희, 「南塘 韓元震의 易學觀」, 『周易과 韓國易學』, 한국주역학회, 1996.

李龍範, 「李朝實學派의 西洋科學受容과 그 限界—金錫文과 李瀷의 경우」, 『동방학지』 58, 연세대 국학연구원, 1988.

_____, 「金錫文의 地轉論과 그 思想的 背景」, 『진단학보』 41, 진단학회, 1976.

_____, 「李瀷의 地動論과 그 論據」, 『진단학보』 34, 진단학회, 1972.

李佑成, 「星湖의 宇宙에 관한 新解釋」, 『實是學舍散藁』, 서울: 한길사, 1995.

李源明, 「茶山의 周易觀」, 『태동고전연구』 10, 한림대 태동고전연구소, 1993.

李乙浩, 「丁茶山의 易理에 대하여」, 『전남대학교 논문집』 2, 1958.

李炯性, 「頤齋 黃胤錫의 數에 기초한 實學思想 一攷」, 『韓國思想과 文化』, 한국사상문화학회, 2000.

장숙필, 「김석문의 역학이십사도해」, 『圖說로 보는 한국유학』, 예문서원, 2000.

장승구, 「茶山 丁若鏞의 易學思想과 그 實學的 의미」, 『다산의 사상과 그 현대적 의미』, 정신문화연구원, 1998.

張會翼, 「조선 성리학의 자연관—장현광의 우주설을 중심으로」, 『삶과 온생명』, 서울: 솔, 1999.

______, 「조선 실학의 과학사상—정약용의 자연관을 중심으로」, 『삶과 온생명』, 서울: 솔, 1998.

전용훈, 「朝鮮中期 儒學者의 天體와 宇宙에 대한 이해—旅軒 張顯光의 易學圖說과 宇宙說을 중심으로」, 『한국과학사학회지』 18-2, 1996.

鄭炳碩, 「易經 象徵體系의 涵義」, 『周易의 現代的 照明』, 한국주역학회, 1992.

정해왕, 「茶山 丁若鏞의 易學思想」, 『周易과 韓國易學』, 한국주역학회, 1996.

崔英辰, 「茶山 人性·物性論의 思想史的 位相—湖洛論爭의 人物性同異論과 관련하여」, 『哲學』 68, 한국철학회, 2001.

______, 「周易에 있어서의 數의 문제」, 『儒敎思想硏究』 1, 유교학회, 1986.

韓鍾萬, 「茶山의 天觀」, 『다산학보』 2, 1979.

黃昞起, 「周易에 대한 茶山의 反신비화 관점과 稟命사상 연구—다산 丁若鏞의 「易論」 1, 2를 중심으로」, 『韓國思想史學』 21, 한국사상사학회, 2003.

金春峰, 「周易程氏傳思想硏究」, 『周易硏究論文集』 3, 北京師範大學出版社, 1990.

宋開素, 「孔穎達易學思想硏究」, 『周易硏究』, 山東大學周易硏究中心, 1995 제4기.

余敦康, 「周易的思想精髓與價値理想 — 一個儒道互補的新型的世界觀」, 『道家文化硏究』 1, 上海古籍出版社, 1992.

李周龍, 「周易十翼與左傳國語的易說」, 『孔孟學報』 51, 台北: 中華民國孔孟學會, 民國 75, 4.

鄭萬耕, 「易學中的整體思惟方式」, 『周易硏究』, 山東大學周易硏究中心, 1995 제4기.

학위논문류

金永友, 『丁若鏞의 易學 思想 硏究』, 서울대 박사학위논문, 2000.

金王淵, 『茶山 易學의 硏究』, 고려대 박사학위논문, 1989.
金麟哲, 『茶山의 周易 解釋體系에 대한 硏究』, 고려대 박사학위논문, 1999.
南明鎭, 『淸初學術與韓儒丁茶山實學思想』, 대만대 박사학위논문, 1984.
朴疇丙, 『丁茶山 易學에 있어서 易理四法에 대한 硏究』, 영남대 석사학위논문, 1998.
_____, 『周易의 卦에 대한 연구—丁若鏞 易學을 중심으로』, 영남대 박사학위논문, 2001.
方 仁, 『茶山 易學思想에 대한 硏究』, 정신문화연구원 석사학위논문, 1982.
方熙敎, 『西學思想에 대한 朝鮮後期社會의 對應樣相』, 정신문화연구원 박사학위논문, 1985.
白敏禎, 『朱子 易學의 象數와 義理에 대한 硏究』, 연세대 철학 석사학위논문, 1998.
白英彬, 『丁若鏞의 周易 解釋方法의 特徵』, 정신문화연구원 석사학위논문, 1995.
徐根植, 『茶山 丁若鏞의 蓍卦法 硏究』, 성균관대 한국철학 전공 석사학위논문, 2001.
劉文相, 『茶山 역학의 특성과 윤리적 함의』, 한국교원대 박사학위논문, 2002.
柳初夏, 『丁若鏞의 宇宙觀』, 고려대 박사학위논문, 1990.
李光虎, 『李退溪 學問論의 體用的 構造에에 관한 硏究』, 서울대 박사학위논문, 1993.
李埛丘, 『17-18세기 壯洞 金門 연구』, 서울대 박사학위논문, 2003.
이상수, 『유(類)의 논리철학 연구』, 연세대 박사학위논문, 2003.
李成春, 『茶山 丁若鏞의 天 思想 硏究』, 원광대 박사학위논문, 1991.
李沅泰, 『王弼과 伊川의 義理易 비교 연구』, 연세대 박사학위논문, 1998.
李熙平, 『旅軒 張顯光의 哲學思想 硏究』, 성균관대 박사학위논문, 2000.
林在圭, 『茶山 易學의 占筮的 性格에 관한 硏究』, 서울대 석사학위논문, 1998.
林采佑, 『王弼 易 哲學 硏究』, 연세대 박사학위논문, 1995.
張東宇, 『茶山 禮學의 硏究』, 연세대 박사학위논문, 1997.

鄭炳連, 『茶山『中庸』註의 經學的 硏究』, 성균관대 박사학위논문, , 1988.
丁允卿, 『丁若鏞의 天觀과 物觀에 관한 硏究』, 서울대 석사학위논문, 1993.
丁海王, 『周易의 解釋方法에 관한 硏究—丁若鏞의 易學을 중심으로』, 부산대 박사학위논문, 1990.
趙明彙, 『中庸思想硏究』, 동국대 박사학위논문, 1991.
趙成山, 『朝鮮後期 洛論系 學風의 形成과 經世論 硏究』, 고려대 박사학위논문, 2003.
崔英辰, 『易學思想의 哲學的 硏究』, 성균관대 박사학위논문, 1990.
한형조, 『朱熹에서 정약용에로의 철학적 사유의 전환』, 정신문화연구원 박사학위논문, 1992.
黃昞起, 『茶山의 存在論』, 연세대 석사학위논문, 1995.

미주

1) 茶山 丁若鏞은 英祖 38년 6월 16일 경기도 광주군 草阜面 馬峴(*마재), 지금의 南楊州市 瓦阜面 陵內里에서 아버지 丁載遠, 어머니 海南 尹氏(孤山 尹善道의 후손)의 四男으로 태어났으며, 헌종 2년 2월 22일 마현에서 서거하였다. 初字는 歸農, 冠名은 若鏞, 字는 美鏞, 頌甫, 號는 三眉, 茶山, 俟菴, 紫霞道人, 苔叟, 門巖逸人 등, 堂號는 與猶堂이다.

2) 『전서』 1/11, 「論・易論二」, 2b. (범례: 『與猶堂全書』 제1집 제11권 「論・易論二」 2판 뒷면)

著之爲法式, 冀天之因其名而用之, 雖人立之名, 非天之所以爲實然.

3) J. R. 퍼스, 『기호론』(1974). Georges Jean의 『기호의 언어』(서울: 시공사, 김형진 옮김, 1997), 135쪽에서 재인용.

4) 롤랑 바르트, 『기호학의 모험』(1985). 위의 책, 139쪽에서 재인용.

5) 黎靖德 編, 『朱子語類』(北京: 中華書局, 1986), 권76, 易12, 「繫辭下」, 1957쪽. 주자의 이 말은 學履의 기록에 보인다.

先儒解此多以爲互體, 如屯卦震下坎上, 就中間四爻觀之, 自二至四則爲坤, 自三至五則爲艮, 故曰, "非其中爻不備." 互體說, 漢儒多用之. … 看來此說, 亦不可廢. <學履.>

6) 필자는 「說卦」의 경우, 다산이 공자의 傳文까지를 포함하여 논하는 곳에서는 「說卦傳」이라 표기하고, 기타 물상을 나열한 古文이라는 의미로 사용되는 곳에서는 「說卦」로 표기할 것이다. 「文言」의 경우, 다산은 十翼에서 제외하여 역사易詞에 대한 詁訓으로서의 古文으로 간주하기 때문에 「文言傳」이라 하지 않고 「文言」으로만 표기할 것이다. 이것은 다산의 기본 용례이다. 『周易』의 경우도 文王과 周公의 텍스트라는 의미가 강한 곳에서는 『周易』이라 표기하고, 그 외의 곳에서는 『易』이라 표기할 것이다. 『역』이라는 용어는 기본적으로는 『주역』을 지칭하는 것이지만, 周나라 易이라는 한정성을 벗어나 복희 때부터 있어 온 불변의 易이라는 의미도 지니고 있다.

7) 『易學緖言』 2/46, 「邵子先天論・論河圖老少互藏之法」, 2/38b.

(범례: 『與猶堂全書』 제2집 제46권, 『易學緖言』 권2 제38판 왼쪽면. 『周易四箋』과 『易學緖言』 모두 본고의 주자료이므로 단행본 표시로 돌출시켰으나, 신조선사본 『여유당전서』를 저본으로 하였기에 면수 표시는 『여유당전서』

의 체제를 그대로 표기한다.)

九六七八者, 卦畫之所以變與不變也.

8) 이하에서 필자는 '理'자가 단독으로 쓰일 때, 한글 두음법칙을 적용하지 않고 '리'로 표기할 것이다. 적절한 한국어가 부재하다는 이유 외에도, 두음법칙에 따라 '이'로 쓰게 되면 지시대명사인 '이'와 혼동되기 때문이다.

9) 방인, 「다산역학에 있어서 기호와 의미」(『한국화의 세계화(1)』, 제6회 국제학술회의 논문집, 1991), 1쪽. 그는 다산이 역경을 근본적으로 기호적 상징체계로 본다는 점을 들어 상학이라 규정하였다.

10) 김왕연은 「丁茶山의 邵子先天論 비판」(『철학』 42, 한국철학회, 1994), 26쪽에서 다산이 수에 부여된 의미를 가능한 한 축소하려 했음을 지적하고, 『역』의 해석방법으로 거론되어 온 象數易과 義理易이라는 두 가지 논의 가운데 이제는 象數易을 數理易과 象理易으로 분리해서 논의해야 할 필요성이 있음을 강조하였다. 그는 程伊川의 역학을 義理易으로 규정하고 邵康節의 역학은 數理易으로 규정하였다.

11) 박주병, 『周易反正—丁若鏞 易學을 中心으로—』(서울: 서문당, 2002), 30-1쪽. 그는, 상象과 사詞 가운데서 다산이 사사완상舍詞玩象을 주장한다는 점을 들어 상일원론으로 규정하였다.

12) 『與猶堂集』(규장각 필사본) 제24권, 「巽菴書牘 · 寄茶山(乙丑五月初三日)」. (원래 「손암서독」이 실려 있는 권은 『與猶堂集』 續集四 안에 필사된 것인데, 『여유당집』으로 재편하는 과정에 겉표지만 '與猶堂集二十四'로 하여 규장각에 소장되었다.) 이 「손암서독」에는 손암이 다산에게 보낸 편지 14편이 모아져 있는데, 현재 『여유당전서』에는 실려 있지 않다.

『易解』序文, 窮海無以考書, 歲月不饒, 弱草輕塵, 誠如君言, 草草搆送, 荒拙可愧. 但吾意, 則名曰'四解'不如'象解'. 何者? 互體一事, 豈非大義, 而比之推移爻變物象, 則細故也. 列之爲四個大柱, 恐有不分輕重之疵矣. 序文中, 不可不列序, 故文有窘處. 若欲仍舊呼作'象解', 則序亦當有改耳.

13) 『전서』, 1/13, 「記 · 四宜齋記」, 42a.

念年齡之遒邁, 悼志業之頹廢, 冀以自省也.

14) 『전서』, 1/13, 「記 · 四宜齋記」, 42a.

思宜澹, 其有不澹, 尙亟澄之. 貌宜莊, 其有不莊, 尙亟凝之. 言宜訒, 其有不訒, 尙亟止之. 動宜重, 其有不重, 尙亟遲之. 於是乎, 名其室曰四宜之齋.

15) 『역학서언』 2/48, 「玆山易柬」, 4/27b.

甲子冬, 余以『周易四解』寄示仲氏, 過蒙印可, 每有書, 至抄取其說『易』諸條, 久而成編, 名之曰「玆山易柬」.

16) 金玉姬, 「종교학적으로 본 曠菴 李蘗의 『聖教要旨』 構造에 관한 研究」, 『종교학연구』 2, 서울대 종교학연구회, 1979.

17) 李家煥(1742~1801): 자는 廷藻, 호는 錦帶·貞軒, 본관은 여주, 李用休의 아들. 정조 1년(1777) 문과에 급제, 형조판서를 지냈다. 정조로부터 '貞學士'라고 호칭될 만큼 대학자였다. 『大典通編』 편찬에 참여하고 『奎章全韻玉篇』을 교정하였으며, 수학과 천문학의 대가였다. 다산도 그가 만권서를 간직하고 있다고 했는데, 1801년 신유사옥에 천주교인으로 몰려 죽었다. 저서로 『錦帶館集』 10책이 있다.
문중양에 따르면, 正祖대에 활약했던 지식인 가운데 天文曆算 분야에 가장 깊은 지식을 지니고 있었던 사람으로 徐命膺, 徐浩修, 李家煥을 뽑을 수 있다고 한다.(문중양, 「정조대 천문역산 전문가의 과학담론: 서호수와 이가환을 통해서 바라본 18세기말 조선 천문역산학의 일면」, 미발표논문)

18) 『전서』, 1/15, 「貞軒墓誌銘·附見聞話條」, 25b-26a.
一日余問貞軒曰, "他經略可通, 唯『周易』不可知, 何以則知之?" 公曰, "我於『周易』已判不知而死, 勿以相問." 余曰, "星翁『疾書』何如?" 公曰, "我家之書也. 嘗所熟覽, 而『周易』不可知也." 余曰, "貞山『心解』何如?" 公曰, "我家之書也, 嘗所熟覽, 而『周易』不可知也." "來矣鮮『易註』何如?" 曰, "『周易』不可知也." "吳澄『易纂言』何如?" 曰, "不可知也." "朱震『漢上易』何如?" 曰, "不可知也." 曰, "李鼎祚『集解』何如?" 曰, "此小勝, 猶不可知也." 公乃自數數十家易說曰, "皆不可知也."

19) 李秉休(1710~1776): 자는 景協, 호는 貞山. 李家煥의 숙부이며 星湖 가문의 큰 학자로 성호 사후 문집을 정리하고 후학을 지도하였다. 『주역』과 3례禮를 주로 연구하였다.

20) 來知德(1525~1604): 明나라 梁山 사람. 자가 矣鮮이며, 호는 瞿塘이다. 嘉靖 연간에 향리에서 천거되었고 萬曆 연간에 翰林待詔를 내렸으나 나아가지 않았다. 학문은 致知를 근본으로 하였고 특히 易에 조예가 깊었다. 저서로 『周易集注』, 『省覺錄』 등 다수가 있다. 다산은 그가 「잡괘전」에 나오는 錯綜 두 가지 뜻으로만 經旨를 해석하고 推移, 卦變의 설은 엄히 배척하면서 마치 깊이 연구하여 홀로 깨달은 듯 自贊自夸하였지만 기실 易家之下乘者에 불과하다고 평했다.

21) 吳澄(1249~1333): 元나라 崇仁 사람. 자는 幼淸, 호는 草廬, 시호는 文正이다. 翰林學士를 지냈다. 泰定 초기 講官으로 나아가 『英宗實錄』 편찬을 총괄하여 慈善大夫의 칭호를 받았다. 저서로 『역』, 『서』, 『춘추』, 『예기』 등에 대한 '纂言' 외에 다수가 있다. 程鉅夫가 그가 살던 초당을 草廬라 題한 이후 세인들이 그를 草廬先生이라고 불렀다. 다산은 그의 『易纂言』이 비록 본령은 邵氏의 학문에서 못 벗어나지만 더러 古法에 합치되는 논의도 있다고 하였다. 『역학서언』, 「吳草廬纂言論」 참조.

22) 朱震(1072~1138): 宋나라 荊門軍 사람. 자는 子發. 正和 연간에 進士가 되어 翰林學士를 지냈고 靖康 원년에 조정의 부름으로 太學博士가 되었다. 謝良

佐의 문인으로, 經學에 정통하였고 세칭 漢上先生이라 하였다. 저서로『漢上易集傳』이 있다.

23) 李鼎祚: 당나라 資州 사람. 著作朗, 秘閣學士를 지냈다. 子夏와 孟喜부터 孔穎達에 이르는 30여 가의 학설을 모아『周易集解』를 지었고 經術로서 당대 칭양되었다. 다산은 이정조의『주역집해』가 漢, 魏의 학설을 모두 보존시키려 하다가 결과적으로는 어느 학설도 제대로 發揚치 못한 흠은 있으나 진실로 역을 배우고자 한다면 이것을 拱璧으로 삼아 그중 좋은 점을 택해 굳게 지키면 거의 주역의 본지를 체득할 수 있으리라고 하면서 상당히 긍정적으로 평가하고 있다.『역학서언』,「李鼎祚集解論」 참조.

24) 范甯: 晉나라 학자. 字는 武子. 東晋의 孝武帝에게 벼슬하여 臨淮·豫章의 太守 등을 역임했다. 그가 丹陽에 살 때『春秋穀梁傳集解』12卷을 저술하였다.

25)『전서』1/8,「文·十三經策」, 23b.

臣以爲王范或涉於左道, 而戴聖之贓汚, 不害於傳『禮』, 京房之術數, 不害於傳『易』, 則不必以左道而斥之也.

26) 그 한 실례로, 일실된 악경樂經을 복원하는 데 심혈을 기울여 결국『악서고존樂書孤存』을 편집하여 6경에 편입시킨 것을 들 수가 있다.

27)『전서』1/18,「家誡·示二子家誡」, 5b.

『周易四箋』, 是吾得天助之文字, 萬萬非人力可通智慮所到. 有能潛心此書, 悉通奧妙者, 卽子孫朋友. 千載一遇, 愛之重之, 當倍常情.

같은 곳, 6a.

明淸以來, 經學多岐, 各有成書, 殆無遺利. 然易禮二書, 已見有許多開荒可驗.

28) 이을호,『茶山의 易學』(서울: 민음사, 1993), 337-40쪽 참조.

29) 이에 대해서는 V. 2. 2-3)절에서 자세하게 다룬다.

30) 이을호,『茶山의 易學』(서울: 민음사, 1993), 266쪽.

31) 김왕연,「丁茶山의 邵子先天論 비판」(『철학』42, 한국철학회, 1994), 26쪽.

32) 방인,「茶山의『易論』을 통해본 卜筮의 模擬實驗的 기능」(『주역연구』4, 한국주역학회, 1999), 155-6쪽 참조.

33) 방인, 위 논문, 159쪽.

34) 김왕연,「丁茶山의 邵子先天論 비판」(『철학』42, 한국철학회, 1994), 26쪽 참조.

35) 박주병,『周易反正—丁若鏞 易學을 中心으로—』(서울: 서문당, 2002), 30-1쪽.

36) 방인,『茶山 易學思想에 대한 硏究』(정신문화연구원 석사학위논문, 1982), 104-10쪽 참조.

37) 김왕연,『茶山 易學의 硏究』(고려대 박사학위논문, 1989), 34-59쪽 참조.

38) 김왕연, 위 논문, 170-2쪽 참조.

39) 김영우,『丁若鏞의 易學 思想 硏究』(서울대 박사학위논문, 2000), 20-2쪽 참조.

40) 김영우, 위 논문, 121-4쪽 참조.
41) 김영우, 위 논문, 160쪽 참조.
42) 琴章泰, 「丁若鏞의 易學思想과 西學精神」(『韓國實學思想研究』, 서울: 집문당, 1987, 1989), 193쪽 참조.
43) 琴章泰, 위 논문, 197쪽.
44) 신원봉, 「다산의 역학관 정립에 미친 청대사상의 영향—모기령을 중심으로」(『다산학』 3, 다산학술문화재단, 2002). 148-50쪽 참조.
45) 방인, 「茶山의 明淸易學 비판」(『철학연구』 84, 대한철학회, 2002), 14쪽 참조.
46) 김영우, 「정약용과 모기령의 역학 사상 비교 연구」(2004년 『동방학지』(연세대 국학연구원) 게재예정논고, 2003.3.8 한국실학학회 발표문의 수정보완논문).
47) 방인, 「茶山의 李光地 易學에 대한 비판」(『철학연구』 90, 대한철학회, 2004. 5).
48) 김인철, 『茶山의 周易 解釋體系』(서울: 경인문화사, 2003), 1-2쪽 참조. (이 책은 그의 1999년 논문의 수정보완본이므로 출전은 보완본을 기준으로 한다.)
49) 김인철, 위의 책, 222-31쪽 참조.
50) 유문상, 『茶山 역학의 특성과 윤리적 함의』(한국교원대 박사학위논문, 2002), 7쪽.
51) 임재규, 『茶山 易學의 占筮的 性格에 관한 연구』(서울대 석사학위논문, 1998).
52) 졸고, 「周易에 대한 茶山의 反신비화 관점과 稟命사상 연구—다산 丁若鏞의 「易論」 1, 2를 중심으로」(『韓國思想史學』 21, 한국사상사학회, 2003).
53) 방인, 「茶山의 『易論』을 통해본 卜筮의 模擬實驗的 기능」(『주역연구』 4, 한국주역학회, 1999), 155-6쪽 참조.
54) 방인, 『茶山 易學思想에 대한 研究』(정신문화연구원 석사학위논문, 1982), 113쪽 참조.
55) 방인, 「茶山易의 기호론적 세계관」(『대동철학』 20, 대동철학회, 2003), 2쪽.
56) 방인, 위 논문, 12쪽 참조.
57) 유초하, 「정약용의 인식론과 과학관」(『한국사상사의 인식』, 한길사, 1994), 368-9쪽 참조.
58) 유초하, 「정약용의 언어관: 상징과 논리의 만남」(위의 책), 427-31쪽 참조.
59) 『易學緖言』 2/46, 「邵子先天論 · 論河圖爲八卦之則」, 2/38b-39a.
原來, 太極 · 兩儀 · 四象 · 八卦之說, 須有兩件. 一是天地之本物, 一是蓍卦之法象.
60) 유초하, 「정약용의 인식론과 과학관」(위의 책), 368쪽 참조.
61) 유초하, 「정약용의 존재론과 운동관」(위의 책), 357쪽.

62) 유초하, 『丁若鏞의 宇宙觀』(고려대 박사학위논문, 1990), 69-86쪽 참조.

63) 한형조, 『주희에서 정약용으로』(세계사, 1996), 16-7쪽 및 그의 박사학위 논문 『朱熹에서 정약용에로의 철학적 사유의 전환』(정신문화연구원, 1992), 같은 곳 참조.

64) 崔英辰, 「茶山 人性・物性論의 思想史的 位相—湖洛論爭의 人物性同異論과 관련하여」(『哲學』 68, 한국철학회, 2001), 7-33쪽 참조.

65) 이에 대해서는 이광호, 「李退溪의 哲學思想이 丁茶山의 經學思想의 形成에 미친 영향에 관한 고찰」(『퇴계학보』 90, 퇴계학연구원, 1996); 유권종, 「퇴계 성학과 다산 실학」(『공자학』 7, 한국공자학회, 2000); 한형조, 「다산과 서학: 조선 주자학의 연속과 단절」(『다산의 공부론과 지식론』, 다산학술문화재단, 2000)의 논문 참조.

66) 崔英辰, 「茶山 人性・物性論의 思想史的 位相—湖洛論爭의 人物性同異論과 관련하여」(『哲學』 68, 한국철학회, 2001), 7-33쪽 참조.

67) 엄연석, 「조선 전기 역철학의 두 경향에 관한 고찰—상수역학과 의리역학을 중심으로—」(『철학연구』 55, 철학연구회, 2000), 6-24쪽 참조.

68) 마테오 리치(利瑪竇)는 1552년 이탈리아에서 태어나 1571년 예수회에 입회하여 신부가 되었고 1583년 중국에 도착, 1610년에 북경에서 사망하였다. 『天主實義』, 『萬國圖誌』, 『畸人十編』 등 서양과학과 서교에 관한 많은 저서들을 남겼다. 『천주실의』는 1595년 南京에서 처음 저술되었고 1603년 상하 두 권으로 북경北京에서 출판되었다. 서술형식은 西士(마테오 리치 자신을 지칭한 듯)와 中士(중국선비)의 교리에 관한 대화 및 질의응답으로 되어 있다.

69) 청나라가 時憲曆을 채택한 것은 1645년이었다. 조선에서는 1645년 5월 鳳林大君과 함께 귀국한 韓興一이 仁祖에게 서양 曆의 시행을 처음 건의하였고(『仁祖實錄』, 23년 6월 甲寅), 같은 해 12월에는 觀象監 提調인 金堉이 또 한 차례 時憲曆의 필요성을 상주한 바 있다(『仁祖實錄』, 23년 12월 丙辰). 그 뒤 여러 해의 노력 끝에 1653년(孝宗 4년)에 시헌력으로 된 달력을 제작하였고, 이듬해부터 공식적으로 사용하기 시작했다. 그러나 이것은 日月蝕의 계산법과 五星算法 등이 빠져있어 불완전한 것이었다.

70) 安鼎福, 「天學考」(『闢衛編』, 李晩采 편, 金時俊 역), 23쪽.

71) 『역학도설易學圖說』(1608)은 장현광이 15~6세부터 시작한 역학 연구를 종합적으로 정리한 것으로 그의 나이 55세 때의 것이며, 『성리설性理說』(1634)은 68세부터 81세에 이르는 시기의 저술이다. 장현광의 역학에 대해서는 張會翼의 「조선후기 초 지식계층의 자연관—張顯光의 宇宙說을 중심으로」(『韓國文化』 11, 1990)와 전용훈의 「朝鮮中期 儒學者의 天體와 宇宙에 대한 이해—旅軒 張顯光의 易學圖說과 宇宙說」(『한국과학사학회지』 18권 2

호, 한국과학사학회, 1996), 김낙진의 「장현광의 역학과 세계 이해」(『도설로 보는 한국유학』, 서울: 예문서원, 2000), 그리고 李熙平의 『旅軒 張顯光의 哲學思想 硏究』(성균관대 박사학위논문, 2000)를 참조.

72) 張顯光, 『易學圖說』, 권1, 206하b-207상a.

73) 張顯光, 『易學圖說』, 序, 197하a.

74) 張顯光, 『性理說』(『旅軒先生全書』 下), 권8, 「宇宙說」, 183하b(16판).
分上下而號之曰天地, 合覆載而稱之曰宇宙, 不是天地之外別有宇宙, 便是宇宙爲天地之統名也.

75) 張顯光, 『性理說』(『旅軒先生全書』 下), 권3, 「太極說」, 62하b(38판).
宇宙爲太極中之宇宙, 而天地又爲宇宙中之天地, 宇宙天地都在太極之中.

76) 李熙平, 『旅軒 張顯光의 哲學思想 硏究』(성균관대 박사학위논문, 2000), 92-4쪽 참조.

77) 張顯光, 『易學圖說』, 序, 197하a.

78) 張顯光, 『易學圖說』, 序, 197하a-b; 『性理說』(『旅軒先生全書』 下), 권2, 「易卦總說」, 39상b.

79) 張顯光, 『文集』, 권6, 「事物論」, 114상b.

80) 張顯光, 『性理說』(『旅軒先生全書』 下), 권4, 「經緯說」, 82하b(14판).
其在天地之先, 卽此理也, 故先天地之終, 而此理未嘗與之終焉, 遂復緯其元氣以生此天地. 其在天地之後, 亦此理也, 故此天地之終, 而此理亦必不與之終焉, 又復緯其元氣以生後天地也.
김낙진의 논문 「장현광의 역학과 세계 이해」(『도설로 보는 한국유학』, 서울: 예문서원, 2000), 176-7쪽에 따르면, 장현광의 어법상 經緯와 體用은 거의 동의어로 사용되는 개념들이지만, 장현광은 경위라는 용어를 더 즐겨 사용한다. 經과 體가 변화하는 가운데에서도 불변하면서 통일을 유지하는 것을 가리킨다면, 緯와 用은 다양한 현상 가운데에서 발견되는 변화이다. 시공간에서 언제나 변하지 않는 통일성을 유지하는 것이 理라면, 운동자로서 변화하는 것은 氣이다. 그런데 氣의 운동변화는 리에 따라 일어나는 것이므로 이 둘 사이에는 體用관계가 성립한다.

81) 張顯光, 『性理說』(『旅軒先生全書』 下), 권3, 「太極說」, 45상b-하a.

82) 김낙진, 「장현광의 역학과 세계 이해」(『도설로 보는 한국유학』, 서울: 예문서원, 2000), 194쪽.

83) 배우성, 『조선후기 국토관과 천하관의 변화』(서울: 일지사, 1998), 413-4쪽 참조; 오상학, 『朝鮮時代의 世界地圖와와 世界 認識』(서울대 박사학위논문, 2001), 212-8쪽 참조.

84) 김남기, 『三淵 金昌翕의 詩文學 硏究』(서울대 박사학위논문, 2001), 146쪽.

85) 趙成山, 『朝鮮後期 洛論系 學風의 形成과 經世論 硏究』(고려대 박사학위논문,

2003), 31-6쪽 참조. 이하 소강절의 상수학과 관련하여 수용과 비판의 학문적 계보에 대해서는 많은 부분 이 논문의 도움을 받았다.

86) 曺好益, 『芝山集』, 附錄, 권1, 年譜, (嘉靖)39년조, (隆慶)4년조 · 14년조 참조.

87) 金錫胄, 『息庵遺稿』, 권20, 「駁宋察訪亨久新曆誤置閏朔議」.

88) 『주역사전』 2/42, 渙卦 九二, 茶山細箋, 6/40b에 최석정이 언급되어 있다.
"相國 崔錫鼎이 '仁祖 乙亥年(1695) 社稷省牲 時祭 때 소가 달아나면서 祭官을 덮쳐 다치게 했다'고 말하였다.(崔相國錫鼎云, '仁廟乙亥, 社稷省牲, 時祭, 牛逸出, 逼傷祭官.')"
다산의 역학 저술 속에 언급된 조선의 학자들은 星湖 李瀷, 巽菴 丁若銓, 明谷 崔錫鼎 등과 그 외 아들들 및 제자 몇 명뿐인데, 인용된 것이 이론적인 내용이 아니라 하더라도 그를 언급했다는 데에서 일정한 영향관계가 성립될 것이라고 여겨진다. 실제로 최석정은 당시 소론에 속하였지만 그의 반대파인 남인들을 관직에 등용할 것을 건의하기도 하였고, 서자출신도 관직에 등용할 것을 주장했다.

89) 崔錫鼎, 『明谷集』, 권7, 「卦變圖說序」.

90) 崔錫鼎, 『明谷集』, 권9, 「齊政閣記」.

91) 오윤용 · 한상근, 「최석정과 그의 마방진」(『수학교육』 제32권 제3호, 한국수학교육학회, 1993), 206쪽. 직교 라틴 방진은 N차 마방진을 만드는 방법의 하나로써, 가로줄과 세로줄에 각각 1부터 N까지의 수가 모두 다 적혀 있도록 배치한다면 N차 라틴 방진이라고 한다.

92) 李端相, 『靜觀齋集』, 권15, 「寄濟州牧使李候序」.

93) 李喜朝, 『芝村集』, 권24, 「先府君遺事」.

94) 金昌翕, 『三淵集』, 拾遺, 권25, 「靜觀齋先生言行錄」.

95) 이승수, 「拙修齋 趙聖期論」(『韓國學論集』 23, 1993), 102쪽.

96) 宋時烈, 『宋子大全』, 권131, 「雜著 · 看書雜錄」.

97) 權尙夏, 『寒水齋集』, 권34, 「進士禹公聖瑞行狀」.

98) 문중양, 「18세기 조선 실학자의 자연지식의 성격—象數學的 우주론을 중심으로」(『한국과학사학회지』 제21권 제1호, 1999), 32쪽 참조. 이유태는 「易說」(『草廬先生文集』 권64)에서 文王의 의리역학을 추켜세우며, 소강절의 선천역이 유학의 본위에서 벗어났다고 비판하였다.

99) 李惟泰, 『草廬集』, 권64, 「易說 · 天地人書」.

100) 權尙夏, 『寒水齋集』, 附錄, 墓道文 墓誌.

101) 金錫文에 관한 논문으로는 閔泳珪, 「十七世紀 李朝學人의 地動說—金錫文의 易學二十四圖解」(『동방학지』 16, 연세대 국학연구원, 1975); 이용범, 「金錫文의 地轉論과 그 思想的 背景」(『진단학보』 41, 진단학회, 1976) 및 「李朝實學派의 西洋科學受容과 그 限界—金錫文과 李瀷의 경우」(『동방학지』 58,

1988); 小川晴久, 「地轉(動)說에서 宇宙無限論으로」(『동방학지』 21, 1979); 金容憲, 「金錫文의 宇宙說과 그 哲學的 背景」(『동양철학연구』 15, 동양철학연구회, 1995); 장숙필, 「김석문의 역학이십사도해」(『圖說로 보는 한국유학』, 예문서원, 2000)를 참조.

102) 閔泳珪, 「十七世紀 李朝學人의 地動說 — 金錫文의 易學二十四圖解」(『동방학지』 16, 연세대 국학연구원, 1975), 1쪽.

103) 아마도 金元行을 중심으로 한 石室書院의 학인들이 이에 해당될 것이다.

104) 김석문, 『易學二十四圖解』, 總解 刊記. 15a.

歲丙午秋八月, 余年六十有九, 適守通川, 郡在東海之濱, 大谷隣居友生, 素與余從游有年, 知有易學圖象, 每欲付之劂劂, 以示永久, 數馳書勸之, 又窮來, 薦致北漢刻僧二手, 余始從其言, 鳩在起役, 不一月卒業. 二十四元圖象, 並付圖十三板, 又刻敍目及總解八板, 此非余垂死老昏所加辨得, 皆友生之力也.

105) 黃胤錫, 『頤齋集』, 「續稿」 권3, 「與金持平宗鐸書」.

有所撰『易學二十四圖解』五六卷, 未及刊行, 而其易學之發前人未發, 一洗千古之謬者. 不但爲三淵・芝村之所大許, 雖以鄙見論之, 當與康節伯仲, 而東國花潭以下所不論也. 我先生亦嘗談及此老深致慕焉.

106) 黃胤錫, 『頤齋稿』, 권6.

107) 朴趾源, 『燕巖集』, 권14, 「熱河日記・鵠汀筆談」.

浮空三丸者, 日・地・月也. 今夫說者曰, 星大於日, 日大於地, 地大於月, 信斯言也. 惟彼滿天星宿, 都不與此地相干, 獨此三丸自相隣比, 爲地所私, 立號日月, 資日爲陽, 資月爲陰.

108) 『抱川邑誌』에 따르면, 김석문은 40세에 『易學圖解』 6권을 완성하였는데 그의 가문은 加平, 抱川, 楊州 지역에 대대로 거주해오던 집안으로, 金堉, 金佐明, 金錫胄 등과 같이 淸風 金氏 일족이다. 김석문의 字는 炳如, 호는 大谷, 忠簡公 金權의 玄孫이다.

109) 현 경기도 남양주군 미금읍에 터가 남아있다. 1656년 金尙容과 金尙憲의 충절을 기리기 위해 건립되었으며, 그후 金壽恒, 閔鼎重, 李端相, 金昌協 등을 추가 배향하였다. 이곳에서 김원행과 그 제자들이 중심이 되어 고문운동을 펼쳤으며 성리학, 상수학, 자연과학을 깊이 연구하여 하나의 학파를 형성하였다. 대원군의 서원철폐령으로 1868년 폐허가 되어 현재 서원터의 흔적만이 남아있다.

110) 민영규, 「十七世紀 李朝學人의 地動說—金錫文의 易學二十四圖解」(『동방학지』 16, 연세대 국학연구원, 1975), 11쪽. 민영규는 이 필사본이 慶安里에 대대로 소장되어 오던 順庵의 장서들을 일괄적으로 거두어 소장하면서 딸려온 것으로 보이며, 전형적인 영조시대 楮紙(닥종이)로 된 小冊子 크기로, 사본 末行에 “金錫文字炳如, 自號大谷子, 官通川郡守”가 덧붙여져 있고,

總解 서두의 8행, 그리고 본문 중 '崔侯'를 가리킨 글자가 네다섯 곳 생략된 것이 있어 눈길을 끈다고 지적하였다.

111) 민영규, 「十七世紀 李朝學人의 地動說—金錫文의 易學二十四圖解」(『동방학지』 16, 연세대 국학연구원, 1975), 12쪽.

112) 李圭景, 『五洲衍文長箋散稿』, 「地毬轉運辨證說」.

113) 이에 대해서는 민영규의 위 논문, 12-3쪽을 참조.

114) 李龍範은 민영규가 판각본의 節抄本을 소개한 그 이듬해 1976년 그의 논문 「金錫文의 地轉說과 그 思想的 背景」(『진단학보』 41, 진단학회, 1976)의 끝에 李丙燾 박사 소장의 영인본을 영인하여 소개하였다. 이것은 도판의 수와 총해의 면수가 약간의 차이가 있다.

115) 김석문의 圖象 각각에 대해서, 좀더 자세한 설명은 장숙필의 「김석문의 역학이십사도해」(『도설로 보는 한국유학』, 예문서원, 2000), 295-307쪽을 참조.

116) 金錫文, 『易學二十四圖解』, 序目, 1a.

尤喜『易』周邵程張等書, 能究觀天地日月星辰水火土石, 以至飛走草木人性之善惡死生, 通陰陽之故, 達古今之變, 泛濫諸子百家, 如曆法地誌六藝之書, 無不取舍會通. 要歸於孔氏之宗, 年四十始著書, 上自太極體段, 下至天地萬物體用.

117) 金容憲, 「金錫文의 宇宙說과 그 哲學的 背景」(『동양철학연구』 15, 동양철학연구회, 1995), 384쪽.

118) 김용헌의 이러한 평가는 엄밀하게는 정확한 지적이 아니다. 김석문은 태극음양설을 圖象에 적용하였지만 오행설은 그렇지 않다. 『역학24도해』에는 五行이라는 용어가 나오지 않으며, 水·石·土·火 같은 원소들도 오행과는 전혀 무관한 것들이다. 게다가 태극과 음양의 내용도 다르다. 태극은 張載의 太虛와 같은 것이며, 음양은 빛의 유무일 뿐이다. 용어는 같지만 성리학적 역학 개념과는 분명 차이가 있다.

119) 金錫文, 『易學二十四圖解』, 總解, 5a.

陰者地影也. 地轉背日, 則陰生. 地上之人不知地之極疾而反, 以地面見靜爲生陰也.

120) 金錫文, 같은 곳, 5a-b.

夫陰陽水土之氣, 是生萬物, 故地上生物, 多靜而少動. 動者通, 而靜者塞, 草木禽獸人之類可見也.

121) 金錫文, 같은 곳, 9a.

是風水石土火五者, 合成地質, 居乎太虛偏中, 右旋不已也.

122) 李龍範, 「金錫文의 地轉論과 그 思想的 背景」(『진단학보』 41, 진단학회, 1976), 86쪽.

123) 金錫文, 『易學二十四圖解』, 總解, 6b.

水居乎外, 水內石居, 石內土居, 土內火居, 是則屬乎質也. 又有五外, 水外有風, 風外有寒, 寒外有暑, 暑外有夜, 夜外有晝, 是則屬乎氣也.

124) 金錫文, 같은 곳, 3b.

太極, 理也. 理有體用, 則不得不動. 太極之不動, 體也. 太極之動, 用也. 靜而漸動, 有太虛, 太虛者, 理之用也. 故太虛之體微動於不動之中. 譬如行舟, 不動, 山岸也, 動, 是舟行也. 有山岸之不動, 然後舟行可度也. 岸舟俱行, 則何徒而度其舟行乎? 此爲有太極天, 然後自太虛以下諸天, 可徒而度其動靜遠近也.

125) 金錫文, 같은 곳, 14a 참조.

126) 金容憲, 「金錫文의 宇宙說과 그 哲學的 背景」(『동양철학연구』 15, 동양철학연구회, 1995), 388-9쪽 참조.

127) 김석문이 새롭게 계산하여 설정한 수치에 대해서는 상기한 김석문 관련 소논문들에 거의 동일하게 나온다. 본 논문에서는 이에 대해 생략하고 그의 사유체계만을 논하였다.

128) 李龍範, 「金錫文의 地轉論과 그 思想的 背景」(『진단학보』 41, 진단학회, 1976), 86쪽 참조.

129) 유봉학, 『연암일파 북학사상 연구』(일지사, 1995, 2000), 94-5쪽 참조.

130) 黃胤錫, 『頤齋全書』 1, 「記湖洛二學始末」 및 「行錄」.

131) 李炯性, 「頤齋 黃胤錫의 數에 기초한 實學思想 一攷」(『韓國思想과 文化』), 147-8쪽 참조.

132) 黃胤錫, 『頤齋續稿』, 권14, 「年譜」, 605하-609하 참조.

133) 黃胤錫, 『頤齋續稿』, 권13, 「行狀」, 591하 참조.

134) 김낙진, 「황윤석의 동서양 자연학의 절충과 시대적 한계」(『도설로 보는 한국유학』, 예문서원, 2000), 319-20쪽 참조.

135) 李炯性, 「頤齋 黃胤錫의 數에 기초한 實學思想 一攷」(『韓國思想과 文化』), 152쪽 참조.

136) 黃胤錫, 『頤齋續稿』 권10, 「漫錄」, 517상.

天地間, 只理氣質三箇而已. 質, 則氣績而成者也, 比氣尤著. 氣, 則比理雖稍有渣滓, 而猶不如質之有形跡矣. 理, 則最無形跡渣滓, 而至精至妙, 乘氣而爲用者也. 故氣績爲質, 而理亦在焉. 以人言之, 身體血肉, 皆質也. 寒熱呼吸, 皆氣也. 如仁義禮智之類, 卽理也.

137) 黃胤錫, 『理藪新編』, 권2, 「理氣」, 7하.

形而上, 未有形之前, 只有理而已.

138) 黃胤錫, 『頤齋續稿』, 권4, 「題魏巖集天地辨六面世界冬夏兩至相配圖」, 387상b.

天者, 地外之大圓也. 地者, 天中之小圓也. 以圓抱圓, 理勢相宜, 此曾子所以說. 如誠天圓而地方, 則是四角之不掩者, 已見『大戴禮』, 而與『周髀』, 坤「文言」亦脗然妙合, 則西洋曆法之謂地亦圓者, 詎無以哉?

139) 黃胤錫, 『頤齋續稿』, 권10, 「漫錄」, 543하a.

自西曆東來, 而七政列宿俱有經緯, 歲差可計也. 歲次生於月差, 月差又生於日差, 日差又係時差之績, 是天運無時日不變矣. 地道亦然. …

140) 김낙진, 「황윤석의 동서양 자연학의 절충과 시대적 한계」(『도설로 보는 한국유학』, 예문서원, 2000), 320-1쪽 참조.

141) 『理藪新編』은 사실 저서라기보다는 편집서라고 해야 한다. 각 권 초두의 "西冥散人 黃胤錫 編輯"이라는 글귀가 이를 말해준다.

142) 김낙진, 「황윤석의 동서양 자연학의 절충과 시대적 한계」(『도설로 보는 한국유학』, 예문서원, 2000), 324쪽 참조.

143) 黃胤錫, 『頤齋續稿』, 권10, 「漫錄」, 546상b-하a.

144) 黃胤錫, 『理藪新編』, 권5, 389.

天地之間, 別有甚事? 只是陰與陽兩箇者, 看是甚麽物事, 都離不得.

145) 일반적으로 조선 17세기 전반기 北人系 南人, 특히 李睟光 등과 같은 학자들에 의해 형성되기 시작한 博學적 경향을 서구의 博物志나 百科全書 학파와 비유하기도 한다. 이수광의 『芝峰類說』의 경우, 天文, 地理, 人事, 經書, 文章의 다섯 범주로 체계를 잡고, 그 아래 25부 82항목에 걸쳐 見聞한 대로 문명 전반에 대해 기술하고 있다.(정호훈, 『朝鮮後期 政治思想 研究—17세기 北人系 南人을 중심으로—』, 서울: 혜안, 2004, 149-62쪽 참조.) 이러한 박학적 경향은 새롭게 형성된 신조류로써, 주자학에서처럼 지식의 문제를 도덕의 문제로 환원하지 않고, 以物觀物의 객관적이며 간이한 인식방법을 사용하여 事理와 物理를 구분하는 인식경향을 보여준다. 절대 도덕과 객관세계를 분리시켜 보려는 이들의 의도에서 주자학의 논리나 방법론에서 벗어나고 있는 당시의 학문경향을 찾아볼 수 있다. 그러나 황윤석의 박학정신은 이들의 목적과는 달랐다. 그는 物理와 事理, 사실과 가치 등을 性卽理라는 기본전제 아래 통합하여 설명하고자 하는 데에 목적을 두고 있었다.

146) 김낙진, 「황윤석의 동서양 자연학의 절충과 시대적 한계」(『도설로 보는 한국유학』, 예문서원, 2000), 346쪽 참조.

147) 徐命膺, 『保晩齋叢書』 卷首, 「保晩齋叢書引」 및 『正祖實錄』 권24, 11년 12월 20일, 徐命膺卒記.

148) 박권수, 「徐命膺(1716~1787)의 易學的 天文觀」(『한국과학사학회지』 제20권 1호, 한국과학사학회, 1998), 62쪽 참조.

149) 徐有榘, 『保晩齋集』 卷末, 「保晩齋集跋」.

150) 徐命膺, 『先天四演』, 「方圓象箋七・地圓眞傳」, 50.

有人南行二百五十里, 則北極底一度, 南星高一度. 北行二百五十里, 則南星底一度, 北極高一度. 由是一遵, 蓋天周髀之說, 以地體爲至圓.

151) 徐命膺, 같은 곳, 50.

由東至西, 隨地定子午線, 凡節氣時刻, 在東者加四分, 在西者減四分. 晝夜亦然, 錯錯相符, 行之屢年, 無豪釐差誤. 由是觀之, 地圓庸詎非眞至不易之理乎!

152) 徐命膺, 『先天四演』, 「方圓象箋八 · 日景五裁」, 51-2.
서명응은 이곳에서 지구를 북극 아래 지방, 북반구에서 皇道와 赤道가 교차하는 지방, 적도 아래 지방, 남반구에서 황도와 적도가 교차하는 지방, 남극 아래 지방의 다섯 구역으로 나누어 설명한다.

153) 徐命膺, 『髀禮準』 下, 「太陽準 · 太陽形體」, 2.

154) 徐命膺, 『髀禮準』 下, 「太陽準 · 太陰形體」, 6.

155) 박권수, 「徐命膺(1716~1787)의 易學的 天文觀」(『한국과학사학회지』 제20권 1호, 한국과학사학회, 1998), 73-4쪽 참조.

156) 정성희, 「頤齋 黃胤錫의 科學思想」(『淸溪史學』 9, 1992), 162-3쪽.

157) 徐命膺, 『先天四演』, 卷首, 「先天四演序」, 1.
先天四演, 以言象數意之四道, 演伏羲先天之四圖.

158) 徐命膺, 같은 곳 참조.

159) 徐命膺, 『髀禮準』, 「髀禮準序」, 1.
髀, 周髀. 禮, 周禮. 以周禮準天象, 周髀準天數, 名髀禮準.

160) 徐命膺, 『先句齊』, 「先句齊序」, 1.
先句齊者, 何爲也? 以先天之象, 而齊句股之法.

161) 徐命膺, 『髀禮準』 上, 「總象準 · 十二重天」, 3.
盖九重天, 乃羲皇立曆度時, 因先天坤八得乾一爲九之數, 灼知八重外永靜天, 而特設此象, 豈後人所可增損哉!

162) 徐命膺, 『先天四演』, 「方圓象箋三 · 黃道成緯」, 42.
伏羲仰觀天行俯察日景, 驗之於圓圖之象與數, 以定二極赤道, 則天凡九重, 其第九重至靜不動, 以包其內八重爲之範圍.

163) 徐命膺, 『髀禮準』 上, 「下規準 · 辰極理象」, 47.
盖北極之星五者, 河圖中宮天五之數也. 南極之星十五者, 河圖中宮之十含天五之數也.

164) 徐命膺, 『先天四演』, 「方圓象箋一 · 二極正儀」, 39.
夫以一體之旋轉疑, 若無左右之異, 然凡在上之左旋者, 自下對視, 則悉成右轉. 故北極之左旋者, 自南極對視, 反成右轉. 是又與圖左之左旋始物, 圖右之右轉成物者, 其象如出一範, 圖與天, 豈可以差殊觀哉.

165) 徐命膺, 『髀禮準』 卷首, 「髀禮準序」, 1-2.

166) 薄樹人 編, 『中國天文學史』(台北: 文津出版社, 民國 85), 301-2쪽 참조.
梅文鼎은 청대 초기에 曆學의 제1인자라는 평가를 받고 있는 사람으로, 天文學 외에도 數學 분야에서도 다량의 저술을 남겼다. 서구 천문학뿐 아니라 중국 전통의 천문학 자료를 수집 정리하였고, 천문 기기나 관측 및 星表 등을 제작하는 데도 적극적이었다.

167) 노대환, 「정조시대 서기 수용 논의와 서학 정책」(『정조시대의 사상과 문화』, 서울: 돌베개, 1999), 201-32쪽 및 박성래, 「西洋宣敎師의 科學」(『중국과학의 사상』, 서울: 전파과학사, 1978), 105-31쪽 참조.

168) 박권수, 「徐命膺(1716~1787)의 易學的 天文觀」(『한국과학사학회지』 제20권 1호, 한국과학사학회, 1998), 93쪽.

169) 『주역』, 「繫辭上傳」, 4장.

170) 朱熹, 『周易本義』, 「繫辭上」, 4章 朱熹注.

天地之道, 知仁而已. 知周萬物者, 天也, 道濟天下者, 地也. 知且仁, 則知而不過矣. '旁行'者, 行權之知也, '不流'者, 守正之仁也. 旣樂天理而又知天命, 故能无憂, 而其知益深. 隨處皆安而无一息之不仁, 故能不忘其濟物之心, 而仁益篤. 蓋仁者, 愛之理, 愛者, 仁之用, 故其相爲表裏, 如此.

171) 『주역사전』 2/44, 「繫辭上傳」, 茶山箋, 8/5a.

'原始'者, 萬物出於震也.[「說卦」文.] '反終'者, 萬物成於艮也.[「說卦」云.] 以重卦, 則復一陽之始生爲原始也, 剝一陽之成終爲反終也. 故曰, "震爲反生"[「說卦」文.], "艮爲死.[九家易.]"

172) 『주역사전』 2/44, 「繫辭上傳」, 茶山箋, 8/5a-b.

此八卦之德, 聖人取以爲則也. 天地者, 乾坤也. 知周萬物者, 坎也. 道濟天下者, 離也. 旁行不流者, 兌也. 樂天知命者, 巽也. 安土者, 艮也. 敦乎仁者, 震也.

173) 『주역사전』 2/44, 「繫辭上傳」, 茶山箋, 8/5b.

坎, 北方之水德也, 於人爲知.[貞固幹事, 是智也.] 離者, 聖人所以南面而出治也[見「說卦」.], 故『易』凡言治, 皆以離也. 道濟天下, 非旣治乎! 『左傳』曰, "川壅爲澤"[不流也.], 又兌者, 和也, 和而不流, 兌之德也. 巽爲天命, 『易』之例也.[乾天口向下.] 艮者, 止也, 又爲城邑安土之象也.[艮爲土.] 震者, 東方生物之卦, 其德爲仁也.

174) 『주역사전』 2/41, 睽卦, 「彖傳」, 茶山箋, 5/5a-b.

'天地'者, 陰陽也. 大壯之時, 陽與陽聚[下四陽.], 陰與陰聚[上二陰.], 移之爲睽, 中成坎事[上互坎.], 此'天地睽而其事同'也. 中孚之時, 震巽相會[長男女.], 艮兌相合[少男女.], 移之爲睽, 坎志相通[上互坎.], 此'男女睽而其志通'也.[坎爲通.] '萬物'者, 卦畫也.[「大傳」云, "物以羣分."] 大壯中孚, 皆爲聚合之卦[皆辟卦.], 而移之爲睽, 則剛柔交錯[相分散.], 坎功以成[上互坎.], 此'萬物睽而其事類'也.

175) 『주역사전』 2/41, 解卦, 「彖傳」, 茶山箋, 5/12a.

'天地'者, 陰陽也. 臨與小過, 皆陰陽各聚[皆辟卦.], 散以解之, 則爲雷爲雨. 於是, 艮之果蓏[小過本下艮.], 震之草木[臨小過皆震.], 無不動, 其离甲[今互离.]坼而爲震[上今震.], 震也者, 离甲之上坼者也.[离爲龜, 爲甲冑.] 解之爲德, 不亦大矣哉!

176) 『주역사전』 2/41, 姤卦, 「彖傳」, 茶山箋, 5/27a.

'天地'者, 陰陽也. '品物'者, 卦畫也. 黑白雜而後, 物悉成章.[章, 文也.] 乾之時, 純陽而已, 今'陰陽相遇, 品物咸章'也.

177) 『주역사전』 2/39, 豫卦, 「象傳」, 茶山箋, 3/5a.

'天地'者, 剝復之謂也.[剝一陽在天位, 而復一陽在地位.] 剝復之移[移爲豫.], 不失坤順, 以順動也. 剝之下移[上之四.], 不過離位[一二三.], 復之上移[一之四.], 不過坎位[四五六.], '日月不過'也.[离坎爲日月.] 坤陰旣極[下今坤.], 震陽乃生[上今震.], '四時不忒'也.[四時之終始.]

178) 『주역사전』 2/38, 泰卦 九三, 茶山箋, 2/32b.

'天地際'者, 乾坤交也. 泰之乾坤, 交於三四, 以成歸妹, 天地際也.[泰變爲臨, 則天地無所交.]

179) 『주역사전』 2/38, 泰卦 九三, 茶山箋, 2/32a.

泰之兩互, 卽成歸妹[上雷而下澤.], 剛往于外[泰三升于四.], 乾德遂缺[下成兌.], 三爻之動, 乾剛遂還[雷天卦.], '無往不復'也.

180) 『周易傳義』, 泰卦 九三, 「象傳」, 程傳.

无往不復, 言天地之交際也. 陽降于下, 必復于上, 陰升于上, 必復于下, 屈伸往來之常理也. 因天地交際之道, 明否泰不常之理, 以爲戒也.

181) 乾 ☰과 乾卦 ䷀ : 본 논문에서는 8小成卦와 64大成卦를 구분하여 64괘의 경우에만 괘의 호칭을 붙여 사용한다. 8괘와 64괘를 쉽게 구분하려는 목적도 있지만 다산의 글 속에서도 이 둘을 구분하고자 했던 흔적을 엿볼 수가 있다. 특히 신조선사본 『주역사전』의 경우 8괘로서의 离 ☲와 64괘로서의 離卦 ䷝를 비교적 엄격하게 구분 사용하고 있다. 8괘로 말할 때는 '离'를 쓰고 64괘로 말할 때는 '離'를 쓰고 있는 것이다. 이 구분이 정인보 등의 교감자들에 의해 정해진 것인지 아니면 그들이 참고한 필사본이 원래 그러한 것인지는 불분명하지만 비교적 그 원칙이 지켜지고 있음을 확인할 수 있다. 규장각본 『주역사전』은 그 둘을 구분하고 있기는 하지만 원칙 없이 적용되고 있다. 다만 다산의 細箋에서는 8괘로서의 离에 대해 거의 대부분 离자로 사용함으로써 규장각본의 필사자 또는 그것의 대본이었을 어떤 필사본이 그 둘을 구분하여 사용하고 있음을 엿볼 수가 있다. 그러나 그렇더라도 이 두 구분이 엄밀하지는 않다. 필자의 눈에 비친 판본들의 단면일 수도 있다.

182) 『周易四箋』 2/37, 乾卦, 冒頭 茶山箋, 1/35a.

乾健者, 六書之諧聲也. 八卦消長之序, 亦如重卦. 陽起於震[如復臨.], 壯於兌[如大壯.], 究於乾.[如重乾.] 故「說卦傳」曰, '震其究爲健'. 健者, 乾也. 以重卦, 則卦由復始[一而六.], 爲臨爲泰, 以至於乾, 其行甚健[震以行.], 故謂之乾也.

183) 『주역사전』 2/37, 乾卦, 冒頭 茶山箋, 1/35a.

乾者, 氣也. 古篆, 氣作气, 作三, 又作□, 作□. □者, □□之轉隷也.[古文, 氣早二字, 皆作□.] 乞者, 气三之轉隷也.[篆又作□, 此以卦爲字也.] 萬物之生, 皆受氣化, 故爲天爲父, 與坤爲配也.

184)『주역사전』2/37, 乾卦, 冒頭 茶山箋, 1/35a.

又乾者, 燥也, 涸也. 坤陰旣燥, 兌澤今涸[震兌而爲乾.], 所以爲乾也. 夏易首艮[連山易.], 商易首坤[歸藏易.], 以乾爲首者, 文王之『易』也.

185) 왕필,『周易注』, 乾卦,「彖傳」, 王弼注.

天也者, 形之名也, 乾也者, 用形者也.

186) 程伊川,『伊川易傳』, 乾卦, 卦辭注.

乾, 天也, 天者, 天之形體, 乾者, 天之性情.

187) 최근(2003년 봄) 서울 삼성동 코엑스 3층 특별전시장에서 '특별기획전 고구려! — 평양에서 온 무덤벽화와 유물'전이 열렸다. 이화여대 미술사학과 강우방(62세) 교수는 이 기획전에서 특별히 '연가7년명 금동일광삼존상'과 복원한 무덤벽화를 관찰하면서 새로운 논문 한 편「고구려 고분벽화와 불상 광배의 기표현」을 완성했는데, 이 논문은 半연간지『미술사논단』에 발표할 계획이라 한다. 이 논문에서 강교수는 "부처 몸에서 나온 氣, 다시 말해 부처의 정신을 압축한 것이 光背에 나타나는 구불구불한 문양으로 바로 氣무늬의 꼬리"라고 정리했다. 그리고 이 氣가 고구려 무덤벽화에서는 세 가지 조형방법으로 표현됐다고 한다. 첫째는 대지로부터 아물아물 수증기가 올라 구름이 되어 떠 있는 듯한 雲氣文, 둘째는 호흡을 통해 생명과 만물이 생긴다는 우주생성론을 형상화한 唐草文, 셋째는 자연계의 운행 원동력이라 할 바람을 추상화한 바람무늬라고 지적했다. 더 나아가 이 氣표현이 太極 무늬로까지 연결됐다고 보았다. 그가 고분벽화에서 발견한 氣표현 무늬 세 가지가 중앙일보, 2003년 1월 29일(수) 40면에 실렸다.

188) 黎靖德 編,『朱子語類』,「理氣上」, 1-23. (범례:『주자어류』권1「이기상」의 23번째 문답)

天地初間, 只是陰陽之氣. 這一箇氣運行, 磨來磨去. 磨得急了, 便拶許多查滓. 裏面無出處, 便結成箇地在中央. 氣之淸者 便爲天, 爲日月, 爲星辰, 只在外常周環運轉. 地便只在中央不動, 不是在下.

189) 黎靖德 編,『朱子語類』,「周子之書・太極圖」, 94-16.

"陽變陰合, 而生水火木金土." 陰陽, 氣也, 生此五行之質. 天地生物, 五行獨先. 地卽是土, 土便包含許多金木之類. 天地之間, 何事而非五行? 五行陰陽七者滾合, 便是生物的材料.

190)『전서』2/4,「中庸講義補」, 1/1b-2a.

陰陽之名, 起於日光之照掩, 日所隱曰陰, 日所映曰陽, 本無體質, 只有明暗, 原不可以爲萬物之父母.

191)『전서』2/4,「中庸講義補」, 1/2a.

故聖人作『易』, 以陰陽對待, 爲天道爲易道而已. 陰陽曷嘗有體質哉? 惟是伏義八卦,原有四正四偏, 天地水火者, 正方之卦也. 風雷山澤者, 偏剞之卦也. 「表記」曰, "天火尊而不親, 水土親而不尊", 言其位有尊卑也. 天火相合, 以生風雷, 水土相錯, 以成山澤, 變化蒸育, 以生萬物. 先哲於此, 又以輕清者爲陽, 重濁者爲陰, 原是借名, 非其本實.

192) 『전서』 2/4, 「中庸講義補」, 1/3a.
五行不過萬物中五物, 則同是物也. 而以五生萬, 不亦難乎? 「禮運」曰, "人者五行之秀氣", 先儒所宗皆此一言. 今夫血氣之倫, 刳而視之, 不見金木等物, 將於何驗得此理?

193) 丁學淵(1783~1859): 아명은 學稼와 武牂, 자는 穉修, 호는 酉山. 다산의 맏아들로 詩文에 능했으며 의술에도 밝았고 監役 벼슬을 지냈다. 저서로 『種畜會通』 8권 3책이 필사본으로 전하고 있다.

194) 丁學游(1786~1855): 아명은 學圃와 文牂, 자는 穉求, 호는 耘逋. 다산의 둘째아들로 『農家月令歌』의 저자로 알려져 있다. 편서로 『詩名多識』 4권 2책이 있다.

195) 李晴(1792~?): 자는 鶴來, 호는 琴初. 강진 유배기의 제자로 1806년경 한때 다산은 이청의 집에 기거하였다. 『주역사전』 戊辰本 및 『大東水經』 등을 정리했다.

196) 『주역사전』 2/37, 「題戊辰本」, 1/1a.
余於甲子陽復之日[嘉慶九年癸亥冬.], 在康津謫中, 始讀『易』, 是年夏, 始有箚錄之工, 至冬而畢[凡八卷.], 此甲子本也.
○ 甲子本, 四義雖具, 粗略不完, 遂毁之, 厥明年改撰之[亦八卷.], 此乙丑本也.[此本在羅州海中.]
○ 乙丑冬, 學稼至, 偕棲寶恩山房, 以前本不取兩互及交易之象, 悉改之[十六卷.], 至春而畢, 此丙寅本也.[此本在廣州.]
○ 丙寅本, 於播性留動之義, 多有闕誤, 故又令學稼易稿, 未卒而北還, 令李鶴來竣工[爲二十四卷.], 此丁卯本也.[其實此亦丙寅本.]
○ 丁卯本, 詞理未精, 象義多誤, 戊辰秋, 余與學圃在橘園令圃脫稿[亦二十四卷.], 此所謂戊辰本也.

197) '玆山易柬'을 '자산역간'이라고 잘못 읽어왔으나, 「玆山易柬」 첫머리의 茶山箋에 따르면 '현산역간'으로 읽어야 한다. "신유년(1801) 겨울, 나는 강진으로 유배를 갔고 둘째형은 흑산도로 유배를 갔다. 흑산黑山이라는 이름은 아득하고 검은 것이 두려운 마음이 들게 하여 차마 그대로 발음할 수 없었다. 그래서 편지 속에서는 현산玆山이라 고쳐 썼는데, 현玆자 또한 검을 흑黑의 뜻이다.(辛酉冬, 余謫康津, 仲氏謫黑山島.[在羅州海中.] 黑山之名, 幽黑可怖, 不忍斥言. 故書牘之間, 改之爲玆山, 玆亦黑也.)"
물론 자玆자가 차此를 의미할 때는 '자'로 읽어야 한다. 『강희자전』 현부玄部의 '玆'자 조에 따르면, '자'음 외에 "『광운廣韻』과 『집운集韻』에 모두

'호'와 '연'의 반절로 소리가 '현'이며 검다는 뜻이다.(廣韻集韻, 竝瑚涓切, 音懸, 黑也.)"라고 하여 '현'음을 소개하고 있다.

198) 『역학서언』 2/48, 「玆山易柬」, 4/27b.

甲子冬, 余以『周易四解』寄示仲氏, 過蒙印可, 每有書, 至抄取其說『易』諸條, 久而成編, 名之曰「玆山易柬」.

199) 『與猶堂集』 24(續集四), 「巽菴書牘 · 寄茶山」(乙丑五月初三日).

吾意, 則名曰'四解'不如'象解'. … 若欲仍舊呼作'象解', 則序亦當有改耳.

200) 「讀易要旨」의 저작 시기에 대해 『연보』를 작성한 정규영은 잘못된 정보를 제공하고 있다. 정규영은 八年 戊辰 公四十七歲조에서 짤막하게 "著讀易要旨十八則"이라는 기록을 남겼는데, 이는 분명 틀린 말이다. 다산이 직접 丙寅年(1806) 단오일에 쓴 「題讀易要旨後」에서 「독역요지」 두 장을 經 첫머리에 편입시켰다고 밝히고 있기 때문이다. 이미 병인년에 저작된 것이다.

201) 『전서』 1/14, 「題 · 題讀易要旨後」, 40a-b.

嗚呼! 危哉. 編摩旣訖, 裝池且成, 而敢顧惜乎! 於是, 又梳櫛, 別另爲新本, 蓋自甲子陽復之後[卽癸亥冬至.]至今, 凡五易稿矣. 別補「要旨」二章, 錄于經首, 因記如此. 蓋所以表余鹵鈍不能早悟, 亦以見勞苦困憊, 先迷後得之實, 不欲其混然無跡云爾. 丙午端午日, 書于寶恩山房.

202) 『與猶堂集』 24(續集四), 「巽菴書牘 · 寄茶山」(乙丑五月初三日).

『易解』正本, 渴欲一覽, 而未成副本, 則恐不肯送之涉海. 吾已老矣, 恐溘先朝露, 終不得眼中一快, 爲之怛然傷神.

203) 『與猶堂集』 24(續集四), 「巽菴書牘 · 寄茶山」(己巳仲春).

『易解』之易藁, 勢所然也. 智與年長, 眼與日新, 雖至八九十之年, 必有覺. 今是悟昨非之義, 今所謂正本者, 安知不爲草本耶!

204) 『與猶堂集』 24(續集四), 「巽菴書牘 · 寄茶山」.

『易解』久久見之, 愈覺神妙, 無容改評. 其中時有疑處, 而不得其說者, 置之闕疑之科, 略有斑窺者十餘條, 疏錄以投之.

205) '幾何書'는 『幾何原本』과 같은 류의 논리 수학서를 이른다. 1812년에 다산에게 보낸 「寄茶山」이라는 편지에 申氏의 『기하원본』이 인용되어 있는데, 이로 보아 그 1년 전 이 편지를 쓸 때에 손암이 기하학 관련 서적을 읽고 있었을 것으로 생각된다. 「先仲氏墓誌銘」에는 "일찍이 이벽을 따라 놀며 曆數의 학문에 대하여 듣고 『幾何原本』을 연구하여 정밀하고 오묘한 뜻을 헤아려냈으며 新教의 학설을 듣고서 흔연히 기뻐하였으나 몸으로 종교를 믿지는 않았었다(嘗從李蘗遊, 聞曆數之學, 究幾何原本, 剖其精奧, 遂聞新敎之說, 欣然以悅, 然不以身從事.)"고 하여 '幾何原本'이라는 책명이 그대로 등장한다.

206) 『與猶堂集』 24(續集四), 「巽菴書牘 · 寄茶山」(辛未九月初六日).(1811년 9월 6일).

『易箋』, 比之前見, 如昧爽之於丁午, 快哉快哉! 但其書之難讀, 如幾何書, 非至靜莫可尋究.

207) 丁奎英, 『俟菴先生年譜』, 八年 戊辰 公四十七歲 조.

冬, 周易心箋成.

208) 『전서』 1/18, 「家誡·示二子家誡」, 5b.

『周易四箋』, 是吾得天助之文字, 萬萬非人力可通智慮所到. 有能潛心此書, 悉通奧妙者, 卽子孫朋友. 千載一遇, 愛之重之, 當倍常情.

209) 조선후기 서구과학과 『주역』을 접목시키려고 노력했던 성과들에 대해서는 다음의 논문들에 잘 나타나 있다. 金錫文의 역학에 대해서는 이용범의 「金錫文의 地轉論과 그 思想的 背景」(『진단학보』 41, 진단학회, 1976), 「李朝實學派의 西洋科學受容과 그 限界—金錫文과 李瀷의 경우」(『동방학지』 58, 연세대 국학연구원, 1988), 민영규의 「十七世紀 李朝學人의 地動說—金錫文의 易學二十四圖解」(『동방학지』 16, 연세대 국학연구원, 1975), 장숙필의 「김석문의 역학이십사도해」(『圖說로 보는 한국유학』, 예문서원, 2000)을 참조. 徐命膺의 역학에 대해서는 박권수의 「徐命膺의 易學的 天文觀」(『한국과학사학회지』 제20권 제1호, 한국과학사학회, 1998)과 孟天述이 서명응의 「先天四演」을 번역한 『易理의 새로운 解釋』(중앙대 출판부, 1987)을 참조. 黃胤錫의 역학에 대해서는 김낙진의 「황윤석의 동서양 자연학의 절충과 시대적 한계」(『圖說로 보는 한국유학』, 예문서원, 2000)를 참조. 이외에 조선후기의 전반적인 양상을 알기 위해서는 문중양의 「18세기 조선 실학자의 자연지식의 성격—象數學的 우주론을 중심으로」(『한국과학사학회지』 제21권 제1호, 한국과학사학회, 1999)를 참조.

210) 『周易四箋』 2/40, 「易論」, 4/15a-16a; 『전서』 1/11, 「易論二」, 1a-2a. (이하 經集 『주역사전』에 있는 「易論」은 詩文集 「易論二」와 동일한 것이므로, 「易論2」로 개칭한다.)

奠楹之後, 二千二百八十五年春, 洌水 丁鏞撰.[丙寅春.]

211) 『전서』 1/11, 「論·易論一」, 1a-2a.

212) 『史記』, 「孔子世家」.

孔子晩而喜『易』, … 讀『易』, 韋編三絶.

213) 여기에서 신비화와 신성화라는 두 용어를 구별할 필요가 있다. 신성화는 비교적 긍정적인 의미에서 『역』을 상향평가하려는 의도를 지칭하며, 신비화는 비교적 부정적인 의미에서 『역』을 상향평가하려는 의도를 가리킨다. 『역』에 대한 평가에 있어 이 두 측면은 동전의 양면처럼 병행되고 있다.

214) 『漢書』, 권30, 「藝文志」 제10(北京: 中華書局, 1962, 1996), 1704쪽.

人更三聖, 世歷三古.

215) 『역학서언』 2/45, 「班固藝文志論」, 1/25a-b; 및 『漢書』, 권30, 「藝文志」 제10(北京: 中華書局), 1704쪽.

宓戲氏, 始作八卦. 至于殷周之際, 紂在上位, 逆天暴物, 文王以諸侯順命而行道, 天人之占可得而効, 於是, 重『易』六爻, 作上下篇. 孔氏爲之「彖」「象」「繫辭」「文言」「序卦」之屬十篇, 故曰, 『易』道深矣.

216) 朱伯崑, 『易學哲學史』(上)(北京大學出版社, 1986), 9쪽 참조.

217) 蘇洵(1009~1066): 宋 四川 眉山 사람. 文人이며 호는 老泉, 字는 明允이다. 蘇軾과 蘇轍의 아버지로, 3부자를 三蘇라 칭했으며, 사람들이 蜀學으로 존숭했다. 저서로 『嘉祐集』 3권, 『諡法』 3권이 있다.

218) 『전서』 1/11, 「論·易論一」, 1a.

昔者, 蘇洵氏之言曰, "聖人之道, 所以不廢者, 禮爲之明, 而『易』爲之幽也. 人之所以獲尊者, 以其中有所不可窺者也. 於是因而作『易』, 以神天下之耳目, 而其道遂尊. 此聖人用其機權, 以持天下之心."

이곳에 소순의 말로 인용되어 있는 것은 일반적인 茶山의 글쓰기 용례처럼 필요한 부분만을 모아 재편집한 형태이다. 아래에 蘇洵의 문집인 『嘉祐集』에 실려있는 「易論」 일부를 제시한다. 黃公偉의 『宋明清理學體系論史』(臺北: 幼獅文化事業公司, 民國 64년) 46쪽에 이와 관련된 내용이 있다.

觀天地之象以爲文, 通陰陽之變以爲卦, 考鬼神之情以爲辭. 探之茫茫, 索之冥冥, 童而習之, 白首而不得其源. 故天下視聖人, 如神之幽, 如天之高. 尊其人, 而其教亦隨之而尊. 故其道所以尊於天下而不敢廢者, 易爲之幽也. 凡人之所以見信者, 以其中無所不可測者也. 人之所以獲尊者, 以其有所不可窺者也. 是以, 禮無所不可測, 而『易』有所不可窺, 故天下之人, 信聖之之道而尊之." "於是因而作易, 以神天下之耳目, 而其道遂尊. 此聖人用其機權, 以持天下之心.

219) 黃公偉, 『宋明清理學體系論史』(臺北: 幼獅文化事業公司, 民國 64년), 47쪽.

220) 蘇洵, 『嘉祐集』(四庫全書, 索引番號 404634), 「易論」.

禮無所不可測, 而『易』有所不可窺.

221) 蘇洵, 『嘉祐集』, 「易論」.

探之茫茫, 索之冥冥, 童而習之, 白首而不得其源. 故天下視聖人, 如神之幽, 如天之高. 尊其人, 而其教亦隨之而尊.

222) 『전서』 1/11, 「論·易論一」, 1a.

噫! 蘇氏於是乎失言矣. 夫聖人之所以爲聖人者, 以其能至誠以待物, 使其所爲與所言, 昭乎若日月之耀乎天, 而無纖毫幽翳有足以望而疑之者也.

223) 『전서』 1/11, 「論·易論一」, 1a-b.

有不能達其奧而窮其蘊, 爲之徊徨瞻企, 而莫知其所以然者, 是其知之有所不及, 非聖人之志也.

224) 『전서』 1/11, 「論·易論一」, 1b.

故聖人又爲之焦其脣, 敝其舌, 指之以其手指, 喩之以其誥訓戒命之辭, 冀其一悟也. 有能微悟其所指喩者, 則聖人又爲之欣愉說豫, 喜動於色, 因其所已知, 而進之使達於其所未及知, 必使之盡知吾所知者, 而后息焉. 此聖人之志也.

225) 『전서』 1/11, 「論 · 易論一」, 1b.

夫然後聖人之道尊. 尊之者, 彼以其艱崎勞苦而知之, 故不得不推而尊之. 尊之非聖人之志也. 聖人非欲人尊己, 而使其人知吾之所知, 而后息也.

226) 『전서』 1/11, 「論 · 易論一」, 1b-2a.

有聖人焉, 爲之登降揖讓, 以敎民敬衆, 爲之獻酬醋餕, 以敎民報本, 爲之衰麻哭泣之紀, 以敎民仁死, 旣又爲之瞿然內恐于心, 曰: "我之所敎于民, 使之然者, 皆民之所易測易知者, 彼將盡窺吾之奧與蘊, 而吾不尊矣." 於是運智發謀, 夜以繼晝, 設爲民所不可知之事, 恍忽閃倏, 瑰怪譎詭, 無端無倪, 變幻其體, 投而抵之于愚夫愚婦之前, 使其駭愕惶汗, 逡巡退蹙, 以之神天下之耳目, 冀欲其屈躬伏地, 攢手百拜, 以尊我. 聖人固如是乎? 是唯浮屠釋氏之徒, 及後世庸鈍老醜, 爲河圖洛書之圖, 附之壁, 以盜名者爲之耳. 曾謂聖人之志如是乎? 夫設機權, 以持天下之心, 此覇主之略, 而兵家之所爲算也. 曾謂伏羲.神農文王周公孔子之聖而有是乎? 且『易』亦何幽之有?

227) 『易學緖言』 2/46, 「邵子先天論 · 論河圖老少互藏之法」, 2/38b.

九六七八者, 卦畫之所以變與不變也, 與水火生成之數, 太極剖判之理, 都不相當.

228) 『전서』 1/11, 「論 · 易論一」, 2a.

爲之「說卦」, 以喩其羊牛馬豕之象, 爲之翼傳, 以著其推移往來之跡, 爲之曰九而曰六, 以顯其變動遷流之用. 占人占其故, 下士八人, 簭人辨其吉凶, 中士二人, 以決國疑, 以前民用. 『易』亦何幽之有?

229) 『주역사전』 2/37, 「括例表 · 說卦表直說」, 1/7b.

「說卦」, 物象之名, 卦德之分, 夏商之所不改也.

230) 『주역사전』 2/37, 「括例表 · 說卦表直說」, 1/7b.

「說卦」方位之序, 唐虞之所不易.

231) 「大象傳」 주석 冒頭에서 다산은 "「대상전」은 공자가 서가筮家의 「단전」 · 「상전」과 달리 별도로 상象을 연구하여 군자의 쓰임새에 의뢰한 작품이다. 이는 10익十翼 가운데 하나로 괘효사와는 연관이 없으며 본래 별도로 하나의 경전이어야 한다(「大象傳」者, 孔子于筮家「彖」 · 「象」之外, 別自玩象, 以資君子之用者也. 此爲十翼之一, 而不干卦爻之辭, 本宜別行, 自爲一經.)"고 하여 10익에 포함시켰다.

232) 『주역사전』 2/44, 「繫辭下傳」, 8/7a, 冒頭 茶山箋 참조.

王肅 · 李鼎祚本, 皆分上下傳, 蓋自田何授『易』, 已然矣. 並上下「彖傳」, 上下「象傳」, 爲六翼, 唯「大象傳」[天行健之類.], 及「說卦」「序卦」「雜卦」, 各自一篇, 合之爲十翼. [「文言」者, 古之字書.]

233) 다산은 「설괘」를 64괘의 완성과 함께 있어왔던 古文으로 여긴다. 『주역

사전』「括例表 · 說卦表直說」에 따르면, 현본 「설괘전」 가운데 전반부인 "昔者, 聖人之作易也, 幽贊於神明而生蓍."부터 "是故『易』逆數也."까지와, "萬物出乎震, 震東方也."부터 "然後能變化旣成萬物也."까지를 「설괘」를 총론한 공자의 傳文이라고 보며, "雷以動之, 風以散之."부터 "勞乎坎, 成言乎艮"까지와 "乾, 健也. 坤, 順也." 이하를 모두 古文으로 간주한다.

234) 이을호, 『다산의 역학』(민음사, 1993), 63쪽.

235) 『주역사전』 乾卦 九三의 주석에서 다산은 "공자가 『역』을 해석할 때 의리를 위주로 한 것이 많다.[「단전」 · 「대상전」.](孔子解『易』, 多主義理.[「彖傳」 · 「大象傳」.])"고 하면서 「단전」과 「대상전」을 지목하고 있으며, 『역학서언』, 「班固藝文志論」에서는 "「소상전」은 효사의 뜻을 해석하여 筮家들이 사용하도록 만든 것일 뿐이며, 「대상전」은 공자가 점치는 것 외에 별도로 의리를 세워 아무 일이 없을 때 음미하도록 하기 위해 쓴 것이다"(「小象傳」者, 專釋爻詞之義, 以爲筮家之用者也. 「大象傳」者, 孔子於卜筮之外, 別立義理, 以爲居玩之用者也.)라고 하여 공자의 저작인 「단전」과 「대상전」이 의리를 위주로 한 것임을 밝히고 있다.

236) 『주역사전』 2/43, 「大象傳」, 乾卦, 茶山箋, 7/31b-32a.

『易』之爲道, 專主十二辟推移之法, 不可但以天地水火雷風山澤, 相與相戾之象, 解此「大象」之旨也.

237) 『易學緖言』 4/46, 「邵子先天論 · 論河圖老少互藏之法」, 2/38b.

九六七八者, 卦畫之所以變與不變也.

238) 『역학서언』 2/46, 「邵子先天論 · 論河圖老少互藏之法」, 2/38b.

河圖別無深理. 唯一二三四, 列于中層, 六七八九, 環于外面, 而一六相配, 二七相配, 三八相配, 四九相配, 以爲天地生成之數, 如鄭康成之說而已.

239) 『역학서언』 2/46, 「邵子先天論 · 論河圖老少互藏之法」, 2/38b.

九六七八者, 卦畫之所以變與不變也. 與水火生成之數, 太極剖判之理, 都不相當. 先儒取此蓍卦之家, 至要至切之數目, 移以冒之於水火生成之數, 太極剖判之圖. 而及其揲蓍以求卦也, 仍不知何者爲九, 何者爲六, 何者爲七, 何者爲八?

240) 『周禮』: 三禮의 하나로, 중국 周나라 때 周公旦이 지었다 하나 후대 사람이 증보한 것이다. 주나라의 관제인 天官 · 地官 · 春官 · 夏官 · 秋官 · 冬官의 六官을 분류 설명한 것으로서 중국 국가 제도를 기록한 최고의 책이며 十三經의 하나로 친다. 6편으로 되었으며, 옛날에는 『周官』으로 일컫다가 唐나라 이후 『주례』라 일컬었다.

241) 『주례』, 「春官宗伯 · 占人」.

占人, 掌占龜, 以八簭占八頌, 以八卦占簭之八故, 以視吉凶.

242) 『주례』, 「春官宗伯 · 簭人」.

簭人, 掌三易, 以辨九簭之名, 一曰連山, 二曰歸藏, 三曰周易.

243) 『주례』, 「春官宗伯」.

占人, 下士八人, 府一人, 史二人, 徒八人. 簭人, 中士二人, 府一人, 史二人, 徒四人.

244) 『전서』 1/11, 「論・易論二」, 2a.

『易』, 何爲而作也? 聖人, 所以請天之命, 而順其旨者也. 夫事之出於公正之善, 足以必天之助之成, 而予之福者, 聖人不復請也. 事之出於公正之善, 而時與勢有不利, 可以必其事之敗, 而不能受天之福者, 聖人不復請也. 事之不出於公正之善, 而逆天理傷人紀者, 雖必其事之成, 而徼目前之福, 聖人不復請也. 唯事之出於公正之善, 而其成敗禍福, 有不能逆睹而縣度之者, 於是乎請之也.

245) 『易學緖言』 2/48, 「卜筮通義・卜筮總義」, 4/19b.

春秋之世, 此法已濫, 卜其身命者, 不出於榮祿位名幕, 其謀議者, 不揆夫義利逆順之辨. 稟命之義遂晦, 而探命之志先躁, 則眩惑妖幻之術, 狡獪支離之說, 得以交亂於其間, 而不自覺其陷入於慢天瀆神之咎矣.

246) 『전서』 1/11, 「論・易論二」, 2a-2b.

雖然, 聖人能切切然請之, 天不能諄諄然命之, 則天雖欲告之成, 而勸之使行, 末由也, 又雖欲告之敗, 而沮之使勿行, 亦末由也. 聖人是憪蚤夜以思, 仰而觀乎天, 頫而察乎地, 思有以紹天之明, 而請其命者, 一朝欣然拍案而起, 曰, "予有術矣."

247) 『전서』 1/11, 「論・易論二」, 2b.

於是, 以手畫地, 爲奇偶剛柔之形, 曰, "此天地水火變化生物之象也."[此八卦.]
因以爲之進退消長之勢, 曰, "此四時之象也."[此十二辟卦.]
又取之爲升降往來之狀, 曰, "此萬物之象也."[此五十衍卦.]

248) 『易學緖言』 2/48, 「周易答客難」, 4/25a.

蓋欲使學者, 引此而推彼. 比左而悟右, 期乎其參互會通以約文, 而馭衆情而已矣.

249) 방인은 「茶山의 『易論』을 통해본 卜筮의 模擬實驗的 기능」(『주역연구』 4, 한국주역학회, 1999), 155-6쪽에서, 『주역』 해석에 있어서 기호는 第一義的 중요성을 지니는 것이기 때문에, 역경 텍스트를 기호론(semiotics)의 기반 위에서 이해해야 할 필요가 있음을 제기하고, 『易』의 기호체계가 模擬實驗的(simulation) 기능을 갖추고 있음을 밝힌 바 있다.

250) 『전서』 1/11, 「論・易論二」, 2b.

於是, 取其所畫地爲奇偶剛柔之勢者, 玩其象, 憶其似若, 得其髣髴者, 而命之名, 曰, 此馬也, 彼牛也, 此車也, 彼宮室也, 此戈兵也, 彼弓矢也. 著之爲法式, 冀天之因其名而用之, 雖人立之名, 非天之所以爲實然, 天苟欲鑒吾誠而告之故, 則亦庶幾因吾之所爲名, 而遂以是用之也.[此「說卦」.]

251) 『주역사전』 2/44, 「說卦傳」, 冒頭 茶山箋, 8/28a.

『易』詞取象, 皆本「說卦」, 不讀「說卦」, 卽一字不可解, 棄鑰匙, 而求啓門, 愚之甚矣.

252) 『주역사전』 2/37, 「括例表」, 1/2b.

文王・周公之撰次『易』詞, 其一字一文, 皆取物象.

253) 『주역사전』 2/44, 「說卦傳」, 冒頭 茶山箋, 8/28a.

六爻旣變, 臨文求象, 則渙然氷釋, 怡然理順.

254) 『전서』 1/11, 「論・易論二」, 2b.

於是, 出于野, 取芳草若干莖, 與其所爲升降往來者, 合其數, 以相應, 敬以藏之於室, 而待之也.[此蓍策五十.]

每有事, 出而握之, 旣又爲之劈, 而四之, 曰, "此四時之象也". 又于是, 散之聚之, 參伍之, 變通之, 曰, "此萬物之象也". 旣已算其數, 而著其形, 形成而體立.[此筮得一卦.]

255) 『전서』 1/11, 「論・易論二」, 2b-3a.

於是, 取所謂馬牛車宮室戈兵弓矢劈鬅之象, 察其所升降往來之跡. 而其形之或全或虧, 或相與或相背, 其情之或舒或蹙, 或可悅或可憂, 可恃可懼, 可安可危者, 無不以其劈鬅者, 而玩之.[此占其吉凶.]

256) 方・功・義・弓: 거북의 배딱지에 금이 생겨 그 갈라진 방향에 따라 분류한 것이다. 4종류가 각각 30개의 항목으로 세분되어 총 120가지의 경우가 만들어진다. 『周禮』 「春官・大宗伯」의 太卜, 卜師 조목에 관련내용이 보인다.

257) 『尙書』 「洪範」의 稽疑 구절에 관련내용이 있다.

258) 『전서』 1/11, 「論・易論二」, 3a.

玩之誠吉, 於是乎作而言, 曰, "天其命予而行之矣." 玩之誠不吉, 兢兢然莫之敢行. 此『易』之所爲作也, 此聖人之所以請天之命而順其旨者也. 曰然, 則卜亦然, 亦所以請天之命而順其旨者也. 聖人何不尊之爲六經, 使其書亡也! 曰卜之兆也, 直以著其吉凶之成象, 方功義弓, 各有定體, 雨霽蟊圛, 各具本色, 體一百二十, 而其繇什之, 故不相用. 不相用, 則其升降往來之象, 不寓於其中也. 故當大事, 以之請天之命, 而紹天之明, 則長於『易』. 若夫居而玩其辭, 因以審其進退存亡之故, 而知其所以自處也, 則唯『易』有之, 故聖人唯『易』.

259) 『周易四箋』 2-40, 「易論」, 4/15a-16a. 이 刊記는 신조선사본 『與猶堂全書』 제2집 經集에만 실려있고, 제1집 詩文集에 실려있는 「역론2」에는 빠져있다.

奠楹之後, 二千二百八十五年春, 洌水 丁鏞撰.[丙寅春.]

260) 『周禮』 「春官・大宗伯」, 太卜, 卜師 조목 참조.

261) 『周易四箋』 2/37, 「括例表」, 1/2a.

『易』有四法, 一曰推移, 二曰物象, 三曰互體, 四曰爻變.

262) 『주역사전』 2/37, 「四箋小引」, 1/1a-b.

263) 『주역사전』 2/37, 「括例表」, 1/2a-b.

推移者, 何也? 冬至, 一陽始生, 其卦爲復[卽天根.], 爲臨爲泰[爲大壯爲夬.], 以至於乾, 則六陽乃成. 夏至, 一陰始生, 其卦爲姤[卽月窟.], 爲遯爲否[又爲觀爲剝.], 以至於坤, 則六陰乃成. 此所謂四時之卦也.[一卦配一月.] 小過者, 大坎也.[兼畫坎.] 中孚者, 大离也.[兼畫离.], 坎月离日[「說卦」文.], 積奇爲閏[月與日, 取積分, 以爲閏.], 此所謂再閏之卦也. 四時之卦, 京房謂之十二辟卦, 今擬除乾坤二卦, 別取再閏, 以充十二辟卦, 十二辟卦, 分其剛柔, 衍之爲五十衍卦.[卽羣分之卦.] 此所謂'大衍之數五十', 此之謂推移也.

264) 李鼎祚, 『周易集解』(北京出版社 刊, 『易學精華』 수록, 1996), 坤卦 初六.

265) 李鼎祚, 『周易集解』(北京出版社 刊, 『易學精華』 수록, 1996), 坤卦 上六.

266) 『주역사전』 2/44, 「繫辭上傳」, 8/6a.
配天地者, 乾坤二卦也.[八卦之乾坤] 配四時者, 十二辟卦也.[重卦之乾坤]

267) 『전서』 1/19, 「書・與尹畏心」, 20a.
六十四卦之中, 有所謂十二辟卦[辟卦者, 漢儒之所立名.], 以配於十二月, 此「易傳」所謂'變通莫大乎四時'也.

268) 『주역사전』 2/44, 「繫辭上傳」, 8/7a.
上文云, "變通莫大乎四時", 變通者, 十二辟卦也. 化否泰而裁之, 爲咸恒損益, 推臨觀而行之, 爲屯蒙頤坎.[並見推移表.] 此之謂'變通'也.

269) 『주역사전』 2/44, 「繫辭下傳」, 8/7b.
此又論推移之義也. 十二辟卦之推移爲五十衍卦也, 或推其剛而升之, 或推其柔而降之, 則周流變遷之跡在其中矣.

270) 『주역사전』 2/44, 「계사하전」, 8/8a.
朱子曰, … 文王周公, 看此六十四卦之中, 實實有十二辟卦, 爲之宗主, 而五十衍卦, 皆來受變之象. 於是乎, 繫之詞而命之, 則變動之法, 卽在其中矣.

271) 『주역사전』 2/44, 「계사하전」, 8/8a-b.
卦變圖者, 朱夫子晩年所作也.[在『本義』旣成之後.] 十二辟推移之法, 昭如日星, 唯中孚小過未經採用耳, 世猶昧昧, 何哉!

272) 『주역사전』 2/37, 「四箋小引」, 1/1a.
一曰推移. ○ 朱子卦變圖, 卽此法也.[與『本義』之首卦變不同] 唯中孚小過不入辟卦, 然推移者, 朱子之義也.

273) 毛奇齡, 『仲氏易』(『中國古代易學叢書』 36, 中國書店, 1998), 권2, 3b.
推移者, 移易之謂也.
毛奇齡, 『推易始末』(『中國古代易學叢書』 36, 中國書店, 1998), 권1, 3a.
所謂剛柔相推, 則移之也, 推者移也, 而總以二語概之曰, '方以類聚, 物以羣分', 然後推移之旨全焉.

274) 『주역사전』 2/37, 「括例表・推移表直說」, 1/5a.
乾坤者, 父母之卦也.

275) 『주역사전』 2/37, 「括例表・推移表直說」, 1/5a.
復臨泰大壯夬者, 由坤而變之, 進乎乾者也. 姤遯否觀剝者, 由乾而變之, 進乎坤者也.

276) 『주역사전』 2/37, 「括例表 · 推移表直說」, 1/5a.

乾坤, 雖爲諸卦之父母, 語其變, 則乾由坤變, 先乎乾者, 夬也.[義詳乾之象.] 坤由乾變, 先乎坤者, 剝也.[義詳坤之象.]

277) 『주역사전』 2/37, 「括例表 · 推移表直說」, 1/5b.

小過中孚者, 由坎离而變之, 復爲坎離者也.

278) 『주역사전』 2/37, 「括例表 · 推移表直說」, 1/5b.

天地水火者, 溟涬之分, 而自成形質, 不受和化者也.[雷風山澤, 生於火天水地.] 故乾坤坎离*, 爲易四正[不似震巽艮兌之偏畸不正.] 君辟之卦, 不可無坎离也, 小過者, 大坎也[兼畫三.], 中孚者, 大离也.[兼畫三.] 「大傳」, 以此爲再閏之象.

*离: 신조선사본과 규장각필사본에 모두 離자로 되어 있으나 小成卦로서 말하는 것이므로 离자로 써야 옳을 것 같다. 신조선사본은 8괘로서 말할 때 대부분 약자인 离자를 사용하고 있으나, 규장각필사본은 대체로 이 구분이 모호하다. 이 논문에서는 신조선사본의 일반적 용례에 따라 소성괘는 离로, 大成卦는 離로 표기할 것이다. 다음 구절의 离자도 마찬가지이다.

279) 다산은 「繫辭傳」의 이 부분을 「蓍卦傳」에 편입시켜 해석하였다.

280) 「玆山易柬」은 다산이 1804년의 『주역사전』(당시엔 '周易四解'라는 제목이었다.) 갑자본을 형의 유배지 흑산도로 보낸 뒤에 형이 보내온 여러 편의 편지에서 다산이 직접 중요한 부분을 뽑아 별도의 책으로 묶은 것이다.

281) 『역학서언』 2/48, 「玆山易柬」, 4/28a-b.

仲氏曰, "辟卦之理, 近者愈覺的確. 辟卦者, 八卦之大者也. 乾坤者, 大乾大坤也. 臨遯者, 大震大巽也. 觀大壯者, 大艮大兌也. 中孚小過者, 大离大坎也. 復剝姤夬者, 震艮巽兌之合乾坤, 而成者也. 否泰者, 乾坤之自相合者也. 夫八卦之重, 而爲六十四, 則復以八卦之形, 而爲之君辟使其餘五十, 皆來受變者. 其理的然無可疑者, 是所謂'自然而然, 不容人力'也." …

○ "大抵, 君之於『易』, 可謂長夜曙星, 而至於發出小過中孚之義者, 其功尤大矣. 吾爲君之兄, 亦足矣."

282) 『역학서언』 2/48, 「茶山問答」, 4/31a-b.

答: 中孚小過, 三易成卦[中孚陽陰陽, 小過陰陽陰.], 雖若與十二辟不同, 然兩兩相聚, 卦形端正, 超然自別於五十衍卦之外. 五十衍卦, 其形象氣味, 皆散亂偏畸, 不能爲諸卦之母, 而中孚小過, 孑然特立嶒然, 自潔斷斷, 非尋常等列之卦也. 且況二陰二陽之卦, 皆自遯大壯[此二陰.], 旣觀[此二陽.]而來[並見「推移表」.], 獨此中孚爲卦不自遯來[下四畫全與遯卦相反.], 不自大壯來.[上四畫全與大壯相反.] 又此小過爲卦不自臨來[下四畫全與臨卦相反.], 不自觀來.[上四畫全與觀卦相反.] 夫以三易之卦, 而終不肯屈, 首受變於十二辟之下, 亭亭然高自標峙者, 豈非諸卦之母, 而參之爲辟者乎? 況二陰諸卦, 不受衍於中孚[如睽家人等.], 則受衍於一卦而止矣[睽不過受衍於大壯. ○家人不過受衍於遯.], 或受衍於二卦[如離大過鼎革之類, 旣自遯來, 又自大壯來.], 或受衍於一卦[謂睽家人等.], 不亦喎戾而不正乎? 二陽之於小過亦然, 此中孚小過之不得不爲辟卦者也. 中孚小過, 參爲辟卦, 則承上接下, 連其樞要, 而二陰二陽之卦, 均二焉. 受變於二卦.[並見「推移表」.] 此殆天地自然之數, 不假人按排鋪置者也.

283) 『주역사전』 2/37, 「括例表 · 推移表直說」, 1/5b.
一陽之卦, 皆自復剝而升降之. 一陰之卦, 皆自姤夬而升降之.[法見表]
二陽之卦, 皆自臨觀小過而升降之. 二陰之卦, 皆自遯大壯中孚而升降之.
三陽之卦, 皆自泰來. 三陰之卦, 皆自否來.

284) 『주역사전』 2/37, 같은 곳.
師謙豫比者, 復剝之所推移也. 同人履小畜大有者, 姤夬之所推移也.

285) 『주역사전』 2/37, 같은 곳.
衍卦之中, 二陽之卦, 十二也. 其四, 臨觀之所推移也[卽屯蒙頤坎.], 其四, 臨小過之所推移也[卽升解震明夷.], 其四, 觀小過之所推移也.[卽萃蹇晉艮.]

286) 『주역사전』 2/37, 같은 곳.
二陰之卦, 十二也. 其四, 遯大壯之所推移也[鼎革离大過.], 其四, 遯中孚之所推移也[訟无妄巽家人.], 其四, 大壯中孚之所推移也.[需大畜睽兌.]

287) 『주역사전』 2/37, 같은 곳, 1/6a.
泰亦三陰, 然三陽在內, 故謂之陽卦也; 否亦三陽, 然三陰在內, 故謂之陰卦也.

288) 『주역사전』 2/37, 같은 곳, 1/6a.
從泰來者, 九卦也, 二陽存於下, 而上得一陽者, 從泰來者也[恒井蠱豐旣濟賁歸妹節損.], 從否來者, 九卦也, 二陰存於下, 而上得一陰者, 從否來者也.[咸困隨旅未濟噬嗑漸渙益.]

289) 黃宗羲의 『易學象數論』 권2(『四庫全書』본), 15-6판에 古卦變圖라고 하여 우번, 순상 등이 활용한 괘변설을 도표화한 것이 있다. 이 古卦變圖와 주자의 괘변도, 다산의 괘변도를 비교한 것은 신원봉의 「다산의 역학관 정립에 미친 청대사상의 영향: 모기령을 중심으로」(『茶山學』 3, 다산학술문화재단, 2002)에 자세하다.

290) 『주역사전』 2/37, 「括例表 · 推移表直說」, 1/6a.
荀爽虞翻之等, 皆主推移, 歷世相承, 未有歧貳, 朱子卦變圖, 蓋有所本, 唯小過中孚, 闕而不收也.[『本義』所著推移之義, 或與卦變圖不合, 蓋本義先成也]

291) 김승동, 「毛奇齡과 丁若鏞의 易卦 해석에 관한 비교연구」(『인문논총』 36, 부산대, 1990); 신원봉, 「다산의 역학관 정립에 미친 청대사상의 영향: 모기령을 중심으로」(『茶山學』 3, 다산학술문화재단, 2002); 방인, 「茶山의 明淸易學 비판」(『철학연구』 84, 대한철학회, 2002); 김영우, 「정약용과 모기령의 역학 사상 비교 연구」(2004년 『동방학지』 게재예정논고, 2003.3.8 한국실학학회 발표문의 수정보완본).

292) 신원봉, 「다산의 역학관 정립에 미친 청대사상의 영향: 모기령을 중심으

로」(『茶山學』 3, 다산학술문화재단, 2002), 168쪽 참조.

293) 『역학서언』 2/46, 「唐書卦氣論」, 2/12a.

論曰: 『易』之爲道, 十二辟推移而已. 若無此法, 包犧氏原不必畫卦. 何者? 畫卦無所用耳. 然則辟卦之名, 遙遙巍巍, 必自三古之時, 已有此名, 非漢儒之所新立也.[五十衍卦之名, 若隨蠱蹇解損益之等, 皆以推移之義而立名. 立名之初已然, 則辟卦之名, 必高古在昔矣.] 唯所謂公侯卿大夫之卦, 是漢儒狡獪別生贅疣, 以爲易家之蔀惑者.

294) 『주역사전』 2/37, 「括例表」, 1/2b.

物象者, 何也? 「說卦傳」所云, '乾馬', '坤牛', '坎豕', '离雉'之類, 是也. 文王周公之撰次『易』詞, 其一字一文, 皆取物象, 舍「說卦」而求解『易』, 猶舍六律而求制樂. 此之謂物象也.

295) 『주역사전』 2/44, 「說卦傳」, 茶山箋, 8/38a.

「大傳」云, "巽稱而隱."[乾初九龍德而隱.] 「雜卦」云, "巽, 伏也."[又爲遯, 爲潛, 爲入.], 是'隱伏'也.

296) 『전서』 1/19, 「書・與尹畏心」, 20b.

何謂物象? 凡『易』詞之曰龍, 曰馬, 曰牛, 曰羊, 無非是卦之中, 有此物象, 如「說卦」所云也. 假令乾之爲卦, 由復而進, 每得一震, 以進一步, 故「說卦」震爲龍, 而乾卦六爻, 遂名六龍. 物物皆然, 句句不錯. 而兩漢說『易』之家, 若京房・馬融・鄭玄・虞仲翔・荀慈明之等, 亦未嘗外物象而說『易』, 唯王輔嗣者, 棄「說卦」而不用耳. 使「說卦」而非孔氏之文, 猶之可也, 今旣謂之孔子十翼之一, 則豈王輔嗣之所能棄哉? 『周易』之有「說卦」, 猶風雅之有「釋言」, 此昏衢之一燈也, 大河之方舟也. 捨「說卦」而觀『易』詞, 是猶蠻夷鉤輈之舌, 捨象譯而求通中國之方言也, 惡乎可哉!

297) 王弼, 『周易略例』, 「明象」.

義苟應健, 何必乾乃爲馬? 而或者定馬於乾, 案文責卦, 有馬無乾, 則僞說滋漫, 難可紀矣. 互體不足, 遂及卦變; 變又不足, 推致五行. 一失其原, 巧愈彌甚, 縱復或値, 而義无所取.

298) 벽괘 간의 進退消長을 推移로 오해한 사람들이 있다. 최근 實是學舍經學研究會에서 출간한 『茶山의 經學世界』(한길사, 2002)에서도 이러한 오해가 발견되고 있으며, 金永友의 『丁若鏞의 易學 思想 研究』(서울대 박사학위논문, 2000)도 이에 속한다. 다산의 推移 개념에 관한 한 金王淵의 『茶山 易學의 研究』(고려대 박사학위논문, 1989)를 참조할 만하다.

299) 『주역사전』 2/37, 「括例表・推移表直說」, 1/5a.

乾坤, 雖爲諸卦之父母, 語其變, 則乾由坤變, 先乎乾者, 夬也. 坤由乾變, 先乎坤者, 剝也.

300) 『주역사전』 2/37, 「括例表・說卦表直說」, 1/8a.

『易』詞之取物象, 多有兼互二卦而命之爲物者.

301) 『주역사전』 2/37, 「括例表・說卦表直說」, 1/8a.

震巽之草木, 而得坎之險毒者, 爲蒺藜・叢棘.[坎・困詞.] 离之飛鳥, 而得巽之潔白者, 爲鶴.[中孚詞.] 又有未滿三畫, 而取之爲象者.[凡陽畫爲矢, 陰畫爲膚.] 今不能悉指.

302)『주역사전』2/41, 困卦 六三, 茶山箋, 5/38b.
此困之大過也. 大過自遯來[二之上.], 下艮山也[天山卦.], 又自大壯來[五之一.], 上震草也.[雷天卦.] 移之大過[法見表.], 通卦爲坎[上下夾.], 山而險則石也[坎爲隱.], 草而險則蒺藜也.[草有刺.] 遯之上剛[最上畫.], 入于險石之中[上之二.], '困于石'也.[石圍之.] 大壯所履[上一陰.], 立于險草之上[一之五.], '據于蒺藜'也.

303)『주역사전』2/40, 坎卦 上六, 茶山箋, 4/11a.
以下卦, 則震木蕃茂[二四互.], 生於坎險[下本坎.], 是爲叢棘[木之茂險者.], '寘于叢棘'也.

304)『주역사전』2/44,「繫辭上傳」, 8/4b-5a.
至漢京房之說『易』也, 雖讖緯誕妄曲成禎咎, 而爻詞之主乎變, 未嘗不知之.[並見諸卦下.] 一自馬融・鄭玄・荀爽・虞翻以來, 不知何故, 遂遭泯昧, 千年長夜, 無復三聖之舊義, 不亦悲哉! 爻不變, 則象不合, 象不合, 則「說卦」從而廢, 而『易』不可讀矣. 漢晉說『易』之家, 不下百數, 而其最無狀者王弼, 至于後世, 諸家盡廢, 唯王學獨傳[今十三經用王注.], 斯亦吾道之厄運. 諸家, 雖不知變, 猶必觀象以解經, 雖不免認豕爲牛[不知坤變坎.], 喚馬爲羊[不知兌變乾.], 而『易』詞之主乎象, 猶有可知. 暨乎王學行于世, 則象不可問矣, 然而宗之, 不亦謬哉!

305)『주역사전』2/37,「括例表」, 1/2b.
互體者, 何也? 重卦旣作, 六體相連, 自二至四, 自三至五 各成一卦. 此之謂互體也.

306) 互體說의 전래과정에 대해서는 박주병의『周易反正』(서문당, 2002), 215-38쪽 참조. 이에 따르면, 京房이 처음 호체설을 주장한 이래, 鄭玄이 一卦含四卦說을 주장하고, 虞翻이 이를 더욱 확대하여 4획과 5획으로도 호체를 만드는 連互法을 창안하였으며, 朱震은 鍾會의「易無互體論」과 왕필의 의리역을 비판하며 體有六變說을 주장하였다. 송대의 林栗도 호체의 관념을 가지고 있었으며, 朱熹도 호체설을 간혹 활용하였다. 洪邁, 吳澄, 胡炳文도 일부분이긴 하지만 호체설을 이용하였다. 특히 吳澄은 호체를 이용하여 互先天圖를 그리기도 하였다. 청대 黃宗羲와 李光地 등도 상수역을 비판적 입장에서 다루면서도 호체의 중요성을 강조한 바 있다. 李光地는 互卦圓圖를 그리기도 하였다.

307) 黎靖德 編,『朱子語類』(北京: 中華書局, 1986), 권76, 易12,「繫辭下」, 1957쪽.
先儒解此多以爲互體, 如屯卦震下坎上, 就中間四爻觀之, 自二至四則爲坤, 自三至五則爲艮, 故曰, "非其中爻不備." 互體說, 漢儒多用之. … 看來此說, 亦不可廢. <學履.>

308)『주역사전』2/37,「四箋小引」, 1/1b.
朱子曰, "互體不可廢."[見「大傳」'雜物撰德'之章.]

309) 『周易本義』, 「繫辭傳下」, 9장 朱子注.

此, 謂卦中四爻.

다산은 『易學緒言』 「朱子本義發微」에서 주자의 이 「계사전」 주석을 인용하면서 '卦中四爻'를 바로 '互體'로 바꿔서 기록하고 있다. 게다가 여기에서 '雜物撰德'章의 주석으로 인용된 주자의 말은 실제로는 「계사전」 '雜物撰德'章이 아니라, 『주자어류』 권76, 易12, 繫辭下의 學履의 기록에 있는 말이다.

朱子於「大傳」'雜物撰德'之章, 曰, "此爲互體, 如屯卦震下坎上, 就中間四爻觀之, 自二至四, 則爲坤, 自三至五, 則爲艮."

310) 『朱熹集』(四川敎育出版社), 권54, 「書・答王伯禮」, 2731쪽.

『易』中先儒舊法, 皆不可廢, 但互體五行納甲飛伏之類, 未及致思耳.

311) 『주역사전』 2/37, 「括例表・互體表直說」, 1/11b.

兩互作卦者, 旣取互體, 自然成卦, 非苟爲是工巧也.

312) 다산은 「繫辭下傳」 9장의 "二與四, 同功而異位"와 "三與五, 同功而異位"를 호체설로 해석한다.

313) 『周易』, 「繫辭下傳」 9장.

314) 『전서』 1/19, 「書・與尹畏心」, 20a.

何謂互體? 大凡一卦之中, 包函八卦之四. 假令下震上坎曰屯, 而此屯卦之中, 二與四而同功, 則名曰互坤, 三與五而同功, 則名曰互艮. 卽此一卦之中, 坤艮俱存, 而世人第知有震坎而已. 朱子曰, "互體之說, 不可廢", 胡雲峰・洪容齋・吳臨川諸公, 並有論證.[見「繫下傳」'雜物撰德'下.] 若『春秋』官占之法, 皆取互體以成妙用. 苟虛心一玩, 自當迎刃而解矣.

315) 『주역사전』 2/38, 屯卦, 「彖傳」, 茶山箋, 2/2b; 『주역사전』 2/43, 「春秋官占補註・重耳反國之筮」, 7/29a-30b; 및 『國語』, 「晉語」, 僖24年.

司空季子曰, "吉. 主震雷, 長, 故曰元.[善之長.] 衆而順, 嘉也[嘉之會.], 故曰亨.[夾大离.] 內有震雷, 故曰利貞.[事之主.]"

316) 『주역사전』 2/37, 「括例表・互體表直說」, 1/10a.

大體者, 互體之大者也, 唯坎离取焉.

317) 『주역사전』 2/37, 「括例表・大互表」, 1/8a-b 참조.

318) 『주역사전』 2/37, 「括例表・互體表直說」, 1/10a.

仲氏曰, "… 兩柔爲之翼, 而實其中, 則坎也.[謂大坎.] 兩剛爲之局, 而虛其中, 則离也.[謂大离.] 何必三畫者, 爲坎离乎!"

319) 『주역사전』 2/38, 訟卦 初六, 茶山箋, 2/13a.

兌之口舌[中孚之下兌.], 移爲坎險[一之四.], 險言爲謗[需九二.], '小有言'也. 遂爲大离[履大离.], 辨之克明[离爲明.], 是'終吉'也.

320) 『주역사전』 2/37, 「括例表・互體表直說」, 1/10a.

兼體者, 通一卦而取互者也. 重卦旣成, 位分三等[天人地], 兼三位而兩之, 亦八卦也.

321) 『주역사전』 2/38, 師卦 上六, 茶山箋, 2/18b-19a.

此師之蒙也. 蒙自臨來[一之上.], 臨爲大震[兼畫三.], 是'大君'也.[震爲主.] 又自觀來[五之二.], 觀有上巽, 是'有命'也.[巽爲命.] 移之爲蒙, 則由內達外[一之上.], 自上布下[五之二.], '大君有命'也.

322) 『주역사전』 2/37, 「括例表 · 互體表直說」, 1/10b.

倒體者, 卦才欲全用也.

323) 『주역사전』 2/37, 「括例表 · 互體表直說」, 1/10b.

六十四卦之中, 其不取反對者, 八卦也.[乾坤坎離等.] 乾坤至純, 旣無反對, 亦無互體, 而其餘六卦, 只取正體, 則其卦才之用, 有所未盡, 故聖人使之顚倒而取象. 蓋其卦形, 顚之倒之, 無非本象, 則其取倒體, 於理爲允也.

324) 『주역사전』 2/39, 觀卦 九五, 茶山箋, 3/20a.

此觀之剝也. 剝之上艮, 萬物所死[萬物終乎艮.], 倒之爲復[義見上.], 震則爲生[爲反生.], '觀我生'也.[卦德本爲觀.] 我者, 震也. 坤民之命[上本巽.], 迫於艮死, 而震主之仁, 援之使生, 此所謂民匪后罔生也.

○ '君子'者, 震也. 震失其道, 爲否爲觀[艮之迷.], 今震好生[上倒震.], 以觀萬民, '君子無咎'也.

○ '觀民'者, 明自上而觀下也. 自上觀下, 故得以震生也.

325) 『주역사전』 2/38, 觀卦 上九, 茶山箋, 3/20b.

此觀之比也. 比倒爲師[義見上.], 震主居中[剛在二.], 其德好生[爲反生.], '觀其生'也.[卦德本爲觀.] '其'者, 震也. 震主在五, 非此爻之主[此上爻.], 故不稱'我'而稱'其'也.

○ 震失其道, 爲否爲觀[艮之迷.], 今震臨下, 以活坤民, '君子無咎'也. 兩爻皆言者, 明兩爻之象, 皆取倒體也.

326) 『주역사전』 2/37, 「括例表 · 互體表直說」, 1/11a.

伏體者, 筮主於數, 據其位, 而考其數, 坎离之形, 雖不現於其外, 坎离之數, 實伏其中.

327) 『주역사전』 2/37, 「括例表 · 互體表直說」, 1/11a.

『易』有二觀, 一曰卦德, 二曰卦數.[一至六.] 卦德者, 乾坤之所分賦也. 卦數者, 坎离之所占據也. 六十四卦, 其剛畫皆乾, 其柔畫皆坤, 則六十四卦, 無一不囿於乾坤之範圍也. 六十四卦, 其下卦皆离[一二三, 奇偶奇.], 其上卦皆坎[四五六, 偶奇偶.], 則六十四卦, 無一不函於坎离之管轄也. 若是者, 何也? 天地水火, 『易』之四柱也, 故其分布諸卦, 而主其象數, 如此.

328) 『주역사전』 2/37, 「括例表 · 互體表直說」, 1/11a.

以之筮日, 則下卦爲晝[故初爲日出, 二爲日中, 三爲日昃.], 上卦爲夜.[夬九二.]

329) 『주역사전』 2/38, 泰卦 卦詞, 茶山箋, 2/30a.

离位積誠[下三陽.], 六位皆應, 前路大通, 其占亨也.

330) 『주역사전』 2/37, 「括例表 · 互體表直說」, 1/11a.

牉合者, 婚媾之象也. 故凡婚媾之卦, 其少男少女, 多一倒而一正.[亦有不然者.]

331)『주역사전』2/37,「括例表・互體表直說」, 1/11a-b.

歸妹, 則艮壻自外至, 故爲歸妹之象.[女家爲主人.] 漸, 則兌女自外至, 故爲女歸之象.[壻家爲主人.] 如咸恒之類, 雖亦男女俱存, 其勢相順, 不相牉合, 但可爲夫婦正家之象, 不可爲婚配行禮之象, 故大過爻詞, 以咸爲震兌之合[下倒震.], 以恒爲巽艮之合[上倒艮.], 此皆牉合之精義也.

332)『주역사전』2/38, 屯卦 六四, 茶山箋, 2/4b.

今卦隨也, 艮壻在此[下倒艮.], 兌女在彼[隨上兌.], 婚媾之卦, 取牉合也.[取倒象.] 柔自內往[一之上.], 遂獲兌女, '求婚媾往'也. 嘉會以合[中大离.], 二五有應[志相應.], '吉無不利'也.[兌爲利.]

333)『주역사전』2/37,「括例表・爻變表直說」, 1/12a-13b.

爻者, 變也. 不變, 非爻也. 九者, 老陽也, 六者, 老陰也. 老無不變, 則九六者, 旣變之名. 不變, 非九六也.『左傳』蔡墨之對, 旣是確證, 而『春秋』官占之引經爲義者, 又皆可證. 自漢以來, 爻變之說, 絶無師承, 此易之所以晦盲也. 爻不變, 則推移之法, 亦不可通, 此推移之所以廢. 爻不變, 則「說卦」物象, 亦皆不合, 此「說卦」之所以廢. 爻不變, 則互體之物, 亦皆不合, 此互體之所以廢.

334)『주역사전』2/43,「春秋官占補註・蔡墨對龍之言」(昭二十九年), 7/28b.

秋. 龍見于絳郊.[晉.] 魏獻子問於蔡墨, 墨對曰, "『周易』有之. 在乾之姤 [初九變.]曰, '潛龍勿用', 其同人 [九二變.]曰, '見龍在田', 其大有 [九五變.]曰, '飛龍在天', 其夬 [上九變.]曰, '亢龍有悔', 其坤 [乾六爻, 皆變.]曰, '見羣龍, 無首, 吉', 坤之剝 [坤上六之變.]曰, '龍戰于野.' 若不朝夕見, 誰能物之?"

335)『주역사전』2/43,「春秋官占補註・陳敬仲之筮」(莊二十二年), 7/15b.

是謂'觀國之光, 利用賓于王'.[此『易』詞.] 此其代陳有國乎! 不在此, 其在異國, 非此其身, 在其子孫.

336)『주역사전』2/43,「春秋官占補註・陳敬仲之筮」(莊二十二年), 7/15b-16a.

自姤以來, 君道日消[乾六陽日亡.], 爲遯, 爲否, 以至於觀, 則坤國之內, 遂無震主[下今坤.], 而通卦爲艮[兼畫三.], 天命[巽爲命.]遂終[萬物終乎艮.], 亡國之象也. 於此之時, 乾君忽興[上今乾.], 亡者復存[四亡而復存.], 此'代陳有國'之象也.

337)『주역사전』2/37,「括例表・爻變表直說」, 1/12b.

筮法, 三掛, 皆得天數[一三五七九.], 則其數爲九[參天故.], 三掛, 皆得地數[二四六八十.], 則其數爲六[兩地故.], 此其所以爲老也. 天地之間, 不可一刻而無陰, 亦不可一刻而無陽, 故純陽則直變爲陰, 純陰則直變爲陽. 其曰, '初九'者, 謂初畫動而爲陰也, 其曰, '初六'者, 謂初畫動而爲陽也. 則周公撰詞之初, 原主旣變之體, 而用其物象[如潛龍爲變巽之物, 履霜爲變震之象.], 不知爻變, 則不可以讀周公之詞也.

338)『주역사전』2/37,「括例表・爻變表直說」, 1/12a.

爻者, 交也, 謂陰陽交易也. 今人認畫爲爻, 頭腦已誤也.

339) 『주역사전』 2/37, 乾卦 九四, 茶山箋, 1/41a.

此乾之小畜也.[四爻變.] 小畜自姤來[一之四.], 姤之時, 巽股在下[「說卦」, "巽爲股."], 移之小畜[一之四.], 則巽股忽超[下巽今上巽.], 幾及天位[五六爲天位.], 其象躍也. 本皆震龍[義見前.], 龍之躍也. 又自夬來[上之四.], 上兌之澤[夬上兌.], 移亦爲淵[今互兌.], '躍在淵'也.[淵, 止水.] 自姤來, 則爲進[自下升.], 自夬來, 則爲退[自上降.], 象不確定, 其位可疑.[如上亦如下.] 疑則或之[占法也.], '或躍在淵'也.

○ 姤之時, 柔居陽位[初數奇.], 進而小畜[一之四.], 柔乃得位[四數偶.], '進無咎'也.[善補過.]

340) 『주역사전』 2/37, 「括例表・爻變表直說」, 1/13a-b.

乾旣變巽, 尙以乾看, 不亦執鷄而疑馬乎? 坤旣變震, 尙以坤求, 不亦瞻龍而疑牛乎? 坎旣變兌, 嗔舍豕而談羊, 离旣變艮, 慨去雉而論犬, 此王弼之所以起也. 九家不知爻變, 猶執「說卦」, 故其說傅會穿鑿, 一往不合, 唯象詞得合也. 九家見象詞之巧合, 而不忍捨「說卦」, 王弼見爻詞之不合, 而不欲用「說卦」, 苟究其故, 只坐爻變之不知也.

341) 『주역사전』 2/37, 「括例表・爻變表直說」, 1/13b.

試論屯卦六二變, 則互坤變而爲互震矣. 周公方且談龍, 王弼怪其非牛, 互體不廢乎? 屯六三變, 則互艮變而爲互离矣. 周公方且執雉, 王弼嘆其失犬, 互體不廢乎? 故曰, '互體之廢, 由不知爻變.'

342) 『역학서언』 2/46, 「朱子本義發微」, 2/22b.

『本義』立爻變之法甚多.

343) 『역학서언』 2/46, 「朱子本義發微」, 2/22b-34b.

朱子於乾之「象」曰, "筮得此卦, 而六爻皆不變者, 其占當得大通."

朱子乾初九曰, "陽數九爲老, 七爲少. 老變而少不變. 故謂陽爻爲九." ○ 又曰, "凡遇乾, 而此爻變者, 當觀此象, 而玩其占也, 餘爻倣此."

朱子於乾九二曰, "値此爻之變者, 利見此人."

朱子於乾用九曰, "凡筮得陽爻者, 皆用九而不用七." ○ 又曰, "遇此卦, 而六爻皆變者, 卽此占之."

朱子於坤初六曰, "陰數六老而八少, 故謂陰爻爲六."

344) 『春秋左氏傳』, 莊公 22年.

陳厲公, 蔡出也, 故蔡人殺五父而立之. 生敬仲. 其少也, 周史有以周易見陳侯者, 陳侯使筮之, 遇觀之否, 曰, "是謂'觀國之光, 利用賓于王.' 此其代陳有國乎? 不在此, 其在異國, 非此其身, 在其子孫. 光, 遠而自他有耀者也."

345) 『春秋左氏傳』, 僖公 15年.

晉獻公筮嫁伯姬於秦, 遇歸妹之睽. 史蘇占之曰, "不吉. 其繇曰, '士刲羊, 亦無衁也, 女承筐, 亦無貺也. 西鄰責言, 不可償也. 歸妹之睽, 猶無相也."

346) 『전서』 1/19, 「書・與尹畏心」, 20a.

若有所驀然開悟者, 顧恍惚依俙, 不得其門. 疑憤交中, 殆欲廢食.

347) 『전서』 1/19, 「書 · 與尹畏心」, 20a.
蓋自癸亥暮春, 目之所眡, 手之所操, 脣之所吟, 心志之所思索, 筆墨之所鈔錄, 以至對飯登圊, 彈指捫腹, 無一而非『周易』.

348) 『전서』 1/20, 「答仲氏」, 16a.
『周易』者, 周人禮法之所在, 儒者不可以不明其微言妙義在所發揮也.

349) 荀九家의 설을 말하는데, 九家는 京房, 馬融, 鄭玄, 宋衷, 虞翻, 陸績, 姚信, 翟子玄, 荀爽이다.

350) 『전서』 1/19, 「書 · 與尹畏心」, 20a.
既融會貫洽而後, 適值南至之日, 曰, "此甲子歲, 日躔之始也", 自其日讀乾卦, 凡六十四日, 讀二篇訖, 又取二十餘日, 讀「大傳」二篇及「說卦」「序卦」之等. 於是旁求漢魏, 以採九家之說, 降及唐宋, 博考諸賢之論. 唯朱子卦變之圖, 及其互體之說, 占變之法, 痛滌王弼之陋.

351) 王弼, 『周易略例』, 「明象」.
是故觸類可爲其象, 合義可爲其徵. 義苟在健, 何必馬乎? 類苟在順, 何必牛乎? 爻苟合順, 何必坤乃爲牛? 義苟應健, 何必乾乃爲馬? 而或者定馬於乾, 案文責卦, 有馬無乾, 則僞說滋漫, 難可紀矣. 互體不足, 遂及卦變; 變又不足, 推致五行. 一失其原, 巧愈彌甚, 縱復或値, 而義无所取. 蓋存象忘意之由也. 忘象以求其意, 義斯見矣.

352) 王弼, 『周易注』, 乾卦, 「文言」, 初九.
初九曰, "潛龍勿用", 何謂也? 子曰, "龍德而隱者也, 不易乎世, 不成乎名, 遯世无悶, 不見是而无悶. 樂則行之, 憂則違之, 確乎其不可拔, 潛龍也."

353) 임채우는 『王弼 易 哲學 硏究』(연세대 박사학위논문, 1995)에서 왕필이 지적한 이 세 가지 漢代易學의 해석방법론이 모두 상수에 의거하는 점에서 공통적인데, 이 상수가 『周易』 자체의 상수가 아니라 『주역』 밖에서 끌어들여 온 것이라는 점에서 문제가 있었다고 주장한다. 호체는 내외괘의 합으로 존재하는 大成卦에서 다시 互卦를 지어내는 것이니 本卦에 본래 없던 것이고, 卦變도 주어진 괘 밖의 다른 괘와 연결지어 이해하는 것이며, 五行說도 曆法 · 天文 · 律呂 등과 연관을 지어 설명하는 것이어서, 모두 『주역』 고유의 논리가 아니기 때문에 합리적이지 못할 뿐 아니라 해석의 자의성을 면치 못한다고 비평한 바 있다.

354) 張惠言, 『易學十書』.
王弼周易, 祖述王肅.

355) 焦循, 『周易補疏』 序.
王弼之學, 淵源於劉表, 而實根於王暢.

356) 湯用彤, 「魏晉玄學論稿」(『魏晉思想』), 94쪽.

357) 王弼, 『周易略例』, 「明象」.
夫象者, 出意者也, 言者, 明象者也. 盡意莫若象, 盡象莫若言. 言生於象, 故可尋言以觀象, 象生於意, 故可尋象以觀意. 意以象盡, 象以言著. 故言者, 所以明象, 得象而忘言. 象者, 所以存意, 得意而忘象. 猶蹄者所以在兎, 得兎而忘蹄. 筌者所以在魚, 得魚而忘筌也. 然則, 言者, 象之蹄也. 象者, 意之筌也.

358) 『莊子』, 「外物篇」.

荃者, 所以在魚, 得魚而忘荃. 蹄者, 所以在兎, 得兎而忘蹄. 言者, 所以在意, 得意而忘言. 吾安得夫忘言之人, 而與之言哉!

359) 『주역사전』 2/44, 「繫辭上傳」, 茶山箋, 8/4b.

'象'者, 庖羲畫卦以來每卦之本象也.[卦未變.] '變'者, 筮人揲蓍之後一爻之變象也.[乾之姤.] 文王彖詞, 以其本象而爲之辭者也, 周公爻詞, 以其變象而爲之辭者也.

360) 王弼, 『周易略例』(下).

彖者, 統論一卦之體者也. 象者, 各辯一爻之義者也.

361) 『주역사전』 2/37, 乾卦, 「彖傳」, 茶山箋, 1/36b.

'彖'者, 斷也[六書之諧聲.], 本卦之斷詞也.[占所決.] 又'彖'者, 豕頭也.[見『說文』.] 彖詞在六繇之上, 如豕頭在六體之上也.[「大傳」云, "彖者, 材也."] 彖詞, 本文王所作[卽卦詞.], 此云'彖曰'者, 孔子釋彖之文也.

362) 段玉裁, 『說文解字注』(上海古籍出版社, 1981), 9편 하, 39b.

彑, 豕之頭. … 彖, 豕也, 從彑從豕.

363) 『주역사전』 2/37, 乾卦 初九, 茶山箋, 1/38a.

卦以震成[復臨泰.], 本皆龍也.[震爲龍.] 變而爲巽[下今巽.], 巽則爲隱[「大傳」云, "巽稱而隱."], 爲伏爲入[「雜卦」·「說卦」文.], 是'潛龍'也. 入而不出[出者, 震德也.], 不爲時用[不以震行之.], '潛龍勿用'也. 本在下位[一二爲地位.], 所以爲潛也.

364) 王弼, 『周易略例』, 「明象」.

365) 『春秋左傳』, 莊公 22년조. 이때의 占에 대해서는 『주역사전』, 「春秋官占補註·陳敬仲之筮」에 효변설을 사용한 중요한 한 사례로 소개되고 있다.

周史有以『周易』見陳侯者, 陳侯使筮之, 遇觀之否.

366) 『漢書』, 권30, 「藝文志」 제10(北京: 中華書局), 1703쪽.

『易經』十二篇, 施·孟·梁丘三家.

367) 『易學緖言』 2/45, 「班固藝文志論」, 1/25a-b; 및 『漢書』, 권30, 「藝文志」 제10(北京: 中華書局), 1704쪽.

宓戲氏, 始作八卦. 至于殷周之際, 紂在上位, 逆天暴物, 文王以諸侯順命而行道, 天人之占可得而効, 於是, 重『易』六爻, 作上下篇. 孔氏爲之「彖」「象」「繫辭」「文言」「序卦」之屬十篇. 故曰, 『易』道深矣.

368) 『易學緖言』 2/45, 「漢魏遺義論」, 1/30b.

重卦之人, 諸儒不同, 凡有四說. 王輔嗣等以爲伏羲畫卦, 鄭玄之徒以爲神農重卦, 孫盛以爲夏禹重卦, 史遷等以爲文王重卦.

이곳에서 伏羲畫卦의 '畫卦'는 '重卦'의 잘못일 것이다. 신조선사본이나 규장각본이 다 '畫卦'로 되어 있어 원문은 고치지 않으나 번역은 '重'자를 살렸다.

369) 『역학서언』 2/45, 「班固藝文志論」, 1/25b.

此文, 「文言」入於十翼之中, 然『易』之爻詞曰, "箕子之明夷", 又曰, "王用亨于岐山"[升六四.], 其非盡文王所作, 明矣, 今乃云, "文王重易六爻, 作上下篇", 其言之不核如是, 則「文言」之爲何人所作, 班固, 又安得以盡知乎!

370) 『주역사전』 2/40, 明夷卦 六五, 茶山箋, 4/46b.

總由先儒, 以『易』詞爲文王所作, 而箕子明夷, 文王不可預言, 故曲解至此. 然"王用亨于西山"[隨上九.], "王用亨于岐山"[升六四.], 亦非文王之筆.[追王, 在武王克商之後.] 漢儒之不通, 甚矣.

371) 『역학서언』 2/45, 「班固藝文志論」, 1/25b.

『史記』「孔子世家」云, "孔子晩而喜『易』, 序「彖」繫「象」, 「說卦」「文言」, 讀『易』, 韋編三絶."

372) 張璠을 가리킨다. 東晋의 安定 사람이다. 이전 시기 22가의 『易』說을 모아 『周易集解』 12권을 지었으나 모두 逸失되었다. 이에 대해서는 『三國志』「魏書·三少帝紀」의 注 및 陸德明의 『經典釋文』 序錄에 보인다. 『續修四庫全書提要』의 易類에 『周易張氏集解』가 기재되어 있다. 다산도 『역학서언』 2/45, 「李鼎祚集解論」, 1/13a에서 張璠의 이름을 거명하고 있으며, 같은 책, 「漢魏遺義論」, 1/33a에서 "장씨는 선유를 말하는 것이 아니라, 왕필의 주소가를 가리킨다(張氏非先儒, 乃王弼之疏家也.)"고 지적하였다.

373) 『역학서언』 2/45, 「班固藝文志論」, 1/26a.

張氏, 『正義』, 以'序'一字, 爲指「序卦」, 已屬可笑. 乃以「文言」爲孔子所作, 則孔子自作「文言」, 旣又自讀其所作, 至於韋編三絶, 亦過矣. '序彖'者, 就文王之彖詞, 序之爲「彖傳」也, '繫象'者, 就周公之爻詞, 繫之以「象傳」也. 「說卦」者, 自昔傳來之古文也.[朱子及吳幼淸, 皆云, "「說卦」自昔有之."] 「文言」者, 穆姜所誦之古書也. 孔子執此二種古文, 以之讀『易』, 至於韋編三絶, 今以「說卦」·「文言」, 爲孔子所作, 可乎?[今之「說卦」, 頗雜孔子文.] 盖「說卦」·「文言」, 卽『易』詞之詁訓, 非此二種, 雖聖人, 實無以讀『易』矣.

374) 『주역사전』 2/37, 乾卦 卦詞 茶山箋, 1/35b-36a에서, "「문언」은 『이아』, 『설문』과 같은 옛 字書로 오로지 『역』의 훈고를 위한 것이다.[『이아』에 「詩詁」편이 있는 것과 같다.] 그러므로 공자가 태어나기[양공 22년.] 13년 전에[양공 9년.] 穆姜이 「문언」의 글을 미리 말하였던 것이니 이것으로 증명할 수가 있다(「文言」者, 古之字書, 若『爾雅』·『說文』之類, 而專爲『易』詁者也.[若『爾雅』之有「詩詁」.] 故孔子之生[襄二十二年.], 十三年之前[襄九年.], 穆姜預說「文言」之詞, 斯可驗也.)"고 하였고, 『역학서언』 2/48, 「茶山問答」, 4/33b에서도 "내 생각에 「文言」은 옛 字書로서 『爾雅』 같은 부류일 뿐이다(余謂「

文言」者, 古之字書, 若『爾雅』之類耳.)"고 말하였다.

375)『주역사전』2/37,「括例表・說卦表直說」, 1/7a.
八卦始畫之初,「說卦」並興.

376)『주역사전』2/37,「括例表・說卦表直說」, 1/7a-b.
先儒謂「說卦」爲孔子所作, 非深密體究之論也. 不取物象, 則八卦元不必作.[徒卦無所用.]「說卦」者, 庖犧畫卦之初, 仰觀天文[坎离爲月日.], 頫察地理[艮兌爲山澤.], 遠取諸物[乾坤爲馬牛.], 近取諸身[艮震爲手足.], 玩其象而命之名, 以與神明約契者也, 而俟孔子哉!

377)『주역사전』2/37,「括例表・說卦表直說」, 1/7b.
直說 :「說卦」方位之序, 唐虞之所不易.
細箋 :「堯典」, 羲和之職, 東作・南訛・西成・朔易, 恰與四方卦之方位相順.「舜典」, 巡守之序, 亦然. 可見「說卦」之書, 自前世而固有也. 离東坎西之說, 於古經無據.

378)『書』,「堯典」.
乃命羲和, 欽若昊天, 曆象日月星辰, 敬授人時. 分命羲仲, 宅嵎夷, 曰暘谷, 寅賓出日, 平秩東作. 日中星鳥, 以殷仲春, 厥民析, 鳥獸孳尾. 申命羲叔, 宅南交, 平秩南訛, 敬致, 日永星火,以正仲夏, 厥民因, 鳥獸希革. 分命和仲, 宅西, 曰昧谷, 寅餞納日, 平秩西成, 宵中星虛, 以殷仲秋, 厥民夷, 鳥獸毛毨. 申命和叔, 宅朔方, 曰幽都, 平在朔易. 日短星昴, 以正仲冬, 厥民隩, 鳥獸氄毛.

379)『書』,「舜典」.
歲二月, 東巡守, 至于岱宗, 柴, 望秩于山川, 肆覲東后, 協時月正日, 同律度量衡, 修五禮, 五玉, 三帛, 二生, 一死, 贄, 如五器, 卒乃復. 五月南巡守, 至于南岳, 如岱禮. 八月西巡守, 至于西岳, 如初. 十有一月朔巡守, 至于北岳, 如西禮, 歸.

380) 邵康節,『皇極經世書』六,「觀物外篇(下)」(『性理大全』, 권12), 18a.
起震終艮一節, 明文王八卦也. 天地定位一節, 明伏犧八卦也.

381)『주역사전』2/37,「括例表・說卦表直說」, 1/7b.
直說 :「說卦」, 物象之名, 卦德之分, 夏商之所不改也.
細箋 : 夏易首艮, 而名曰'連山'.[艮爲山.] 商易首坤, 而名曰'歸藏'.[坤以藏.] 以是, 知其然也.

382) 馬國翰의『玉函山房輯逸書』(濟南皇華館書局補刻本, 臺灣: 文海出版社 印行)는 宋 이전의 逸書 600여종을 채록한 것이다. 가장 완전한 형태의 漢唐 역주 집일본이라 할 수 있는데, 이곳에 채록되어 있는『連山易』은 "剝, 上七曰..."로 시작하며, 剝괘와 復괘, 姤괘, 中孚괘, 陽豫괘의 극히 일부만이 있다. 한편『歸藏易』에는 坤괘, 乾괘, 屯괘, 蒙괘의 순서로 괘명은 대부분 수록되어 있지만 내용은 거의 누락되어 있다.

383)『주역사전』2/37,「括例表・說卦表直說」, 1/7b.

直說 : 其作於孔子之手者, 「說卦」之序詞也.

細箋 : '昔者, 聖人之作『易』也, 幽贊於神明而生蓍', 止'易逆數也', 此孔子傳文也. 又自'萬物出乎震', 止'旣成萬物也', 此孔子傳文也.

384) 『주역사전』 2/44, 「說卦傳」, 茶山箋, 8/30b.

上章盖古文, 此以下, 夫子之釋義也.

385) 李乙浩, 『茶山의 易學』(민음사, 1993), 61쪽.

386) 李乙浩, 위의 책, 60쪽.

387) 『주역사전』 2/37, 「題戊辰本」 1/1a.

388) 『전서』 1/14, 「題・題讀易要旨後」, 38a.

嗚呼! 危哉. 編摩旣訖, 裝池且成, 而敢顧惜乎! 於是, 又梳櫛, 別另爲新本, 盖自甲子陽復之後[卽癸亥冬至.]至今, 凡五易稿矣.

389) 『주역사전』 2/44, 「說卦傳」, 茶山箋, 8/30a.

此卦德也.

○ 聖人說『易』, 多令互發而推通之. 乾以君之, 則便知坤之爲臣道也. 离旣爲日, 則便知坎之有月象也.[艮爲止, 則震爲行. ○ 坤爲藏, 則乾爲施. ○ 坎爲潤, 則离爲燥.]

390) 『주역사전』 2/44, 「설괘전」, 茶山箋, 8/29b.

此言天地水火雷風山澤之實理, 以明八卦交易以成六十四卦之本義也. … 聖人觀此象以畫卦, 故八卦八物, 相交相摩, 以成六十四卦也.

391) 『주역사전』 2/44, 「說卦傳」, 원문, 8/30a.

是故, 『易』逆數也.

392) 『주역사전』 2/44, 「說卦傳」, 茶山箋, 8/30b.

上章盖古文, 此以下, 夫子之釋義也.

393) 『주역사전』 2/44, 「說卦傳」, 茶山箋, 8/31b.

「說卦」者, 『易』詞之詁訓也. 其一字隻文, 皆昏衢之明燭, 玩『易』者, 宜字字考驗.

394) 『주역사전』 2/44, 「說卦傳」, 茶山箋, 8/32a-41b.

395) 李鼎祚, 『周易集解』, 解卦 九二, 旅卦 六五, 噬嗑卦 九四 등의 주석 참조.

396) 『주역사전』 2/44, 「說卦傳」, 茶山箋, 8/32a.

離字從隹, 又禽字從离, 离爲'飛鳥', 審矣.

397) 『주역사전』 2/44, 「說卦傳」, 茶山箋, 8/34a.

馬融・王肅, 並云'离爲矢'[取飛鳥之象.], 盖以解九二之'得矢'[有互离.], 旅六五之'亡矢'[有上离.], 噬嗑九四之'得矢'也.[有上离.]

398) 『주역사전』 2/41, 解卦 九二, 茶山箋, 5/12b.

二爲卦主, 故言其本象.

399) 『주역사전』 2/44, 「說卦傳」, 8/38a.

坎, … 爲弓・輪.

400) 『주역사전』 2/41, 解卦 九二, 茶山箋, 5/12b.
卦又自小過來[三之二.], 兼畫之坎[本大坎.], 一大狐也.[荀九家云, "坎爲狐."] 移之爲解, 兩坎又見[上互坎.], 二小狐也.[未濟以坎爲小狐.] 合之爲三[一與二.], 射而獲之[坎爲弓.], '田獲三狐'也. 二爲卦主, 故言其本象. ○ 坎弓之中, 銜此一剛[三之二.], 非卽爲矢乎.

401) 『주역사전』 2/42, 旅卦 六五, 茶山箋, 6/32a.
卦自否來[三之五.], 否之時, 坎弓之位[四五六.], 本有三矢[上三陽.], 移之爲旅, 則一矢亡矣.[五之三.]

402) 『주역사전』 2/39, 噬嗑卦 九四, 茶山箋, 3/23a.
頤自臨來[二之上], 臨之一矢[凡剛畫爲矢], 歷此坎弓[三五坎], 自南之北[上爲北], 北得一矢也.

403) 『주역사전』 2/44, 「說卦傳」, 茶山箋, 8/34a-b.
然默觀其象, 皆指乾一陽之直者也.[乾其動也直, 又質剛而體圓.] 不唯乾也, 凡陽畫爲'矢'也.

404) 『주역사전』 2/44, 「說卦傳」, 茶山箋, 8/39b.
『易』例, 凡陽畫爲矢[乾爲矢.], 亦未必離爲矢. 唯刻木爲矢, 求之卦象, 唯離是指也.[睽上离.]

405) 『주역사전』 2/44, 「說卦傳」, 茶山箋, 8/39a.

406) 『주역사전』 2/41, 睽卦 上九, 茶山箋, 5/8a.
규睽괘 ䷥ 상9 "睽孤, 見豕負塗, 載鬼一車. 先張之弧, 後說之弧, 匪寇. 婚媾往遇雨, 則吉."의 풀이에서 다산은 "大壯之時, 本有乘矢[義見上.], 移之爲睽[上之三.], 坎弓銜矢[上互坎.], 弓腹正飽[上离爲大腹.], 先張之弧也. 上之旣變, 震以發之[上今震.], 一矢遂亡[上剛滅.], 後說之弧也.[矢脫於坎弓.]"라고 하여 화살이라는 물상을 가지고 이 효사를 풀이하였다.

407) 『주역사전』 2/41, 升卦 六五, 茶山箋, 5/35b.
此升之井也. 井自泰來[一之五.], 剛升于五, 遂以坎貞[上今坎.], 正事吉也.[貞, 正也.]

408) 『주역사전』 2/44, 「說卦傳」, 茶山箋, 8/34b.
升之井曰, '升階'[升六五.], 井自泰來[一之五.], 升自乾階[泰下乾.], 故爻詞如是也.

409) 『주역사전』 2/41, 升卦 六五, 茶山箋, 5/35b.
泰之時, 乾階三級[義見下.], 未有升者, 移之爲升, 則乾賓歷階[一之五.], 升于坎堂[下大坎.], 巽主在下[巽主人.], 讓而不升[一陰降.], '升階'之象也.

410) 張衡(78~139): 東漢시기 南陽(지금의 河南省 南陽)사람으로 字는 平子이다. 南陽主簿, 太史令, 中郎, 尙書郎, 侍中, 河間相 등의 벼슬을 역임했다. 그는 渾天儀와 候風地動儀 같은 과학기재를 제작한 과학자이기도 하며, 「兩京賦」, 「南都賦」, 「思玄賦」, 「歸田賦」, 「應間」 등의 辭賦를 쓴 저명한 작가이기도 하다.

411) 張衡의 「思玄賦」가 『주역사전』 遯卦 상9의 茶山箋에 인용되어 있다. 그 전문을 재인용한다.

張衡「思玄賦」云, "文君爲我端蓍[兮], 利肥遯以保名[原注, 筮遇遯上九.], 歷衆山以周流[兮][原注, 艮爲山.], 翼迅風以揚聲[原注, 從二至四爲巽風.], 二女感於崇岳[兮][原注, 遯之上九, 變爲咸, 咸, 感也. 巽兌爲二女.], 或氷折而不營[原注, 乾爲冰, 乾變兌, 爲冰折之象.], 天蓋高而爲澤[兮], 誰云路之不平[原注, 乾變爲兌澤.], 勔自强而不息[兮], 蹈玉階之嶢崢.[原注, 天行健, 君子以自强不息, 乾爲玉, 故云, '玉階'.]

412) 『주역사전』 2/44, 「說卦傳」, 茶山箋, 8/34b.

又張衡「思玄賦」云, "蹈玉階之嶢崢", 亦以遯之有乾階也.[「思玄賦」, 妙合『易』象.] 古制, 階有三級, 乾之三畫, 有是象也.

413) 『주역사전』 2/44, 「說卦傳」, 茶山箋, 8/34b.

郊者, 祭天之所也.

414) 『주역사전』 2/38, 需卦 初九, 茶山箋, 2/10a.

此需之井也. 井自泰來, 柔自外入[五之一.], 伏而不出[下今巽.], 其義需也.[不前進.] 乾天之下[下本乾.], 巽以潔齊[下今巽.], 殺彼坤牛[一之五.], 祭天之卦也. 祭天曰郊[見同人.], '需于郊'也. 需者, 何也? 巽爲天命[九家易.], 待于郊者, 天命也. 武王陳于商郊, 俟天休命, 當此占也.

415) 『주역사전』 2/44, 「說卦傳」, 茶山箋, 8/35a.

<荀九家> 坤, …爲邑.

및 이정조의 『周易集解』 訟卦 구2에 "虞翻曰, … 坤稱邑, …"이라 수록되어 있다.

416) 순구가의 물상을 수용할 때 일반적으로 다산은 <荀九家>라는 항목을 만들어 별도로 인용하면서 부연설명을 하였는데 '乾爲野'에 대해서는 일반적인 용례와는 달리 설명 없이 넘어간다. 「설괘전」의 茶山箋 참조. 그러나 '野'라는 물상이 등장하는 효사에서는 이에 대해 설명을 하고 있다.

417) 『주역사전』 2/44, 「說卦傳」, 茶山箋, 8/34b.

又坤邑之外, 爲野, 故『易』詞或以乾爲野.

418) 『주역사전』 2/37, 坤卦 上六, 茶山箋, 1/50b.

坤邑之外, 其地曠遠[上位最在外.], 邑外曰野[邑而郊而野.], '龍戰于野'也.

419) 『주역사전』 2/38, 同人卦 卦詞, 茶山箋, 2/37b.

此同人之不變者也. 卦自姤夬來[升降之.], 姤之一陰, 未成坤邑, 夬之五陽, 已滅坤邑, 非邑之地, 上戴乾天, 其象野也.[又二爲地面.] 乾族會同[本五陽.], 相見乎离[下今离.], '同人于野'也.

420) 『주역사전』 2/38, 同人卦 六二, 茶山箋, 2/38b.

此同人之乾也.[今純乾.] 乾則爲父[「說卦」文.], 父黨宗也.[義見下.] 宗族相聚[上下乾.], 相見乎离[下本离.], '同人于宗'也.['同'者, 會見也.]

421) 『주역사전』 2/44, 「說卦傳」, 茶山箋, 8/34b.

乾則爲父, 父黨爲宗[同姓曰宗, 本自公族始.], 故『易』詞, 每遇乾, 則言宗.[如'同人于宗'.] 諸家不達此義, 或訓爲衆, 或訓爲崇, 何其謬也!

및 이정조의 『주역집해』 同人卦 육2 효사주에 荀爽과 侯果의 설이 수록되어 있다.

422) 『주역사전』 2/44, 「說卦傳」, 茶山箋, 8/34b.

然必乾巽俱有, 而後乾乃爲賓.[巽爲主人位.] 蓋以主人之位不立, 則賓之名無所傳也.

423) 『주역사전』 2/44, 「說卦傳」, 茶山箋, 8/34b.

古者, 坐賓於西北[見「鄕飮酒義」.], 西北者, 乾方也, 故易例, 乾爲'賓'.[如需上六, 觀六四.]

424) 『주역사전』 2/39, 觀卦 六四, 茶山箋, 3/19b.

禮, 主人坐於東南[見「鄕飮酒義」.], 坐賓於西北[卽西階之北.], 故『易』例巽爲主人[東南方.], 乾爲賓也.[西北方.] 卦之未變, 巽在高位[在上卦.], 變而爲否, 則巽降一級[上巽今互巽.], 以自卑讓[巽讓之.], 乾乃在上[上今乾.], 致其尊敬[尊尙之.], '利用賓'也.[賓在上.] 坤國之上, 乾本爲王[天地否.], '賓于王'也. 古者, 諸侯朝王助祭[卦本有祭象.], 必具三恪之賓[見『左傳』.], 此其占也.

425) 『주역사전』 2/44, 「說卦傳」, 茶山箋, 8/34a.

『易』例, 柔畫爲膚, 剛畫爲骨[見噬嗑.], 乾卦有骨而無膚, 所以爲'瘠'.[『易』凡言羸, 皆以乾.]

426) 『주역사전』 2/38, 小畜卦 九五, 茶山箋, 2/25b.

小畜兩互, 其卦睽也. 睽之五爻, 其卦履也. 履自夬來[上之三.], 夬之時, 南鄰[下位离.], 則三陽富實[夬下乾.], 北鄰[上位坎.], 則兌缺不盈[爲脫失.], 移之爲履[三之上.], 則南鄰之富, 移於北鄰[履上乾.], '富以其鄰'也.

427) 『주역사전』 2/44, 「說卦傳」, 茶山箋, 8/34b.

坤黑, 則乾'白'.[又金色本白.]

428) 『주역사전』 「說卦傳」 해당 조목(8/36b, 8/37a) 참조.

429) 『주역사전』 2/44, 「說卦傳」, 茶山箋, 8/34b.

震巽之草, 秉之以乾三脊, 則其象爲'茅'.[泰否與大過.] 古者, 茅用三脊也.

430) 『주역사전』 2/44, 「說卦傳」 茶山箋, 8/34b.

損「大象」, 以乾爲'忿'.

431) 『주역사전』 2/43, 「大象傳」 損卦, 茶山箋, 7/40a-b.

卦自泰來[三之上.], 乾性太剛, 剛則易忿.[剛愎也.] 移之爲兌悅者[乾變兌.], 澤水之澄定也.[懲, 澂定之意.] 坤性太柔, 柔則多慾.

432) 『전서』 1/20, 「答仲氏」, 16a.

『周易』者, 周人禮法之所在, 儒者不可以不明其微言妙義在所發揮也. 然古之聖人, 凡微言妙義, 皆微發其端, 令人自思而自得之. 若無一隱晦, 昭然可見, 便無滋味. 今此

『易箋』太詳太明, 是卽所深悔也.

433) 『전서』 1/20, 「答仲氏」, 16a.
我自甲子年專心學『易』, 而于今十年, 未嘗一日揲蓍作卦以筮某事.

434) 『전서』 1/20, 「答仲氏」, 15b.
我若無病久生, 則欲全注『周禮』, 而朝露之命, 不知何時歸化, 不敢生意. 然心以爲三代之治, 苟欲復之, 非此書, 無可著手.

435) 이에 대해 文喆永은 「茶山 丁若鏞의 周禮 수용과 그 性格」(『史學志』 19, 단국사학회, 1985), 72쪽에서 "茶山처럼 『周禮』를 중심으로 諸經을 이해하는 『周禮』 중심의 經書體系 수립은 前無後無하다"고 지적한 바 있다. 그러나 磻溪 柳馨遠과 星湖 李瀷이 제시한 이상적 국가상도 『周禮』에 근거한 것이며, 이들 모두 '周禮'의 회복을 강력 주장하고 있다.(한우근, 『星湖 李瀷 硏究』, 서울대학교 출판부, 1980)

436) 현재의 『十三經注疏』에 실려있는 『周禮注疏』는 鄭玄이 注를 내고, 賈公彦이 疏를 단 것이다. 다산은 『論語古今註』(『全書』 2/16) 10/32b에서 "鄭玄溺於讖緯, 謬以曆數爲圖籙, 堯舜之世, 其有圖籙之說乎?"라 하여 정현이 讖緯說에 빠져있다고 비판하고 있다.

437) 『전서』 1/20, 「答仲氏」, 15b.
『周禮』, 古人亦多不信者, 皆淺學也. 王安石, 雖信之, 而非深知其裏面者. 惟朱子知而信之, 然鄭玄之注十誤六七, 而先儒兼信鄭玄, 是可恨也.

438) 『전서』 1/20, 「答仲氏」, 16a.
古封建, 今不封建, 古井田, 今不井田, 古肉刑, 今不肉刑, 古巡守, 今不巡守, 古立尸, 今不立尸. 卜筮之不可復行於今世, 有甚於此數事. 故我自甲子年專心學『易』, 而于今十年, 未嘗一日揲蓍作卦以筮某事. 我若得志, 則告于朝廷, 將嚴禁卜筮之不暇. 此非謂今之筮非古之筮也. 雖使文王周公生於今世, 決不以卜筮稽疑.

439) 韓宣子: 이름은 韓起이고 춘추시대 晉나라 사람이다. 韓厥의 아들로 謚號가 宣이다.

440) 『전서』 1/20, 「答仲氏」, 16a.
韓宣子聘魯, 見'易象'曰, "周禮在魯." 詳覽『易箋』, 則西周禮法之昭然可見者, 不知其數. 今以卜筮之故, 並欲不考其禮法, 可乎? 孔子於卜筮之外, 別作「彖傳」·「大象傳」, 『周易』豈但卜筮而止哉!

441) 『春秋左傳』(標點本 『十三經注疏』, 北京大出版社), 杜預 序, 9쪽; 및 권42, 昭公 2년조, 1172쪽 참조.
韓宣子適魯, 見'易象'與『魯春秋』, 曰, "周禮盡在魯矣. 吾乃今知周公之德與周之所以王."

442) 『春秋左傳』, 위의 곳, 1172쪽.
'易象', 上下經之象辭, 『魯春秋』, 史記之策書, 『春秋』遵周公之典以序事, 故曰, "周禮盡在魯矣."

443) 『春秋左傳』, 위의 곳, 1173쪽.

周衰之後, 諸國典策各違舊章, 唯『魯春秋』遵此周公之典, 以序時事, 故云, "周禮盡在魯矣."

444) 『春秋左傳』, 위의 곳, 1173쪽.

'易象', 文王所作, 『春秋』, 周公垂法, 故杜雙擧釋之云, "'易象'『春秋』, 文王周公之所制也."

445) 이곳의 '易象'을 『周易』으로 해석하는 것이 일반적이나, 宋 王應麟은 『困學紀聞』에서 '易'을 『주역』의 略稱으로, '象'을 '象魏'의 略稱으로 보았다. 이때의 '象魏'는 '象闕', '魏闕'이라고도 하는데 魯나라 역대의 政令을 가리킨다.

446) 孔穎達은 『春秋正義』(標點本 『十三經注疏』)에서 "『易象』과 『春秋』는 문왕과 주공이 지은 것이므로, 『춘추』를 보면 주공의 덕을 알 수 있고 『역상』을 보면 주나라가 어떻게 왕노릇하였는지를 알 수 있다. … 『역상』과 『노춘추』만을 말한 것은 한선자가 문왕과 주공을 위주로 찬미하였기 때문에 특별히 말한 것이다. 『역상』은 노나라에서도 고치거나 보태지 않았기 때문에 '노역상'이라 말하지 않은 것이다.[『易象』『春秋』, 是文王周公之所制, 故見『春秋』知周公之德, 見『易象』知周之所以王也. … 獨言『易象』『魯春秋』者, 韓子主美文王周公, 故特言之, 『易象』, 魯無增改, 故不言'魯易象'.]"고 하였다. 여기에서 『역상』의 작자 문제에 관한 한 공영달의 견해는 다산과는 판이하다. 공영달은 『역상』을 문왕이 지은 것으로 보고 있으나, 다산은 이것을 『역』의 상사象詞, 즉 효사爻詞로 보아 주공의 작품으로 본다. 그러나 『역상』이 노나라에서도 개작되지 않은 작품이라는 데에는 의견이 일치한다.

447) 『주역사전』 2/44, 「說卦傳」, 茶山箋, 8/40b. 荀九家의 설로 인용하고 다산이 긍정한 예에 속한다.

物以艮終, 死爲'鬼'也. … 鬼神攸廬, 其象廟也.

448) 李鼎祚의 『周易集解』에 수록된 순구가의 설들을 검색해 보면 '鬼'가 곤坤☷의 물상으로 출현하고 있음을 발견할 수 있다. 乾卦 「文言傳」 '況於鬼神乎'절에 순상의 설이 수록되어 있다. "荀爽曰, '神謂天, 鬼謂地也'." 여기에서 순상은 '鬼'를 '地', 곧 곤坤의 물상으로 들고 있다. 우번의 경우, 乾卦 「文言傳」 '與鬼神合其吉凶'절에 수록되어 있는 "虞翻曰, '謂乾神合吉, 坤鬼合凶, 以乾之坤, 故與鬼神合其吉凶'."에 의하면, 곤坤과 '鬼'가 그 덕을 합하는 것으로 말하고 있다. 이는 곤坤의 물상으로 '鬼'를 들고 있는 것이다.

다산은 순구가가 들고 있는 곤坤의 물상들을 비판하는 구절에서 "艮이 죽음을 상징하고, 죽으면 鬼가 되는 것이지 坤이 어찌 죽은 물건이겠는가![만물은 艮에서 생을 마감한다.](艮則爲死, 死則爲鬼, 坤何嘗死物哉![萬物終

於艮.])"(「說卦傳」, 茶山箋, 8/40b)라고 의문을 제기하면서 '鬼'가 坤의 물상이 될 수 없음을 지적하고 있다.

449) 李鼎祚, 『周易集解』, 渙卦, 「大象傳」.

虞翻曰, "否乾爲先王. 享, 祭也. 震爲帝爲祭, 艮爲廟, 四之二殺坤大牲, 故以享祭立廟."

450) 『주역사전』 2/44, 「說卦傳」, 茶山箋, 8/40b.

物以艮終, 死爲'鬼'也.[見睽卦.] … 鬼神攸廬, 其象廟也.[渙之象.]

451) 『주역사전』 2/44, 「說卦傳」, 茶山箋, 8/40b.

艮, 東北之卦也, 萬物之所成終而成始也.

452) 『주역사전』 2/44, 「說卦傳」, 茶山箋, 8/30b.

始於震, 終於艮, 此一部『易』之大經大義也.

453) 『주역사전』 2/40, 「易例比釋下・祭祀例」, 4/22b.

古人祭祀, 皆筮日而行之, 此其繇也. 祭祀之義, 唯誠唯潔, 故离以孚格, 巽以潔齊, 其占乃吉也. 或以艮爲廟, 或以坤爲牲, 或坎以敬之, 或兌以饋之, 唯視卦德, 不一例也.

454) 『주역사전』 2/40, 「易例比釋下・祭祀例」, 4/22b.

祭祀之占, 不止是也, 或係筮牲[中孚・姤.], 玆不具著, 又凡有孚, 皆祭祀之占也.

455) 『주역사전』 2/39, 觀卦 卦詞, 茶山箋, 3/17b-18a 참조.

案: 漢儒並云, 盥與祼1)通[馬融・鄭玄・虞翻・荀爽說皆同.], 祼1)與矔灌又相通[「郊特牲」作矔, 『論語』作灌.], 至朱子『本義』, 始有潔手之解.

456) 『주역사전』 2/39, 觀卦 卦詞, 茶山箋, 3/17b.

卦爲大艮[兼畫三.], 艮爲宗廟[鬼所居.], 巽爲潔齊[「說卦」文.], 下陳坤牲[坤爲牛.], 祭祀之象也.[與渙同.]

乃互艮之手[三五互.], 上當坎水[四五六.], 以巽潔之[上本巽.], 潔手曰'盥'也.[澡潔也.] 坤牛在下, 未及受射[坤無傷.], 是薦血・薦爓・薦孰之禮[見『禮記』.], 皆未及行也[渙則坤牛受矢, 故爲牲已薦之象.], 故曰, '盥而不薦'.

457) 『周禮』, 「大宗伯」. (觀卦 茶山箋에서 재인용. 「대종백」의 원문은 이와 다르지만 그 편에 실린 내용은 다산전과 동일하다.)

諸侯始至, 祼以鬯酒.

458) 『禮記』, 「禮器」.

諸侯相朝, 祼用鬱鬯.

이곳의 祼자는 『예기』 원문으로는 灌자이나, 한유들이 祼자와 灌자를 통용자로 사용하였기 때문에 다산이 이와 같이 인용할 수 있었다.

459) 『주역사전』 2/39, 觀卦, 「彖傳」, 3/18a.

觀天之神道, 而四時不忒, 聖人以神道設敎, 而天下服矣.

460) 『주역사전』 2/39, 觀卦 卦詞, 茶山細箋, 3/17b.

渙則坤牛受矢, 故爲牲已薦之象.

461) 『주역사전』 2/42, 渙卦 卦詞, 茶山箋, 6/39b.
否塞之時[二之四.], 剛來爲通[坎爲通.], 柔往得位[二之四.], 嘉會在中[中大离.], 其占‘亨’也.
今之上巽, 昔之乾王也[否之時.], 艮廟之上[三五互.], 奉此先王[終乎艮.], 王之長子[乾之第一畫.], 今爲震主[二四互.], 立於艮廟之內[二今剛.], ‘王假有廟’也.
巽以潔齊[「說卦」文.], 坎以敬之[又大离.], 祭祀之象也.

462) 『주역사전』 2/42, 渙卦 卦詞, 茶山箋, 39b.
坎水之上, 巽風吹順[風行水上卦.], 震舟旣汎[二四互.], 坤民前進[二之四.], ‘利涉大川’也.
渙以井交[水風爲風水.], 井之時 , 坎險在前[坎在上.], 交而易之, 坎險已過[坎在下.], 所以爲利涉也.
○ 巽利坎貞, 宜幹事也.

463) 『주역사전』 2/42, 渙卦 九二, 茶山箋, 6/40b.
此渙之觀也. 机几通[几, 案也.], 割牲之案也. 坎之堅木, 上受坤肉[下本坤.], 其象机也. 艮廟之下[三五互.], 坤牛受射[乾矢來射之.], 几案已設, 牛今死矣. 二之旣變, 坎剛遂渙[二今坼.], 坤牛復生[下今坤.], 巽以遯之[上有巽.], ‘渙奔其机’也.[牛走曰奔, 通作犇.] 几上之肉, 奔乎机而得生, 以之筮牲, 則不可用也.
○ 卦自否來[二之四.], 坤牛如舊, 其悔者, 亡也.[變象亡.]

464) 『주역사전』 2/42, 渙卦, 冒頭 茶山箋, 6/39b.
卦自否來, 否之時, 北方嚴寒[乾在上.], 乾氷凝固[見「說卦」.], 移之爲渙, 則一片乾氷[四之二.], 入于坤溫之中[『左傳』, 坤爲溫.], 而巽風柔順[上今巽.], 坎水流動[下今坎.], 此所謂‘渙然氷釋’也.[乾氷散.] 以互體, 則旣終乎艮[三五互.], 震以反生[二四互.], 於時春也, 春風吹水[上今巽.], 有不渙乎? 此所謂‘東風解凍’也.[「月令」文.] 乾之堅凝, 於是乎離散, 故曰, “渙者, 離也.”

465) 王弼, 『周易注』, 渙卦 九二注.
机, 承物者也, 謂初也.

466) 朱熹, 『周易本義』, 渙卦 九二注.
机者, 俯憑以爲安者也.

467) 『주역사전』 2/42, 渙卦 九二, 茶山箋, 6/40b.
案: 几·机, 本相通, 然几杖之几[人所凭.], 多作几[如『周禮』五几, 及「顧命」玉几類.], 机俎之机, 多作机.[如『史記』云, “机上肉.”] 舊注, 皆作几杖之几, 則犇字何解?

468) 남송南宋 이후 민간 서점에서 출판한 책들로 방각본坊刻本이라 한다.

469) 『주역사전』 2/42, 渙卦 九二, 茶山箋, 6/40b.
又坊本皆作杌[字書亦辨之.], 杌者, 檮杌, 此楚史之名. 來氏『易注』, 又作木名.[來云, “机出蜀中, 似榆, 又『山海經』曰, ‘大堯之山多机’.”] 『說文』云, “單狐之山, 多机”, 皆謬矣.

470) 崔錫鼎(1646~1715): 인조 24년~숙종 41년. 처음 이름은 錫萬, 자는 汝和, 호는 明谷, 存窩, 存齋. 본관은 全州이며 시호는 文貞이다. 정치생활 50년 동안 의정부에 10여 차례 들어갔고, 영의정을 여덟 번 지내기도 하였으며, 소론의 영수였다. 당시 이단으로 배척받던 양명학을 연구발전시킨 측면이 있다. 『明谷集』이 있고, 저서로 『左氏輯選』과 『禮記類篇』 등이 있다.

471) 『주역사전』 2/42, 渙卦 九二, 茶山細箋, 6/40b.
崔相國錫鼎云, "仁廟乙亥, 社稷省牲, 時祭, 牛逸出, 逼傷祭官." ○ 古者, 亦有此事, 故『易』詞言之.

472) 『주역사전』 2/44, 「說卦傳」, 原文, 8/38a.
其於木也, 爲堅多心.

473) 『주역사전』 2/44, 「說卦傳」, 原文, 8/37a.
巽, 爲木.

474) 『주역사전』 2/44, 「說卦傳」, 茶山箋, 8/37b; 李鼎祚, 『周易集解』, 해당 괘 참조.
<荀九家> 巽爲楊. 虞氏曰, "巽爲杞."

475) 『주역사전』 2/44, 「說卦傳」, 茶山箋, 8/37b.
巽, 柔木也. 爲楊爲杞, 其性撓也.

476) 『주역사전』 2/44, 「說卦傳」, 茶山箋, 8/33a.
剛者, 爲骨. 柔者, 爲膚[又膚肉於身爲土.], 坤爲'膚'也.[噬嗑・剝.]

477) 『춘추좌전』, 閔公 元年.
吉. 屯固比入, 吉孰大焉? 其必蕃昌. 震爲土, 車從馬, 足居之, 兄長之, 母覆之, 衆歸之, 六體不易, 合而能固, 安而能殺, 公侯之卦也.

478) 『주역사전』 2/43, 「春秋官占補註・畢萬之筮」, 7/17a.
辛廖捨爻詞, 而別自觀象, 此占法也.

479) 반선磐桓: 다산은 '磐桓'을 절뚝발이의 걸음걸이를 형용하는 의태어로 해독한다. 『예기』 「投壺」편의 '반선般旋'과 『사기』의 '반산槃散' 그리고 陶潛의 사에 나오는 '반선盤桓'을 모두 같은 의미로 파악하면서 반선磐桓의 선桓과 전邅을 협운으로 읽는다. 『주역사전』 屯卦 초9의 茶山箋(2/38, 2/3a)에 상세하다.('磐桓', 讀作般還[桓還聲相近.], 『禮』所云'般旋'也[「投壺」篇], '桓'與'邅'叶.[讀作旋.] 『史記』云, "躄者, 槃散行汲"[旋散聲相近.], 植一足而運一足, 其行盤桓然也.[觀上之一有此象.] 陶潛詞云, "撫孤松而盤桓", 亦此意也.['盤桓'者, 左右兩足, 一植一休, 其形如躄者之行.])

480) 다산은 신료의 점풀이가 주공의 효사와는 전혀 다른 방식으로 유추된 것임을 주장하지만 한편으로 일부는 효사와 어느 정도 관련이 있음을 시사하였다. "『역』 효사에서 '거처를 옮기는 일이 이롭다'고 하였으니, 여기에서 '발이 거기에 머문다'고 한 것은 대개 효사에 바탕한 것이다. (『易』詞云, '利居貞', 此云'足居之', 盖以爻詞爲本.)" (『주역사전』 2/43, 「春秋官

占補註・畢萬之筮」, 茶山細箋, 7/17a.)

481)『주역사전』2/43,「春秋官占補註・畢萬之筮」, 7/17a.

周公之撰爻詞, 特示例耳, 非以是一二句謂可以竭天下情而盡其賾也. 故卜史于爻詞之外, 隨事取象, 唯變是適, 卽車・馬・兄・母, 雖非爻詞之所歷擧, 而辛廖得推演爲占也.

482)『주역사전』2/38, 屯卦 初九, 茶山箋, 2/2b.

此屯之比也. '磐桓'者, 躄者之行也.[義見下.] 卦自觀來[上之一.], 巽之兩剛[觀上巽.], 其象股也.[巽爲股.] 移之爲屯, 則一股受病[上今坎.], 一股獨行[下今震.], 磐桓之行也. 臨之震足[臨大震.], 一病一行[二之五爲坎.], 亦此象也. 初爲卦主, 故言其本象.

○ '居貞'者, 遷居之事也.[筮居如卜居.] 卦自觀來[上之一.], 剛自外遷, 爲主於內[來爲震.], 坎宮旣固, 震稼蕃鮮[本坤田.], '利居貞'也.

○ 卦自觀來[上之一.], 剛自外來, 遂爲震主[下今震.], 以主坤國[觀下坤.], '利建侯'也. 其變爲比[水地比.], 比自復來, 震主旣升[一之五.], 君位遂正[五爲君.], 亦利建也.

483)『주역사전』2/43,「春秋官占補註・畢萬之筮」, 茶山箋, 7/17a.

周公之撰爻詞, 特示例耳, 非以是一二句謂可以竭天下情而盡其賾也.

484)『역학서언』2/48,「周易答客難」, 4/25a.

乙者曰, "苟如子言,『易』詞諸物, 皆合「說卦」, 是『易』詞文, 都不深奧. 旣不深奧, 卽其所言亶爲占筮, 無大義理寓於其中. 苟如是矣,『易』不必尊."

485)『易學緖言』2/48,「周易答客難」, 4/25a-b.

『易』之爲道, 大可以彌綸天地, 順二氣而序四時, 小可以察蚤蠅之飛躍. 尙之, 可以驗消長屈信之理, 而知所以進退出處, 卑之, 可以稽馬牛犬雞之得喪. 遠之, 可以達鬼神考天命, 而識風雨旱澇之故, 邇之, 可以處父子君臣夫婦之變, 而耳目口鼻四肢百體之動, 亦可能前知其徵. 故『易』詞立文, 或廣大弘敞, 或細小尖碎, 或典重嚴尊, 或卑鄙狹隘, 或深奧而有幽趣, 或淺近而無高論, 或恍忽而多變, 或拙直而守常, 錯綜雜糅, 不一其歸. 盖欲使學者, 引此而推彼. 比左而悟右, 期乎其參互會通以約文, 而馭衆情而已矣. 其爲道如是也. 而後之說『易』者, 唯大之尊之幽遠之爲務, 并其瑣小卑近之旨, 而訓之爲河漢而無極也. 此『易』所以晦而聖人平實之敎, 歸於高妙神奇靈幻之法, 而莫之提悟者也.

486)『역학서언』2/48,「周易答客難」, 4/25b.

『易』曰, "行人得牛, 邑人之災"[無妄之六三.], 此民間失牛者之占辭也.[『易』凡言'喪牛''牽復'之類, 皆是.]

『易』曰, "喪貝, 勿逐, 七日得"[震六二. ○ 旣濟文相類.], 此民間失財者之占辭也.[『易』凡言'喪羊''喪其資斧', 皆是.]

『易』曰, "往遇雨, 則吉"[睽上九.], 此遠行起程者之占辭也.[謂不遇雨, 則遇盜得病, 故以遇雨爲吉也.]

『易』曰, "用大牲, 吉"[萃之象.], "豚魚, 吉"[中孚卦.], 此祭祀筮牲之占辭也.[渙九二

'奔其机', 亦是.]

『易』曰, "即鹿無虞"[屯六三.], "田有禽, 利執言"[師六五.], "王用三驅, 失前禽"[比九五.], 此田獵之占辭也.['田無禽', '田獲三狐', 皆是.]

『易』曰, "密雲不雨, 自我西郊"[小畜之彖, 小過之六五.], 此雩祀禱雨之占辭也.[小畜上九, 亦是.]

487) 『역학서언』 2/48, 「周易答客難」, 4/25b.

若是者, 文周撰詞之初, 唯爲筮人發凡立例而止耳. 天人性命之理, 何所寓於此間哉!

488) 『역학서언』 2/48, 「周易答客難」, 4/26a.

今欲以二篇六十四卦三百八十六爻之詞, 一以歸之於天人性命之理, 而欲以自寓其進退存亡之義, 則多見其鉏鋙枘鑿, 而不相投合也.

489) 『역학서언』 2/48, 「周易答客難」, 4/26a.

若夫筮而遇之, 舍其詞而玩其象, 則二篇六十四卦三百八十六爻, 皆大義也, 何不尊之有?

490) 『주역사전』 2/37, 坤卦 六五, 茶山箋, 1/49b-50a.

坤之六五, 王后之位也. 『周禮』王后六服, 一曰鞠衣[注云, "鞠, 黃色."], 而古者, 婦人之服, 衣裳相連[見『禮疏』.], '黃裳'者, 鞠衣也.

491) 『周禮注疏』(十三經注疏本, 北京大學出版社, 1999), 「天官冢宰・內司服」, 202-7쪽 참조.

『周禮』 本文 : 內司服掌王后之六服, 褘衣・揄狄・闕狄・鞠衣・展衣・綠衣・素沙.

鄭玄注 : 褘衣, 畵衣也, … 揄狄・闕狄, 畵羽飾. 展衣, 白衣也. … 鞠衣, 黃衣也. 素沙, 赤衣也.

賈公彦疏 : 素沙者, 此非服名 … 婦人之服, 不殊裳, 上下連.

492) 『주역사전』 2/40, 晉卦 卦詞, 茶山箋, 4/40a.

案: 朱子以康侯謂如「考工記」之寧侯[謂安國.], 然帝乙歸妹, 高宗伐鬼方, 箕子明夷之類, 皆實有是事, 則康侯錫馬, 亦必故實也.

○ 又按: 『周禮』「大行人」職, 曰, "諸公三饗三問三勞, 諸侯三饗再問再勞, 子男三饗一問一勞", 經云, '三接', 蓋指此禮也.

493) 朱熹, 『周易本義』, 晉卦 卦詞, 朱子註.

康侯, 安國之侯也. 錫馬蕃庶, 晝日三接, 言多受大賜, 而顯被親禮也.

494) 『周禮注疏』(十三經注疏本, 北京大學出版社, 1999), 「秋官司寇・大行人」, 996-1001쪽 참조.

上公之禮, … 廟中將幣三享, … 三問三勞. 諸侯之禮, … 廟中將幣三享, … 再問再勞. 諸伯執躬圭, 其他皆如諸侯之禮. 諸子, … 廟中將幣三享, 壹問壹勞. 諸男執蒲璧, 其他皆如諸子之禮.

495) 『주역사전』 2/44, 「說卦傳」, 원문, 8/29a.

昔者, 聖人之作『易』也, 將以順性命之理.

496) 『전서』 1/11, 「論・易論一」, 1a.
昔者, 蘇洵氏之言曰, "聖人之道, 所以不廢者, 禮爲之明, 而『易』爲之幽也.

497) 『역학서언』 2/47, 「李氏折中鈔」, 3/23b.
李光地云, "數學有所謂線・面・體者, 非線之直, 不能成面之方, 因面之方而積之, 則能成體之大."
議曰, 坤卦六爻都是陽韻, 不可作直方大句, 幾何家之線・面・體, 何干於『周易』?

498) 『역학서언』 2/46, 「唐書卦氣論」, 2/13b.
大抵『易』之爲道, 象而已. 故十二辟卦以象四時, 中孚小過以象兩閏. 於是, 乾坤二卦以象天地, 餘六十二卦以象五歲再閏六十二月之數. 聖人於此, 亦取其髣髴之似而已. 分卦直日, 豈有經證耶? 以『易』象曆可也, 漢晉以降以曆象『易』, 豈可通乎? 曆也者, 日月五星之紀也. 毫髮有差, 四時乘舛, 奚暇象『易』而爲之哉!

499) 이상수, 『유(類)의 논리철학 연구』(연세대 박사학위논문, 2003), 13-5쪽 참조. 이하 고대의 類 개념의 전개양상에 대해서 이 논문의 많은 부분을 참조하였다.

500) 이상수, 위 논문, 262-3쪽. 이상수는 형식논리학의 일면성과는 다른 중국적 논리학을 밝히려 하였고, 그 특징으로 계열화와 비대칭화, 類의 剩餘를 꼽고 있다. 비대칭화와 類의 剩餘는 類와 不類를 넘어서는 物物者와 至人의 경지를 논한 莊子의 논리학설 등에 나타나는 것인데, 본 논문에서는 상象을 분류하는 원리로서 작용한 계열화만을 다룰 것이다.

501) 송영배, 「天主實義의 내용과 그 의미」(『철학사상』, 서울대 철학사상연구소, 1995), 221-32쪽 참조; 송영배 외, 『천주실의—연구와 번역』(서울대학교 출판부, 1998), 508쪽 참조.

502) 졸고, 『茶山의 存在論』(연세대학교 석사학위논문, 1994), 10-6쪽 참조.

503) 徐宗澤, 『明淸間耶蘇會士譯著提要』(北京: 中華書局, 1949), 193쪽. 『名理探』의 번역원고는 1627년 완성됐으나 李之藻가 죽은 이듬해 1631년(崇禎 4년) 출간되었다.

504) 汪奠基, 『中國邏輯思想史料分析』 1(北京: 中華書局, 1961), 21쪽.

505) 노대환, 「정조시대 서기 수용 논의와 서학 정책」(『정조시대의 사상과 문화』, 서울: 돌베개, 1999), 201-32쪽 참조.

506) Wardy, Robert, *Aristotle in China: Language, Categories and Translation* (Cambridge: Cambridge University, 2000), p.86.

507) 傅汎際・李之藻, 『名理探』(臺灣: 商務印書館, 2冊, 1965), 39쪽 참조.
欲徹十倫府, 解釋凡物性剖之爲各分, 推厥情所有, 列爲五公, 稱宗類殊獨依.

508) 『주역사전』 2/44, 「繫辭上傳」, 茶山箋, 8/1b-2a.
'方'者, 卦之德也.[方以知.] 故東方之卦・南方之卦・西方之卦・正北方之卦[「說卦」文.], 必以方而異德也. '物'者, 卦之象也.[卽所云"雜物撰德."] 故物生必蒙, 物穉不可不養物, 畜而有禮, 物不可以終否[「序卦」文.], 必以物而著象也. '類聚'者, 復・臨・泰・大壯・夬[坤所變.], 姤・遯・否・觀・剝[乾所變.], 中孚・小過[坎离之所變.]等十二卦之謂也. 陽與陽聚, 不以陰而間之, 陰與陰聚, 不以陽而間之.[如復五陽不以陰介之, 觀四陰不以陽介之.] 此之謂'類聚'也.[中孚・小過, 爲中聚之卦.] '羣分'者, 十二卦分, 其所聚衍之爲五十卦之謂也.[除乾坤及十二卦, 則餘卦爲五十.] 一升則一降, 一往則一來, 陰與陽而相錯, 剛與柔而相濟, 此之謂'羣分'也.[詳見「推移表」.]

509) 『주역사전』 2/44, 「繫辭下傳」, 원문, 8/8b-9a.
古者, 包犧氏之王天下也, 仰則觀象於天, 俯則觀法於地, 觀鳥獸之文, 與地之宜, 近取諸身, 遠取諸物, 於是始作八卦, 以通神明之德, 以類萬物之情.

510) 『주역사전』 2/44, 「繫辭下傳」, 茶山箋, 8/8b-9a.
盖以物象用三畫之卦也, 其實伏羲當時, 已作六十四卦.

511) 『전서』 1/22, 「雜評・千文評」, 27b-28b.
『與猶堂全書補遺』 제2책에 「千字不可讀說」이 실려 있는데, 몇몇 글자와 한두 문장을 제외하고는 완전히 『全書』의 「千文評」과 같은 글이다. 또한 「兒學編訓義自序」(강경훈 소장본)와도 같은 내용이다.

512) 『與猶堂全書補遺』 제2책, 289-340쪽.
이것은 한국정신문화연구원 소장본으로 상하 2권 1책의 필사본을 영인한 것이다. 이 필사본의 크기는 28.5×46.8㎝이며, 사란의 크기는 22.4×38.2㎝이다. 모두 26장으로 되어 있고 상하권 각 13장이며, 5행 8자로 필사되어 있다.

513) 『전서』 1/22, 「雜評・千文評」, 27b-28b.
文字之興, 所以類萬物也. 或以其形, 或以其情, 或以其事, 必觸類而旁通之. 竭其族, 別其異, 而後其情理燦然, 而文心慧竇, 於是乎開發也.

514) 박동환, 『안티호모에렉투스』(길, 2001), 68쪽.
박동환은 같은 곳에서, 중국과 희랍전통의 철학자들이 '表' '準據' '尺度' 'metron' 'measure' 'criterion'에 대한 서로 다른 각도의 탐구로서 시작하는데 여기서 類의 다른 개념이 주어지고 이에 따라 다른 類類관계의 문법과 논리형식을 가리키는 같지 않은 'syntax'가 이루어진다고 말하고 있다.

515) 다산의 理氣觀에 대해서는 필자의 석사학위논문 『茶山의 存在論』(1995)에 자세하다.

516) 『전서』 1/20, 「書・上仲氏」, 22b.
我所輯『兒學編』二卷, 限之以二千字, 其上卷有形之物也, 其下卷物情事情也.

517) 丁奎英, 『俟菴先生年譜』, 純祖四年.
純祖四年甲子, 公四十三歲, 春, 『兒學編訓義』成.[凡二千文.]

518) 『전서』 1-19, 「書・與尹畏心」, 20a.

519) 『전서』 2/4, 「中庸講義補」, 1/65a.

盖氣是自有之物, 理是依附之品, 而依附者, 必依於自有者.

520) 游氣에 대하여는 필자의 석사학위논문 『茶山의 存在論』의 氣論편을 참조.

521) '본질'이란 용어는 개별 존재자들에 있어 각각의 존재를 그 존재일 수 있게 해주는 본성이라는 의미에서 사용한 용어이다. 주희의 체계에서 본다면 리는 본체이면서 그것이 개별자에게 분수되어 개별자의 본성이 되는데, 인간에게 있어서는 健順五常이 인간의 본성이며 이러한 의미에서 건순오상은 인간의 본질을 이룬다. 다산은 개별자들의 이러한 본질의 선천성을 부정하고 있다.

522) 李光虎는 이에 대해, 「李退溪의 哲學思想이 丁茶山의 經學思想 形成에 미친 영향에 관한 고찰」(『퇴계학보』 90, 퇴계학연구원, 1996), 62쪽에서, "다산의 주장이 리기론에 있어서 이벽보다도 더욱 철저하게 『천주실의』의 설에 접근하고 있는 것이 매우 흥미롭다. 다산의 리기설은 『천주실의』의 리기설을 그대로 옮긴 듯하다. 이벽도 리기의 原義에서 본다면 다산이 주장하는 설이 옳다고 일단 인정하였다. 이때 이벽이 말하는 리기의 원의란 바로 『천주실의』의 리기설을 가리키며, 『천주실의』에 나오는 리기설에 대하여 이벽과 다산 사이에 공통의 인식이 이미 있었음을 짐작하게 한다"고 지적한 바 있다.

523) 마테오 리치, 『天主實義』, 「解釋世人錯認天主」, 15b(406쪽). (범례: 괄호 속의 쪽수는 『天學初函』(서울: 아세아문화사, 1976년 영인본)의 쪽수이다. 『천주실의』는 단행본으로 인용되기보다는 『천학초함』 내에서 인용되는 경우가 많아 『천주실의』의 판수 외에 『천학초함』의 쪽수도 병기한다. 『천학초함』은 李之藻(1565-1629, 明)에 의해 1628년에 간행된 서적으로, 천주교 교리를 중심으로 한 사상 및 인문분야를 理編으로 하고 자연과학의 내용을 器編으로 구분하여 각각 10편의 글을 모아놓은 책이다.)

夫物之宗品有二, 有自立者, 有依賴者. 物之不恃別體, 以爲物, 而自能成立, 如天地鬼神人鳥獸草木金石四行等, 是也, 斯屬自立之品者. 物之不能立, 而託體, 以爲其物, 如五常五音五味七情等, 是也, 斯屬依賴之品者. 且以白馬觀之, 曰白曰馬, 馬乃自立者, 白乃依賴者. 雖無其白, 猶有其馬, 如無其馬, 必無其白, 故以爲依賴也. 比斯兩品, 凡自立者, 先也, 貴也, 依賴者, 後也, 賤也.

524) 『天主實義』, 「解釋世人錯認天主」, 16a(407쪽).

盖理亦依賴之類, 自不能立, 曷立他物哉?

525) 마테오 리치가 흰 말의 비유에서 자립자라고 지칭한 '말'은 스콜라철학적 관점에서 보면 구체적이며 실제적인 존재자를 일컫는 것이 아니라 보편적 실체를 가리킨다. 이것은 스콜라 철학에서 실체와 속성의 구별의식에서 나온 것으로 다산과는 차이가 있다.

526) 『전서』 1/15, 「先仲氏墓地銘」, 42a에서 다산은 이때를 다음과 같이 회상한

다. "而此時無廢祭之說", 즉 다산이 『天主實義』를 처음 접할 때는 제사를 없애라는 주장이 없었다. 廢祭의 주장이 있고 나서 천주교는 가혹한 탄압을 받기 시작했는데, 이 탄압적 분위기 속에서 다산은 자신을 보호해야만 했다.

527) 『易學緒言』 2/46, 「邵子先天論・論河圖爲八卦之則」, 2/38b-39a.
原來, 太極・兩儀・四象・八卦之說, 須有兩件. 一是天地之本物, 一是蓍卦之法象. 先儒, 於太極・兩儀, 粗有兩件, 而四象八卦之本物, 不知爲何物. 然天地水火雷風山澤, 卽八卦之本物, 人苟言之, 可無異論, 惟是四象之所象, 古往今來, 都無言者. 若以邵氏橫排圖所列老陽・少陽・少陰・老陰言之, 則此是四象, 不是四物.

528) 『易學緒言』 2/46, 「邵子先天論・論河圖爲八卦之則」, 2/39a.
兩儀所儀, 旣是天地, 或云, '陰陽', 則四象所象, 豈無其物乎? 紙上黑白之痕, 豈足以承天地乎? 若云, '四象, 原可爲本物之名', 則太陽・太陰・少陽・少陰, 天地間本無此物, 亦無此名[曆家, 以日月爲太陽太陰, 然邵子所指, 必非日月.], 將若之何?
包犧畫卦之初, 專藉仰觀俯察, 仰觀俯察, 先得兩物, 兩分爲四, 又得四物, 四化爲八, 遂得八物. 八物者, 天地水火雷風山澤也. 八物旣得, 乃畫八卦. 由是觀之, 所謂'河圖', 必有八物之象, 乃可爲聖人所則, 今之河圖, 其有八物之象乎?

529) 『易學緒言』 2/46, 「邵子先天論・論河圖爲八卦之則」, 2/39a.
今論太極剖判之理, 原來一包兩[太極包天地.], 兩包四[天地包天地水火.], 四包八[天地水火, 包天地水火雷風山澤.], 則太極者, 八物之合, 八物者, 太極之分. 其材料不是各辦, 其度數不可各計. 譬如大樂之分, 只此八音, 八音之會, 還是大樂, 非大樂之外別有八音・八音之外別有大樂也.

530) 『역학서언』 2/47, 「吳草廬纂言論」, 3/8a.
一生兩者, 分一而爲兩, 非於太極之外添出個天地也.[太極之分爲天地.] 兩生四者, 分兩而爲四, 非於天地之外添出個四氣也.[今所云, "二陽二陰."] 四生八者, 分四而爲八, 非於四氣之外添出個天地水火雷風山澤也.

531) 정진석 외, 『다산 정약용』(북한: 과학원 철학연구소, 서울: 푸른 숲, 1989), 56쪽.

532) 『주역사전』 2/44, 「繫辭下傳」, 茶山箋, 8/12a.
觀聖人制器尙象之法, 則知『易』之爲道不外乎像象也.[因其似, 而取爲象.]

533) 『주역사전』 2/44, 「蓍卦傳」, 8/26b.
四者旣立, 天火相與, 而雷風以生[天包火爲雷, 又火與天爲風.], 地水相比, 而山澤以成.[水削土爲山, 又土圍水爲澤.]

534) 『주역사전』 2/44, 「蓍卦傳」, 8/29b.
山澤者, 地水之所成也. 雷風者, 天火之所成也. 高山之上, 或有大澤[如白山.], 大澤之中, 或有高山[如君山.], 是山澤通氣也. 迅雷烈風, 同聲相應, 是雷風相薄也.

535) 『역학서언』 2/46, 「陸德明釋文鈔」, 4/7a.

造物生物之法, 雖若廣大, 其實皆用一例. 西瓜之始生也, 其小如粟, 而就其體中, 求其所以漸大之故, 則先自蒂始小敍爲圓形, 復收爲花臍[花跗之所落.], 乃實乃脹, 以成大瓜. 天地創造之初, 其法亦必如此. 北辰者 瓜之蒂也, 漸舒爲圓形, 復收爲南極. 南極者 瓜之臍也. 草木瓜蓏, 百果百穀, 其例皆同, 則洪造之初, 其法應然, 北辰之爲太極, 不其明矣乎?

536) 『주역사전』 2/44, 「蓍卦傳」, 8/26b.

太極者, 誰也? 天地之胚胎也. 兩儀者, 誰也? 輕淸者, 位乎上, 重濁者, 位乎下, 此之謂兩也. 四者, 誰也? 天地水火, 體質各分, 位次有等, 此之謂四也. 四者旣立, 天火相與, 而雷風以生, 地水相比, 而山澤以成.

537) 『朱子文集』, 권46, 「答劉叔文第一書」.

所謂'理'與'氣', 此決是二物. 但在物上看, 則二物渾淪, 不可分開, 各在一處, 然不害二物之各爲一物也. 若在理上看, 則雖未有物, 而已有物之理, 然亦但有其理而已, 未嘗實有是物也.

538) 劉明鍾, 『宋明哲學』(서울: 형설출판사, 1989), 156쪽 참조.

539) 『大學或問』 1장.

天下之物, 則必有所以然之故, 與其所當然之則, 所謂'理'也.

540) 배종호, 『한국유학사』(연세대출판부, 1990), 27쪽.

541) 『大學或問』 1장.

'所當然之則', 如君之仁·臣之敬. '所以然之故', 如君何用仁・臣何用敬云云, 皆天理使之然.

542) 『朱熹集』(四川教育出版社), 권59, 「答趙致道」, 3078쪽.

若論稟賦, 則有是氣, 而後理隨以具. 故有是氣, 則有是理, 無是氣, 則無是理.

543) 『朱子語類』, 「理氣上」 1/11.

然理又非別爲一物, 卽存乎是氣之中, 無是氣, 則是理亦無掛搭處.

544) 한형조, 『朱熹에서 정약용에로의 철학적 사유의 전환』(정신문화연구원 박사논문, 1992), 47-8쪽.

545) 한형조, 위 논문, 49쪽.

546) 줄리아 칭(Julia Ching), 『유교와 기독교』(*Confucianism and Christianity*, 임찬순 외역, 서울: 서광사, 1993), 36-7쪽.

547) 『전서』 2/6, 「孟子要義」, 2/26a. 이에 대해서는 졸고, 「茶山의 存在論」(연세대 석사학위논문, 1995), 22-4쪽 참조.

548) 유초하, 「정약용의 존재론과 운동관」(『한국사상사의 인식』, 서울: 한길사, 1994), 324쪽 참조.

549) 『天主實義』, 제2편 「해석세인착인천주」, 16a-b(407-8쪽).

理固依賴, 奚得爲物原乎? 二者皆在物後, 而後豈先者之原? 且其初無一物之先, 渠言必有理存焉? 夫理在何處? 依屬何物乎? 依賴之情, 不能自立. 故無自立者以爲之託,則依賴者了無矣. 如曰, '賴空虛耳', 恐空虛非足賴者, 理將不免于墮也.

550) 『전서』 2/2, 「心經密驗」, 2/28a-b.

本然之義, 世多不曉. 據佛書, 本然者, 無始自在之意也. 儒家謂"吾人稟命於天", 佛氏謂"本然之性, 無所稟命, 無所始生, 自在天地之間, 輪轉不窮, 人死爲牛, 牛死爲犬, 犬死爲人, 而其本然之體, 瀅澈自在", 此所謂本然之性也. 逆天漫命, 悖理傷善, 未有甚於本然之說.

551) 한형조, 『朱熹에서 정약용에로의 철학적 사유의 전환』(정신문화연구원 박사논문, 1992), 127쪽.

552) 『전서』 2/6, 「孟子要義」, 2/39b-40a.

天地萬物之理, 各在萬物身上, 安得皆備於我? 犬有犬之理; 牛有牛之理. 此明明我之所無者, 安得强爲大談曰, "皆備於我"乎?

553) 『전서』 2/14, 「論語古今注」, 8/38b.

禮義雖存我, 苟不以道心從之, 則何以行禮義哉? 且凡天下之物, 虛者貴, 實者賤, 無形者貴, 有形者賤. 道德仁義禮法政敎, 皆以虛治實, 以無形御有形.

554) 『전서』 2/2, 「心經密驗・心性總義」, 2/28b.

逆天漫命, 悖理傷善, 未有甚於本然之說. 先儒偶一借用, 今人不明來歷, 開口便道'本然之性'. '本然'二字, 旣於六經四書諸子百家之書, 都無出處.

555) 한형조, 『朱熹에서 정약용에로의 철학적 사유의 전환』(정신문화연구원 박사논문, 1992), 126쪽.

556) 『전서』 2/2, 「心經密驗・心性總義」, 2/26a.

今論人性, 人莫不樂善而恥惡. 故行一善, 則其心充然以悅, 行一惡, 則其心欿然以沮. 我未嘗行善, 而人謂我以善, 則喜, 我未嘗無惡, 而人謗我以惡, 則怒. 若是者, 知善之可悅而惡之可愧也. 見人之善, 從而善之, 見人之惡, 從而惡之. 若是者, 知善之可慕而惡之可憎也. 凡此皆嗜好之顯於目下者也.

557) 『전서』 2/4, 「중용강의보」, 1/2b.

仁義禮智之名, 本起於吾人行事, 並非在心之玄理. 人之受天, 只此靈明, 可仁可義可禮可智, 則有之矣. 若云, "上天以仁義禮智四顆, 賦之於人性之中", 則非其實矣.

558) 왕필과 정이천의 역학 비교에 대해서는 李沅泰, 『王弼과 伊川의 義理易 비교 연구』(연세대 박사학위논문, 1998)를 참조. 이원태는 이 논문에서 두 사람의 역학이 모두 義理易이면서도 동시에 玄學과 道學이라는 서로 다른 학문적 방향과 상이한 인간관을 가지고 있다고 보았으며, 이 둘의 역 해석상의 創見으로 適時와 隨時를 들고 있다. 그에 따르면, 왕필은 변동무상한 사태마다 필연지리를 파악함으로써 사태의 실태를 파악하여 이에 適時하고자 했으며, 정이천은 시공간적 변화의 경중과 시비를 가려 의리를 취하는 隨時取義의 방법을 지녔다.

559) 『二程全書』(『四部備要』本), 外書 제5, 「馮氏本拾遺」, 1a.

如王輔嗣・韓康伯, 只以老莊解之.

560) 李沅泰, 『王弼과 伊川의 義理易 비교 연구』(연세대 박사학위논문, 1998), 2-4쪽 참조.

561) 朱熹, 『易學啓蒙』, 「原卦畫第二」.

易非獨以河圖而作也. 蓋盈天地之間, 莫非太極陰陽之妙, 聖人於此, 仰觀俯察, 遠求近取, 固有以超然而黙契於其心矣. 故自兩儀之未分也, 渾然太極, 而兩儀四象六十四卦之理, 已燦然於其中.

562) 『주역사전』 2/44, 「說卦傳」 원문, 8/29a.

昔者, 聖人之作『易』也, 將以順性命之理. 是以立天之道曰, '陰與陽', 立地之道曰, '柔與剛', 立人之道曰, '仁與義'. 兼三才而兩之, 故『易』六畫而成卦.

563) 『주역사전』 2/44, 「說卦傳」, 茶山箋, 8/29a-b.

以六畫而配三才, 則初剛二柔[此地道.], 三義四仁[此人道.], 五陽六陰.[此天道.] 謂之陰陽者, 天火質淸, 有氣可辨也. 謂之柔剛者. 地水體濁, 有形可執也.

○ 『易』, 凡物象正同, 而立詞迥異者[如乾初九與九四, 皆爲變巽, 而在下位, 則爲'潛龍', 在中位則爲'躍'.], 宜以三才之位, 參互究索, 方得本旨.

○ 案: 此文云, 六畫以成卦, 不云六爻.

564) 易學과 관련된 교류가 있었던 것은 사실이나, 『전서』 1/20, 「答申在中」, 6a-b에서 石泉 申綽(1760~1828)에게, 孟喜와 京房의 分卦直日法을 비판하면서 易이 曆法을 본뜰 수는 있지만, 曆法이 易을 본뜰 수는 없다고 주장하는 것과 같이, 확고한 易觀이 성립된 이후에 자기 견해를 밝히는 정도의 교류일 뿐, 사상적 영향관계로 파악할 수 있는 교류의 차원은 아니다.

565) 『周易四箋』 경문 주석에서 星湖는 두 차례 인용되었다. 坤卦 六四에서, "星湖先生曰, '四之動爲震, 有囊象'."이라 하였고, 剝卦 初六에서 "星湖先生曰, '以足蔑・以辨蔑, 三字爲句. 蔑, 滅也, 故「傳」曰以滅下也. 滅下者, 足蔑也. 貞凶與他卦之貞凶, 無異例'."라 하였다. 각각 성호의 爻變說과 句讀法을 긍정적으로 수용한 내용이다. 『易學緖言』에서는 「郭氏擧正駁義」와 「李厚齊互卦之解」에서 '星湖曰'로 여러 차례 인용되었으며, 「茶山問答」에서는 '星翁曰'로 여러 차례 인용되어 있다. 巽菴은 『周易四箋』 「括例表・互體表直說」에서 '仲氏曰'로 한 차례 인용되어 있으며, 『역학서언』에서는 별도로 「玆山易柬」이라는 편을 만들어 巽菴의 象論을 집중 소개하고 있다. 崔錫鼎은 『주역사전』 渙卦 九二에서 "崔相國錫鼎云, '仁廟乙亥, 社稷省牲, 時祭, 牛逸出, 逼傷祭官'."으로 인용되어 있다.

566) 이광호, 「上帝觀을 중심으로 본 儒學과 基督敎의 만남」(『儒教思想硏究』 19, 한국유교학회, 2003), 547쪽 참조.

567) 『退溪全書』 1/13, 「答李達・李天機」, 354쪽 상b.

理本其尊無對, 命物而不命於物, 非氣所當勝也.

568) 『朱子語類』, 「理氣上」, 1/13.
蓋氣則能凝結造作, 理却無情意・無計度・無造作. 只此氣凝聚處, 理便在其中.

569) 이광호, 「上帝觀을 중심으로 본 儒學과 基督敎의 만남」(『儒敎思想硏究』 19, 韓國儒敎學會, 2003), 548-52쪽 참조.

570) 『퇴계전서』 1/24, 「答鄭子中」, 576쪽 하b-577쪽 상a.
此理無物我, 無內外, 無分段, 無方體.

571) 『퇴계전서』 1/18, 「答奇明彦別紙」, 465쪽 상b.
是知無情意無造作者, 此理本然之體也, 其隨遇發顯而無不到者, 此理至神之用也.

572) 이광호, 「上帝觀을 중심으로 본 儒學과 基督敎의 만남」(『儒敎思想硏究』 19, 한국유교학회, 2003), 552쪽 참조. 퇴계는 리의 主宰的 측면인 상제에 대해 여러 곳에서 언급하고 있다. "상제가 그대에게 임하고 있으니, 모든 일을 처리할 때 두려워할 줄 알아야 한다.(上帝之臨汝, 事事物物, 頭頭處處, 皆知所懼.)"(『퇴계전서』 2/36, 「答李宏仲問目」, 230쪽 상a) "왕의 자리에서 왕의 예를 행하며 삼가고 두려워하기를 항상 상제를 마주 대하듯이 하여야 한다.(踐其位行其禮, 凜凜乎慄慄乎, 常若上帝之對越.)"(『퇴계전서』 2/41, 「景福宮重新記」, 357쪽 하a) "의관을 바르게 하고 시선을 존엄하게 하고, 마음을 가라앉혀 상제를 마주 모신 듯이 하라.(正其衣冠, 尊其瞻視, 潛心以居, 對越上帝.)"(『聖學十圖』, 제9 「敬齋箴」)

573) 예를 들어 환渙괘 괘사의 茶山箋을 살펴보자. "지금의 위 손巽이 옛날엔 건乾의 왕이었으니 간艮의 묘당 위에서 이 선왕先王을 받들고, 왕의 맏아들이 이제 진震의 주인이 되어 간艮의 묘당 안으로 들어가니, '왕이 묘당에 이른다.'고 한 것이다. 손巽으로써 정결하게 재계하고 감坎으로써 공경하니, 제사祭祀의 상이다.(今之上巽, 昔之乾王也, 艮廟之上, 奉此先王, 王之長子, 今爲震主, 立於艮廟之內, '王假有廟'也. 巽以潔齊, 坎以敬之, 祭祀之象也.)" 이 괘사에서 활용된 역상은 손巽, 건乾, 간艮, 진震, 감坎의 다섯 개인데, 모두가 제사지내는 모습을 나타내고 있다. 제사 예법의 시뮬레이션을 보고 있다고 생각할 수 있다.

574) 『전서』 1/20, 「答仲氏」, 16a.
『周易』者, 周人禮法之所在, 儒者不可以不明其微言妙義在所發揮也.

575) 『역학서언』 2/48, 「周易答客難」, 4/25b.
文周撰詞之初, 唯爲筮人發凡立例而止耳. 天人性命之理, 何所寓於此間哉!

576) 졸고, 『茶山의 存在論』(연세대 석사학위논문, 1995), 10-6쪽 참조.

577) 마테오 리치, 『天主實義』, 「解釋世人錯認天主」, 16a(407쪽).
태극이라는 것이 단지 理라고 해석된다면, 천지만물의 근원이 될 수 없을 것입니다. 리 역시 속성의 부류이니 스스로 자립할 수가 없는데 어떻게 다른 사물을 존재케 할 수 있겠습니까!(若太極者, 止解之以所謂理, 則不

能爲天地萬物之原矣. 蓋理亦依賴之類, 自不能立, 曷立他物哉!)

578) 마테오 리치, 『天主實義』, 제2편 「解釋世人錯認天主」, 20a(415쪽).

吾國天主, 卽華言上帝.

579) 이광호, 「上帝觀을 중심으로 본 儒學과 基督敎의 만남」(『儒敎思想硏究』 19, 韓國儒敎學會, 2003), 563쪽.

580) 『전서』 1/11, 「論・五學論一」, 19a.

今之爲性理之學者, 曰理曰氣, 曰性曰情, 曰體曰用, 曰本然氣質・理發氣發・已發未發・單指兼指・理同氣異・氣同理異・心善無惡・心善有惡, 三幹五椏, 千條萬葉, 毫分縷析, 交嗔互嚷, 冥心黙硏, 盛氣赤頸, 自以爲極天下之高妙. 而東振西觸, 捉尾脫頭, 門立一幟, 家築一壘, 畢世而不能決其訟, 傳世而不能解其怨. 入者主之, 出者奴之, 同者戴之, 殊者伐之, 竊自以爲所據者極正, 豈不疎哉?

581) 崔英辰, 「茶山 人性・物性論의 思想史的 位相―湖洛論爭의 人物性同異論과 관련하여」(『哲學』 68, 한국철학회, 2001), 10쪽.

582) 李柬, 『巍巖遺稿』, 권7, 「書・與崔成仲」(己丑), 3a-b.

盖人物均受五行之氣, 而偏全煞有分數. 今論其分數多少, 發用與否, 則可, 於其五者之中, 謂一有而一無, 則不可. 凡一草一木, 何莫非二五所造, 而況較靈於草木者, 寧有不盡稟五者之理哉!

583) 韓元震, 『南塘集』, 권11, 「書・擬答李公擧」, 9b.

理本一也, 而有以超形氣而言者, 有以因氣質而名者, 有以雜氣質而言者. 超形氣而言, 則太極之稱, 是也, 而萬物之理同也. 因氣質而名, 則健順五常之名, 是也, 而人物之性不同矣. 雜氣質而言, 則善惡之性, 是也, 而人人物物不同矣.

584) 韓元震, 『經義記聞錄』, 권2, 「中庸」, 11a.

成形之氣不同, 所賦之理亦異, 則人物之性不同矣.

585) 이천승, 『農巖 金昌協의 心性論에 대한 硏究』(성균관대 박사학위논문, 2003), 95-6쪽 참조.

586) 정병련, 「茶山의 中庸經說考」(『정다산의 경학』, 민음사, 1989), 93쪽.

587) 『전서』 2/5, 「孟子要義」, 1/51a.

且性非理也. 理之爲物, 歸于自然, 自然豈可以爲性乎? 萬物之生, 皆有所始, 夫豈有本然者乎?

588) 『전서』 2/4, 「中庸講義補」, 1/3a.

況性之爲物, 無形無質, 若云, "性 寓於質", 則可, 若於天命之外, 別立氣質之性, 則在古無徵.

589) 유초하, 『정약용의 우주관』(고려대 박사학위논문, 1990), 123-4쪽 참조.

590) 『전서』 2/4, 「中庸講義補」, 1/2b.

今乃云, "健順五常之德, 人物同得", 孰主孰奴? 都無等級, 豈上天生物之理本自如此乎?

591) 韓元震,『南塘集』, 권11,「書・擬答李公擧」, 17a.

命之旣不同, 則人物之生, 因各得其所命之理, 以爲性者, 亦安能同乎?

592)『전서』 2/4,「中庸講義補」, 1/47a.

性有三品, 草木之性, 有生而無覺. 禽獸之性, 旣生而又覺. 吾人之性, 旣生・旣覺・又靈又善, 上中下三級, 截然不同, 故其所以盡之之方, 亦復懸殊.

593) 마테오 리치,『天主實義』, 제3편「論人魂不滅大異禽獸」, 27b.

594) 금장태,「다산경학의 탈주자학적 세계관」(『다산학』 창간호, 다산학술문화재단, 2000), 49쪽 참조.

595) 崔英辰,「茶山 人性・物性論의 思想史的 位相—湖洛論爭의 人物性同異論과 관련하여」(『哲學』 68, 한국철학회, 2001), 32-3쪽 참조.

596)『주역사전』 2/44,「說卦傳」, 원문, 8/29a.

昔者, 聖人之作『易』也, 將以順性命之理.

찾아보기